Uwe Hartmann / Claus von Rosen (Hrsg.)

Jahrbuch Innere Führung 2014

AF287411

Drohnen, Roboter und Cyborgs –
Der Soldat im Angesicht neuer Militärtechnologien

Jahrbuch
Innere Führung 2014

Drohnen, Roboter und Cyborgs –
Der Soldat im Angesicht neuer Militär-
technologien

Uwe Hartmann / Claus von Rosen (Hrsg.)

2014

Carola Hartmann Miles-Verlag

CIP-Kurztitelaufnahme der Deutschen Nationalbibliothek

Uwe Hartmann, Claus von Rosen (Hrsg.):
Jahrbuch Innere Führung 2014. Drohnen, Roboter und Cyborgs – Der
Soldat im Angesicht neuer Militärtechnologien

Carola Hartmann Miles-Verlag, Berlin 2014
ISBN 978-3-937885-61-2

Titelbild: www.bundeswehr.de
Herstellung: Books on Demand, Norderstedt

© Carola Hartmann Miles-Verlag,
George-Caylay-Str. 38, 14089 Berlin
(email: miles-verlag@t-online.de; www.miles-verlag.jimdo.com)

Printed in Germany

ISBN 978- 3-937885-61-2

Inhaltsverzeichnis

I Einleitung

Uwe Hartmann und Claus von Rosen

Endlich, so mag mancher denken, endlich wird wieder öffentlich über ein militärisches Thema gesprochen. Die mögliche Ausstattung der Bundeswehr mit waffenfähigen Drohnen hat es geschafft, dass Deutschland dreizig Jahre nach den Diskussionen und Demonstrationen über die NATO-Nachrüstung mit Pershing II und Cruise Missiles erneut debattiert – mit sachlichen Argumenten genauso wie mit emotionalen Einlassungen. Vordergründig geht es um eine Militärtechnologie, die von den US-amerikanischen Streitkräften in großen Stückzahlen beschafft und bereits in diversen Kriegs- und Krisengebieten eingesetzt wurde. Im Hintergrund schlummern jedoch grundsätzliche sicherheitspolitische Fragen, deren Beantwortung den Deutschen nicht leicht fällt. Es geht um die Rolle ihres Landes in der Welt, um die Legitimität militärischer Gewaltanwendung, um die Rechtmäßigkeit des Einsatzes bestimmter Waffen, um Änderungen in Strategie, Operation und Taktik und auch darum, welche Aufgaben den Soldaten und Soldatinnen der Bundeswehr zugemutet werden dürfen.

Drohnen sind nur ein Beispiel unter vielen neueren Militärtechnologien, die das Kriegsbild sowie den Einsatz von Streitkräften verändern könnten. Die Bekämpfung von Gegnern mit autonomen Waffensystemen, die Unterstützung der Soldaten und Soldatinnen durch Roboter, ihre Leistungssteigerung durch physikalische Hilfsmittel und chemische Substanzen – all das scheint bereits heute machbar.

Nun ist technologischer Fortschritt vor allem für das Militär nichts Ungewöhnliches. Gerade in Zeiten von Kriegen und Konflikten haben Politik, Militär und Industrie Innovationen vorangetrieben und für die Entwicklung neuer Waffensysteme genutzt. Die erwartungsfrohe Euphorie der „Revolution in Military Affairs", die Donald Rumsfeld als U.S. Secretary of Defense auf die Fahnen zunächst der Transformation der U.S. Streitkräfte und schließlich der Kriege in Afghanistan und Irak schrieb, ist allerdings einer Ernüchterung gewichen. Technologie und Innovationen garantieren weder saubere Kriege auf Knopfdruck noch einen klaren militärischen Sieg und schon gar nicht das Erreichen der mit dem Einsatz von Gewalt verfolgten politischen Ziele.

Letztlich kommt es immer auf den Menschen an. Er ist allen Technologien aufgrund seines kritischen Denkapparates und seiner ethischen Urteilskraft überlegen. Es ist daher wichtig, dass nicht anonyme Algorithmen, sondern verantwortliche Menschen am Ende von Entscheidungsketten stehen. Damit akzentuieren Entwicklungen in der modernen Waffentechnologie den wohl wichtigsten Grundsatz der Inneren Führung: Dass der Mensch immer im Mittelpunkt steht und dass er gerade auch in seiner Rolle als Soldat dazu erzogen werden muss, Verantwortung wahrzunehmen. Andererseits werfen technologische Potenziale die kritischen Fragen auf, ob der Mensch überhaupt in der Lage ist, Verantwortung für den Einsatz moderner Waffen zu übernehmen. Überwältigt ihn diese Aufgabe nicht? Hat der Umgang mit modernen Waffen nicht eine sozialisierende Wirkung auf die Persönlichkeit von Soldaten und Soldatinnen, die das Leitbild vom ‚Staatsbürger in Uniform' nur noch als eine idealistische Illusion erscheinen lassen?

Die Autoren des Jahrbuches Innere Führung 2014 analysieren die vielfältigen Fragestellungen, die sich bei Entwicklung, Einführung und Einsatz neuer Militärtechnologien aufdrängen. Es ist wichtig, darüber öffentlich zu debattieren. Dabei sollte auch die Stimme der Soldaten und Soldatinnen, die diese Technologien einsetzen sollen, zu hören sein und offene Ohren finden.

Am Anfang des Jahrbuchs Innere Führung 2014 steht ein Beitrag von Marcel Bohnert, der als Kompaniechef in Afghanistan eingesetzt war. Sein Votum ist eindeutig: Drohnen sind unverzichtbar. Er führt vielfältige praktische Beispiele an, weshalb Drohnen die Sicherheit von Soldaten und Soldatinnen im Einsatz erhöhen. Er thematisiert auch das Potenzial von Drohnen beispielsweise für die Verhinderung von Genoziden. Allerdings sieht er Herausforderungen für die Führungskultur in der Bundeswehr, insbesondere für das tradierte Prinzip des ‚Führens mit Auftrag'. Dem bereits intensiv diskutierten Phänomen des ‚strategic corporal' stellt er den ‚taktischen General' gegenüber, der die Aufklärungsergebnisse von Drohnen nutzt, um über alle Führungsebenen hinweg Dienstaufsicht zu üben oder selbst den Einsatz von Soldaten und Soldatinnen sozusagen ‚von hinten' zu steuern.

Unter dem Bild vom „prometheischen Gefälle" des „an den menschlichen Leib gebundenen Leistungsvermögens" betrachtet *Jens Warburg* die Schnittstelle Mensch-Technik, die auch aus technologischer Sicht nicht befriedigend lösbar sei. Menschliche Wahrnehmungs- und situative Entscheidungsfähigkeit seien letztlich nicht durch Maschinen zu ersetzen. Umgekehrt werden Maschinen nur äußerst eingeschränkt zur Interoperabilität mit Menschen fähig sein. Ebenso seien auch Schwachstellen der Technik zu bedenken. Bei funkgesteuerten Waffensystemen könnten die Signale vom Gegner aufgefangen, ausgewertet und das Waffensystem sozusagen gekapert und zum Bumerang werden. Dies alles führe zu der Frage, welche Macht derartige Maschinen aufgrund ihres Autonomiezuwachses über den Soldaten haben werden. Neben einem tendenziellen „Entwertungsprozess" für einzelne Truppengattungen könnten Soldaten und Soldatinnen sich als „Lückenbüßer" oder „Ausputzer" erfahren – wenn beispielsweise defekte Drohnen an Orten geborgen werden müssten, in die sie aufgrund der Sicherheitslage normalerweise nicht gehen würden.

Wird die Digitalisierung des Gefechtes durch den Einsatz von Drohnen, Robotern und „intelligenten Kampfanzügen" für sogenannte „Cyborg Soldiers" eine neue Führungskultur der Bundeswehr hervorbringen?, fragt *Dierk Spreen*. Er beantwortet diese Frage vor dem Hintergrund der drei Prinzipien der Inneren Führung: Der Integration von Soldat und Gesellschaft, der inneren Demokratisierung der Streitkräfte sowie dem ethischen Urteilsvermögen von Soldaten und Soldatinnen. Insgesamt kommt er zu dem Ergebnis, dass die Relevanz von Integration und Demokratisierung abnehme, die Bedeutung des praktisch-ethischen Urteilsvermögens dagegen enorm wachse. Roboter und Drohnen könnten das Schlachtfeld nicht komplett übernehmen; schnelle Auffassungsgabe, Kreativität, situationsangepasstes Handeln und moralisches Urteilsvermögen müssten als verbleibende Restkompetenz vom digital gesteuerten Menschen auch in Zukunft erbracht werden. Dabei werde der Soldat jedoch den Maschinen immer ähnlicher.

Oftmals wird vergessen, dass die Entwicklung der Konzeption Innere Führung für die Bundeswehr eine Antwort u.a. auf die neue Technologie der Atomwaffen war. Innere Führung ist also weit mehr als bloße Menschenführung. Zu ihr gehören genauso Legalität und Legitimität der Streitkräfte und ihres Einsatzes. Deshalb müsse, so *Götz Neuneck*, die Abschätzung der sicherheits- und friedenspolitischen Folgen der heute möglichen Waffentechnologien Bestandteil der Inneren Führung sein. Viele technologische Innovationen würfen schwerwiegende politische, juristische und ethische Fragen auf. Zudem erhöhten sie die Gefahr von neuen Rüstungswettläufen. Eine präventive Rüstungskontrolle im Weltraum ebenso wie im Cyberspace wäre daher, so Neuneck, mehr als nur wünschenswert. Er appelliert, eine wichtige Erkenntnis aus den Kriegen in den letzten 30 Jahren ernst zu nehmen: „dass die Nutzung von moderner Technologie weder ein Garant für geringe Verluste an Menschen und Material ist, noch dass durch sie die politischen Ziele Frieden, Rechtsstaatlichkeit und Stabilität erreicht werden können."

Kirstin Haase, Annika Vergin und *Jörg Wellbrink* befassen sich mit denkbaren Trendentwicklungen von heutigen und zukünftigen Technologien, die im militärischen Einsatz Anwendung finden könnten: 1. die Virtualisierung, d.h. die zunehmende Digitalisierung beispielsweise im Bereich sogenannter *Serious Games* für die Ausbildung. 2. *Human Enhancement*, d.h. eine pharmakologisch oder technologisch induzierte Leistungssteigerung des Menschen. 3. Automatisierung durch technische Systeme, die weitgehend selbstständig mit der Umwelt interagieren. In diesen drei Bereichen diskutieren die Autoren eine Vielzahl technologischer Trends. Dabei scheint vieles noch Science Fiction zu sein, und doch wird man das Gefühl nicht los, dass einiges schon bald Realität sein könnte. Dennoch, so argumentieren die Autoren, nicht alles, was technisch möglich erscheint, sei militärisch sinnvoll. „Blindes Vertrauen in Technologie oder Algorithmen ist genauso wie die Ablehnung sämtlicher computerunterstützter Hinweise unangebracht." Allerdings entstünde ein Problem, wenn abgelehnte Technologien von Gegnern für deren Zwecke genutzt würden. Was das für Taktik und Strategie bedeutet, ist nicht nur eine militär-praktische Frage. Dies alles ist in einem politischen Diskurs in Gesellschaft und Politik zu klären. Die Bundeswehr wird, so betont das Autorenteam, als Instrument der Politik und Teil der Gesellschaft zunehmend mit dieser Thematik konfrontiert werden.

Entwicklung, Einführung und Einsatz neuer Technologien für Waffen, Munition und Material sowie Methoden der Kriegsführung werfen zahlreiche rechtliche Fragen auf. Das humanitäre Völkerrecht sowie deutsches Recht sind verpflichtende Grundlage allen militärischen Handelns. *Jana Hertwig* stellt dabei sehr deutlich heraus, was die verantwortlichen Politiker und militärischen Führer bereits in der Planung, Entwicklung und Einführung neuer Technologien rechtlich beachten müssten.

Dabei befasst die Autorin sich auch mit „weniger tödlichen Waffen der zweiten und dritten Generation". Diese Waffen, bekannt aus Polizeiaktionen, würden dann eingesetzt werden, wenn die Wirkung „normaler" Waffen unverhältnismäßig oder unzweckmäßig ist. Allerdings könnten die Risiken und Kollateralschäden häufig erst während eines Einsatzes bewertet werden. Schließlich geht Hertwig auch der Frage der körperlichen und besonders psychischen Belastungen für Soldaten und Soldatinnen nach. Aufgrund der rechtlich geregelten Fürsorgepflicht des Staates bildeten diese eine verbindliche Auflage für Planung, Einführung und Einsatz neuer Militärtechnologien. Früh seien daher die entsprechenden Rahmenbedingungen für deren Einsatz zu erforschen. Aufgrund der rechtlich geregelten Fürsorgepflicht des Staates sei vor allem die

Politik verantwortlich für diesen wichtigen Aspekt der Technikfolgenabschätzung.

Kai-Uwe Hellmanns Reflexionen über die Aussagen eines ehemaligen Kampf-Drohnenpiloten machen sehr nachdenklich. Kurz vor dessen Ausscheiden aus der U.S. Air Force hatte man ihm „anerkennend mitgeteilt", dass er direkt und indirekt für den Tod von 1.626 Personen verantwortlich sei. Er leidet seitdem unter schweren posttraumatischen Belastungsstörungen (PTBS). Genauso nachdenklich macht auch die ausgelassen fröhliche Stimmung seiner Kameraden nach einem „geglückten" Einsatz. Das darin angedeutete Missverhältnis zwischen der Waffenentwicklung und der moralischen Kompetenz des Menschen analysiert Kai-Uwe Hellmann als „prometheisches Gefälle". Hier müssen Konsequenzen gezogen werden – für den Menschen hinter der Waffe, für seine Kameraden, für seine Vorgesetzten und auch für die Innere Führung als verbindliche und verbindende Ethik im Kriegsgeschäft.

Angelika Dörfler-Dierken stellt die psychischen Belastungen von Soldaten und Soldatinnen dar, die auf Distanz töten und zerstören oder auch nur die Wirkung eines Waffeneinsatzes auswerten. Einfühlsam versetzt sie sich in die Lage eines Bildauswerters und greift auf empirische Daten zurück, um dessen psychische Belastungen besser zu verstehen. Das Phänomen ist nicht neu. Schon Piloten im Zweiten Weltkrieg berichteten von den Schwierigkeiten, dass sie nach Rückkehr von einem Kampfeinsatz bis zum nächsten Einsatz „friedensmäßig" auf ihrem Fliegerhorst leben konnten. Heute sehen wir Soldaten und Soldatinnen allerdings nicht nur als Militärhandwerker – also Spezialisten für den Einsatz militärischer Gewaltmittel –, sondern zunächst einmal als Individuen, denen der Schutz ihrer innersten Überzeugungen und ihres Gewissens wie allen anderen Bürgern und Bürgerinnen nach dem Grundgesetz zukommt. Daher stellt sich die grundsätzliche Frage nach der Verantwortung von Politik und Gesellschaft, die Soldaten und Soldatinnen in Einsätze entsenden: Mit welchen moralischen Dilemmata darf ein Staat seine Staatsbürger in Uniform gezielt und bewusst konfrontieren? Aber auch die Soldaten und Soldatinnen müssen sich damit auseinandersetzen, was sie sich selbst im Einsatz zumuten. Damit wird ein Bündel von Aufgabenstellungen für Ausbildung und Bildung, für Vorsorge und Fürsorge, für medizinische und psychologische Hilfe „vor Ort" sowie für die Militärseelsorge und Selbstsorge aufgeworfen.

Die Auswirkungen der neuen Informations- und Kommunikationsmedien auf die Bundeswehr und ihre Innere Führung thematisiert *Hans-Joachim Reeb*. Die Durchdringung der Bundeswehr mit Internet, Intranet, Mails usw.

13

bietet zahlreiche Chancen für die Innere Führung, aber auch einige Gefahren. So weist der Autor auf die Zwei-Klassenarmee von digital natives und den älteren Soldatengenerationen hin. Den Möglichkeiten für die politische Bildungsarbeit stellt er die Gefahr einer Entpersönlichung der Beziehungen von Vorgesetzten und Mitarbeitern gegenüber. Zudem müssten Soldaten und Soldatinnen über den Umgang mit neuen Medien aufgeklärt und auch gegen Angriffe aus dem Netz geschützt werden.

Nach der Lektüre des Kapitels über neue Technologien mag sich der Leser fragen, was denn nun das eigentlich Neue daran ist. Sind die hier aufgeworfenen Fragen und die hier aufgezeigten Folgen nicht altbekannt? Das Erlebnis von Tod und Vernichtung hat Soldaten schon immer erschreckt. Man denke nur an den Kriegsfreiwilligen Paul Bäumer in Erich Maria Remarques Roman „Im Westen nichts Neues". Dieser lag einen Tag lang in einem Bombentrichter neben einem von ihm tödlich verletzten französischen Soldaten und war danach von größten Gewissensbissen geplagt. Ist nicht auch der permanente Wechsel zwischen einem kriegerischen und friedlichen Umfeld ein seit jeher den Piloten von Kampfflugzeugen vertrautes Phänomen? Die Entscheidung über die Einführung neuer Waffen, spätestens über deren Einsatz, war schon immer eine politische. Ethische Kriterien spielten dabei eine Rolle, nicht zuletzt deshalb, weil die Regierenden dies gegenüber den Bürgern und Bürgerinnen rechtfertigen mussten. Was also ist das Neue? Vielleicht besteht das Neue darin, dass wir heute die Probleme deutlicher sehen und die Fragen öffentlich diskutieren. Sie werden nicht mehr verdrängt durch überzogenen Patriotismus. Die Verantwortlichkeiten sind klar: Der Primat der Politik gilt auch für die Einführung und Anwendung neuer Waffentechnologien; die militärische Führung hat eine beratende Funktion; und die Bürger und Bürgerinnen zusammen mit den Soldaten und Soldatinnen haben die Pflicht, dazu Stellung zu beziehen. Das Jahrbuch Innere Führung 2014 versteht sich als ein Beitrag dazu.

Im dritten Teil des Jahrbuches werden Themen aus den verschiedenen Handlungsfeldern der Inneren Führung und ihre grundsätzliche Eignung als Führungsphilosophie für eine Armee im Einsatz diskutiert. Gemeinsam ist allen, dass sie deutlich pointiert Herausforderungen für die Innere Führung aufzeigen.

Die politische „Charta der Vielfalt" vom Februar 2012 mit ihren Forderungen nach „Anerkennung und Wertschätzung" verlangt von Unternehmen und Institutionen, Raum für die Hausausforderungen von Vielfalt in ihren jeweiligen Organisationskulturen zu schaffen. Das führe, so stellt *Uwe Ulrich* fest, zu Anpassungsdruck, auch für die Bundeswehr. Das Innere Gefüge und die Konzeption Innere Führung werden daher neu zu vermessen sein. Die militärisch beliebte Vorstellung von Homogenität und technokratischer Einheitlichkeit habe ausgedient und müsse hin zu mehr Heterogenität und Pluralität revidiert werden. Zwar sei Rollenvielfalt bereits im Bild vom Staatsbürger in Uniform, der „Mensch-Staatsbürger-Soldat" zugleich ist, angelegt. Durch die Charta bekäme sie allerdings zusätzliches politisches und auch rechtliches Gewicht. Im Vordergrund stehen die Wertschätzung von Facettenreichtum und die Nutzung der mit den Menschen gegebenen Potentiale. Neben der unbezweifelbaren konzeptionellen und organisatorischen Arbeit auf den höheren Führungsebenen wird Vielfalt auch zum Führungsverständnis der Führer vor Ort gehören müssen: Der alte Spruch „Der Richtige am richtigen Platz" bekommt dabei eine neue, bisher nicht erkannte Relevanz.

Said AlDailami stellt eine klassische Analyse der sozialen Lage in einem bestimmten Bereich der Bundeswehr an: der Integration von muslimischen Soldaten. Er würdigt die Anstrengungen der Bundeswehr, weist aber darauf hin, dass die insgesamt positive Lage darauf beruhe, dass diese nicht auffallen wollten und sich mit den nur suboptimalen Möglichkeiten der Glaubensausübung während des Dienstes arrangierten. Hier müssten Rahmenbedingungen geschaffen werden, die der steigenden Anzahl von Bundeswehrangehörigen muslimischen Bekenntnisses Rechnung trügen. Der Autor geht auch auf die Anfeindungen ein, die diese in ihren privaten Bezugsgruppen erführen. Die Aufgabe zukünftiger islamischer Seelsorge in der Bundeswehr sieht er auch darin, „muslimische Soldaten mit dem geistigen Rüstzeug auszustatten, um die verbalen, meist islamistisch unterfütterten Attacken aus ihrem privaten Umfeld mit religiös fundierten Gegenargumenten begegnen zu können".

Sexuelle Belästigung und sexuelle Gewalt sind ein mehr oder weniger stark ausgeprägtes Problemfeld in vielen Streitkräften. In den Vereinigten Staaten von Amerika besitzt das Thema höchste politische Relevanz und militärische Aufmerksamkeit. Es hat das Potenzial, das Ansehen und die Professionalität der U.S.-Streitkräfte massiv zu beeinträchtigen. *Gerhard Kümmel* geht in seinem Beitrag zunächst auf die rechtlichen Aspekte dieses Problemfeldes ein. Er thematisiert zudem sexuelle Gewalt als ein strategisches Mittel der Kriegführung. Im Mittelpunkt stehen die Problemstellungen in Armeen der westlichen Staatenwelt. Auf empirischen Daten beruhende Analysen zeigen deutliche

Unterschiede in den Ausprägungen, aber auch einige Gemeinsamkeiten in den Ursachen sowie in den Versuchen der politischen und militärischen Führung, sexuelle Gewalt entgegen zu wirken. Angesichts der äußerst negativen Auswirkungen sexueller Gewalt auf die Opfer sowie auf das Ansehen und die Einsatzbereitschaft der Streitkräfte sei eine Null-Toleranz von Vorgesetzten bei der Aufklärung und Ahndung entscheidend.

Peter Buchner geht auf Wolf Graf von Baudissins Verständnis von Politischer Bildung in der Bundeswehr ein, konfrontiert es mit einer neueren offiziellen Weisung und stellt massive Defizite bereits im konzeptionellen Ansatz fest. Er entwickelt eine Zukunftsvision für die Politische Bildung, in der „Analyse und Urteil im Mittelpunkt stehen und anhand konkreter Sachverhalte didaktisch strukturiert eingeübt werden".

In seinem zweiten Beitrag für das Jahrbuch Innere Führung 2014 geht *Peter Buchner* auf den Auftrag des Bundestages an eine Kommission „zur Überprüfung, Sicherung und Stärkung der Parlamentsrechte bei der Mandatierung von Auslandseinsätzen der Bundeswehr" ein. Vor diesem Hintergrund diskutiert er die Bedeutung der Parlamentsbeteiligung aus dem Blickwinkel der Inneren Führung als gesetzlich verankerter Organisationskultur der Bundeswehr.

Stephen Gerras und *Murf Clark* stellen die Beziehung zwischen allgemeiner Führung und Führung von Teams heraus. Die geradezu titanischen Anforderungen an militärische Führer in einem durch Komplexität, Unvorhersehbarkeit und Variabilität gekennzeichneten Umfeld machten eine Neuakzentuierung des militärischen Führungsverständnisses erforderlich: Militärische Führer seien auf Teams angewiesen, um den geistigen Herausforderungen ihrer Führungsaufgabe genügen zu können. Erfolgreiche Führung setze voraus, die Fähigkeiten eines Teams optimal zu nutzen. Dialog und Diskurs seien die Wege, um kreative Pläne für militärisches Handeln zu erarbeiten. Dazu bieten die Autoren ein Model an, das als Grundlage für die militärische Ausbildung dienen könnte.

Klaus Beck und *Uwe Hartmann* rekonstruieren die Geschichte des Verhältnisses zwischen den Gewerkschaften und der Bundeswehr. Historisch gewachsene Spannungen existierten noch heute. Allerdings habe es erst kürzlich Annäherungsinitiativen gegeben, die von der DGB-Führung ausgingen. Während diese zu kontroversen Diskussionen innerhalb der Gewerkschaften führten, zeigten die Angehörigen der Bundeswehr eher ein „freundliches Desinteresse" daran.

Jochen Bohn stellt die Zukunftsfähigkeit der Inneren Führung in Frage, indem er Argumente, die gegen die Innere Führung in den 50er Jahren vorgebracht wurden, mit philosophischen Reflexionen über die sicherheitspolitische Lage unserer heutigen Zeit kombiniert. Er fordert, einen Schutzraum für die Soldaten und Soldatinnen einzurichten, damit diese sich aus der „staatsbürgerlichen Umklammerung" lösen könnten. Am Ende seiner Argumentation steht ein Alternativmodell, welches das bisher vertraute Denken über die Wehrverfassung, die zivil-militärischen Beziehungen und das innere Gefüge der Streitkräfte in Deutschland auf den Kopf stellt.

Im Kapitel „Zur Diskussion gestellt" fasst *Dirck Ackermann* die Argumente für und gegen die Anschaffung, Einführung und Anwendung bewaffnungsfähiger Drohnen zusammen. Sie geben gewissermaßen den bisherigen Rahmen der Diskussion wieder und fordern jeden einzelnen auf, zu den Argumenten persönlich Stellung zu nehmen.

Hamburg, im August 2014

II Neue Technologien als Herausforderung für die Innere Führung

Wächter aus der Luft. Drohnen als Schutzpatrone deutscher Bodentruppen in Afghanistan

Marcel Bohnert

Herausforderungen Neuer Kriege

Viele Konflikte der heutigen Zeit haben keinen klar erkennbaren Beginn, schwelen über mehrere Jahre in unterschiedlichen Intensitäten und lassen sich in ihrem Verlauf nur schwierig einschätzen. Sie werden von zahlreichen Akteuren mit undurchsichtigen Interessen betrieben, die sich an gewaltsamen Auseinandersetzungen beteiligen und staatliche Strukturen unterhöhlen. Irreguläre Kämpfer bewegen sich dabei oft in dynamischen kleinen Gruppen kaum erkennbar inmitten der Zivilbevölkerung und ignorieren das Humanitäre Völkerrecht. Durch die so entstehende Fragmentierung des Gefechtsfeldes sind Frontlinien oft kaum zu definieren. Die Frage, wie die Internationale Gemeinschaft auf solche Szenarien am besten reagieren soll, kann derzeit nicht allgemeingültig beantwortet werden.

Der Konflikt in Afghanistan weist viele Charakteristika dieser neuen Kriegsform auf. In der ISAF[1]-Mission wurde ab 2010 die sog. Counterinsurgency-Strategie implementiert. Ihr liegt die Annahme zu Grunde, dass nicht die Bekämpfung der Gegner, sondern die Zuwendung zur Bevölkerung im Zentrum aller Anstrengungen stehen muss, um eine nachhaltige Wende des Konfliktes herbeizuführen. Dieser Ansatz zwingt Soldatinnen und Soldaten dazu, sich unmittelbar in die Bevölkerung zu begeben und sich nicht in der Anonymität – in schwer gepanzerten Gefechtsfahrzeugen oder hinter hohen Lagerzäunen – zu verstecken. Er bedeutet damit gleichzeitig ein besonderes Fähigkeitsprofil und eine höhere Gefährdung dieser Truppen.

Im Fokus dieses Beitrages soll die Unterstützung der in Afghanistan operierenden Kräfte der Bundeswehr durch Drohnen liegen. Diese Betrachtung erfolgt aus soldatischer Sicht und gestützt auf die eigene Einsatzerfahrung als Kompaniechef in der nordafghanischen Provinz Kunduz. Vorzüge und Nachteile des Drohneneinsatzes werden sowohl aus taktisch-operativer Perspektive als auch wissenschaftlich-theoretisch beleuchtet. Damit soll ein Ver-

---

[1] ISAF: International Security Assistance Force, Bezeichnung der internationalen Schutztruppe in Afghanistan, ab Januar 2015 vermutlich »Resolute Support Mission«

ständnis für die Erfordernisse von Bodentruppen erzeugt und in die Diskussion um die Sinnhaftigkeit von Drohneneinsätzen eingebracht werden.

Status Quo des Einsatzes von Drohnen in Afghanistan

"Troops do not like to move without them." [2]

Bei Drohnen handelt es sich um unbemannte Luftfahrzeuge, die vom Boden durch Bediener, sog. Drohnenpiloten, gesteuert werden. Es gibt viele unterschiedliche Drohnen, die in ihrem Gewicht, ihrer Reichweite und ihren Einsatz- sowie Wirkmöglichkeiten erheblich variieren. In der Diskussion um Drohneneinsätze gilt es deshalb zunächst, eine grundlegende Unterscheidung zwischen Aufklärungs- und bewaffneten Drohnen vorzunehmen: Aufklärungsdrohnen dienen ausschließlich der Informationsgewinnung, Abschreckung und Überwachung. Sie sind unbewaffnet und verfügen dementsprechend über keinerlei Angriffskapazitäten. Hingegen sind bewaffnete Drohnen oder Kampfdrohnen mit Raketen ausgestattet oder können im Falle sog. Kamikazedrohnen sogar selbst als Waffe zum Einsatz gelangen.[3] Eine weitere Kategorie, die der waffenfähigen Drohnen, hat das Potenzial, durch entsprechende Um- bzw. Aufrüstung mit Waffen ausgestattet zu werden.

Seit den für die Bundeswehr intensiven Jahren in Afghanistan steht im Felde eingesetzten Kräften eine große Fülle sog. *Air Assets* zur Verfügung. Bodentruppen können in der Operations- und Patrouillenplanung für bestimmte Zeitfenster Luftunterstützung anfordern und dabei regelmäßig auf Drohnen, Helikopter oder Kampfflugzeuge zurückgreifen. Und um es klar zu sagen: Zwar dienen diese Systeme in vielen Fällen lediglich der *Show of Force* oder zur Aufklärung; sie werden bei Feindkontakt nach Möglichkeit aber auch als Wirkmittel gegen gegnerische Kräfte eingesetzt. So auch im September 2009, als der verantwortliche deutsche Kommandeur des *Provincial Reconstruction Teams Kunduz*, der damalige Oberst und heutige Brigadegeneral Georg Klein, zwei amerikanische F15-Jets sowohl zur Beobachtung als auch zur späteren Bekämpfung der im Kunduz-River feststeckenden Tanklastzüge nutzte.

---

[2] Sharkey, Noel: Saying 'No!' to lethal autonomous targeting, Journal of military ethics, 2010, p. 370.

[3] Beispiele für Kamikazedrohnen sind die israelischen »Harop« und »Harpy« sowie die amerikanische »Switchblade«.

Aufklärungssysteme stehen deutschen Truppen aber bereits auf niedrigen Führungsebenen zur Verfügung: Spähtrupps der Heeresaufklärungstruppe sind beispielsweise mit dem System Aladin ausgestattet. Diese elektrobetriebene Propellerdrohne kann per Hand gestartet und mit einer Reichweite von etwa 5.000 Metern eingesetzt werden. Kampfkompanien wurden mit mehreren Kleinfluggeräten vom Typ Mikado ausgerüstet. Dabei handelt es sich um einen elektroangetriebenen Hubschrauber mit vier Rotoren, der durch speziell ausgebildete Soldatinnen und Soldaten der Einheiten bedient werden kann. In bis zu 1.000 Metern Entfernung ist es so ohne größere Vorbereitung möglich, sich einen Überblick über schwer zugängliches Gelände oder verwinkelte Straßenzüge zu verschaffen. Sowohl Aladin als auch Mikado fliegen in sehr geringer Höhe und können nach Rücksprache mit der Operationszentrale selbstständig durch ihre im Felde befindlichen Bediener eingesetzt und gesteuert werden. Es gilt sich lediglich zu vergewissern, dass der Luftraum im Flugbereich frei ist, um Störungen und Zusammenstöße zu verhindern.

Die Aufklärungsdrohne KZO wird per Raketenantrieb aus den Feldlagern gestartet und stand den deutschen Gefechtsverbänden in den Provinzen Kunduz und Baghlan seit 2009 routinemäßig zur Verfügung. Mit einer Einsatzdauer von drei bis vier Stunden, einer Aufklärungstiefe von bis zu 65 Kilometern und einer Infrarotkamera ausgestattet ist sie gut auf die Erfordernisse von Bodentruppen zugeschnitten. Da in Afghanistan auf mehrere Systeme zurückgegriffen werden kann, wird sie zudem oft im Rotationsprinzip eingesetzt, was ihre Verfügungszeit für die Kräfte im Raum noch erhöht. Nachteilig sind lediglich ihre lauten Propellergeräusche, die – ähnlich wie bei Aladin und Mikado – keinen unauffälligen Einsatz ermöglichen und gegnerische Kräfte vermutlich oft die eigene Absicht erahnen lassen. Andererseits kann ihre Präsenz ebenso eine abschreckende bzw. vorbeugende Wirkung haben.[4]

Die Bundeswehr verfügt im Afghanistan-Einsatz weiterhin über drei geleaste israelische Drohnen vom Typ Heron. Mit einer Flughöhe von bis zu 10.000 Metern sind sie am Boden in der Regel kaum wahrnehmbar. Da sie in dieser Höhe länger als 24 Stunden eingesetzt werden können, eignen sie sich gut zur Generierung langfristiger Aufklärungsergebnisse, die als ausgewertete und aufbereitete Informationen zur Truppe gelangen. Die US-amerikanische

---

[4] Vgl. Bohnert, Marcel / Schreiber, Björn, 200 Tage Kunduz. Erfahrungen einer Kampfkompanie in Afghanistan. Vortrag, Fotopräsentation, Diskussion, 3. Auflage, Video-Doppel-DVD, Helmut-Schmidt-Universität/Universität der Bundeswehr Hamburg, Hamburg, 2014.

Predator-Drohne kann bei Verfügbarkeit ebenso wie amerikanische Kampfhubschrauber vom Typ Apache, F-15 Eagle-Kampfjets oder Black Hawk-Rettungshelikopter auch für deutsche Kräfte zum Einsatz gelangen. Damit stehen diesen Truppen in der Operationsführung bewaffnete Systeme in der Luft zur Verfügung, die bei vorliegenden Voraussetzungen auch genutzt werden können. Beim Einsatz der Predator können deutsche Truppen bei Feindkontakt beispielsweise mit dem Abschuss einer Hellfire-Rakete unterstützt werden.

Es sei an dieser Stelle noch darauf hingewiesen, dass die Leistungsfähigkeit von *Air Assets* durch geografische und klimatische Einflüsse beeinträchtigt werden kann. So behindern dichter Bewuchs oder eine geschlossene Wolkendecke unter Umständen die Sicht. Bei starkem Wind, Sandstürmen, Regen oder Nacht sind bestimmte Systeme nicht oder nur eingeschränkt einsetzbar. Davon abgesehen ist es für Bodentruppen nicht immer zu beeinflussen und manchmal auch unerheblich, welche *Air Assets* ihnen für Operationen zur Verfügung gestellt werden. Einheitsführer fordern bei ihrem Verband Unterstützungsleistungen an, die je nach Auftrag und Verfügbarkeit gewährt und zugewiesen werden. So kann es vorkommen, dass die zweistündige Überwachung einer Fußpatrouille durch Kampfhubschrauber angefordert und eine bis zu vierstündige Überwachung durch eine Aufklärungsdrohne zugeteilt wird. Die taktischen und sensorischen Vor- und Nachteile des zugewiesenen Systems gilt es dann wiederum in der Patrouillenplanung zu berücksichtigen.

Drohnen im öffentlichen Diskurs

> „*I have a dream*" Martin Luther King
> „*I have a drone*" Barack Obama [5]

In deutschen Medien genutzte Bezeichnungen wie »Killerdrohnen«, »Hinrichtungsinstrumente« oder »Kriegsmaschinen« sind nur winzige Schlaglichter aus einer vielschichtigen und polarisiert geführten Debatte. Sie verläuft zuweilen emotional oder polemisch und ist mit hohen Ansprüchen an ethische und völkerrechtliche Maßstäbe überfrachtet.

Im Sommer 2012 forderte der damalige Bundesminister der Verteidigung, Thomas de Maizière, einen gesellschaftlichen Diskurs über den Einsatz

---

[5] Plakataufschrift während eines Protestes gegen den Einsatz von Drohnen im Westlake Park, Seattle, USA am 17. April 2013.

von Drohnen und stieß diesen mit teils provokanten Äußerungen an. Unter anderem artikulierte er, dass Drohnen als »ethisch neutrale Systeme« zu betrachten seien, was in der Bevölkerung und den Medien ein eher negatives Echo hervorrief. Das inzwischen gestoppte und als »Drohnendebakel« bekannt gewordene Projekt »Euro Hawk« verstärkte diese generelle skeptische Grundhaltung noch.

In der öffentlichen Wahrnehmung stehen Drohnen oft in unmittelbarem Zusammenhang mit der amerikanischen Strategie des »targeted killing« – der gezielten Tötung von hochrangigen Terroristen.[6] Nach offiziellen Angaben wurde erstmalig im Jahre 2002 eine Kampfdrohne eingesetzt, um einen hohen Führer von Al-Qaida im Jemen zu töten.[7] Bewaffnete US-Drohnen wurden seither auch in Afghanistan, Pakistan, Irak sowie Libyen und Somalia zum Einsatz gebracht.[8] Sie sind damit längst zu einem wichtigen Bestandteil von weltweiter Aufstands- und Terrorismusbekämpfung geworden. Es gilt allerdings herauszustellen, dass gezielte Tötungen nicht erst unter Rückgriff auf bewaffnete Drohnen begonnen haben und – sicher unter höherer Eigengefährdung – ebenso durch verdeckt operierende Spezialkräfte ausgeführt werden können.[9] Mit diesen Aktionen in Zusammenhang stehende Fragen an das Humanitäre Völkerrecht sowie ethische Problemstellungen sind daher nicht nur in Verbindung mit Drohnen zu betrachten.

---

[6] Neben den USA verfolgen auch Israel und Russland eine mehr oder weniger offene Politik gezielter Tötungen (Vgl. Alston, Philip: Dokumentation: Gezielte Tötungen, Wissenschaft & Frieden, 1, 2011, S. 18ff.; Rudolf, Peter / Schaller , Christian: Targeted Killing. Zur völkerrechtlichen, ethischen und strategischen Problematik gezielten Tötens in der Terrorismus- und Aufstandsbekämpfung, Stiftung Wissenschaft und Politik, 2012, S. 7). Der ehemalige Bundesminister der Verteidigung, Thomas de Maizière, hat mehrfach betont, dass Deutschland sich nicht an »extralegalen Tötungen« beteiligen werde.

[7] Vgl. Walsh, James I.: The Effectiveness of Drone Strikes in Counterinsurgency and Counterterrorism Campaigns, Strategic Studies Institute and U.S. Army War College Press, Carlisle 2013, pp. 5f.; Alston, 2011, S. 18.

[8] Vgl. Schnaas, Dieter / Kiani-Kress, Rüdiger / Willershausen, Florian: Geld oder Leben, Wirtschaftswoche, 2013, S. 22; Walsh, 2013, p. 1.

[9] Vgl. Whetham, David: Killer Drones: The Moral Ups and Downs, The RUSI Journal, 158, 2013, p. 22; Schnaas / Kiani-Kress / Willershausen, 2013, S. 22. Ein Beispiel für eine solche Operation ist die Tötung des Terroristenführers Osama bin Laden durch US-Spezialkräfte im Mai 2011 in Pakistan.

Insgesamt scheint im öffentlichen Drohnendiskurs ein großes Durcheinander zu herrschen. Einer dezidierten und vollumfänglichen Diskussion müsste eine gedankliche Matrix zu Grunde liegen, auf deren Achsen zum einen zwischen Drohnentypen – etwa Aufklärungs- und Kampfdrohnen – und zum anderen zwischen ihren verschiedenen Einsatzmöglichkeiten wie Überwachung bei militärischen Operationen, Informationsgewinnung im Einsatzgebiet, weltweite Fernaufklärung, gezielte Tötungen usw. unterschieden wird. Zudem müssten die Argumente in der Diskussion nach strategischer, operativer und taktischer Ebene sowie ihrer Fokussierung auf die ethisch-moralische, die rechtliche oder die praktische Dimension unterschieden werden.

Chancen und Risiken des Drohneneinsatzes

Der entscheidende Vorteil von Drohneneinsätzen ist das geringere Risiko für deutsche Soldatinnen und Soldaten. Drohnen sparen Blut! Wo Kampfdrohnen zum Einsatz gelangen, müssen zunächst einmal keine Soldatinnen und Soldaten kämpfen. Wo Aufklärungsdrohnen eingesetzt werden, können sich Soldatinnen und Soldaten sicherer bewegen. Erst ein klares und aktuelles Lagebild macht angemessenes Agieren und Reagieren möglich.

Dadurch, dass Drohnen unbemannt operieren, sind sie über einen wesentlich längeren Zeitraum einsetzbar als Kampfjets, deren Piloten nach einer gewissen Zeit Ruhephasen benötigen. Am Boden befindliche Drohnencrews arbeiten in Schichten und können die Entscheidung zu einem Angriff in vielen Situationen vermutlich unter weitaus geringerem Zeitdruck treffen. Dies ermöglicht ihnen eine präzise Zielaufklärung und das genaue Beobachten der Umgebung.[10] Gerade in asymmetrischen Szenarien mit ihren diffusen Risikolagen ist dies von nicht zu unterschätzender Wichtigkeit.

Bewaffnete Drohnen vereinen die Fähigkeiten von Aufklärungsmitteln mit denen von Waffensystemen. Auf Grundlage verzögerungsfrei übermittelter Beobachtungsergebnisse können dadurch Entscheidungen zum verzugslosen Waffeneinsatz getroffen und ausgeführt werden. Langwierige Verfahren zum sog. *Entkonflikten* bleiben erspart, da es nicht nötig ist, Aufklärungssysteme aus dem Luftraum herausfliegen zu lassen, bevor bewaffnete Systeme zum Einsatz gelangen können. Im Gegensatz zu international geächteten Waffen wie Streumunition oder Chemiewaffen wirken Kampfdrohnen zudem nicht unter-

---

[10] Vgl. Walsh, 2013, pp. 7f.

schiedslos, sondern sogar sehr präzise. Dadurch erhöhen sie nicht nur die Wahrscheinlichkeit, feindliche Kräfte zielgenau zu töten, sondern mindern – theoretisch – ebenso die Gefahr von Kollateralschäden.[11] Wie eingangs erwähnt, ist der Schutz der Zivilbevölkerung im Rahmen der Counterinsurgency-Strategie in Afghanistan oberstes Ziel. Ein verantwortungsvoller Einsatz von bewaffneten Drohnen kann erheblich dazu beitragen, die Verwundung und den Tod unschuldiger Zivilisten zu verhindern. In feindlichen Organisationen und Gruppierungen kann die Bedrohung durch Drohnenangriffe darüber hinaus zu einem permanenten Gefühl der Verunsicherung und daraus folgend womöglich zur Beendigung feindlicher Handlungen führen. Weiterhin kann angenommen werden, dass innerhalb gegnerischer Netzwerke ein destruktiv wirkendes Misstrauen entsteht, weil sich deren Mitglieder wechselseitig der Kooperation mit ausländischen Kräften verdächtigen.[12]

Den genannten Vorteilen des Drohneneinsatzes stehen einige Risiken bzw. potentiell negative Wirkungen gegenüber: Am Einsatz von Aufklärungsdrohnen wird vor allem bemängelt, dass sich die einheimische Bevölkerung permanent durch Fluggeräusche gestört sowie beobachtet und überwacht fühlen kann. Während des Afghanistan-Einsatzes hatte sich nach der Stationierung von *Persistent Threat Detection Systems*[13] über den deutschen Feldlagern in der Bevölkerung das Gerücht verbreitet, dass diese schwebenden Ballons dazu genutzt werden würden, »ehrenhafte afghanische Frauen« auszuspionieren. Weiterhin wurde behauptet, dass auch das Beobachten durch Wände und Kleidung zu den technischen Möglichkeiten der Aufklärungsballons zählten. Nun laufen viele militärische Mittel Gefahr, gegenüber einer Bevölkerung mit relativ geringem technischen Verständnis für propagandistische Zwecke missbraucht zu werden. Ähnliche Mythen mag es auch über Ferngläser, Zielfernrohre, Nachtsichtgeräte oder die Zieloptiken von Gefechtsfahrzeugen geben. Diese

---

[11] Vgl. Chauvistré, Eric: Verklärte Kriege, taz. die tageszeitung, 10028, 09.02.2013, S. 10; Dickow, Marcel / Linnenkamp, Hilmar: Kampfdrohnen – Killing Drones. Ein Plädoyer gegen die fliegenden Automaten, Stiftung Wissenschaft und Politik, 75, 2012, S. 3f.; Walsh, 2013, p. 12.

[12] Vgl. Sluka, Jeffrey A.: Death from Above. UAVs and Losing Hearts and Minds, Military Review, 91, 2011, pp. 70f.; Rudolf / Schaller, 2012, S. 29f.; Walsh, 2013, p. 6.

[13] Beim *Persistent Threat Detection System* (PTDS) handelt es sich um einen mit Helium gefüllten, an einem Seil befestigten und mit Kameras ausgestatteten Aufklärungsballon. Wegen seiner Ähnlichkeit mit einem Luftschiff wird er im Sprachgebrauch der Truppe auch als »Hindenburg« bezeichnet.

werden in der Regel allerdings aus einem horizontalen Blickwinkel genutzt und mögen deshalb von den Einheimischen als weniger störend empfunden werden. Drohnen und andere fliegende Systeme sind für derartige Gerüchte hingegen offenbar besonders anfällig, da sie sich am Himmel bewegen und nichts Menschliches mehr an ihnen zu erkennen bleibt. Ob Afghanen sie jemals ernsthaft als zu ihrem Schutz eingesetzte Mittel akzeptieren können, ist daher fraglich.

Zu den weiteren Risiken von Drohneneinsätzen zählen die immer sensibler werdende Technik und der Austausch immer größerer Datenmengen. Dies kann zu vermehrten technischen Problemen, Abstürzen und Missbrauch wie *Elektronischem Kidnapping* führen und damit die eigene Verwundbarkeit steigern. Für die Bundeswehr gilt im Afghanistan-Einsatz die Weisung, dass es keine Drohne wert ist, ein Menschenleben zu opfern. Dennoch ist die Suche und Bergung von abgestürzten Systemen keine Seltenheit. In der Regel können diese zwar ohne sonderlich großen Aufwand durchgeführt werden, in einem asymmetrischen Einsatzumfeld sind Soldatinnen und Soldaten aber häufig mit unklaren Risiken konfrontiert und es ist oft schwierig einschätzbar, welche tatsächlichen Gefahren damit verbunden sind.

Zudem ist die Treffgenauigkeit bei Drohnenangriffen stark umstritten. Sie scheint jedoch insgesamt hinter dem zu liegen, was die technischen Möglichkeiten implizieren.[14] Auch wenn inzwischen gute Möglichkeiten zur Unterscheidung von ziviler Bevölkerung bzw. eigenen Truppen und gegnerischen Kräften existieren, ist das Risiko von Verwechslungen nie vollständig auszuschließen.[15] Auch ist durch die Komplexität der Netzwerke von Aufständischen nicht immer erkennbar, bei wem es sich tatsächlich um wichtige Entscheidungsträger und Führer höherer Ebenen handelt.[16] Fehlschläge und Kollateralschäden bieten feindlichen Kräften viele Möglichkeiten für die eigene Propaganda und eine weitere Radikalisierung. Ressentiments und Wut gegen die internationalen Truppen können sich in der Bevölkerung herausbilden,

---

[14] Vgl. Sharkey, 2010, pp. 375f.; Sluka, 2011, pp. 71f.; Alston, 2011, S. 19; Möglicherweise sind Verfehlungen und Unglücke aber auch gerade auf Grund der anzunehmenden hohen Präzision von Drohnen augenscheinlicher und erzeugen eine höhere Aufmerksamkeit. Whetham spricht in diesem Zusammenhang vom »Paradox der Präzision« (Vgl. 2013, p. 27).

[15] Unter anderem starben 2011 vermutlich zwei US-Soldaten durch den Angriff einer Predator-Drohne in Afghanistan (Vgl. Sluka, 2011, p. 70).

[16] Vgl. Walsh, 2013, pp. 15ff.

verstärken oder weiter verbreiten und zur Rekrutierung neuer Gegner führen. Die Zahl der Kollateralschäden lässt sich zudem manipulieren oder durch *Menschliche Schutzschilde* sogar noch erhöhen. Gegnerische Kräfte werden darüber hinaus immer bestrebt sein, Drohnenangriffe als internationalem Recht widersprechende Vorgehensweisen darzustellen und die moralische Verwerflichkeit dieses ihrer Ansicht nach perfiden Kriegsmittels herausstellen.[17]

Implikationen für die Innere Führung

Durch zunehmende Technisierung und Automatisierung wird die *Innere Führung*, die den Anspruch erhebt, das Selbstverständnis und die Führungskultur in der Bundeswehr abzubilden, vor neue Herausforderungen gestellt. Sie selbst fordert ihre beständige Anpassung an wandelnde technische und rechtliche Rahmenbedingungen.

Autonome Drohnen kommen in Zukunft möglicherweise ohne menschliche Letztentscheidung aus. Hier stellt sich die grundlegende Frage nach der Errechenbarkeit eines militärischen Vorteils oder der Abbildbarkeit des Humanitären Völkerrechts in technischen Systemen. Es ist fraglich, ob menschliches Verständnis, Situationsbewusstsein und Intuition jemals ersetzt werden können oder ob dies überhaupt wünschenswert ist.[18] Zugleich ergibt sich ein Problem in Bezug auf Verantwortung und Mitverantwortung, da nicht klar ist, ob Fehlschläge autonomer Systeme den Entwicklern, Programmierern, militärischen Führern oder Drohnencrews zuzurechnen sind.[19] Ob der Mensch in Anbetracht der zunehmenden *Entpersonifizierung* des Gefechtsfeldes auch weiterhin im Mittelpunkt stehen wird, wie es die Gestaltungsfelder der *Inneren Führung* fordern, ist ebenfalls neu zu hinterfragen.

---

[17] Vgl. Walsh, 2013, pp. 18ff.; Sluka, 2011, pp. 72ff.

[18] In der Diskussion zur Rolle des Menschen angesichts der Entwicklung von autonomen Robotersystemen wird häufig die Unterscheidung zwischen »in the loop« (Mensch als Teil eines Entscheidungsprozesses), »on the loop« (Mensch als Beobachter eines Entscheidungsprozesses) und »off the loop« (Mensch außerhalb eines Entscheidungsprozesses) gebraucht (Vgl. Singer, Peter W.: Wired for War. The Robotics Revolution and Conflict in the 21st Century, New York, 2009, pp. 123ff.; Sharkey, 2010, pp. 376ff.). Der Begriff »Autonomie« wird in diesem Zusammenhang oft missverstanden und muss im Sinne der Robotik, nicht im philosophischen oder politischen Sinne interpretiert werden (Vgl. Sharkey, 2010, pp. 376f.).

[19] Vgl. Dickow / Linnenkamp, 2012, S. 1f.

Eine Gefährdung des Führungsprinzips der Auftragstaktik ergibt sich daraus, dass Drohnenbilder die Möglichkeit bieten, Mikromanagement zu betreiben und über viele Führungsebenen hinweg direkt einzugreifen. Die erhöhte geografische Distanz vom Geschehen bei gleichzeitig zunehmender Involviertheit kann als Phänomen der »taktischen Generäle« bezeichnet werden.[20] Auch für deutsche Kampftruppen in Afghanistan wurden Drohnenaufnahmen zweckentfremdet, um Fahrzeugabstände zu verbessern, die Einhaltung der Anzugordnung zu kontrollieren oder Einzelpersonen von höchster Ebene zu führen. So helfend dieses Durchgreifen auch gemeint sein mochte – die Verantwortung und das Gespür für die Situation liegen noch immer bei den Führern vor Ort, weshalb sich diese gelegentlich nur noch mit einer Unterbrechung der Funkverbindung zu helfen wussten. Die verbesserten technischen Möglichkeiten dürfen nicht dazu verleiten, Führungsebenen zu ignorieren und damit das Vertrauen der unterstellten Soldatinnen und Soldaten zu riskieren.

Allgemein scheint auch eine große Furcht vor einer möglichen *Playstation-Mentalität* von Drohnenpiloten zu bestehen.[21] Damit sind ein mangelnder Realitätssinn und eine Abstumpfung durch die oft eintönige Joystick-Arbeit am Computerbildschirm sowie die ausschließliche Kommunikation über Audioleitungen gemeint. Aus der geografischen Distanz droht ggf. auch eine moralische Distanz zu erwachsen. Umgekehrt ließe sich aber ebenso schlussfolgern, dass die hohe Entfernung vom Gefechtsgeschehen eine ruhige und wohlüberlegte Entscheidungsfindung unterstützt. Anders als Soldatinnen und Soldaten im Kriegsgebiet müssen sich aus der Heimat oder den Feldlagern operierende Drohnenpiloten wenig um ihre physische Gesundheit sorgen. Zumindest sind sie kaum der Gefahr ausgesetzt, durch das Gefechtsgeschehen im Einsatz verwundet oder getötet zu werden. Durch die ausbleibende Lebensgefahr, die geringere emotionale Involviertheit und den guten Überblick über das mitunter intensive Kampfgeschehen könnte es Drohnenpiloten sogar leichter fallen, qualitativ hochwertige und juristisch begründete Entscheidungen zu treffen. Zudem bietet sich durch digitale Aufzeichnungsmöglichkeiten die Chance zur

---

[20] Vgl. Singer, 2009, pp. 348ff.; Singer zitiert in diesem Zusammenhang unter anderem einen pensionierten Stabsoffizier, der die neuen Eingriffsmöglichkeiten von Generälen als »5.000 Meilen langen Schraubendreher« bezeichnet (Vgl. p. 350).

[21] Vgl. Sharkey, 2010, pp. 371ff.; Alston, 2011, S. 21; Singer, 2009, pp. 364ff.

präzisen Überwachung von Drohnencrews, wodurch leichtfertiges Verhalten besser verhindert oder nachgewiesen werden kann.[22]

Da Drohnenpiloten indirekt an Gefechtshandlungen teilnehmen und darauf einwirken, sind sie faktisch als Kombattanten zu betrachten. Ob sie von der Truppe im Felde dadurch als ebenbürtige Soldatinnen und Soldaten empfunden und respektiert werden, kann dennoch bezweifelt werden. Deutsche Truppen haben sich insbesondere im Jahre 2010 in den nordafghanischen Provinzen Kunduz und Baghlan erbitterte Kämpfe mit Aufständischen in »Handgranatenwurfweite« geliefert. Es ist unzweifelhaft, dass sich diese Erfahrungen signifikant von denen der Drohnenpiloten unterscheiden. Soldatische Tugenden wie Tapferkeit, Kameradschaft oder die emotionale Verbundenheit der *Kleinen Kampfgemeinschaft* erfahren in ihrem Kontext eine geringere bzw. grundlegend andere Bedeutung und können Spannungen innerhalb der Streitkräfte erzeugen.[23] Nichtsdestotrotz ergeben sich auch Fragen zur psychischen Belastung von Drohnenpiloten: Zum einen, weil sie über längere Zeiträume einen direkten Überblick über das Gefechtsgeschehen – teilweise mit hochauflösenden Kameras – haben, ohne immer eingreifen zu können. Zum anderen, weil sie, wenn sie tatsächlich aus der Heimat agieren, zivilen Belastungsfaktoren wie den alltäglichen Herausforderungen ihres Familien- und Arbeitslebens ausgesetzt sind.[24] In Anbetracht hoch intensiver Kampfhandlungen in Afghanistan mag dies zynisch klingen, aber auch der tägliche Wechsel von einem Drohnenkontrollraum an den heimischen Essenstisch und die dortige Konfrontation mit vergleichsweise banalen Problemen der Familie können einen erheblichen Druck erzeugen. Auch bei Drohnencrews, die nicht im Einsatzgebiet waren, zeigen sich psychische Belastungsreaktionen wie Posttraumatische Belastungsstörungen (PTBS).[25] Im Rahmen der Fürsorge des Dienstherrn müssen für diese Klientel genau wie für direkt vor Ort befindliche Soldatinnen und Soldaten Debriefings und eine professionelle psychologische Betreuung gewährleistet werden.

---

[22] Vgl. Whetham, 2013, pp. 25ff.

[23] Vgl. Bohnert, Marcel: Armee in zwei Welten, in: Böcker, Martin / Kempf, Larsen / Springer, Felix (Hrsg.): Soldatentum. Auf der Suche nach Identität und Berufung der Bundeswehr heute, München, S. 75-89.

[24] Vgl. Singer, 2009, pp. 330ff.; Whetham, 2013, p. 26.

[25] Vgl. Singer, 2009, pp. 346f.; Whetham, 2013, p. 24.

Schlussendlich bedürfen alle rechtlichen Fragen zum Einsatz von Drohnen schnellstmöglich einer Klärung, um der Truppe die aus Rechtssicherheit erwachsende Handlungssicherheit zu geben. Nur lageangepasste, verständliche, eindeutige und praktikable Vorgaben sowie eine entsprechende Ausbildung können eine professionelle Auftragserfüllung gewährleisten. Soldatinnen und Soldaten müssen sich jederzeit über die möglichen juristischen Konsequenzen ihres Handelns im Klaren sein.[26]

Will die *Innere Führung* aus ihrer oft kritisierten Unzulänglichkeit für aktuelle Einsatzszenarien herauskommen, so muss sie die aus den neuen Entwicklungen entstehenden Fragen beantworten, bevor sie von der sich zügig wandelnden Realität abgehängt wird.

Zusammenfassende Bewertung

Die langfristigen Wirkungen des Einsatzes von Drohnen in einem Einsatzgebiet sind aus praktischen Gründen nur schwierig zu evaluieren. Zu entfernt werden Drohnen eingesetzt und zu unsicher ist die Datenlage in Bezug auf geglückte Missionen bzw. verursachte Kollateralschäden. Ihre mentalen Auswirkungen auf Gegner und Zivilbevölkerung bleiben daher weitgehend im *Nebel des Krieges* verborgene Mutmaßungen. Aus Sicht von Bodentruppen ist ihr Einsatz für die Operationsführung jedoch sehr nützlich. Nicht nur, dass sie schon in der Planungsphase aktuelle Luftaufnahmen liefern können, in einem Umfeld mit unübersichtlichen Straßen, zerklüfteten Gebirgszügen, dichtem Bewuchs und hohen Compound-Mauern ermöglichen Drohnen einen Blick aus der Vogelperspektive, der der Truppe über technische Systeme in Echtzeit verfügbar gemacht werden kann und dadurch einen wichtigen taktischen Vorteil erbringt. Handelt es sich bei den Systemen um bewaffnete Drohnen, ist sogar ein verzugsloser Waffeneinsatz aus der Luft möglich.

Philip Alston, der frühere Sonderberichterstatter der Vereinten Nationen über außergerichtliche, summarische oder willkürliche Hinrichtungen, hat kritisiert, dass den Opfern von Drohnenangriffen keine Möglichkeit zur Verteidigung oder Aufgabe gegeben wird. Dies ist bei Bombenabwürfen, Artillerie-

---

[26] Vgl. Bohnert, Marcel: Zur Notwendigkeit lagebezogener Einsatzregeln für Soldatinnen und Soldaten in Auslandsmissionen, in: Forster, Fabian / Vugrin, Sascha / Wessendorf, Leonard (Hrsg.): Das Zeitalter der Einsatzarmee. Herausforderungen für Recht und Ethik, Berlin 2014, S. 131-140; Pepper, Tom: Drones – Ethical Considerations and Medical Implications, J Royal Naval Medical Service, 98, 2012, p. 38; Singer, 2009, pp. 383ff.

feuer oder Schüssen aus Scharfschützengewehren aber in der Regel ebenso wenig der Fall. Es handelt sich hierbei also nicht um ein neues Problem, und eine moralische Differenz ist nicht zwangsläufig gegeben. Auf die technische Überlegenheit der internationalen Schutztruppe haben die Aufständischen in Afghanistan zudem mit heimtückischen Kriegsmitteln wie IEDs[27], Innentätern[28] und Selbstmordattentätern reagiert. Derartige Taktiken, Strategien und Kampfmittel sind für sie wie auch in anderen asymmetrischen Kriegen die einzigen wirkungsvollen Waffen gegen übermächtige Streitkräfte. Diese Art des Kampfes stellt für die Internationale Gemeinschaft natürlich weder eine moralische noch eine juristische Option dar; allerdings konnte der vermehrte Einsatz von Drohnen zu einer *Resymmetrierung* dieser Situation beitragen.[29] Der Forderung von Philip Alston nach mehr Transparenz in Bezug auf die Gründe, Ziele und Erfolge sowie Misserfolge von Drohneneinsätzen ist hingegen zuzustimmen. Diese Maßnahmen können eine Entmystifizierung der Systeme sowie eine Versachlichung der Drohnendebatte fördern.

Ich bin dankbar dafür, dass mir als Kompaniechef eine umfangreiche Unterstützung durch *Air Assets* zuteil geworden ist. Kaum eine Patrouille musste ohne Luftunterstützung stattfinden. Diesen Umstand sehe ich als entscheidende Voraussetzung für eine flexible Operationsführung und den daraus erwachsenen Einsatzerfolg meiner Einheit an.[30] Über den Einsatz von Aufklärungsdrohnen darf es keine ernsthaften Diskussionen geben. Sie sind unverzichtbar! Bewaffnete Drohnen erscheinen als Begleiter deutscher Bodentruppen im Einsatzgebiet und zu deren direkter Unterstützung ebenfalls legitim. In Afghanistan wird im Rahmen der multinationalen Zusammenarbeit bereits auf bewaffnete ausländische Systeme zurückgegriffen. Der Einsatz von Kampfdrohnen außerhalb eines mandatierten Konfliktgebietes wird hier nicht bewertet, bedarf aber einer grundlegenden Klärung auf ethisch-moralischer, politisch-strategischer und völkerrechtlicher Ebene.

---

[27] IED: Improvised Explosive Device, improvisierte Sprengfalle

[28] Vgl. Bohnert, Marcel: Feinde in den eigenen Reihen. Zur Problematik von Innentätern in Afghanistan. if. Zeitschrift für Innere Führung, 2, 2014, S. 5ff.

[29] Vgl. Schnaas / Kiani-Kress / Willershausen, 2013, S. 24; Whetham, 2013, pp. 27f.

[30] Vgl. Shea, Neil. Ready for a fight: German soldiers´ Afghan Mission switches from Reconstruction and Training to Engaging Enemy. Stars and Stripes, 9, 09.01.2012, pp. 16f.

Ausblick

Der Einsatz von Drohnen reiht sich in die historische Tendenz ein, Kriege auf immer größere Entfernungen zu führen. In den letzten Jahren ist in ihrer Nutzung ein exponentieller Anstieg zu verzeichnen. Sie gelten inzwischen als integraler Bestandteil militärischer Operationen. Das gilt seit längerem auch für die deutschen Kräfte in Afghanistan. Auch in anderen Konflikten ist ein verstärkter Einsatz von Drohnen zu erwarten. So sind durch die Vereinten Nationen Ende 2013 erstmals im Rahmen einer Friedensmission Aufklärungsdrohnen zum Einsatz gebracht worden: Sie wurden in der Demokratischen Republik Kongo gegen Milizen und bewaffnete Gruppen eingesetzt. Dies könnte beispielgebend für weitere Blauhelmeinsätze werden. Denkbar wäre auch eine stärkere Einbindung in die Genozid-Prävention.[31]

Im Gegensatz zu groß angelegten Einätzen von Bodentruppen stellen Drohnen insgesamt nicht nur das für die eigenen Streitkräfte risikolosere, sondern aller Wahrscheinlichkeit nach auch deutlich kostengünstigere Mittel dar. Angesichts der verbreiteten *Casuality Shyness* in der deutschen Politik und Bevölkerung wird der Widerstand gegen den Einsatz bewaffneter Drohnen als potenzielle Alternative zum Einsatz des eigenen Militärs auf längere Sicht vermutlich schwinden. Da sich aus wie auch immer gearteten Interventionen aber auch eine längerfristige Verantwortung ergeben kann, könnte einem *Mission Creep* – einer schleichenden Ausdehnung der Mission – bei der wieder eigene Bodentruppen zum Einsatz gelangen müssten, der Weg bereitet werden. Es ist kaum zu erwarten, dass politische Ziele in Krisengebieten ausschließlich durch den Einsatz bewaffneter Drohnen erreicht werden können. Sie sind in bestimmten Phasen der Operationsführung sehr nützlich und tragen als komplementäres System zum Erfolg der Gesamtmission bei; ein alleiniger Einsatz zum Schutze von Zivilisten oder sogar zur Beendigung komplexer Konflikte ist aus heutiger Sicht jedoch undenkbar. In Krisengebieten werden wahrscheinlich immer nationale oder internationale Bodentruppen eingesetzt werden müssen, um ein stabiles und sicheres Umfeld gewährleisten zu können und die Voraussetzungen für eine effektive Friedenskonsolidierung zu schaffen. Die möglichen Konsequenzen eines Drohneneinsatzes sollten sich deshalb stets im Vorhinein vor Augen geführt werden.

Drohnen haben sich in den Szenarien *Neuer Kriege* auch bewähren können, weil der Feind noch nicht über die nötigen Mittel zu ihrer Abwehr ver-

---

[31] Vgl. Whetham, 2013, p. 28.

fügt. In aller Regel herrscht eine fast vollständige Luftüberlegenheit der alliierten Truppen. Es ist aber davon auszugehen, dass gegnerische Kräfte auf der Suche nach Möglichkeiten sind, Drohnen effektiv zu bekämpfen und für eigene Zwecke nutzbar zu machen.[32] Zumindest werden sie sich auf diese Art der Bedrohung einstellen und versuchen, sie möglichst zu umgehen oder sie für die Durchsetzung und Legitimierung ihrer eigenen Ziele zu nutzen. Dass Drohnen schon heute Angriffe provozieren, zeigte sich unter anderem im Dezember 2013, als Mitglieder des Terrornetzwerkes Al Qaida bei einer Offensive gegen das jemenitische Verteidigungsministerium in Sanaa über 50 Menschen töteten, weil sie Drohnenkontrollräume im Gebäudekomplex vermuteten. Sollten terroristische Gruppierungen zukünftig selbst über eine größere Anzahl fernlenkbarer Drohnen verfügen, besteht die Gefahr von massenhafter Proliferation und eines Wettrüstens, das Maßnahme auf Gegenmaßnahme folgen lässt und zu einer zunehmenden Militarisierung führen kann. Hierdurch würden nämlich nicht nur Soldatinnen und Soldaten sowie militärische Liegenschaften, sondern auch öffentliche Orte bedroht und womöglich durch spezielle Abwehrsysteme geschützt werden müssen. Mit der Vielzahl möglicher Szenarien muss sich im Rahmen sicherheitspolitischer und strategischer Überlegungen unbedingt befasst werden.

Auszumachende Trends in der Drohnentechnik sind die Ausweitung der Bewaffnung, die fortschreitende Miniaturisierung sowie die zunehmende Automatisierung.[33] Schon jetzt sind weitere Entwicklungen angestoßen und teilweise bereits realisiert: Tarnkappendrohnen, vollautonome Roboterdrohnen und Sanitätsdrohnen[34] sind nur Beispiele für das, was zukünftige kriegerische Auseinandersetzungen prägen könnte. Die neuen Herausforderungen in Bezug auf die Luftraumkoordination sind schon im August 2004 spürbar geworden, als es beinahe zu einem Zusammenstoß eines zivilen Airbus' A300 mit einer Bundeswehrdrohne kam. Auch im zivilen Bereich wird man sich zukünftig noch intensiver mit dem Thema auseinandersetzen müssen.

Die Frage ist inzwischen nicht mehr, ob Deutschland in Zukunft bewaffnete Drohnen besitzen und einsetzen wird. Das wird es ganz bestimmt!

---

[32] Vgl. Walsh, 2013, p. 51.

[33] Vgl. Suermann, Manfred: Drohnentypen. Übersicht der gebräuchlichsten Modelle. Zum Thema. Magazin zum Lebenskundlichen Unterricht, 1, 2013, S. 13; Dickow / Linnenkamp, 2012, S. 4f.

[34] Vgl. Pepper, 2012, pp. 38ff.

Die Frage ist, auf welchen Grundlagen und unter welchen Rahmenbedingungen ihr Einsatz erfolgen soll und welche praktischen Maßnahmen es daraus abgeleitet im Vorfeld umzusetzen gilt. Diese Debatte sollte weiterhin auf allen relevanten Betrachtungsebenen geführt und kritisch begleitet werden. Dabei gilt es immer zu berücksichtigen, dass Soldatinnen und Soldaten durch das deutsche Parlament in Auslandsmissionen entsandt werden. Die uneingeschränkte Unterstützung der Truppe mit allen erforderlichen und geeigneten Mitteln muss allein deshalb als moralischer Imperativ gelten.

Robots on the battlefield – Zur fortschreitenden Technisierung des Kampfgeschehens und seiner Folgen für das soldatische Selbstverständnis

Jens Warburg

In den vergangenen Jahren ließ sich in der kleinen im Norden Pakistans gelegene Provinz Waziristan beobachten, welche Folgen für die Zivilbevölkerung eine Kriegführung haben kann, bei der hauptsächlich Drohnen zum Einsatz kommen. Seit 2004 und über Jahre hinweg, war sie ein Haupteinsatzgebiet US-amerikanischer Drohnen. Über diese Provinz flogen zumindest bis 2013 ständig verschiedene Typen von Drohnen. Folgt man den wenigen Journalisten, die sich in diese Region wagten, bedeutete das für die Bewohner dieser Provinz, dass sie unablässig ein Brummen in der Luft wahrnehmen konnten. Nicht jede eingesetzte Drohne, die die Bewohner dieser Provinz hörten, feuerte zwar in Kürze Raketen ab, sie löste aber die Angst aus, dass genau das passiert wird. Die Angst vor der ständigen Bedrohung hatte gravierende Folgen. Es wird davon berichtet, dass selbst sehr arme Menschen versuchten, durch die Einnahme von Beruhigungsmittteln und Antidepressiva nachts Schlaf zu finden. Die permanente Drohung, die quasi stationär über sie kreiste, hielt sie ansonsten wach (siehe Weber: 47).

Möglich wurde diese Permanenz der Bedrohung aus der Luft, weil Flugkörper eingesetzt wurden und werden, in denen sich keine Menschen befinden. Durch in ihnen eingebaute Kameras wird unablässig das Geschehen am Boden beobachtet und nach Auswertung dieser Daten, aber, beispielsweise auch aufgrund abgehörter Telefonate, kommen in Afghanistan oder in Nevada CIA-Angehörige zu einer Einsatzentscheidung, die in aller Regel auch den Tod von Nicht-Kombattanten bedeutet. Die Details der Entscheidungsfindung sind nicht nur den Bewohnern Waziristans unbekannt. Schutz oder auch nur eine Vorwarnzeit gibt es keine, zumal die häufig verwendeten Hellfire-Raketen überschallschnell ihr Ziel erreichen. Wer das Anfluggeräusch hört, weiß nur, dass er überlebt hat, denn das ist erst nach der Detonation zu hören.

Diese Situationsbeschreibung macht deutlich, dass die Aussage, Roboter oder zumindest roboterähnliche Maschinen werden im Krieg eingesetzt, keine Science-Fiction sind. Solche Maschinen werden bereits seit über 10 Jahren in den unterschiedlichsten Regionen und auch von verschiedenen Streitkräften verwendet – überwiegend freilich noch zu Aufklärungszwecken. Die Entwicklung immer neuer Typen war rasant und es wäre überraschend, wenn sich dieser Trend nicht fortsetzen würde.

Dies bedeutet, dass in zukünftigen Kriegen der Einsatz solcher Maschinen die Kriegserlebnisse von immer mehr Menschen prägen wird. Die Zahl der Soldaten, die mit diesen Maschinen umzugehen haben, wird zunehmen, immer mehr Kombattanten werden sich von solchen Maschinen bedroht fühlen und auch die Zahl der Zivilisten wird steigen, die befürchten müssen, durch den Einsatz dieser Maschinen verletzt oder getötet zu werden.

Ich will mich im Folgenden der Frage zuwenden, weshalb der Einsatz von Robotern bzw. roboterähnlichen Maschinen eine Ausweitung erfahren wird, um mich anschließend zu fragen, welche Auswirkungen ihr Einsatz möglicherweise auf das Selbstverständnis von Soldaten haben wird.

Meine primäre These für die zunehmende Attraktivität des Einsatzes von Robotern steht im Zusammenhang mit den Überlegungen Günther Anders zum „prometheischen Gefälle". Konkret beziehe ich mich auf die damit verbundene spezifische Wahrnehmung des an den menschlichen Leib gebundenen Leistungsvermögens. Während Maschinen durch technische Innovationen permanent weitere Leistungssteigerungen erfahren, zeige sich der menschliche Leib gegenüber solchen Optimierungsversuchen, wie Anders feststellt, als „stur", weil „morphologisch konstant" (Anders: 33). Er kam aufgrund zahlreicher Beobachtungen, unter anderen bei der Ausbildung von Piloten, zu dem Ergebnis, dass Maschinen zum Ideal des Menschen geworden seien. Die Leistungsfähigkeit des menschlichen Leibes werde an Maschinen gemessen, und er gelte als „Fehlkonstruktion" (Anders: 32). Während dem Leistungsvermögen des Leibes durch Konditionierungen, durch pharmazeutische Präparate, aber auch durch die Hinzufügung technischer Apparaturen aufgrund seiner „Sturheit" enge Grenzen gesetzt sind, gilt für technologische Innovationen, dass kein Ende ihrer Leistungssteigerung absehbar ist. Die Aussicht auf die derzeit unendlich zu denkenden Möglichkeiten von Leistungssteigerungen motivieren letztendlich die Forschung und den zukünftigen Einsatz von immer neuen Technologien. Alle anderen Argumente für den Einsatz von Robotern sind zwar nicht bedeutungslos, aber ihnen kommt eher eine sekundäre Bedeutung zu. Dass beispielsweise die neuen Technologien für vergleichsweise geringere Kosten zu haben sein sollen, darf getrost als ein Marketing-Argument der Rüstungsindustrie gegenüber den Kunden, dem Militär und Staat, eingestuft werden, die damit wiederum die Finanzhaushälter beruhigen können.

Günther Anders publizierte Ende der 50er Jahren seine Überlegungen zum prometheischen Gefälle, also zu einer Zeit, in der technologische Innovationen noch durchgehend euphorisch begrüßt wurden. Selbst Kritiker der Atombombe dachten damals darüber nach, wie ihre Explosionskraft für zivile Zwecke genutzt werden könne. Diese Stimmung hielt bis in die 60er Jahre an. In dieser Zeit wurden für die nächste Jahrzehnte allenthalben umwälzende technologische Innovationen für wahrscheinlich gehalten. Ein Kristallisationspunkt solcher Phantasien war die Raumfahrt, die nicht nur zum Mond führen sollte. Ein anderer Bereich war stets das Militär. Während seit den 70er Jahren in der zivilen Welt die Euphorie nur noch als gebrochen bezeichnet werden kann, ist vergleichbares für die Welt der militärischen Forschung nicht zu vermelden. Ein Grund hierfür ist sicher, dass sich mit euphorischen Entwicklungsstudien und Planungen exorbitante Forschungsgelder einwerben lassen. Gerade deshalb sei hier darauf hingewiesen, dass die überwiegende Mehrheit derartiger Innovationsvorhaben seit Jahrzehnten eine Geschichte des Scheiterns bildet. So sei hier an die Versuche erinnert, den Körper der Soldaten unmittelbar durch Technologie mit einem Exoskelett aufzurüsten. An diesen Vorhaben wird seit den frühen 70er Jahren gearbeitet (Watson: 103). Als gänzlich gescheitert können Versuche gelten, das Gehirn von Piloten unmittelbar mit dem Bordcomputer zu verbinden, um auf diese Weise das Flugzeug zu steuern und Raketen abzufeuern (dito: 102). Gescheitert sind diese Vorhaben allesamt an der Schwierigkeit – technisch gesprochen – , eine Schnittstelle zwischen der Technik und dem menschlichen Leib zu finden. Mit Anders gesprochen, zeigt sich hier die morphologische Sturheit des Leibes. Dass sich trotz großartiger Ankündigungen die Entwicklung von Robotern als schwieriger gestaltet als jeweils vermutet, hat noch einen weiteren Grund: die grobe Unterschätzung der Leistungsfähigkeiten des menschlichen Leibes bzw. die Unkenntnis, wie voraussetzungsvoll selbst scheinbar simple Handlungen sind. Dachte man noch in den 60er, 70er und auch noch in den 80er Jahren des vergangenen Jahrhunderts, man könne mit bloß gesteigerten Rechenkraft autonome Maschinen entwickeln, ist heute unverkennbar, dass sich auf diese Weise keine Maschinen entwickeln lassen, die auch nur ansatzweise an die menschliche Wahrnehmungs- und situative Entscheidungsfähigkeit heranreichen. Auch durch bessere Sensoren, die die Maschine über ihren eigenen Zustand und ihre eigene Position im Raum informieren, wird diese nicht befähigt, eine Interpretation der Situation zu leisten, die es ihr ermöglicht, beispielsweise Objekte, die sich auf seinen Weg von A nach B befinden, zuverlässig zu erkennen, sie als

Hindernisse zu identifizieren und nach alternativen Wegen zu suchen, um das Ziel B zu erreichen. Rodney Brooks berichtet, dass er Anfang der 80er Jahre feststellte, dass Insekten mit „nur einigen zehntausend, vielleicht einigen hunderttausend Nervenzellen" und mit einer Rechenleistung, „die verglichen mit einem digitalen Computer, sehr langsam" ist (Brooks: 48), mehr konnten als jeder Roboter. Erst durch eine situierte und verkörperte Programmierung der Roboter können, so seine Überlegungen, die Maschinen zu einer Interpretation ihrer Umwelt befähigt werden (dito: 62). Dies erweist sich aber nach wie vor als sehr schwierig. Maschinen, die aber zu einer solchen Interpretation nicht fähig sind, bleiben auf die Außensteuerung durch Menschen angewiesen, weil sie ansonsten ärgerliche bis tödliche Wirkungen entfalten können. In militärischen Zusammenhang ist obendrein bedeutsam, dass die Maschinen nur in äußerst geringem Maß über die Fähigkeit verfügen, mit anderen Maschinen und mit Menschen zu kooperieren. Militärisch ausgedrückt, sind die Maschinen nicht oder nur äußerst eingeschränkt zur Interoperabilität fähig (siehe z.B. Weiss: 167f.). An diesen Mängeln scheitern bislang alle weitergehenden Versuche, roboterähnliche Maschinen mit höherem Grad von Autonomie auszustatten. Lediglich in relativ friktionsfreien Räumen, damit ist vor allem der Luftraum und das Wasser gemeint, können sich die Maschinen ohne menschliche Eingriffe selbstständig auf ein vorgegebenes Ziel zu bewegen. Und selbst bei diesen Maschinen handelt es sich überwiegend um über telepräsens gesteuerte Maschinen (Brooks: 146), die auf Piloten oder allgemeiner auf sogenannte Operateure angewiesen sind.

Um die Auswirkungen auf das Selbstverständnis der Soldaten genauer prognostizieren zu können, ist es sinnvoll, sich zu vergegenwärtigen, wie und in welchen Bereichen roboterähnliche Maschinen eingesetzt werden.

Bei Drohnen stehen die Operateure lediglich über ihre Steuerungskonsolen im Kontakt mit den Maschinen. Zwischen ihnen und den Maschinen besteht also kein physischer Kontakt – mitunter auch nicht vor und nach dem Einsatz. Sie können sich hunderte Kilometer von den Maschinen entfernt aufhalten. Für die Bodenmannschaften, die die Maschinen warten, sieht dies anders aus, aber sie haben mit den Geräten nicht mehr aber auch nicht weniger zu tun als mit bemannten Flugmaschinen.

Anders sieht dies dagegen mit Maschinen aus, die am Boden zur Aufklärung oder auch zur Entschärfung von Bomben eingesetzt werden. Diese Maschinen werden zum Teil mit einer Kabelsteuerung gelenkt. Als Controller werden Geräte eingesetzt, die den Soldaten aus ihrer Freizeit bekannt sein können: Sie ähneln den Controllern für Game-Konsolen wie der X-Box.

Im Krieg werden die Maschinen in Aufgabenfeldern eingesetzt, die die sogenannten 3 Ds abdecken: die langweiligen (dull), schmutzigen (dirty) und die gefährlichen (dangerous) (Weiss: 163). Derzeit liegt der Schwerpunkt des Einsatzes in der Aufklärung. An der Entwicklung bewaffneter Bodeneinheiten, also an Pendants zu den Maschinen, die in Pakistan und anderen Ländern eingesetzt werden, wird zwar gearbeitet, sie wurden aber bislang noch nicht eingesetzt. Ein Grund für diese Zurückhaltung ist ein weiteres Problem, mit dem sich die Entwickler herumschlagen: die Schwierigkeit, solche Maschinen vor ihrem Einsatz zu testen. Die Entwicklung bereits mehrerer als kampffähig geltende Bodensysteme wurde abgebrochen, weil sie zum Beispiel in einem Test nicht vorhersehbar den Waffenarm schwenkten. Es gilt als extrem schwierig, die Maschinensteuerung derart zu programmieren, dass die Maschinen auch nur halbwegs als sicher für ihre Anwender, also für die Soldaten, gelten können. In der Literatur wird darauf hingewiesen, dass jede Maschine etwas anders auf die Daten reagiere, die sie verarbeiten muss. Bereits geringe Veränderungen der Parameter können also zu anderen Reaktionen der Maschinen führen. Die Maschinen müssen deshalb quasi „individuell" lernen, um in komplexen Situationen genau die Programmbefehle zu befolgen, die von den Entwicklern als erwünscht eingestuft werden. Dieses Lernen benötigt Zeit, und es ist wohl keineswegs so, dass man quasi ein bestehendes Software-System umstandslos auf eine neue Hardware übertragen kann. Deshalb wird es noch Jahre und Jahrzehnte dauern, bis die Entwickler Automaten entwickelt haben, die Gefechtsaufgaben übernehmen können. Eine vollständige Automatisierung ist auf absehbarer Sicht nicht möglich. So ungewiss es ist, mit welcher Dynamik in den kommenden Jahren und Jahrzehnten die Entwicklung von Robotern von statten gehen wird, Grabesreden auf den Soldatenberuf sind verfrüht (siehe Schneider). Die eingesetzten Maschinen sind weitgehend via Telepräsens mit einem Operateur verbunden, und bei diesen handelt es sich in der Regel um Soldaten. Auch die Vorstellung, dass solche Maschinen den Status eines Kameraden oder gar eines Vorgesetzten einnehmen könnten, wird noch länger ausschließlich ein Thema für die Science-Fiction-Literatur bleiben.

Allen Hindernissen zum Trotz, die Autonomie der Maschinen zu steigern, bleibt das Entwicklungsziel der Forschung. Für das Festhalten an diesem Ziel spricht nicht nur die Erwartung der Leistungssteigerung durch den Maschineneinsatz, sondern auch, dass die Fernsteuerung durch Funksignale eine

Schwachstelle dieser Technologie darstellt. Sie ist ein Einfallstor für den Gegner. Funksignale können von möglichen Gegnern empfangen und ausgewertet werden. Durch die Störung der Signale kann die Verbindung zwischen Operateur und Maschine unterbunden werden, und es ist sogar möglich, dass ein Gegner die Steuerung der eigenen Maschine übernimmt, sie also per Funksignal kapert. In Pakistan oder auch im Jemen sind bislang noch keine Gegner aufgetreten, die zu solchen Gegenmaßnahmen technisch in der Lage wären. Doch dies wird nicht für alle Zukunft so bleiben. Es ist zu vermuten, dass alle Staaten, die mit einer gewissen Wahrscheinlichkeit einen Konflikt mit Streitkräften haben könnten, die über Drohnen verfügen, sich intensiv mit der Frage auseinandersetzen, was sie dieser Technologie entgegensetzen können.

Als sicher kann gelten, dass jeder Krieg, in dem solche Maschinen über den Verlauf der Kampfhandlungen mitentscheiden, den Innovationsdruck massiv erhöhen wird. Und es wäre in der Militärgeschichte wahrlich nicht Ungewöhnliches, wenn dann Technologien eingesetzt werden, um einen Vorteil im Kampf zu erringen, die derzeit noch als zu riskant gelten.

Welche Auswirkungen werden Roboter, ob sie nun in der Luft, am Boden oder im Wasser eingesetzt werden, auf das Selbstverständnis der Soldaten haben? Es lassen sich zwei Faktoren unterscheiden, die wesentlich auf das Selbstverständnis der Soldaten einwirken werden. Ein Faktor ist, welche Nähe bzw. Distanz die Soldaten zu den Maschinen und dem Kampfgeschehen haben werden. Der zweite Faktor ist der Grad der Autonomie der Maschine gegenüber den Soldaten.

Ad 1:

Zurzeit ist davon auszugehen, dass die meisten Soldaten überhaupt keinen Kontakt zu roboterähnlichen Maschinen haben. Selbst für Soldaten, die unmittelbar an Drohnen arbeiten, gilt, dass sie überwiegend Wartungsaufgaben auszuführen haben, die sich nicht von anderen Wartungsaufgaben an Maschinen unterscheiden. Anders sieht dies für die Operateure aus, die die Maschinen steuern.

Für die Operateure von Aufklärungsmaschinen am Boden gilt, dass der Einsatz der Maschinen sich vermutlich kaum auf ihr Selbstverständnis auswirkt, weil sie weiterhin keine große Distanz zum Geschehen einnehmen. Die tödlichen Gefahren, die ihnen bei der Aufklärung eines Areals oder dem Entschärfen einer Mine drohen, werden durch den Einsatz der Maschine lediglich gemindert. Wenn beispielsweise das Entschärfen einer Mine scheitert, wird der Roboter wahrscheinlich zerstört, dadurch erhöht sich die Überlebenswahrscheinlichkeit der Soldaten – mehr nicht. Verletzungen, auch tödliche, bleiben weiterhin nicht ausgeschlossen. Andere Gefahren, die sich durch den Beschuss durch Mörsern, von Scharfschützen ergeben, etc. bleiben bestehen. Für Operateure von Drohnen sieht die Gefährdungssituation gänzlich anders aus, da sie eine große Distanz zum Einsatzgebiet der Maschinen einnehmen. Allein durch diese Distanz werden die Belastungen, die ihr Dienst für sie bedeutet, aber nicht mit denen vergleichbar, die sie an einem zivilen Arbeitsplatz vorfinden würden. Die Soldaten stehen unter einem enormen Stress, der durch die Steuerung der Maschinen, das Verfolgen des Geschehens, die Entscheidungsprozesse über das Abfeuern der Raketen und das Beobachten, welche Folgen ihr Handeln hat, hervorgerufen wird. Die Gleichzeitigkeit eines Dienstes, der sie, wenn auch räumlich getrennt, in einen Kriegsgebiet bringt und ihre Präsenz in einem sozialen Raum, der nicht den Imperativen der Kriegführung unterliegt, scheint obendrein eine weitere Belastung für die Soldaten zu sein. Wer über Stunden hinweg das Geschehen in einem Kriegsgebiete verfolgt und womöglich selber todbringende Entscheidungen getroffen hat, kann sich nicht leicht beispielsweise dem Alltag seiner Familie zuwenden. Da sie sich aber gleichzeitig während ihres Einsatzes nicht in Lebensgefahr befinden, haben sie ein Anerkennungsdefizit für die stressbedingten Folgen ihres Dienstes. Möglicherweise handelt es sich bei diesem Anerkennungsdefizit um ein Übergangsphänomen, denn bislang haben vor allem die USA diese Technologie gegen Gegner eingesetzt, die nicht in der Lage waren, die Steuerungszentren anzugreifen. Für die Zukunft ist nicht auszuschließen, dass eine Militärmacht, die Drohnen einsetzt, mit einem militärischen Gegner konfrontiert sein wird, der in der Lage ist, auch die Steuerungszentren für Drohnen zu attackieren.

Ad 2:

Solange die Maschinen ferngesteuert bleiben und die Soldaten beim Einsatz ihr Leben riskieren, ist keine wesentliche Änderung ihres Selbstverständnis zu erwarten. Sie müssen den Einsatz der Maschinen auch nicht unbedingt als Bedrohung ihrer soldatischen Professionalität wahrnehmen. Sie können sie sogar als eine neue Form der Ermächtigung interpretieren.

Mit jedem Autonomiezuwachs auf Seiten der Maschinen werden allerdings Aspekte an Bedeutung gewinnen, die in toto die Frage aufwerfen, inwiefern die Maschinen an ihre Stelle treten und welche Macht die Maschinen über sie haben. Der Autonomiezuwachs der Maschinen könnte, wenn auch in einem nicht absehbaren Zeitraum, ein Niveau erreichen, in dem ihr Einsatz nicht mehr nur das Wie des Kampfes beeinflusst. Möglicherweise müssten sich dann die Soldaten auch mit der Frage auseinandersetzen, wer bzw. was kämpft. Durch den Einsatz derartigen Automaten könnte der Mensch das Tötungsmonopol verlieren. Im Unterschied zu einer Mine, die, einmal vergraben, durch das Auslösen eines Kontaktes zur Explosion gebracht wird, würden diese Maschinen einen komplexen Prozess durchlaufen, der es ihnen erlaubt, auch in dynamischen Situationen, aus einer Reihe unterschiedlicher Optionen eine bestimmte zu wählen und eine Aktion durchzuführen. Eine mögliche Aktion, die sich dann ohne weiteren menschlichen Eingriff vollzöge, wäre das Zerstören von Objekten und das Töten von Menschen. Solche Maschinen wären zum einen für die Soldaten gefährliche Objekte. Sie würden quasi zu Gegner werden, die sie wie einen Kombattanten bekämpfen müssten, bei denen es sich aber nicht um Menschen handelt. Wenn diese Soldaten Streitkräften angehören, die ebenfalls solche Maschinen einsetzen, würden sie diese selber nicht unbedingt bedienen. Ihnen stünden die Maschinen also nicht, wie andere funktionale Objekte, zur Verfügung. Diese Maschinen könnten über eine Programmierung verfügen, der es nur wenigen und nur hochrangigen Soldaten gestattet, auf ihre Steuerung zuzugreifen. Diesen Gedanken zu Ende gedacht, bedeutet für die Soldaten, dass sie mit Maschinen kooperieren, wenn nicht gar konkurrieren müssen.

Mit jeder Autonomiesteigerung der Roboter ist eine erneute Irritation des soldatischen Selbstverständnisses zu erwarten. Wie die oben ausgeführten Überlegungen zeigen, sind diese Irritationen sowohl zu erwarten, wenn die Maschinen vom Gegner eingesetzt werden, als auch wenn die Streitkräfte solche Maschinen einsetzen, denen man selber angehört. Für den ersten Fall stellt sich die Frage, wie ist der Kampf gegen diese Maschinen zu bewerten? Im zweiten Fall, stellt sich für die Soldaten obendrein die Frage, wie können sie ihren eigenen Einsatz, vor allem in Hinblick auf ihre Bereitschaft, ihr Leben zu riskieren, bewerten. Dabei ist zu beachten, dass von den Soldaten nicht nur die Minderung ihres Risikos beim Einsatz begrüßt werden kann. Auch die Abnahme der Entscheidung, wer getötet wird, könnten sie als entlastend wahrnehmen.

Ob die Soldaten den Einsatz von Robotern mehr als Kooperations- oder als Konkurrenzverhältnis bewerten, wird nicht nur vom Grad der Autonomie der Maschinen abhängen. Sie wird auch davon beeinflusst werden, in welcher Nähe und Dichte Menschen und Maschinen zu zueinander eingesetzt werden. Obendrein dürfte die Bewertung der Kooperation Mensch-Maschine noch davon abhängen, ob den Soldaten quasi individualisierte Maschinen ge-

genübertreten. Eine Quasi-Individualisierung würde den Soldaten eine humanisierende Betrachtung der Maschinen sicher erleichtern.

Unabhängig davon, welchen Autonomiegrad die Maschinen erreichen, ist festzuhalten, dass die Maschinen paradoxerweise gleichzeitig immer über zu viele und zu wenige Fähigkeiten verfügen werden. Zuviel, weil ihr Einsatz bestehende Anforderungen an die Soldaten tendenziell entwertet. Mit diesem Entwertungsprozess sehen sich im Moment vor allem Soldaten konfrontiert, die Piloten werden wollen. Auch wenn es, wie berichtet, bereits in den 50er Jahren möglich war, Piloten als Fehlkonstruktionen zu bezeichnen, weil ihr Leib nicht in der Lage ist, mit den Leistungssteigerungen der Maschinen Schritt zu halten, so konnten sie davon ausgehen, dass ihre individuellen, an den Leib gebundenen Fähigkeiten unverzichtbar für den Einsatz der Maschinen sind. Diese Gewissheit ist heute im Schwinden begriffen. Die am menschlichen Individuum gebundenen Fähigkeiten, die zur Steuerung der Maschinen notwendig sind, lassen sich immer mehr durch Artifizielles, durch Technik, ersetzen. Sicher, für den Luftkampf bedeutet die Fernsteuerung von Maschinen aufgrund der Zeitverzögerung, die durch das Senden von Signalen, ihrer Verarbeitung und der Übermittelung von Steuerbefehlen entsteht, als nicht akzeptabel. Doch wegen der angestrebten Automatisierung muss dieses Hindernis nicht auf Dauer bestehen bleiben. Der Bereich, in dem die menschlichen an den individuellen Leib gebundenen Fähigkeiten zur Steuerung der Flugzeuge unverzichtbar sind, wird kleiner werden. Die Piloten würden sich möglicherweise nicht mehr als Akteure erleben, die die Maschinen steuern, sondern lediglich als Platzhalter für eine momentan (noch) bestehende Lücke im Leistungsvermögen der Maschinen. Derzeit steht fest, dass der Bedarf insbesondere an Kampfpiloten in den USA aufgrund des Einsatzes von Drohnen stark gesunken ist. Es ist keine Untersuchung bekannt, die erforscht, wie Kampfpiloten mit dem Bedeutungsverlust umgehen, aber vermutlich ist ihr Selbstverständnis zumindest irritiert. Möglicherweise vollzieht sich derzeit in den Luftstreitkräften ein Prozess, der zu Beginn des 20. Jahrhunderts die Kavallerie betraf.

Der Einsatz von (teil-)autonomen Maschinen setzt auch die Vorstellung vom Soldaten als für sich selbst entscheidender, verantwortlich handelnder Kämpfer, unter Druck. Mit steigendem Autonomisierungsgrad der Maschinen werden die Soldaten diese Eigenschaft mit den Maschinen teilen müssen. Mit zunehmendem Grad des Autonomiegewinns der Maschinen könnte es geschehen, dass Soldaten in ihr Selbstverständnis integrieren müssen, dass sie ihre Ermächtigung zum Töten mit zumindest teilautonom agierenden Maschinen teilen müssen. Weitergehend ist sogar festzustellen, dass sich eine Umkehr des Autonomiestatus zwischen den vor Ort kämpfenden Soldaten und den Maschinen vollziehen könnte. Während die Autonomie der Maschinen steigt, ermöglichen die neuen Kommunikationsmittel, dass Vorgesetzte sich einen (vermeintlichen) Lageüberblick in „Echtzeit" von einer Position verschaffen können, die sich weit entfernt vom Ort des Geschehens befindet. Diese Technologien erlauben zugleich, dass diese Vorgesetzten über mehrere Hierarchieebenen hinweg Befehle an die Soldaten geben können, die sich unmittelbar am Kampfgeschehen beteiligen. Es liegen zahlreiche Berichte[1] vor, die davon zeugen, dass hochrangige Vorgesetzte von diesem Durchgreifen Gebrauch machten und damit die Entscheidungs- und Handlungsprozesse am Handlungsort prägten.

Andererseits werden die Maschinen aber immer auch zu wenig können. Wie alle Maschinen haben auch solche, die für den Krieg gebaut wurden, Fehlfunktionen und versagen. Für die Soldaten wird dieses Versagen neue Gefahren mit sich bringen. Sie werden diejenigen sein, die sich als erste dieser Maschinen annehmen müssen. Wenn Automaten in einem Operationsgebiet disloziert werden, um es selbstständig zu überwachen und ihnen zugleich die Aufgabe zufällt, einen Gegner zu bekämpfen, werden diese Maschinen faktisch wie Minen wirken. Wie bei jedem Artefakt muss damit gerechnet werden, dass die Maschinen Fehlfunktionen haben, sich also nicht ausschalten lassen bzw. ihre Freund-Feind-Kennung defekt ist. Genauso wie bei konventionellen Minen wird der Einsatz solcher Maschinen dazu führen, die diese Areale nicht gefahrlos betreten werden können. Soldaten wird dann vermutlich die Aufgabe zufallen, diese Maschinen auszuschalten. Die Soldaten könnten darauf aufmerksam machen, dass sie sich in Gefahrensituationen begeben sollen, die erst durch den Einsatz der Maschinen entstanden sind. Wie berechtigt diese Klage wäre, zeigt der Umstand an, dass heute bereits Bundeswehrsoldaten defekte Drohnen an Orten bergen müssen, die sie ansonsten aufgrund der damit verbundenen Gefahren nicht betreten würden. Durch die Bergung soll verhindert werden, dass der Gegner auf die Maschinen zugreifen kann (siehe Bohnert, in diesem Band). Das Zuviel und das Zuwenig der Maschinen könnten zu einer ständigen Quelle des Unmuts der Soldaten werden.

---

[1] Am bekanntesten ist sicher die Einsatzleitung des Weißen Haus am 2.5.2011 beim Angriff auf ein Haus in Pakistan, in dem Osama bin Laden vermutet wurde (siehe Seite 46).

Literatur

Anders, Günther: Die Antiquiertheit des Menschen, Band 1, München 1980.

Brooks, Rodney: Menschmaschinen, Frankfurt 2005.

Schneider, Wolf: Der Soldat – Ein Nachruf, Hamburg 2014.

Watson, Peter: Psycho-Krieg, Frankfurt am Main, 1985.

Weber, Jutta: Vorratsbomben im Himmel, in: Marsiske, Hans-Arthur (Hrsg.): Kriegsmaschinen. Roboter im Einsatz, Hannover 2013, S. 31-52.

Weiss, Lora G.: Autonome Roboter im Nebel des Krieges, in: Marsiske, Hans-Arthur (Hrsg.): Kriegsmaschinen. Roboter im Einsatz, Hannover 2013, S.163-173.

Digitalisierung und Innere Führung

Dierk Spreen

Im Situation Room

Die Zukunft der Inneren Führung im Rahmen von globalen Sicherheitsoperationen und unter den Bedingungen der Digitalisierung des Kampfes und der militärischen Kommunikationsstrukturen lässt sich an einem Bild ablesen:

Quelle: dpa, Foto: Pete Souza

Die Fotographie zeigt Barack Obama, Hillary Clinton, Joe Biden, Robert Gates und weitere hochrangige Regierungsvertreter, Geheimdienstexperten und Sicherheitsberater im *Situation Room* des Weißen Hauses, wie sie die Live-Übertragung des Einsatzes der Navy-Seals gegen den Al-Qaida-Führer Osama bin Laden in Abbottabad am 2. Mai 2011 verfolgen. Der US-Präsident sitzt auf einem Holzstuhl, den er sich hatte bringen lassen. Neben ihm, im präsidialen Sessel, sitzt Brigadegeneral Brad Webb. Veröffentlicht wurde das Bild schon Anfang Mai 2011. Es stand natürlich auch im Kontext des Wahlkampfes und sollte die Entschlossenheit der demokratischen Führung demonstrieren, Amerikas Hauptfeind zu erledigen.

Im hiesigen Zusammenhang ist das Foto allerdings aus einem anderen Grunde interessant, denn es versinnbildlicht einen engen kommunikativen Zusammenhang zwischen politisch-ziviler Führung, militärischer Operations-leitung und den Einsatzkräften in Pakistan. Dieser Zusammenhang hat sicher-heitspolitische, technologische und organisatorische Voraussetzungen und stellt eine neue Führungskultur dar.

Eine neue Führungskultur

Die *politische Voraussetzung* ist das globale Sicherheitsdispositiv, das sich nach dem Ende des Zeitalters der Blockkonfrontation nach und nach herausbildet und das die innere Umwelt des weltpolitischen Systems strukturiert (Spreen 2012). Der »zivilgesellschaftliche« Charakter dieser Weltsicherheitsordnung drückt sich in normativen Strukturen aus, die eine Stellungnahme gegen Ver-letzung, Entrechtung und Diskriminierung darstellen. Dies lässt sichtbar wer-den, dass die globale Sicherheitspolitik auf eine »Zivilisierung der Weltpolitik« zuläuft (Brock 2003). Aus diesen normativen und legitimatorischen Aspekten der Weltsicherheit resultieren allerdings neue politische Kontrollinteressen in Bezug auf militärische Mittel, denn im zivilgesellschaftlichen Rahmen besteht ein *strukturelles Legitimationsdefizit* militärischer Mittel (Spreen 2011): Ein zweites »Kunduz« und vergleichbare politische Eruptionen sollen vermieden werden. Nicht zuletzt wird dieses Defizit an den sinkenden Akzeptanzraten in der hei-mischen Bevölkerung erkennbar, die sich dann einstellen, wenn die »humanitä-re Hilfe« zum »Krieg« wird (Franke 2012: 372-375).

Zu den *technologischen Voraussetzungen* gehören globale Kommunikations-systeme, die eine Echtzeit-Verschaltung zwischen der höheren und höchsten Führungs- und Verantwortungsebenen mit den im Einsatz befindlichen Solda-tinnen und Soldaten ermöglichen. Bezeichnenderweise war der Kontakt bei der Geronimo-Operation für ca. 20 Minuten unterbrochen, was für »ein paar ner-venaufreibende Momente«, so CIA-Chef Leon Panetta, gesorgt habe. Zu den *organisatorischen Voraussetzungen* zählt die Fähigkeit zu einer vernetzten und komplexen Operationsführung, die alle Bereiche der Kriegführung in Echtzeit vernetzt und zugleich koordiniert.

Vor einigen Jahren erwarteten Beobachter im Kontext des Paradig-menwechsels zur vernetzten Operationsführung und zum *Network Centric War-*

fare noch flache Hierarchien und eine lagegerechte kollektive Selbstadjustierung der Kampfeinheiten vor Ort. Selbständigkeit und Anpassungsfähigkeit schienen die neuen Tugenden zu sein, die auch in der militärischen Ausbildung vermittelt werden sollen. Aber die Realität sieht vielfach anders aus. So zeigt das Foto von Pete Souza zwar eine flache Kommunikation – der Präsident ist live dabei –, aber eben *keine Autonomie* des Teams vor Ort. Wirklich selbstständig agiert dieses vielmehr nur im Falle einer unterbrochenen Verbindung. Vernetzte Operationsführung vergrößert vielmehr die Durchgriffsmöglichkeiten höherer Führungs- und Verantwortungsebenen auf die unmittelbare operative Ebene (Singer 2010a: 349). Die erweiterten Kontrollmöglichkeiten haben zur Folge, dass im Rahmen politisch besonders sensibler Operationen die zivile Führung in das militärische Mikromanagement eingreifen und die Operation unter Umständen abbrechen kann. Das Bild zeigt beides: erstens einen mit *taktischen* Führungsaufgaben betrauten *General* und zweitens die Anwesenheit *ziviler* Regierungsexperten inklusive der höchsten politischen Verantwortungsebene. Im Bild erscheint die tatsächlich bestimmende Gewalt bescheiden am Rand, aber genau das drückt den Kontrollmechanismus aus: Der Präsident war dabei, er vertraut seinem kompetenten Team, aber er übt eine begleitende Kontrolle aus und trägt die letzte Verantwortung.

Dieser Kontrollzuwachs höherer Führungsinstanzen wird durch die Einführung halbautomatischer Waffensysteme einerseits und weltraum- bzw. luftgestützter globaler Echtzeitkommunikation andererseits ermöglicht. Weltraumgestützte Kommunikations-, Erdbeobachtungs- und Navigationssysteme werden als Schlüsselelemente globaler Krisenintervention betrachtet. Sie sind für Kommunikations-, Steuerungs- und Führungsstrukturen, Echtzeit-Kenntnis und prognostische Entscheidungshilfen von tragender Bedeutung (Petermann et al. 2003). Halbautomaten bezeichnen schon ihrem Begriff nach die Abhängigkeit von Entscheidungen, die sie lenken. Leibhaftige Soldaten dagegen können sich, aus welchen Gründen auch immer, über Befehle hinwegsetzen. Darüber hinaus können Halbautomaten ohne externe Entscheidung keinen Schaden anrichten. Sie fliegen, fahren, kriechen herum, bewegen Güter, sammeln Informationen oder lassen sich von findigen Partisanen zerstören. Das kostet zwar ein paar Dollar oder Euro, aber der politische Schaden – d. h. jener Schaden, der gewählte und professionelle Repräsentanten primär interessiert – bleibt jedenfalls aus.

Vor diesem Hintergrund sei die These dieses Aufsatzes schon vorformuliert: Neue Formen der digitalen Kriegführung vertragen sich nicht mit der traditionellen Auslegung der Inneren Führung. Sie werden zwar nicht zu ihrer Abschaffung, wohl aber zu einer *Umgewichtung innerhalb der Dimensionen der Inneren Führung* führen.

Im Folgenden werde ich zunächst das Konzept der Inneren Führung rekonstruieren, welches einen deutschen Sonderweg darstellt. Dann werde ich mehrere Problemfelder identifizieren, die dieses Konzept unter Druck setzen. Näher eingehen werden ich aber ausschließlich auf die Problematik der Digitalisierung des militärischen Operationsraums, welcher aber, wie sich am Foto bereits zeigt, keinesfalls auf die Lage »vor Ort« beschränkt, sondern vielmehr global ist und ein operatives Mikromanagement höherer bis höchster Führungsebenen ermöglicht.

Dimensionen der Inneren Führung

Das Konzept der Inneren Führung lässt sich durch drei zentrale Dimensionen kennzeichnen:

Erstens *Integration*: Der »Staatsbürger in Uniform« ist Soldat *der* Gesellschaft und *der* Demokratie. Die Bundeswehr soll keine »heroische Gemeinschaft« und keinen »Staat im Staate« bilden. Vielmehr gilt der Soldatenberuf offiziell als normaler Beruf. In diesen Bereich fällt auch die Akzeptanz der Armee und ihres Auftrags durch die Bevölkerung, sowie eine alltäglich-selbstverständliche Verbindung der militärischen und der zivilen Lebenswelten (Zivilisierung der Streitkräfte statt Militarisierung der Gesellschaft).

Zweitens die *innere Demokratisierung* (»Demokratie als Lebensform«): Der deutsche Soldat soll *bewaffneter Demokrat* sein. Daher kann die Demokratie nicht am Kasernentor halt machen. Zur inneren Demokratisierung zählen Aspekte wie die Grundrechte im Wehrdienstverhältnis, der Wehrbeauftragte, die politische Befehlsgewalt (Primat der Politik), die zivile Wehrverwaltung und die politische Bildung (Franke 2012: 147-149).

Das dritte Prinzip ist das *ethische Urteilsvermögen* des Soldaten, die nicht mit der Auftragstaktik zu verwechseln ist. Hierbei steht die »Stoppregel« (Hellmann 2014) im Mittelpunkt, die Kriegsverbrechen, aber auch sonstige skandalträchtige »Vorfälle« verhindern soll. Das ethische Urteilsvermögen ist ebenso wie Integration und Demokratisierung als eine Reaktion auf die Transformation der Reichswehr in die Wehrmacht, die Anfälligkeit des seinerzeitigen Offizierskorps für antidemokratisches und republikfeindliches Gedankengut, die Verstrickung der Wehrmacht in die nationalsozialistischen Verbrechen sowie die Gewaltentgrenzung vor allem im Russlandfeldzug aufzufassen.

Problemfelder der Inneren Führung

Nun ist die Beobachtung, dass dieses Konzept unter den Bedingungen einer globalen und transnationalen Sicherheitsordnung sowie der Rückkehr bewaffneter Kampfeinsätze in den militärischen Alltag unter Druck gerät, nicht neu. Ich sehe analog zu den obigen Dimensionen vor allem drei Problemfelder der Inneren Führung:

Das erste Problemfeld ist die *Anerkennungsproblematik.* Die Deutschen, so konnte die *Süddeutsche Zeitung* erst kürzlich lapidar feststellen, »haben […] für ihre Armee nicht viel übrig.« (SZ 21.02.2014: 4) Die politische und zivilkulturelle »Kriegsverdrängung« (Knöbl/Joas 2008) oder »Kriegsvergessenheit« (Spreen/Galling-Stiehler 2011) kollidiert mit den Realitäten einer Einsatzarmee. Kampfeinsätze, getötete Soldaten, zivile Kollateralschäden im Einsatzgebiet und posttraumatische Belastungsstörungen passen nicht in das Bild, das man sich von der Bundeswehr in der Öffentlichkeit gerne machen würde. Interessanterweise führen diese Phänomene nicht oder jedenfalls nur sehr zögerlich zu einer Veränderung der Meinungen und Haltungen, sondern eher zu Skepsis und Ablehnung oder zumindest Indifferenz. Auf der Seite der Soldatinnen und Soldaten wird dies als mangelnde »Anerkennung« wahrgenommen. Die damit verbundenen Gegenstrategien – z. B. Veteranendiskurse und Abkehr von der Inneren Führung – verschärfen die Problematik eher noch, wenn sie soldatische Sonderkompetenzen und -ansprüche ins Spiel bringen.

Das zweite Problemfeld ist ein struktureller Strategiewechsel auf politischer Seite. Im Rahmen der Umwandlung von der »Verteidigungsarmee« zur »Einsatzarmee«, die als »globale Gendarmerie« zu einem politischen Instrument in der globalen Sicherheitsordnung wird, wird auch die Bundeswehr seitens der Politik eher als ein *Funktionssystem* behandelt. Nicht mehr die Integration in eine demokratische und zivile Werteordnung steht im Vordergrund, sondern ihre Leistungsfähigkeit als globaler und transnational vernetzter Sicherheitsakteur. Nach vorne gespült werden dazu passende Konzepte wie der »demokratische Krieger« statt dem »bewaffneten Demokraten«, die »Professionalisierung« und die »vernetzte Operationsführung«. In diesem Problemfeld geht es nicht mehr um *Integration* der Bundeswehr in die demokratische Gesellschaft, sondern um ihre *Inklusion* als »Funktionssystem der Politik« (Kohl

2009). Nationalhistorisch induzierte Traditionen wie die Innere Führung sind da störend.

Das dritte Problemfeld bezeichne ich als die *Anomieproblematik*. Hiermit ist das politische Risiko bezeichnet, dass es im Einsatz zu Handlungen oder Operationen kommt, die politischen Skandalcharakter sowohl in der nationalen als auch in der Weltöffentlichkeit entfalten oder unter der lokalen Bevölkerung für erhebliche Legitimationsdefizite sorgen könnten. Die Bandbreite solcher militärinduzierter anomischer Effekte ist weit. Hierzu zählen aus aktueller deutscher Sicht etwa der Totenkopfskandal, die Rommelpalme oder der Luftangriff in Kunduz. Die politischen Folgen solcher Effekte können die politischen Absichten eines Einsatzes beschädigen oder zumindest seine Legitimität in Frage stellen. Sie sind daher aus politischer Sicht ein Risiko, das Möglichkeiten zu medialen Gegenoffensiven eröffnet. Militärische Desaster oder schlichte Erfolgslosigkeit (= vergebliche Opfer) zeitigen natürlich ähnliche Effekte.

Die Umstrukturierung des Militärs in ein Funktionssystem der Politik verstärkt jedenfalls die Anomieproblematik nach dem Motto »mitgefangen – mitgehangen«, weil es zu einer engeren Verknüpfung zwischen politischer Verantwortung und soldatischem Handeln vor Ort kommt. D. h. die Einsatzrealität birgt politische Risiken. Von hier aus legitimieren sich Kontrollmodelle, die die Eingriffsmöglichkeiten für höhere Führungs- und Verantwortungsebenen erweitern und ein entsprechendes Mikromanagement ermöglichen. Dies reflektiert zum Beispiel das Konzept der *assertive control* nach Peter Feaver (1996). Innere Führung und Auftragstaktik setzen dagegen auf Selbststeuerung, das heißt – mit Michel Foucault – auf die liberale Idee der Führung der Führungen. Sie erscheinen nun als politisch riskant.

Digitalisierungsphänomene und ihre Auswirkung auf die Innere Führung

Diesen drei Problemfeldern kommen neue, kriegsführungsbezogene Digitalisierungsphänomene „produktiv" entgegen. D. h. sie bieten eine technische Lösung für die politischen und moralischen Probleme an, die sich im Kontext des militärischen Funktionssystems globaler Ordnungs- und Sicherheitserzeugung stellen. Diese drei Digitalisierungsphänomene sind Drohnen, Robots und Cyborgs. Eine vierte sind Satelliten, die ich aber hier nicht weiter behandeln möchte (dazu Spreen 2014).

Drohnen

Bei *Drohnen* handelt es sich um ferngelenkte, semi-automatische Flugobjekte, die beobachten und/oder zerstörerisch wirken können. Bedingt durch die Möglichkeiten der globalen Echtzeitkommunikation werden sie teilweise von Operateuren gelenkt, die auf der anderen Seite der Welt an einem Steuerungsterminal sitzen und sich in ihrem Dienst fließend abwechseln können. Solche Drohnen können sehr lange über einem Gebiet kreisen, es beobachten und gegebenenfalls auf es einwirken. Im Kern handelt es sich bei Drohnen um vollmanövrierfähige Beobachtungs-, Kommunikations- und Killersatelliten unterhalb des Orbits.[1] Während militärische Aufklärungsdrohnen auch in der Öffentlichkeit weitgehend unproblematisch erscheinen, streitet man sich über die bewaffneten Versionen. Die politischen Vorteile liegen darin, dass eigene Opfer reduziert werden können, die eigenen Soldatinnen und Soldaten im Einsatz insgesamt einen besseren Schutz genießen und dass eine sehr präzise Einwirkung auf Ziele möglich wird, wodurch Kollateralschäden ebenfalls eingegrenzt werden können.

Die ethischen Probleme, die tötende Drohnen – vor allem wenn es sich um *personality strikes* und *signature strikes* handelt – hervorrufen, werden heiß diskutiert und geben Anlass, eine weitere Spirale in der technischen Entgrenzung des menschlichen Gewaltverhältnisses zu konstatieren. In Bezug auf die Anerkennungsproblematik haben Drohnen aufgrund dieser technisch-ethischen Problematik zumindest in Deutschland ganz offensichtlich negative Effekte, d. h. sie verstärken das Schisma zwischen Zivilgesellschaft und Militär. Vor dem Hintergrund des Problemfelds Funktionalisierung, wirken sie dagegen sehr charmant, weil sie die Schwelle zum Militäreinsatz senken (keine eigenen Opfer) und Möglichkeiten zu einer »leisen« Aufstandsbekämpfung außerhalb des normalen journalistischen Wahrnehmungsbereichs und unterhalb der massenmedialen Aufmerksamkeitsschwelle bieten (Hüppauf 2014: 129; Schörnig 2012: 194 f.; Singer 2010b).

Vor dem Hintergrund des Problemfeldes Anomie dagegen erscheinen Drohnen als ambivalent: Einerseits ist die amerikanische Praxis vor allem in Waziristan hoch problematisch. Kritische Beobachter gehen von einer erheblichen Anzahl getöteter Nichtkombattanten bzw. Zivilisten aus, die sich in der Nähe identifizierter Ziele aufgehalten haben oder versehentlich getroffen wur-

---

[1] Derzeit erproben die USA die vollmanövrierfähige Weltraumdrohne *Boing X-37 B*. Auch auf und unter dem Wasser sind Drohnen unterwegs.

den. Verschärfend kommt hinzu, dass über dem Gebiet ständig das Summen der unsichtbaren *Predator* oder *Reaper* vernommen werden kann, womit die gesamte Bevölkerung zum Objekt einer psychologischen Kriegführung gemacht wird. In dieser Einsatzpraxis manifestiert sich damit das Prinzip der Kollektivhaftung bzw. einer »räumlichen Definition von Feindschaft« (Galling-Stiehler 2013: 100). Psychologische Kriegführung und eine ausgedehnte Einsatzpraxis wie in Waziristan beschädigen aber den übergreifenden Anspruch auf die prinzipielle Konsensfähigkeit der zivilgesellschaftlichen Werteordnung, weil das Bemühen darum, Schuldige von Unschuldigen zu trennen, mit zunehmender Dauer des Drohneneinsatzes und zunehmender Häufigkeit ziviler Opfer immer fraglicher erscheint. Dies verstärkt die politische Legitimationsproblematik.

Andererseits spricht für die Drohnen, dass sie fast vollständig kontrollierbar sind. Die »innere Führung« von Drohnen besteht aus digitalen Algorithmen; darüber hinaus sind sie konstitutiv weisungsabhängig. Hier können zwar »Fehler« passieren, aber der Störfaktor »soldatisches Subjekt« wird weitgehend ausgeschaltet. Anomische Überraschungen könnten so im Prinzip vermieden werden.

Roboter

Roboter sind unbemannte semiautonome Systeme am Boden. Der wesentliche, aber doch gravierende Unterschied zu Drohnen ist, dass sie nicht in einem atopischen Raum agieren, sondern in sich verändernden und im Detail unbekannten Räumen handeln müssen. Roboter agieren in der Welt, nicht über ihr. Das stellt erhebliche Anforderungen an die Verarbeitung und Bewertung sensorischer Rauminformationen und reduziert die Bewegungsfähigkeit und Operationsgeschwindigkeit.

Das Einsatzspektrum von Kriegsrobotern reicht von Transport, Aufklärung, Patrouille, Minenräumen bis hin zum Kampf. Aufgrund ihrer technischen Beschränkungen ist eine enge Mensch-Maschine-Kooperation (der *robot bully*) wünschenswert. Damit wird im Bereich des Bodenkampfes zugleich die Effizienz gesteigert und das Risiko eigener Opfer gemindert. Dies dürfte sich im Hinblick auf alle drei Problemdimensionen positiv auswirken. Nachteilig wirkt sich aus, dass sie leichter in feindliche Hände fallen können als Drohnen und somit die Gefahr eines ungewollten Technologietransfers entsteht.

Die derzeitige Debatte um die ethischen Risiken einer vollständigen Automatisierung von Kampfmaschinen zeitigt natürlich eine negative Wirkung im Feld Anerkennung. Hier bewegt man sich aber noch im Bereich der technischen Fiktion, denn derzeit gibt es keine vollständig autonomen Systeme. Die drei der Automatisierung entgegenstehenden Schlüsselbereiche sind nach Lora Weiss *Wahrnehmung, Test* und *Interoperabilität*. Selbst den besten Robotern fehlt die Fähigkeit, sensorische Informationen »in Echtzeit zu verarbeiten und auf dieser Grundlage intelligent zu handeln« (Weiss 2012: 167). Weiterhin gibt es »keinen allgemein akzeptierten Weg, ein autonomes System jeder erdenklichen Situation auszusetzen, der es in der wirklichen Welt begegnen könnte.« (Weiss 2012: 167; 168 f.) Und schließlich ist die Zusammenarbeit mit unterschiedlich gestalteten Robotern und mit bemannten Systemen und Menschen ein Problem (Weiss 2012: 170 ff.).

Zu bedenken ist außerdem: In zivilen Umgebungen oder auf anderen Planeten agierende, weitgehend automatische Systeme zu konstruieren, ist schon schwer genug. Der Nebel des Krieges dürfte diese Aufgabe erheblich erschweren, zumal mit kreativen Gegenmaßnahmen wesentlich intelligenterer feindlicher Akteure gerechnet werden muss.

Außerdem ist völlig unklar, wie eine Automatisierung aussehen soll. Ron Arkins Idee etwa, dass Roboter die besseren Soldaten wären, weil ein »ethical governor« Kriegsverbrechen verhindern kann (Arkin 2012), kann nicht wirklich zu autonomen Kriegsmaschinen führen, weil ein solcher *governor* viel zu viele Möglichkeiten der Täuschung und Überlistung bietet und damit die militärische Effizienz vermutlich schnell senkt. Denkbar ist dagegen eine strenge techno-ethische Blockade, die nur durch einen menschlichen *Override*-Befehl außer Kraft gesetzt werden kann. Das wäre aber kein Vollautomat mehr, sondern eine halbautonome und anweisungsabhängige Drohne am Boden.

Die Übertragung der Entscheidung über Leben und Tod an Automaten produziert zudem – und zwar *gänzlich unabhängig* von der genauen Ausgestaltung der Entscheidungsregeln – eine *Vernichtungsmaschine*. Sie tötet nicht nur einzelne oder mehrere Individuen, sondern sie übermittelt eine generelle Botschaft. Diese Botschaft besagt, dass man das Leben seiner Feinde grundsätzlich für nicht wertvoll genug erachtet, um sich mit eigenen Entscheidungen darüber zu befassen. Eine solche Botschaft kündigt die Einheit der Gattung auf; sie wäre im tiefsten Sinne des Wortes menschenverachtend und dementiert den normativen Rahmen der globalen Sicherheitsordnung vollständig. Eine Tötungsautomatik dürfte somit zu einer tiefgreifenden Herausforderung im Bereich der Legitimität von Militäroperationen werden (letztlich wären solche Operationen nicht mehr rechtfertigbar).

Vor diesem Hintergrund kann vielleicht folgende Prognose gewagt werden: Auf dem bestehenden Technologieniveau wird es keine vollautomatischen Kampfroboter geben – jedenfalls nicht im Kontext globaler Sicherheitsoperationen. Zum einen wäre das Risiko für Fehlentscheidungen viel zu groß, weil das Verhalten in unvorhergesehenen Fällen »in der Regel nicht vorhersagbar ist« (Burkhard 2012: 157). Den anomischen Soldaten durch einen superanomischen Roboter zu ersetzen macht schlicht keinen Sinn – erst recht nicht, wenn doch ein Halbautomat quasi als der »bessere Soldat« erscheint, eben weil er *konstitutiv weisungsabhängig* ist. Zum anderen würde die legitimatorische Basis von sicherheitspolitisch motivierten Militäreinsätzen ganz grundsätzlich in Frage gestellt.[2]

Was man sich allerdings sehr gut vorstellen kann, sind begrenzt wirksame automatische Routinen unterhalb der Aggressionsschwelle. Zum Beispiel automatische Rescue- und Rückzugsroutinen, wenn die begleitenden Soldatinnen oder Soldaten verwundet werden und in Sicherheit gebracht werden müssen. Die Möglichkeiten sind groß genug, um die weitere Entwicklung zu motivieren und zu finanzieren.

Intelligente Kampfanzüge

Die dritte interessante Neuerung im militärischen Nahkampfbereich sind *intelligente Kampfanzüge*, womit sich auch im militärischen Alltag das Leitbild des »Cyborg Soldier«, wie es Chris Hables Gray (1997) genannt hat, durchzusetzen beginnt. Intelligente Kampfanzüge wie z. B. der »Infanterist der Zukunft« (System IdZ) der Bundeswehr oder der aktuell in der Entwicklung befindliche *Tactical Assault Light Operator Suit* (TALOS) der US-Army ermöglichen die weitgehende Einbindung des Soldaten in vernetzte technische Systeme und die vernetzte Operationsführung. Diese Vernetzung erhöht erstens die Möglichkeiten der Mensch-Mensch- sowie der Mensch-Maschine-Kooperation. Komplexe

---

[2] Im Falle einer weltpolitischen Sicherheitslage, in der eine strategische Großkonfrontation inklusive atomarer Abschreckung wieder in Rechnung gestellt werden muss, wären die Entwicklungsbedingungen automatischer Kriegsmaschinen allerdings neu zu bewerten, denn sie verbessern natürlich die Zweitschlagkapazität. Eine solche Lage kann schneller entstehen, als man denkt – z.B. wenn eine Großmacht wie die Russische Föderation aus dem Diskurskontext der Weltsicherheit grob fahrlässig ausschert.

infanteristische Operationen, wie etwa *Swarming* werden erleichtert und flexibel anwendbar. Gleichzeitig verbessert sich die Koordination mit Drohnen und Robotern, was wiederum die dort bestehenden Probleme (siehe Autonomierisiken) zumindest teilweise ausgleichen dürfte. Beides steigert die militärische Wirkeffizienz und vermindert Verluste. Zweitens vergrößert die Vernetzung die Kontrolloptionen. Cyborgkrieger sind vernetzte Soldaten; wie die Navy SEALs in Abbottabad können sie mit den höchsten Führungsebenen verbunden agieren. Sie sind daher immer kontrollierbar. Die Cyborgisierung/ Vernetzung reduziert damit die Anomieproblematik.

Weil sie durch die enge Kooperation mit Drohnen und Robotern auch die negativen Folgen für die eigenen Soldaten reduzieren, erscheint sie auch unter dem Gesichtspunkt der Funktionalisierung interessant (Senken der Einsatzschwelle). Mittelbar über diese Verbesserungen dürfte sie auch die Anerkennungsproblematik zumindest entschärfen.

Schlussfolgerung

Eine Folge dieser Digitalisierungsphänomene dürfte aber sein, dass das klassische Verständnis der Inneren Führung nicht mehr zeitgemäß erscheint. Denn zwar werden die Drohnen und Roboter das Schlachtfeld nicht vollständig übernehmen können – der Preis der Kooperation mit ihnen wird aber der sein, dass die Soldaten ihnen gewissermaßen »ähnlich« werden. Sie werden quasi »Cyborgs«. Die Vorteile, die sie dabei behalten, sind die allgemeinen Vorteile, die menschliche Akteure gegenüber digital gesteuerten Akteuren haben: Schnelle Auffassungsgabe, Kreativität, situationsangepasstes Handeln, moralischer Urteilsvermögen. Die Maschinen können dagegen helfen, die Nachteile der menschlichen Konstitution in extremen und gefährlichen Settings auszugleichen (vgl. Collins 2011: 86 f.). Der Human-Soldat dürfte dagegen vor allem in Hinblick auf Situationsbewertungen, lokale Operationsteuerung, Urteilsvermögen und komplexe Kampfoperationen unverzichtbar bleiben. Das wiederum führt zu der Annahme, dass es im Bereich der Inneren Führung zu einer Verschiebung hin zur dritten Dimension kommen wird – das heißt dem *praktisch-ethischen Urteilsvermögen* –, während Integration und Demokratisierung im Hinblick auf Inklusion und Funktionalisierung zurücktreten, wenn auch nicht verschwinden, dürften. Sowohl die Digitalisierungsphänomene im militärischen Bereich als auch die Anforderungen globaler Ordnungs- und Sicherheitsherstellung weisen auf ein Modell technisch vermittelter Echtzeitvernetzung und -kontrolle, das soldatische Autonomie »vor Ort« zwar nicht vollständig aufhebt, aber doch sichtbar einschränkt. In dem sich abzeichnenden Feld komplexer und vernetzter operativer Mensch-Maschine-Kooperationen übernehmen die Menschen die Aufgaben, die Maschinen und Automaten nicht übernehmen können oder sollen. Es werden immer wieder Situationen entstehen, in denen die Soldatinnen und Soldaten vor Ort entscheiden müssen. Dabei liegt es nicht zuletzt auch im Interesse der Politik, dass sie die Entscheidungen treffen, die im normativen Rahmen einer zivilgesellschaftlichen Weltordnung vertretbar sind.

Literatur

Arkin, Ron (2012): Sind Roboter die besseren Soldaten? In: Hans-Arthur Marsiske (Hg.): Kriegsmaschinen. Roboter im Militäreinsatz. Hannover: Heise, S. 141-144.

Brock, Lothar (2003): Verlassene Baustellen. Global Governance im Zeichen des Krieges, in: Thomas Fues, Jochen Hippler (Hg.): Globale Politik. Entwicklung und Frieden in der Weltgesellschaft. Festschrift für Franz Nuscheler. Bonn: Dietz, S. 58-89.

Burkhard, Hans-Dieter (2012): Lasst die Maschinen machen. Wie intelligent ist Künstliche Intelligenz? In: Hans-Arthur Marsiske (Hg.): Kriegsmaschinen. Roboter im Militäreinsatz. Hannover: Heise, S. 147-173.

Collins, Randall (2011): Dynamik der Gewalt. Eine mikrosoziologische Theorie. Hamburg: HIS.

Feaver, Peter (1996): The Civil-Military Problematique: Huntington, Janowitz, and the Question of Civilian Control, in: Armed Forces & Society, Heft 2, S. 149-178.

Franke, Jürgen (2012): Wie integriert ist die Bundeswehr? Eine Untersuchung zur Integrationssituation der Bundeswehr als Verteidigungs- und Einsatzarmee. Baden-Baden: Nomos.

Galling-Stiehler, Andreas (2013): Death from above. Der Tod des Zinnsoldaten, in: Ästhetik & Kommunikation, Heft 161, S. 99-103.

Gray, Chris Hables (1997): Postmodern War. The New Politics of Conflict. London: Guilford Press.

Hellmann, Kai-Uwe (2014): Wenn der Nebel des Krieges aufzieht… Anmerkungen zur Transformation der Bundeswehr, in: Maja Apelt, Konstanze Senge (Hg.): Organisation und Unsicherheit. Wiesbaden: VS, im Erscheinen.

Hüppauf, Bernd (2014): Gefühle und Töten im Krieg, in: Gislinde Seybert, Thomas Stauder (Hg.): Heroisches Elend. Misères de l'héroïsme. Heroic Misery. Der Erste Weltkrieg im intellektuellen, literarischen und bildnerischen Gedächtnis der europäischen Kulturen. Frankfurt am Main: Peter Lang, S. 95-138.

Knöbl, Wolfgang / Joas, Hans (2008): Kriegsverdrängung. Ein Problem in der Geschichte der Sozialtheorie. Frankfurt am Main: Suhrkamp.

Kohl, Tobias (2009): Zum Militär der Politik, in: Soziale Systeme, Heft 1, S. 160-188.

Petermann, Thomas/Coenen, Christopher/Grünwald, Reinhard (2003): Aufrüstung im All. Technologische Optionen und politische Kontrolle. Berlin: Edition Sigma.

Schörnig, Niklas (2012): Die Verlockung des automatisierten Krieges. Warum westliche Demokratien ein besonderes Interesse an militärischen Robotern haben, in: Hans-Arthur Marsiske (Hg.): Kriegsmaschinen. Roboter im Militäreinsatz. Hannover: Heise, S. 189-199.

Singer, Peter Warren (2010a): Wired for war. The robotics revolution and conflict in the twenty-first century. New York: Penguin Books.

Singer, Peter Warren (2010b): War of the Machines, in: Scientific American, Heft 1, S. 56-63.

Spreen, Dierk (2011): Die politisch-normativen Strukturen globaler Sicherheit und Probleme der Kommunikation ordnungskonstitutiver militärischer Gewalt, in: Natascha Zowislo-Grünewald, Jürgen Schulz, Detlef Buch (Hg.): Den Krieg erklären. Sicherheitspolitik als Problem der Kommunikation. Frankfurt am Main: Peter Lang, S. 17-36.

Spreen, Dierk (2012): Gewalt und Zivilgesellschaft. Ordnungskonstitutive Gewalt im Zeitalter des globalen Politischen, in: Dierk Spreen, Trutz von Trotha (Hg.): Krieg und Zivilgesellschaft. Berlin: Duncker & Humblot, S. 32-95.

Spreen, Dierk (2014): Die dritte Raumrevolution. Weltraumfahrt und Weltgesellschaft nach Carl Schmitt und Niklas Luhmann, in: Joachim Fischer, Dierk Spreen: Soziologie der Weltraumfahrt. Bielefeld: transcript, S. 89-127.

Spreen, Dierk/Galling-Stiehler, Andreas (Hg.) (2011): Kriegsvergessenheit in der Mediengesellschaft. Berlin: Ästhetik & Kommunikation.

Weiss, Lora G. (2012): Autonome Roboter im Nebel des Krieges, in: Hans-Arthur Marsiske (Hg.): Kriegsmaschinen. Roboter im Militäreinsatz. Hannover: Heise, S. 163-173.

High-Tech im Krieg der Zukunft: Neue Technologien als Herausforderung für die Innere Führung

Götz Neuneck

Im Laufe der Jahrhunderte haben technologische Innovationen die Kriegführung immer wieder stark beeinflusst. Die Beispiele sind vielfältig: Sie reichen von der Einführung des Steigbügels über die des Schießpulvers bis zu den Atomwaffen. Das Leitbild des „Staatsbürgers in Uniform", das nicht zuletzt aus historischen Gründen in Deutschland eingeführt wurde, trug in den 1950er und 1960er Jahren auch dem Wandel des Kriegsbildes Rechnung. Die Streitkräfte vieler Nationen mussten sich mit dem Aufkommen der Nuklearwaffen und deren ethischen, militärischen und friedenspolitischen Implikationen auseinandersetzen. Technische Kompetenz, militärische Hierarchie, Planung und Taktik mussten immer wieder in Einklang gebracht werden, und dies unter den Prämissen eines modernen, demokratischen Rechtsstaates. Obwohl sich die unmittelbare nukleare Gefahr durch das Ende des Kalten Krieges für Deutschland verringert hat, ist diese Debatte bis heute nicht beendet. Die heutige Weltordnung wird maßgeblich durch die Existenz von Nuklearmächten und die Gefahr weiterer Proliferation beeinflusst. Die Einführung von neuen Waffentechnologien nach Ende des Ost-West-Konflikts und die Erfahrung von Auslandseinsätzen im Verbund mit Allianzpartnern unter UN-Mandat stellen zudem neue Herausforderungen im 21. Jahrhundert dar. In einer zunehmend technisierten Welt, in der die Abhängigkeit von modernen Technologien und neuen strategischen Räumen (Beispiel: Weltraum, Cyberspace) manifest ist, werden auch „der Staatsbürger in Uniform" und die „Innere Führung" als solche vor neue Herausforderungen gestellt. Die Abschätzung der sicherheits- und friedenspolitischen Folgen von Technologieintegration und   -einsatz im Rahmen der geltenden friedens- und sicherheitspolitischen Vorgaben muss deshalb auch ein Bestandteil der Inneren Führung sein. Der folgende Aufsatz versucht, die Elemente der heutigen militärtechnologischen Entwicklung und die daraus resultierenden Herausforderungen herauszuarbeiten.

Technologie, Kriegführung und die Geschichte

Die Einführung des Langbogens, des Panzers oder der Fernrakete haben drastische Änderungen in der Kriegführung ermöglicht. Allerdings garantiert mili-

tärtechnischer Fortschritt per se nicht auch zugleich eine erfolgreiche Kriegführung oder das Erreichen der jeweiligen politischen Ziele. Technologische
Innovationen müssen zunächst in operative Konzepte und Militärstrukturen
umgesetzt, geübt und verbessert werden. Dennoch führten im 20. Jahrhundert
in schneller Folge wissenschaftlich-technische Entwicklungen zu neuen Dokt-
rinen, Streitkräftestrukturen und leider auch Waffengängen. Der Panzer, das U-
Boot und das Kampfflugzeug wurden im Ersten Weltkrieg eingeführt und be-
einflussten den Krieg nachhaltig. Entscheidend war aber eher der industriell
geplante Einsatz von Maschinengewehr, Artillerie und Handfeuerwaffen. Im
2. Weltkrieg führte die Weiterentwicklung von Panzern, U-Booten und Flugzeugen zu neuen Möglichkeiten der Offensive, kriegsentscheidend war jedoch
letztlich die Nutzung des Radars und der Kryptografie. Der Kalte Krieg brachte die Interkontinentalrakete, bestückt mit Kernwaffen, hervor, und etablierte
die paradoxe Strategie der nuklearen Abschreckung. Die numerische Überlegenheit des Warschauer Pakts bei den konventionellen Streitkräften in den
1980er Jahren versuchten die USA mit ihrer militärtechnischen Überlegenheit
und der Stationierung von Nuklearwaffen in Europa auszugleichen.[1] Mit dem
Ende des Ost-West-Konflikts 1989/90 war den USA schließlich der Haupt-
gegner, die Sowjetunion, abhanden gekommen und eine Fortschreibung klassischer Militärstrukturen obsolet geworden. Seitdem treiben die USA dennoch
die Integration von Hochtechnologie massiv voran.

Die Digitalisierung der Kriegführung: Informations- und Kommunikationstechnologien

Heute sind es besonders die Fortschritte im Bereich der Informations- und
Kommunikationstechnologien, die im Wesentlichen im industriellen und pri-
vatwirtschaftlichen Bereich entwickelt und verkauft werden und maßgeblich zu
enormen Leistungsverbesserungen von Waffensystemen („Force Multiplier-
Effekt") und zu neuen Strategien und Einsatzmustern führen.[2] Die Geschwin-
digkeit der PC-Prozessoren hat sich enorm gesteigert. Die Übertragungs- und
Analysemöglichkeiten großer Datenmengen („Big Data") haben eine neue
Qualität erreicht und erlauben neue Anwendungen. Das, was jeder Computer-

---

[1] Zur Nutzung von Technologie und der US-Strategieentwicklung siehe: Thomas G. Mahnken:
Technology and the American Way of War, Columbia University Press, New York 2008.

[2] Siehe: Götz Neuneck: The Revolution in Military Affairs. Its Driving Forces, Elements and
Complexity, in: Complexity Vol. 50 (2008), S. 50-61.

nutzer, der mit Internet, Smart Phone oder Navigationssystem arbeitet, täglich erfährt, wird längst in die Streitkräfte, Waffen und in die Kriegführung moderner Armeen integriert. Neue multispektrale Sensorik, gepaart mit verbesserter Rechner- und Speicherleistung, schnelle Datenübertragung und Vernetzung sowie verfeinerte Navigation sind nur einige Bereiche, deren Anwendungen ihren Weg in neue Waffensysteme wie z.B. unbemannte Flugkörper gefunden haben.[3] Die Massenarmeen des 20. Jahrhunderts werden vor dem Hintergrund der digitalen Revolution von High-Tech-Armeen abgelöst, in denen dem einzelnen Soldaten enorme technische Hilfsmittel zur Verfügung stehen. Die Integration des neuen Technologiespektrums in die modernen Streitkräfte führt zu neuen militärischen Fähigkeiten, die ein ganzes Spektrum von Militärtechnologien hervorgebracht haben: (a) zielgenau steuerbare, unbemannte Flugkörper, die über leistungsfähige Aufklärungssensorik verfügen, aber auch in Zukunft vermehrt Präzisionswaffen tragen können, (b) Präzisions- und Distanzwaffen mit unterschiedlicher Reichweite, (c) neue Waffenwirkungen (Streu- oder Aerosolbomben) und -prinzipien (Laser, Mikrowellen), (d) Flugkörperabwehr und (e) leistungsfähige Überwachungssysteme unterschiedlicher Reichweite und Kapazität. Die Nutzung des Weltraums für Kommunikation, Navigation und Aufklärung ist dabei eine grundlegende Bedingung für global agierende Streitkräfte. Die Vernetzung verschiedenster Systeme, angefangen von wirkungsvoller Aufklärung bei Tag und Nacht bis hin zu punktgenauer Zielzuweisung, ist der nächste Schritt, den insbesondere Experten in den USA propagieren, um den Clausewitz'schen „Nebel des Kriegs" zu vertreiben. Vorbild ist hier der Traum des Generals Westmoreland, den dieser während des Vietnamkrieges 1969 artikulierte: „Auf dem Schlachtfeld der Zukunft werden feindliche Kräfte nahezu sofort durch die Verwendung von Datenverbindungen, computergestützte Bewertung der Aufklärung und automatische Feuerkontrolle lokalisiert, verfolgt und ins Visier genommen." „Net-centric Warfare", also die Vernetzung unterschiedlichster Waffensysteme zur Aufklärung, Zielzuweisung bis hin zur Bekämpfung und Schadensabschätzung ist spätestens seit der Irak-Invasion 2003 etabliert. Viele dieser Technologien sind trotz wunderbarer Werbevideos nicht ausgereift und verdecken vor dem Hinter-

---

[3] Siehe: Götz Neuneck/ Christian Alwardt: The Revolution in Military Affairs. Its Driving Forces, Elements and Complexity, IFAR-Working-Paper Nr. 13, Hamburg 2008, http://ifsh.de/file-IFAR/pdf_deutsch/wp_13.pdf.

grund einer eher technologisch geführten Debatte das politische Ringen um eine präventive Konfliktlösung. Stets wird betont, dass der Einsatz militärischer Mittel nur die „Ultima Ratio" sein kann. Die Investitionen in militärtechnische Lösungen nehmen aber stets weit mehr finanzielle Ressourcen in Anspruch als die Suche nach vorbeugender Diplomatie und frühzeitigem Handeln. Kommt es zu einem Militäreinsatz, werden die Instrumente verwendet, die vorhanden und erprobt sind.

US-Experten sprechen angesichts des technischen Fortschritts seit Jahren von einer „Revolution in Military Affairs", die den Eindruck einer zunehmend „automatisierten Kriegführung" vermittelt.[4] Die Dynamik im High-Tech-Bereich sorgt für fortgesetzte Beschaffungen, neue Anforderungen an Soldaten und steigende Kosten bei vielen Waffensystemen, aber auch für weiteres Wettrüsten und Proliferation von Militärtechnologie.[5] Andere westliche Streitkräfte übernehmen Elemente dieser propagierten neuen Art der Kriegführung. Global gesehen bleibt ein wichtiger Unterschied zwischen Hightech-Waffen, die sich nur industriell fortgeschrittene Länder leisten können, und Low-Tech-Waffen, die für viele Konfliktakteure einfach handhabbar sind und durch Export oder illegale Weiterverbreitung zum Einsatz kommen. Letztere, also meist „Small arms and light weapons" (SALW) wie Gewehre, Granatwerfer etc., brauchen keine Einbindung in Netzwerke, sind einfach herzustellen und ohne Training leicht einsetzbar. HighTech-Waffen sind sowohl in der Produktion als auch in der Handhabung in ein elektronisches Umfeld eingebunden, dessen Infrastruktur erst errichtet und unterhalten werden muss. Sowohl eine industrielle Basis als auch ausgedehnte militärische Forschung, Entwicklung und Erprobung ist dazu nötig. Ein High-Tech-Soldat kann in einer fremden Umgebung aber durchaus einem einfachen Kämpfer „gegenüberstehen", ohne einen Nutzen aus seiner Ausrüstung zu ziehen.

---

[4] Jan Helmig, Niklas Schörnig (Hrsg.): Die Transformation der Streitkräfte im 21. Jahrhundert. Militärische und politische Dimensionen der aktuellen „Revolution in Military Affairs", Campus-Verlag, Frankfurt/Main, 2008.

[5] Götz Neuneck: The Revolution in Military Affairs. a.a.O. (Anm. 2), S. 50-61.

Ohne Geld, Forschung, Integration und industrielle Basis keine militärische Hochtechnologie

Ein wesentlicher Faktor, der High-Tech-Rüstungen ermöglicht, sind die anhaltend hohen Militärausgaben. 2013 lagen die weltweiten Militäraufwendungen laut SIPRI bei 1.747 Milliarden Dollar.[6] Während die Militärausgaben in den USA nach Jahren der Überrüstung um 7,8% sanken, stiegen diese in China um 7,4% und in Russland um 4,8%. Diese drei Länder bestreiten über 50% der Weltmilitärausgaben. Während die Militärausgaben in den westlichen Staaten sinken, steigen sie in den BRIC-Staaten[7], in Saudi Arabien (+14%), in der Ukraine (16%) sowie in Afrika (+8%) und Asien (+3,6%). Ausschlaggebend für die Zunahme der Rüstungsausgaben sind u.a. die Transformation der Streitkräfte und die Anschaffung neuer, teurer Waffensysteme auch nach Ende des Ost-West-Konflikts sowie die fortschreitende regionale Rüstungsdynamik. Die höchsten Ausgaben für militärische Forschung und Entwicklung (F&E) mit ca. 80 Milliarden Dollar jährlich entfallen auf die USA. Weitere Ausgaben fließen in zentrale Projekte, so alleine 10 Milliarden in die Arbeiten zur Raketenabwehr. Trotz der vom Kongress verordneten Budgetkürzungen liegen die Ausgaben für F&E alleine bei den Teilstreitkräften noch bei ca. $50 Milliarden. Allein vier Milliarden Dollar fließen jährlich in die US-Universitäten und bringen neue High-Tech-Produkte hervor.[8] Seit der berühmten Rede von Präsident Eisenhower vor über 50 Jahren[9], als dieser vor den Gefahren des militärisch-industriellen Komplexes warnte, besteht die Strategie der USA darin, auf allen wesentlichen Gebieten des militärtechnischen Fortschritts jeden anderen Konkurrenten übertrumpfen zu können. Den neuesten Rüstungsschub ruft die Entwicklung unbemannter Roboter, Flugsysteme und die steigende Automatisierung des Schlachtfeldes hervor.[10]

---

[6] Sam Perlo-Freeman, Carina Solmirano: Trends in World Military Expenditures, 2013; SIPRI Fact Sheet 2014.

[7] BRIC = Brasilien, Russland, Indien, China.

[8] Pentagon Seeks To Protect R&D Funding in `15 Budget, Defense News 11. Januar 2014, http://www.defensenews.com/article/20140111/DEFREG02/301130009/Pentagon-Seeks-Protect-R-D-Funding-15-Budget.

[9] Military-Industrial Complex Speech, Dwight D. Eisenhower, 1961, http://coursesa.matrix.msu.edu/~hst306/documents/indust.html.

[10] Siehe dazu: Jürgen Altmann, Christian Alwardt, Michael Brzoska, Thilo Marauhn, Götz Neuneck, Philipp Stroh: Stand und Perspektiven der militärischen Nutzung von unbemannten

Neue unbemannte Trägersysteme: Push-Button Warfare? Regional wie global?

Drastisch verändert hat sich die Luftkriegführung „aus der Distanz". Die USA setzen seit dem zweiten Golfkrieg 1991 immer häufiger Tomahawk „Cruise Missiles", die über tausende von Kilometern metergenau „high value targets" treffen, ein – bei der Invasion des Irak 2003 fast 1.000 Stück. Aber auch andere Länder wie z.B. China, Indien und Pakistan entwickeln eigenständig diese unbemannten Marschflugkörper, die aufgrund ihres landschaftsangepassten Fluges nur schwer zu erfassen sind. Schätzungen zufolge gibt es heute 75 verschiedene Arten von Marschflugkörpern (weltweit 80.000 Stück), von denen 90 Prozent allerdings der Schiffsbekämpfung dienen. Der Trend geht allgemein zu größerer Reichweite und Zielgenauigkeit. Mit Massenvernichtungswaffen bestückte Marschflugkörper können zu einer zentralen Bedrohung für einen Staat werden. Drohnen, also „Unmanned Aerial Vehicles" (UAV), d.h. ferngesteuerte wiedereinsetzbare Flugsysteme, stehen nach ihrem massiven Einsatz im Irak 2003 auf den Beschaffungslisten vieler Staaten. Ein breites Spektrum von niedrigfliegenden Aufklärungsdrohnen mit unterschiedlichen Antriebssystemen bis hin zu hochfliegenden Überwachungsflugzeugen steht modernen Streitkräften für verschiedenste Missionen, z.B. für optische und elektronische Überwachung, zu Verfügung. Während im Irak und in Afghanistan 2003 US-UAVs noch 35.000 Flugstunden absolvierten, waren es 2008 bereits 800.000 Stunden. 50 weitere Länder verfügen über Drohnen, die meisten besitzen jedoch die US-Streitkräfte. Dabei ist die Spannweite der eingesetzten Typen sehr groß:[11] Sie reicht von kleinen, von Soldaten mit der Hand startbaren kostengünstigen Systemen für die Beobachtung „jenseits des Horizonts" (Raven) bis hin zu großen, teuren unbemannten Aufklärungsflugzeugen, die über Tage in der Luft bleiben können (Global Hawk). Die USA verfügen über ca. 6.000 bildschirmgesteuerte UAVs. Die technologische Entwicklung befindet sich hier allerdings erst am Anfang. Neue Forschungen konzentrieren sich auf Bereiche wie z.B. künstliche Intelligenz (Artificial Intelligence) und Mustererkennung etc. Neue Designs mit Tarnkappen-Technologie, Schwarmverhalten oder neuer Sensorik sind in Planung. Zahlreiche Probleme wie die Informationsüberlastung der

---

Systemen, Gutachten für das Büro für Technikfolgen-Abschätzung beim Deutschen Bundestag, September 2008.

[11] Siehe dazu ausführlich: Peter W. Singer: Wired for War: The Robotics Revolution and Conflict in the 21st Century, Penguin 2009.

Operateure oder die Störanfälligkeit der Systeme sind jedoch noch nicht gelöst. So können beispielsweise UAVs abstürzen, wenn ihre Verbindung zum Operateur abreißt.

Zunehmend werden UAVs auch für Kampfmissionen umgerüstet. Hier entsteht eine neue Bedrohung, denn Drohnen sind relativ klein, leise und haben im Prinzip lange Einsatzzeiten. Der Drohnenkrieg im Grenzgebiet von Pakistan und Afghanistan ist eine ferngesteuerte Auseinandersetzung, in der insbesondere die CIA Gegner aus der Luft „eliminiert". Die Operateure sitzen 13.000 km entfernt und führen an Videoschirmen einen ferngesteuerten Push-Button-Krieg. Die Einsätze sind jedoch völkerrechtlich umstritten und oft politisch kontraproduktiv.[12] Insbesondere, wenn Zivilisten getötet werden, kann dies regional eher zu einem neuen Mobilisierungseffekt für weitere Terroraktivisten führen. Bei bewaffneten Drohnenangriffen im Rahmen des „Kriegs gegen den Terrorismus" hat die CIA im Zeitraum von 2004-2013 nach Schätzungen des Bureau of Investigative Journalism in Pakistan 370 Drohnenangriffe geflogen, bei denen 2.548-3.549 Menschen ums Leben kamen, darunter 411-890 Zivilisten. Im selben Zeitraum hat sie im Jemen 46-56 bestätigte Angriffe mit Drohnen (240-349 getötete Personen, darunter 14-49 Zivilisten) und in Somalia 3-9 Angriffe (7-27 getötete Menschen, darunter 0-15 Zivilisten) ausgeführt.[13]

Auch andere Länder investieren in UAVs und es ist absehbar, dass diese auch für Kampfmissionen oder Terrorangriffe eingesetzt werden. Der Iran gibt an, eine neue Drohne entwickelt zu haben, die angeblich ca. 1.900 km zurücklegen kann. Die Hisbollah hat Drohnen selbst über Israel eingesetzt. Es ist absehbar, dass weitere Staaten sich bewaffnete Drohnen zulegen werden. Heute sind lediglich die USA, Großbritannien und Israel im Besitz von Kampfdrohnen, aber auch in China, der Türkei, den VAE und in Südafrika wird an bewaffneten UAVs gearbeitet. In Europa engagieren sich besonders Großbritannien und Frankreich. Auch in Deutschland gibt es eine Debatte über die Entwicklung und Einführung bewaffneter Drohnen.[14] Ausdruck der

---

[12] Siehe hierzu: Götz Neuneck: Can the Use of Unmanned Systems Be Regulated? in: Heinrich-Böll-Stiftung/IFSH (Ed.) The Future of Arms Control, Publication Series on Democracy, Vol. 37, Berlin 2014, S. 62-72.

[13] Webseite des Bureau of Investigative Journalism, Covert War on Terror – The Dataset, http://www.thebureauinvestigates. com/category/projects/drone-data/, Stand 23. Juni 2013.

[14] Christian Alwardt, Michael Brzoska, Hans-Georg Ehrhart, Martin Kahl, Götz Neuneck, Johann Schmid, Patricia Schneider: Braucht Deutschland Kampfdrohnen? Juli 2013

weltweiten Beunruhigung darüber, dass die Entwicklung in Richtung auf vollständig autonome Waffensysteme läuft, die zukünftig eigenständig über Leben und Tod „richten" bzw. wahllos Menschen töten können, war u.a. eine Staatenkonferenz der UN-Konvention über konventionelle Waffen (CCW), die im Mai in Genf stattfand und bei der die Teilnehmer über Konzepte zum Verbot künftiger „lethal autonomous weapon systems" (LAWS) diskutierten.

Das Problem langer Vorbereitungszeit für globale Waffeneinsätze soll durch ein weiteres US-High-Tech-Programm gelöst werden: "Prompt Global Strike". Ziel ist es, innerhalb von Minuten bis wenigen Stunden nahezu jedes Ziel auf dem Globus mittels konventionell bestückter Trägersysteme und Präzisionswaffen zerstören zu können. Unterschiedliche Waffenträger wie konventionelle Interkontinentalraketen, Hyperschall- oder wiederverwendbare, auch im Weltraum agierende Flugkörper sind hier in der Planung oder werden getestet. Die Vorstellung, per Knopfdruck Ziele aus der Luft anzugreifen, findet hier ihre Fortsetzung. Die Luftkriegführung „aus der Distanz" wird verfeinert und klassische Militärfrontlinien scheinen sich aufzulösen. Kriegerische Angriffe können schneller durchgeführt werden als je zuvor und überraschend aus jeder Richtung erfolgen.

Unbemannte Systeme finden aber auch vermehrt auf dem Boden und im Wasser Anwendung. Roboter mit verschiedenen Antriebstechniken werden für diverse Aufgaben entwickelt. Im Afghanistankrieg wurde der militärische Roboter PackBot zum Entschärfen von Bomben verwendet. BigDog ist ein Metallvierbeiner, der Ausrüstungsgegenstände transportieren kann, und MAARS[15] ist mit MG und Granatwerfer ausgerüstet und kann „Wache schieben" oder als Schütze eingesetzt werden. Roboter kennen keine Emotionen wie Panik oder Schmerz, haben aber auch kein kritisches Urteilsvermögen, das sie vom Einsatz abhält. Auch die Entwicklung von Kleinstflugkörpern, Micro-Air Vehicles (MAV), nicht größer als zehn Zentimeter, wird forciert. Innovativen Konzepten sind hier keine Grenzen gesetzt, zumal das US-Militär genügend Geld für solche Forschungen hat und stets argumentieren kann, dass diese neuen Systeme das Leben der eigenen Soldaten schützen. Forschungen im Bereich der Nanotechnologie versprechen zukünftig noch kleinere Syste-

---

http://www.ifsh.de/tl_files/IFSH/pdf/Publikationen/HI%2050%20Kampfdrohnen.pdf
[15] MAARS=Modular Advanced Armed Robotic System

me.[16] Nach anfänglicher Skepsis beim Militär nimmt die Nutzung von Robotern seit dem Irak-Krieg 2003 dramatisch zu: Waren 2004 noch 150 unbemannte Systeme (UMS) vor Ort, waren es ein Jahr später bereits 2.400, und heute verfügt die US-Armee über mehr als 12.000 Systeme. Auch die US-Navy hat Interesse an unbemannten Unterwasserfahrzeugen und Motorbooten bekundet. Die Entwicklung wird sich in den nächsten Jahren sicher fortsetzen.

Es wird auch postuliert, in den Kriegen der Zukunft würden die Soldaten durch Roboter ersetzt werden. Allerdings besteht die Gefahr, dass der Mensch durch die fortschreitende Automatisierung des Krieges seine Fähigkeit verliert, verantwortungsvolle Entscheidungen zu treffen. Mit der Automatisierung durch UMS verschärfen sich viele politische, juristische und ethische Fragen. Wer fällt auf welcher Grundlage die Entscheidung über Leben und Tod? Wie kann die Einhaltung der Einsatzregeln und des Völkerrechts überprüft werden? Werden Kriege nicht wahrscheinlicher, wenn scheinbar „lediglich" Roboter Krieg führen? Lösen diese Entwicklungen neue technische Rüstungswettläufe aus? Und nicht zuletzt: Kann und darf ein Roboter im Krieg eigenständig Gegner töten? Auch müssen bekannte Defizite moderner Technik mit einbezogen werden: Programmfehler können schnell zu Unfällen führen und stellen hohe Risiken dar. Eine militärische Lösung, die im Einsatzfall versagt, kann zudem zu einer „Illusion von Sicherheit" führen. Zu bedenken ist auch, dass potenzielle Gegner auf diese technische Übermacht reagieren werden, spätestens im Krieg, wenn nicht bereits in Friedenszeiten. Die Liste von Gegenmaßnahmen, um High-Tech-Streitkräfte in die Irre zu führen, wird länger: Störsender, aufblasbare Panzerattrappen oder thermische Quellen, um hitzesuchende Sensoren zu täuschen, wurden bereits mit Erfolg eingesetzt. Entwicklungen zum elektronischen wie physischen Schutz von Streitkräften werden ebenfalls vorangetrieben. Neue Panzerungen und kugel- oder splitterfeste Materialien werden für Soldaten weiterentwickelt. Soldaten sind deshalb oft gut geschützt, nicht jedoch die Zivilbevölkerung, deren Opferquoten in den heutigen Konflikten ansteigen. Eine asymmetrische Antwort auf die militärtechnische Überlegenheit des Westens ist das verstärkte Interesse einiger Staaten, sich Massenvernichtungswaffen, insbesondere Nuklearwaffen, zuzulegen. Gegen diese Bedrohung soll die Raketenabwehr schützen. Diese Technologie

---

[16] Siehe: Jürgen Altmann: Military Nanotechnology: Potential Applications and Preventive Arms Control, Abingdon/New York: Routledge, 2006.

kann jedoch nicht als ausgereift angesehen werden, zumal es viele andere Möglichkeiten gibt, Massenvernichtungswaffen mit geringer Genauigkeit ins Ziel zu bringen oder durch Gegenmaßnahmen die Abwehr zu täuschen.

Weltraum und Cyberspace: Nutzung eines strategischen Vorteils?

Einige militärische Planer sehen voraus, dass, zusätzlich zur Land-, Luft- und Seekriegführung, künftig auch im Weltraum und im Cyberspace Konflikte mit Waffen ausgetragen werden. Beides sind „gemeinschaftsfreie Räume", die von vielen Staaten und Individuen genutzt werden können und in denen eigene physikalische Gesetze gelten. Regelung und Kontrolle dieser Domänen stellt ganz neue Herausforderungen dar. Nicht alle Staaten und Bürger haben aber den gleichen Zugriff auf den Weltraum und den Cyberspace, auch wenn viele moderne Gesellschaften abhängig von diesen „strategischen Räumen" sind. Die Nutzung für Kommunikation, Navigation und Erdbeobachtung vom erdnahen Raum aus ist für die globalisierte Staatenwelt heute essentiell. Im Rahmen der „Revolution in Military Affairs" sind global agierende Streitkräfte auf die weltraumgestützten Infrastrukturen für Kommunikation und Aufklärung angewiesen. Weltraumtechnologie ist eine Dual-use-Technologie, d.h. sie ist für militärische wie zivile Zwecke nutzbar. Der Weltraum wurde allerdings von den Supermächten seit Beginn des Weltraumzeitalters militärisch genutzt, und die Konkurrenz im Weltraum setzt sich bis heute fort.[17] Nur die Raketentechnologie ermöglicht den Zugang zum Weltraum. Ca. zehn Staaten können dauerhaft Nutzlasten in den Orbit transportieren[18]. Andere Länder wie Brasilien, Iran oder Süd- bzw. Nordkorea versuchen selbst, Raketenprogramme aufzubauen. Iran und Nordkorea ist es gelungen, kleine Satelliten in den Orbit zu transportieren. Immer mehr Staaten sind auch an der militärischen Nutzung des Weltraums interessiert.[19] Die meisten militärischen Satelliten werden heute von den USA betrieben, auf die auch fast 95 Prozent der „Weltraummilitäraus-

---

[17] Götz Neuneck: Kooperation oder Rivalität im Weltraum, in: Internationales Magazin für Sicherheit, Nr. 3, 2010, p. 20-22.

[18] USA, Russland, China, Frankreich, Großbritannien, Ukraine, Indien, Israel, Iran, Nordkorea,

[19] Siehe dazu: Götz Neuneck / André Rothkirch: Weltraumbewaffnung und Optionen für präventive Rüstungskontrolle, Endbericht, Osnabrück/Hamburg, Deutsche Stiftung Friedensforschung 2006.

gaben" entfallen. Weltweiter Waffeneinsatz lässt sich nur unter Nutzung des Weltraums durchführen, sei es aufgrund der optischen Aufklärung, sei es aufgrund der weltraumgestützten GPS-Navigation. Die heutigen Satelliten besitzen jedoch passive Anwendungen, d.h. es befinden sich bisher keine „Waffen" an Bord von Satelliten. Die Stimmen derjenigen, die eine aktive Weltraumbewaffnung zum Zweck einer Kontrolle des Weltraums fordern, werden aber lauter und schon bald könnte auch dieses Tabu fallen. Als deutliches Warnzeichen gilt, dass sowohl China (2007) als auch die USA (2008) testhalber bereits eigene, nicht mehr benötigte Satelliten abgeschossen haben.

Mehrere technische Möglichkeiten zur Zerstörung der verwundbaren Satelliten werden erforscht: erdgestützte Laserwaffen, Minisatelliten oder die in der Entwicklung befindliche Raketenabwehr sind denkbare Optionen. International werden keine ernsthaften Anstrengungen unternommen, die Lücken im Weltraumvertrag von 1967 zu schließen und die Zerstörung von Satelliten im All generell zu verbieten. Bei der Zerstörung von Satelliten im Orbit entstehen große Mengen an Trümmern, die wiederum andere Satelliten, aber auch die Internationale Raumstation bedrohen. Das Problem des Weltraumschrotts stellt sich ohnehin bereits jetzt und ist eine Gefahr für die Funktionsfähigkeit der weltraumgestützten Infrastrukturen. Ein überprüfbares Verbot von Weltraumwaffen würde allen Staaten sowie den Betreibern und Nutzern von Satelliten zu Gute kommen.

Neben dem Weltraum ist ein weiteres Areal in den Mittelpunkt des Interesses gerückt: der Cyberspace, also das Internet, die globalen Kommunikationsnetze und damit verbundene digitale Dienste. Die koordinierten Cyberangriffe auf Estland 2007 und während des Georgienkrieges 2008 steigern die Befürchtung, dass auch der Cyberspace zum Schlachtfeld werden kann. Die Entdeckung des Stuxnet-Wurms, der Industriesteuerungen manipulieren und damit zerstören kann, macht deutlich, dass offensichtlich auch Staaten über offensive, elektronische Maßnahmen verfügen, um potenzielle Gegner anzugreifen. Die Verteidigungspolitischen Richtlinien des BMVg vom 27.5.2011 folgern: „Informationsinfrastrukturen gehören heute zu den kritischen Infrastrukturen, ohne die das private und öffentliche Leben zum Stillstand käme. Angriffe darauf können aufgrund ihrer engen Verflechtung zur Destabilisierung auch unseres Staates mit gravierenden Auswirkungen für die nationale Sicherheit führen. Mit der Bedrohung aus dem Informationsraum werden Staaten ihre bisherigen Vorstellungen über Konflikte und ihre Lösungsmöglichkeiten anpassen."[20] Auch gegen militärische Netze und Einrichtungen finden solche Angriffe statt.[21] Der Schweizer Armeechef hatte im September 2010 Cyberangriffe als die „aktuell gefährlichste Bedrohung" bezeichnet: „Wenn es jemand gelingt, unsere Kommunikations- und Stromnetze lahmzulegen, dann müssen wir über den Einsatz unserer Systeme gar nicht mehr diskutieren."[22]

Es besteht heute die ernste Gefahr, dass der Cyberspace zunehmend militarisiert und eine neue Domäne für Auseinandersetzungen im Krisenfall wird. Verstärkt investieren Staaten in die Etablierung von Cyber Commands und erarbeiten Strategien zur Stärkung ihrer „Cybersicherheit".[23] Auch hier stellen sich teilweise ganz neue Fragen in einem Medium, das nur schwer zu beschreiben und zu regulieren ist: Was ist ein Cyberangriff und welche Wirkung kann er entfalten? Gibt es überhaupt Cyberwaffen? Wie kann man die Verursacher von Angriffen identifizieren oder ein wirkungsvolles Frühwarnsystem aufbauen? International gibt es bisher kaum Ansätze für eine funktionsfähige Rüstungskontrolle im Cyberspace. Institutionen und Normen wurden nur unzureichend entwickelt. Die Debatte um die Globalüberwachung der National Security Agency (NSA) und die künftige „Internet-Governance" verkomplizieren die Debatte zusätzlich.[24] Je mehr der Weltraum und der Cyberspace Bestandteil unseres Lebens werden, desto mehr muss befürchtet werden, dass auch diese Domänen in gewaltsam ausgetragene Konflikte einbezogen werden. Eine präventive Rüstungskontrolle im Weltraum, aber auch im Cyberspace

---

[20] Verteidigungspolitische Richtlinien des BMVg vom 27.5.2011, S. 3, http://www.bmvg.de/portal/a/bmvg/!ut/p/c4/LYsxEoAgDATf4gdIb-cv1MYBzcQbMDgQ8ftSONtssUsrddQ3iDdk9YlmWnaM4XXhauIq9pPLybB65wRDdF6FQzZ2R47PxdqtcTHGAXlU_q72byv9tgQFK91xGj6tRgx1/.

[21] Der Vorsitzende des US JCS, General M. Dempsey, erklärt dazu, dass Cyberangriffe „escalated from an issue of moderate concern to one of the most serious threats to our national security. We now live in a world of weaponized bits and bytes, where an entire country can be disrupted by the click of a mouse". New York Times vom 27.6.2013, http://www.nytimes.com/2013/06/28/us/pentagon-is-updating-conflict-rules-in-cyberspace.html?_r=0.

[22] Walter J. Unger: Cyber Defence – eine nationale Herausforderung, in: Sicherheit und Frieden Vol. 32 (1) 2014, S. 8-16, S. 9.

[23] Siehe detailliert: Theresa Hitchens, James Lewis, Götz Neuneck (eds.): The Cyber Index. International Security Trends and Realities, United Nations Publications, New York and Geneva/Switzerland, UNIDIR /2013/3.

[24] Götz Neuneck: Die Geheimdienste und das Militär: Neue Bedrohungen im Cyberspace, in: Friedensgutachten 2014, Berlin: Lit-Verlag 2014, S. 237-253.

wäre wünschenswert, um eine Militarisierung bzw. Bewaffnung dieser Domänen zu verhindern.

In der globalisierten Welt des 21. Jahrhunderts scheinen sich klassische Frontlinien und territoriale Grenzen zunehmend weiter aufzulösen. Dies zeigt auch ein Blick auf das aktuelle Kriegsgeschehen: Nur sechs der größeren bewaffneten Konflikte im Jahr 2009 waren laut SIPRI-Angaben zwischenstaatliche Konflikte, während es sich bei elf Konflikten um innerstaatliche handelte. Aufstände, Bürgerkriege und terroristische Anschläge bestimmen den Alltag moderner Streitkräfte wesentlich stärker als die militärische Auseinandersetzung, wie sie noch im Kalten Krieg vorbereitet wurde. Strategien und Waffensysteme werden immer noch zu stark vom technologischen Fortschritt bestimmt. Sie sind mit den Realitäten der Konfliktkonstellation oft nicht kompatibel. Enorme Summen werden für diverse Militärtechnologien ausgegeben, während die internationalen Instrumente zur Konfliktlösung immer noch wenig entwickelt und erprobt sind.

Streben nach militärtechnischer Überlegenheit: Die Grenzen der High-Tech-Kriegführung

Mit einer Armee, gedacht für den 3. Weltkrieg, traten die USA 1991 gegen den Irak an. Insbesondere der Einsatz von Präzisionswaffen im Golfkrieg 1991 erzeugte in der öffentlichen Wahrnehmung das Bild eines „sauberen und chirurgischen Krieges", obwohl nur sechs Prozent der eingesetzten Waffen präzisionsgesteuert waren. „Lediglich" 246 alliierte Soldaten starben bei den Kämpfen und begründeten den Mythos geringer eigener Verluste. Die Verluste auf irakischer Seite waren umso höher. Die US-Politik nahm die angeblich neue Art der Kriegführung auf. Militärtechnische Überlegenheit ist jedoch nicht in jedem Falle der Garant für einen nachhaltigen Erfolg.[25] Kriege der Vergangenheit zeigen deutlich auf, dass Technologie oder militärische Überlegenheit nicht zwingend zu einer Lösung eines Konflikts führen. Technologisch überlegene US-Streitkräfte in Vietnam haben verloren oder erreichten zweifelhafte Ergebnisse im Irak (1991 und 2003) oder in Serbien (1999). Eine numerisch überlegene sowjetische Armee wurde in Afghanistan besiegt. Während des Fünf-Tage-Krieges in Südossetien/Georgien im August 2008 besiegten 10.000 russi-

---

[25] Siehe zum Wechselspiel von Budgetplanung, Militärtechnologie, Logistik und Kriegsmodellen: Michael E. O´Hanlon: The Science of War, Princeton University Press, 2009.

sche Soldaten mit 150 Panzern die besser ausgerüstete georgische Armee. Russland benutzte Ausrüstung der 1980er Jahre und verlor sieben Flugzeuge. Während des „Gaza-Krieges" griffen die technologisch überlegenen israelischen Streitkräfte mit mehr als 800 Lufteinsätzen einen nichtstaatlichen Akteur, die Hamas, an, um deren Infrastruktur zu zerstören. Bezogen auf die damit verbundenen politischen Kosten hatten sie jedoch nur begrenzten Erfolg. So militärisch erfolgreich die erste Phase der US-Invasion im Irak 2003 u.a. auch unter Einsatz von Hochtechnologie wie unbemannter Drohnen und Weltraumaufklärung war, so deutlich wurde in der Folgephase, dass Technologie wenig zur Stabilität und Sicherheit eines Landes beitragen kann.[26] Der nachfolgende Zusammenbruch der öffentlichen Infrastruktur und Sicherheit führte zu Aufständen, die in den folgenden Jahren zigtausende Tote vor allem auf irakischer Seite forderten. Zudem kam es zu Städtekämpfen, in denen auch die US-Verluste erheblich zunahmen. Technologische Überlegenheit ist hier bedeutungslos. Insbesondere die geringe US-Truppenzahl und schwere Fehler beim Aufbau neuer staatlicher Strukturen führten zu einem Bürgerkrieg und zunehmend zu einem Aufstand gegen die amerikanischen Besatzer. Die scheinbaren technologischen Fortschritte während der Invasion hatten den Blick der Militärs und Politiker für die Notwendigkeiten der Sicherheitsvorsorge und des staatlichen (Wieder-) Aufbaus nach dem militärischen Sieg verstellt. Die ca. 100.000 US-Soldaten im Irak waren für diese Art von Operationen nicht vorbereitet, schlecht ausgerüstet und konnten das entstandene Sicherheitsvakuum nicht füllen. Anschläge, Aufstände und sich ausbreitende Gewalt, insbesondere zwischen September 2006 und Januar 2007, als monatlich 2.700 bis 3.800 Zivilisten getötet wurden, brachten das gebeutelte Land wieder an den Abgrund. Länder mit Technologie zu erobern erscheint einfach im Vergleich zum Problem des Aufbaus nachhaltiger Sicherheits- und Friedensstrukturen.

Bei den Planungen, dem Training und den Einsätzen moderner Streitkräfte in asymmetrischen Auseinandersetzungen werden moderne Technologien eine gewichtige Rolle spielen, zumal der Westen weiterhin auf Hochtechnologie nicht verzichten wird, um die eigenen Verluste zu minimieren und der Öffentlichkeit Waffengänge vermitteln zu können. Der Vietnamkrieg oder die

---

[26] Siehe z.B. Keith L. Shimko: The Iraq Wars and America´s Military Revolution, Cambridge University Press, New York 2010.

US-Invasion im Irak 2003 beinhalten aber eine deutliche Warnung, dass die Nutzung von moderner Technologie weder ein Garant für geringe Verluste an Menschen und Material ist, noch dass durch sie die politischen Ziele Frieden, Rechtsstaatlichkeit und Stabilität erreicht werden können.

Neue Technologien im Militär: Rechtliche Vorgaben für Forschung, Entwicklung, Beschaffung und Einsatz neuer Waffen, Mittel und Methoden der Kriegführung

Jana Hertwig

Einleitung[1]

Forschung, Entwicklung, Beschaffung und Einsatz neuer Waffen, Mittel und Methoden der Kriegführung haben schon immer eine entscheidende Rolle im Transformationsprozess der Streitkräfte gespielt.[2] Bei der Beurteilung neuer Militärtechnologie werden dabei Politiker, Militärs, Juristen und Ethikwissenschaftler regelmäßig vor große Herausforderungen gestellt.[3] Seit Mitte der 1990er Jahre ist dabei der Begriff der technologiebedingten „Revolution in Military Affairs" (RMA)[4] vorherrschend. Auch die derzeitige Neuausrichtung der Bundeswehr weist eine ausrüstungsbedingte Komponente auf, die auf eine Anpassung an die zukünftige Struktur und das priorisierte Fähigkeitsprofil der

---

[1] Dieser Beitrag entwickelt zwei frühere wissenschaftliche Untersuchungen der Autorin fort: Hertwig, Jana: Bundeswehr und Kampfdrohnen: Empfehlungen für ein sicherheitspolitisches Konzept der Bundesregierung, in: Frau, Robert (Hrsg.): Drohnen und das Recht. Völker- und verfassungsrechtliche Fragen automatisierter und autonomer Kriegführung, Tübingen 2014, S. 215-234; Aktualisierung des Handbuchs Verbreitungsarbeit für das Deutsche Rote Kreuz, erschienen auf CD-ROM, Berlin 2014. Alle Internetverweise in dem vorliegenden Beitrag sind mit Datum vom 19. Mai 2014.

[2] Vgl. grundlegend zur Transformation: Sloan, Elinor: Military Transformation and Modern Warfare: A Reference Handbook, Westport, Connecticut 2008; Helmig, Jan/Schörnig, Niklas (Hrsg.): Die Transformation der Streitkräfte im 21. Jahrhundert, Frankfurt/Main 2008.

[3] Schmidt-Radefeldt, Roman/Meissler, Christine: Einführung, in: dies. (Hrsg.): Automatisierung und Digitalisierung des Krieges, Forum Innere Führung 35 (2012), S. 9.

[4] Vgl. zu Begriff, Entstehung und Bedeutung von RMA: Cohen, Eliot A.: A Revolution in Warfare, in: Foreign Affairs 75 (1996), S. 37-54; Morgan, Patrick M.: The Impact of the Revolution in Military Affairs, in: The Journal of Strategic Studies 23 (2000), S. 132-162; Hoch, Martin: Die "Revolution in Military Affairs" – zur Kritik eines Mythos, in: Europäische Sicherheit 8 (2000), S. 51-54; Müller, Harald/Schöring, Niklas: Revolution in Military Affairs, in: HSFK-Report Nr. 8 (2001); Neuneck, Götz/Alwardt, Christian: The Revolution in Military Affairs, its Driving Forces, Elements and Complexity, in: IFSH Working Paper 13 (2008).

Streitkräfte zielt.[5] Für die Ausstattung der Bundeswehr mit leistungsfähigem und sicherem Gerät ist das Bundesamt für Ausrüstung, Informationstechnik und Nutzung der Bundeswehr zuständig. Schwerpunkte der Arbeit sind die Entwicklung, die Erprobung, die Beschaffung und das Nutzungsmanagement von Wehrmaterial, d.h. von hochkomplexen Waffen- und IT-Systemen über Panzer, Flugzeuge und Schiffe bis zu persönlichen Ausrüstungsartikeln der Soldaten.[6]

Hightech-Waffensysteme, die heute erforscht und zum Teil schon in bewaffneten Konflikten eingesetzt werden, verändern derweil nicht nur die Art der Kriegführung, sondern auch die Anforderungen an den einzelnen Soldaten. Im Blickpunkt militär-strategischer Erwägungen und militär-physikalischer Forschungen stehen dabei u.a. weniger tödliche Waffen, Informationskriegführung[7], elektromagnetische Kanonen, Strahlenwaffen, neue biochemische Waffen[8], autonome Systeme/Kampfroboter, Mikrosystemtechnik/Nanotechnik[9] sowie biologisch inspirierte Systeme.[10]

---

[5] Bundeswehr, Die künftigen Hauptwaffensysteme, 19.3.2013, http://www.bundeswehr.de

[6] http://www.baain.de

[7] Vgl. näher: Greenberg, Lawrence T./Goodman, Seymour E./Soo Hoo, Kevin J.: Information Warfare, Report, 1998,

http://www.dtic.mil/get-tr-doc/pdf?Location=U2&doc=GetTRDoc.pdf&AD=ADA460329; Stein, Torsten/Marauhn, Thilo: Völkerrechtliche Aspekte von Informationsoperationen, in: Zeitschrift für ausländisches öffentliches Recht und Völkerrecht 60 (2000), S. 1-36; Heintschel von Heinegg, Wolff: Cyberspace – Ein völkerrechtliches Niemandsland?, in: Schmidt-Radefeldt, Roman/Meissler, Christine (Hrsg.): Automatisierung und Digitalisierung des Krieges, Forum Innere Führung 35 (2012), S. 159-174; Geiger, Gebhard: Offensive Informationskriegführung. Die „Joint Doctrine for Information Operations" der US-Streitkräfte: sicherheitspolitische Perspektiven, SWP-Studie S 2 (2002).

[8] Vgl. z.B.: Giersch, Gregor/Schmidt, Markus: Neue Kriegsführung durch DNA-Synthese? Sicherheitspolitische Herausforderungen durch die Synthetische Biologie, in: Die Politische Meinung 493 (2010), S. 23-28,

http://www.kas.de/wf/doc/kas_21391-544-1-30.pdf?110104110424

[9] Vgl. näher: Nasu, Hitoshi: Nanotechnology and Challenges to International Humanitarian Law: A Preliminary Legal Assessment, in: International Review of the Red Cross 94 (2012), S. 653-672.

[10] Auflistung nach: Altmann, Jürgen: Physikalische Forschung, militärische Nutzbarkeit und Verantwortung, DPG-Jahrestagung, Junge DPG, Arbeitsgruppe „Physik und Abrüstung", Dresden, 5. März 2013,

http://www.dpg-physik.de/dpg/gliederung/ag/aga/vortraege/2013/2013_aga_1.2_altmann.pdf, S. 8.

Forschung, Entwicklung, Beschaffung und Einsatz neuer Militärtechnologien erfolgen dabei nicht im rechtsfreien Raum. Vielmehr obliegen dem jeweiligen Staat maßgebende Verpflichtungen, die sich insbesondere aus den Regeln des humanitären Völkerrechts ergeben, also aus dem Teilbereich des Völkerrechts, welches Vorgaben für das in bewaffneten Konflikten geltende Recht trifft.[11] Darüber hinaus hält auch das deutsche Recht für die Einführung und den Einsatz neuer Militärtechnologien in bewaffneten Konflikten bestimmte Regeln bereit.

Der vorliegende Beitrag nimmt die Forschung, Entwicklung, Beschaffung und den Einsatz neuer Militärtechnologien zum Anlass, um aus rechtswissenschaftlicher Perspektive die humanitär-völkerrechtlichen[12] sowie speziell für den Bereich der Bundeswehr die verfassungsrechtlichen und einzelgesetzlichen Vorgaben zu überprüfen. Im Blickpunkt der Untersuchung stehen dabei bewaffnete Drohnen, vollautonome Waffensysteme sowie spezielle weniger tödliche Waffen. Damit verbunden fragt der Beitrag auch nach den einsatzbedingten gesundheitlichen Belastungen der Soldaten[13], die mit neuer Militärtechnologie einhergehen. Dies ist ein Themenfeld, welches bislang in der (Rechts-)Wissenschaft eine eher nachrangige Rolle spielt.

Entscheidende Vorgaben des humanitären Völkerrechts (*ius in bello*)

Das humanitäre Völkerrecht (*ius in bello*) dient dem Schutz des Menschen in bewaffneten Konflikten. Es zielt darauf, die Auswirkungen bewaffneter Konflikte zu minimieren ("to limit the effects of armed conflict"). Hierbei setzt es aus humanitären Gründen der Gewaltanwendung in einem bewaffneten Konflikt zwischen Staaten oder innerhalb eines Staates gewisse Grenzen. Die Kon-

---

[11] Doch auch der Bereich der Menschenrechte spielt eine wichtige Rolle und enthält zentrale Schranken für neue Militärtechnologien. Vgl. Heintze, Hans-Joachim: Nichtletale Waffen und das humanitäre Völkerrecht, in: Hasse, Jana/Müller, Erwin/Schneider, Patricia (Hrsg.): Humanitäres Völkerrecht: Politische, rechtliche und strafgerichtliche Dimensionen, Baden-Baden 2001, S. 270.

[12] Menschenrechtliche Vorgaben (insbesondere Recht auf Leben und Verbot der Folter) werden nicht geprüft. Vgl. dazu näher: Heintze, Hans-Joachim: Nichtletale Waffen und das humanitäre Völkerrecht, in: Hasse, Jana/Müller, Erwin/Schneider, Patricia (Hrsg.): Humanitäres Völkerrecht: Politische, rechtliche und strafgerichtliche Dimensionen, Baden-Baden 2001, S. 276-278.

[13] und Soldatinnen.

fliktparteien haben kein unbeschränktes Recht in der Wahl der Methoden und Mittel der Kriegführung. Die Anwendung von Gewalt gegen die Zivilbevölkerung sowie die Zerstörung von zivilen Gütern sind verboten. Fraglich ist, welche zentralen Regelungen das humanitäre Völkerrecht bei der Forschung, Entwicklung und Beschaffung sowie beim Einsatz neuer Militärtechnologien hat.

a) *Prüfungspflichten gem. Art. 36 ZP I*

Beabsichtigt ein Staat, eine neue Waffe oder neue Mittel oder Methoden der Kriegführung einzuführen, so muss er sich an der zentralen und völkergewohnheitsrechtlich geltenden Prüfungsnorm des Art. 36 ZP I[14] orientieren. Danach ist jede Hohe Vertragspartei, so auch die Bundesrepublik Deutschland, verpflichtet, „bei der Prüfung, Entwicklung, Beschaffung oder Einführung neuer Waffen oder neuer Mittel oder Methoden der Kriegführung festzustellen, ob ihre Verwendung stets oder unter bestimmten Umständen durch dieses Protokoll oder durch eine andere auf die Hohe Vertragspartei anwendbare Regel des Völkerrechts verboten wäre." Mit der Überprüfung der Einführung neuer Militärtechnologie muss dabei schon weit vor der Beschaffung begonnen werden. Alle Prüfungsschritte und Ergebnisse sind zu dokumentieren und bei Bedarf den anderen Vertragsparteien zu übermitteln. Wichtig für das Prüfungsverfahren ist dabei ein interdisziplinärer Ansatz, der alle wesentlichen Fachbereiche einschließt: „With the ever-increasing technological complexity of weapons and weapon systems, it is important that, among others, computer scientists, engineers, and lawyers engage with one another whenever a state conducts a review of weapons pursuant to Article 36 of the Protocol Additional to the Geneva Conventions of 12 August 1949 and relating to the Protection of Victims of International Armed Conflicts (API)."[15] Die Prüfungspflicht gilt sowohl für Waffen als auch für Mittel und Methoden. Für jede dieser drei Kategorien ist zu prüfen, ob ihre Verwendung durch das Protokoll oder durch eine andere anwendbare Regel des Völkerrechts verboten wäre. Die

---

[14] Zusatzprotokoll zu den Genfer Abkommen vom 12. August 1949 über den Schutz der Opfer internationaler bewaffneter Konflikte, BGBl. 1990 II, 1550, BGBl. 1990 II, 1637 (internationale Quelle: UNTS Vol. 1125, p. 3).

[15] Backstrom, Alan/Henderson, Ian: New Capabilities in Warfare: An Overview of Contemporary Technological Developments and the Associated Legal and Engineering Issues in Article 36 Weapons Reviews, in: International Review of the Red Cross 94 (2012), S. 513.

gebotene Intensität der Prüfung und der anzuwendende Prüfungsmaßstab unterscheiden sich nicht.[16]

b) *Beachtung völkerrechtlicher Verbots- und Regelungsregime*

In Anknüpfung an die Prüfungspflicht gem. Art. 36 ZP I ist bei der Einführung neuer Militärtechnologie zu untersuchen, ob bereits bestimmte völkerrechtliche Verbots- und Regelungsregime bestehen. Für den Bereich biologischer und chemischer Waffen sind hierbei das Genfer Giftgas-Protokoll (1925)[17] sowie das Biowaffenübereinkommen (1975)[18] und das Chemiewaffenübereinkommen (1997) relevant[19]. Während der Einsatz biologischer und chemischer Waffen bereits seit 1925 durch das Genfer Giftgas-Protokoll sowie völkergewohnheitsrechtlich verboten ist, fehlten über viele Jahre völkerrechtlich verbindliche Regelungen zur Verhinderung einer Aufrüstung und einer weiteren Verbreitung dieser Waffen sowie einer Entwicklung neuartiger Waffen aufgrund von neuen Erkenntnissen in der biologischen und chemischen Forschung. Dies änderte sich mit Inkrafttreten beider Übereinkommen in den Jahren 1975 und 1997. Seither sind Entwicklung, Herstellung, Lagerung und Einsatz biologischer und chemischer Waffen verboten und die Vernichtung alter Bestände innerhalb bestimmter Fristen durchzuführen und zu dokumentieren. Für den Bereich konventioneller Waffen relevant sind das Waffenübereinkommen der Vereinten Nationen (1983)[20], das „Ottawa-Übereinkommen"

---

[16] Nowrot, Karsten: Kampfdrohnen für die Bundeswehr!?: Einsatz und Weiterentwicklung von unbemannten bewaffneten Luftfahrtsystemen im Lichte des Humanitären Völkerrechts, in: Tietje, Christian (Hrsg.): Beiträge zum Europa- und Völkerrecht, Heft 8 (März 2013), S. 7f. Frau, Robert: Unbemannte Luftfahrzeuge im internationalen bewaffneten Konflikt, in: Humanitäres Völkerrecht – Informationsschriften, Themenheft „Nicht-bemannte Waffensysteme und Humanitäres Völkerrecht", 24 (2011), S. 61 f.

[17] Protokoll vom 17. Juni 1925 über das Verbot der Verwendung von erstickenden, giftigen oder ähnlichen Gasen sowie von bakteriologischen Mitteln im Kriege, RGBl. 1929 II, S. 174 (internationale Quelle: LNTS Vol. 94, p. 65).

[18] Übereinkommen vom 16. Dezember 1971 über das Verbot der Entwicklung, Herstellung und Lagerung bakteriologischer (biologischer) Waffen und Toxinwaffen sowie über die Vernichtung solcher Waffen, BGBl. 1983 II, S. 132 (internationale Quelle: ILM 11 (1972), p. 309).

[19] Übereinkommen vom 13. Januar 1993 über das Verbot der Entwicklung, Herstellung, Lagerung und des Einsatzes chemischer Waffen und über die Vernichtung solcher Waffen, BGBl. 1994 II, S. 807 (internationale Quelle: ILM 32 (1993), p. 803).

[20] Übereinkommen vom 10. Oktober 1980 über das Verbot oder die Beschränkung des Einsatzes bestimmter konventioneller Waffen, die übermäßige Leiden verursachen oder unter-

für Antipersonenminen (1999)[21] und das „Oslo-Übereinkommen" für Streu-munition (2007)[22]. Das UN-Waffenübereinkommen knüpft an die humanitär-völkerrechtlichen Grundregeln an, wonach an Konflikten beteiligte Parteien kein unbeschränktes Recht in der Wahl der Mittel der Kriegführung haben und beim Einsatz bestimmter konventioneller Waffen humanitäre Aspekte berück-sichtigen müssen. Ziel ist es, den Einsatz bestimmter konventioneller Waffen, die übermäßiges Leiden verursachen oder unterschiedslos wirken können, in erklärten Kriegen und anderen bewaffneten Konflikten zu verbieten oder zu beschränken. Das UN-Waffenübereinkommen besteht aus dem Rahmenver-trag, der für 117 Vertragsstaaten gilt, und den dazugehörigen fünf Protokollen mit unterschiedlichem Ratifikationsstand zu nichtentdeckbaren Splittern, Mi-nen, Brandwaffen, blindmachenden Laserwaffen sowie explosiven Kampfmit-telrückständen. Da die Verhandlungen über ein Totalverbot von Antiperso-nenminen und Streumunition im Rahmen der Genfer UN-Vereinbarung über konventionelle Waffen scheiterten, initiierten Koalitionen von Staaten parallele Verhandlungen über ein Verbot dieser Waffengattungen. Beide Verhandlungs-prozesse mündeten erfolgreich in zwei Übereinkommen, welche Regelungen zum Verbot des Einsatzes, der Lagerung, der Herstellung und der Weitergabe von Antipersonenminen und Streumunition und über deren Vernichtung ent-halten. Trotz dieser Erfolge ist insbesondere das „Oslo-Übereinkommen" über ein Verbot von Streumunition mit beachtlicher Kritik konfrontiert. Kritik-punkte betreffen die Frage der „Zielpunktmunition" als humane Waffe, die völkerrechtliche Zulässigkeit der fortgesetzten Möglichkeit gemeinsamer mili-tärischer Operationen mit Staaten, die das Übereinkommen nicht ratifiziert haben sowie die Frage nach der Geltung des Übereinkommens für das Verbot von Investitionen in Unternehmen, die Streumunition entwickeln bzw. herstel-len.[23]

---

schiedslos wirken können (UN-Waffenübereinkommen), BGBl. 1992 II, S. 958; 1993 II, S. 935 (internationale Quelle: United Nations, Treaty Series, Vol. 1342, p. 137).

[21] Übereinkommen vom 30. April 1998 über das Verbot des Einsatzes, der Lagerung, der Her-stellung und der Weitergabe von Antipersonenminen und über deren Vernichtung, BGBl. 1998 II, S. 778 (internationale Quelle: United Nations, Treaty Series, Vol. 2056, p. 211).

[22] Übereinkommen über Streumunition vom 30. Mai 2008, BGBl. 2009 II, S. 504 (internationa-le Quelle: United Nations, Treaty Series, Vol. 2688).

[23] Vgl. eingehend: Hertwig, Jana: Verbot von Streumunition: Das Übereinkommen über Streumunition trägt zur Stärkung des humanitären Völkerrechts bei, in: Zeitschrift VEREIN-TE NATIONEN 59 (2011), S. 9-14; Hertwig, Jana: Das Verbot von Streumunition nach dem

c) „Cardinal Principals" des humanitären Völkerrechts

Auch wenn die bisherige humanitär-völkerrechtliche Prüfung ergibt, dass die jeweilige neue Militärtechnologie weder völkervertrags- noch völkergewohnheitsrechtlich verboten ist und auch keinem speziellen Regelungsregime unterliegt, bedeutet dies zunächst zwar, dass der Einsatz nach dem Völkervertrags- und Völkergewohnheitsrecht grundsätzlich zulässig ist. Gleichwohl setzt das humanitäre Völkerecht auch dem Einsatz von bis dato völkerrechtlich unbedenklicher Militärtechnologie gewisse Grenzen – und zwar diejenigen Grenzen, die sich aus den speziellen sowie allgemeinen Regelungen des humanitären Völkerrechts ergeben und auch für andere Waffen, Mittel und Methoden der Kriegführung gelten.

Der Einsatz neuer Militärtechnologie muss sich dabei an den vom Internationalen Gerichtshof (IGH) im Gutachten zum Einsatz von Nuklearwaffen (1996)[24] charakterisierten Grundregeln des humanitären Völkerrechts („cardinal principals") orientieren. Als „cardinal principals" gelten dabei die in Teil III und Teil IV des ZP I normierten Grundsätze der Vermeidung überflüssiger Verletzungen oder unnötiger Leiden, des Verbots der Umweltschädigung sowie des Verbots unterschiedsloser Angriffe. Alle drei Prinzipien sind anerkannte Normen des Völkergewohnheitsrechts.[25] Sie gelten somit in internationalen und nicht-internationalen bewaffneten Konflikten und binden auch Staaten, die nicht Vertragsparteien des ZP I sind.

Vermeidung überflüssiger Verletzungen oder unnötiger Leiden

Gemäß Art. 35 Abs. 2 ZP I ist es verboten, Waffen, Geschosse und Material sowie Methoden der Kriegführung zu verwenden, die geeignet sind, überflüssige Verletzungen oder unnötige Leiden zu verursachen („cause superfluous injury or unnecessary suffering").[26] Dies ist der Fall, soweit die zu erwartende

---

Oslo-Übereinkommen und Investitionen in Streumunition entwickelnde bzw. herstellende Unternehmen, mit J. Norpoth, in: Zeitschrift für Humanitäres Völkerrecht – Informationsschriften 23 (2010), S. 146-154.

[24] ICJ, Legality of the Threat or Use of Nuclear Weapons, Advisory Opinion, I.C.J. Reports 1996, S. 226.

[25] Henckaerts, Jean-Marie/Doswald-Beck, Louise: Customary International Humanitarian Law-Vol. I: Rules, Cambridge, 2005, Rules 1, 7, 8, 43-45, 70.

[26] Bereits in Art. 23 lit. e) der Haager Landkriegsordnung (HLKO, veröffentlicht in: RGBl. 1910, S. 107; internationale Quelle: Martens NRG 3 e sér. Tome 3 p. 461) vom 18. Oktober

Beeinträchtigung in keinem Verhältnis zu dem beabsichtigten rechtmäßigen militärischen Vorteil steht. Das Zufügen körperlicher wie seelischer Leiden ist nur gerechtfertigt, wenn es im Hinblick auf das angestrebte militärische Ziel wirklich notwendig ist: „(…) to inflict physical or psychological harm is justified only in so far as it is really necessary to attain the military advantage intended."[27] Wie die Prüfung im Rahmen der Praxisfälle zeigen wird, entscheidet letztlich häufig erst der Einzelfall darüber, ob ein Verstoß gegen das Gebot der Vermeidung überflüssiger Verletzungen oder unnötiger Leiden vorliegt.

Verbot der Umweltschädigung

Im Rahmen der Prüfung der Vereinbarkeit eines Einsatzes neuer Militärtechnologie mit dem Verbot der Umweltschädigung dürfen solche Methoden oder Mittel der Kriegführung nicht verwendet werden, die dazu bestimmt sind oder von denen erwartet werden kann, dass sie ausgedehnte („widespread") , langanhaltende („long-term") und schwere („severe") Schäden der natürlichen Umwelt verursachen (Art. 35 Abs. 3 ZP I). Artikel 35 Abs. 3 ZP I wird ergänzt durch Art. 55 Abs. 1 ZP I, der bestimmt, dass bei der Kriegführung darauf zu achten ist, „dass die natürliche Umwelt vor ausgedehnten, lang anhaltenden und schweren Schäden geschützt wird. Dieser Schutz schließt das Verbot der Anwendung von Methoden oder Mitteln der Kriegführung ein, die dazu bestimmt sind oder von denen erwartet werden kann, dass sie derartige Schäden der natürlichen Umwelt verursachen und dadurch Gesundheit oder Überleben der Bevölkerung gefährden." Als „ausgedehnt" gilt dabei ein Gebiet, das mehrere hundert Quadratkilometer umfasst. „Lang anhaltend" sind Schäden, wenn sie über einen Zeitraum von mehreren Monaten (ungefähr eine Jahreszeit) hinaus anhalten. „Schwer" ist eine Auswirkung, wenn sie eine ernste oder bedeutende Störung oder Schädigung des menschlichen Lebens, der natürlichen Hilfsquellen oder sonstiger Güter mit sich bringt.[28]

1907 war es untersagt, Waffen, Geschosse oder Stoffe zu gebrauchen, die geeignet sind, unnötig Leiden zu verursachen.

[27] Oeter, Stefan: Methods and Means of Combat, in: Fleck, Dieter (Hrsg.), The Handbook of International Humanitarian Law, 3. Aufl., Oxford 2013, Rn. 402.1.

[28] Oeter, Stefan: Methods and Means of Combat, in: Fleck, Dieter (Hrsg.), The Handbook of International Humanitarian Law, 3. Aufl., Oxford 2013, Rn. 403.2.; UN Doc. CCD/520, 3.9.1976, Anlage A („Understandings").

Verbot unterschiedsloser Angriffe

Im Zusammenhang mit dem Verbot unterschiedsloser Angriffe gem. Art. 48 ZP I sowie Art. 51 Abs. 2 ZP I und Art. 52 Abs. 2 ZP I müssen die am Konflikt beteiligten Parteien jederzeit zwischen der Zivilbevölkerung und Kombattanten sowie zwischen zivilen Objekten und militärischen Zielen unterscheiden. Sie dürfen daher ihre Kriegshandlungen nur gegen militärische Ziele richten – mithin gegen „solche Objekte, die auf Grund ihrer Beschaffenheit, ihres Standortes, ihrer Zweckbestimmung oder ihrer Verwendung wirksam zu militärischen Handlungen beitragen und deren gänzliche oder teilweise Zerstörung, deren Inbesitznahme oder Neutralisierung unter den in dem betreffenden Zeitpunkt gegebenen Umständen einen eindeutigen militärischen Vorteil darstellt." (Art. 52 Abs. 2 ZP I). „A 'specific military objective' accordingly is the fundamental precondition for an act of force to be justifiable under humanitarian law."[29] Ein militärisches Ziel ist dabei nicht automatisch deckungsgleich mit einem militärischen Objekt, denn die Definition des militärischen Zieles geht über die des militärischen Objekts hinaus und kann auch zivile oder Dual-Use-Objekte umfassen.[30] Darauf aufbauend ist zu prüfen, ob das anvisierte Objekt wirksam zu militärischen Handlungen beiträgt und ob die gänzliche oder teilweise Zerstörung, Inbesitznahme oder Neutralisierung des Objekts unter den in dem betreffenden Zeitpunkt gegebenen Umständen einen eindeutigen militärischen Vorteil darstellt. Der militärische Vorteil muss dabei konkret, unmittelbar und eindeutig sein. Diese Einschätzung ist indes angesichts der Unbestimmtheit der drei Rechtsbegriffe nicht einfach zu treffen.[31] Häufig wird, wie die nachfolgende Prüfung im Rahmen der Praxisfälle zeigen wird, erst die Einzelfallprüfung zeigen, ob der jeweilige Einsatz der Militärtechnologie dem Unterscheidungsgebot entspricht.

---

[29] Oeter, Stefan: Methods and Means of Combat, in: Fleck, Dieter (Hrsg.), The Handbook of International Humanitarian Law, 3. Aufl., Oxford 2013, Rn. 404.2.

[30] Arendt, Rieke: Der Einsatz autonomer Waffensysteme im Lichte des Verhältnismäßigkeits- und des Unterscheidungsgrundsatzes, in: Frau, Robert (Hrsg.): Drohnen und das Recht. Völker- und verfassungsrechtliche Fragen automatisierter und autonomer Kriegführung, Tübingen 2014, S. 23.

[31] Arendt, Rieke: Der Einsatz autonomer Waffensysteme im Lichte des Verhältnismäßigkeits- und des Unterscheidungsgrundsatzes, in: Frau, Robert (Hrsg.): Drohnen und das Recht. Völker- und verfassungsrechtliche Fragen automatisierter und autonomer Kriegführung, Tübingen 2014, S. 23.

Rechtslage in Deutschland: Verfassungsrechtliche und einzelgesetzliche Vorgaben

Das deutsche Recht hält für die Einführung und den Einsatz neuer Militärtechnologien in bewaffneten Konflikten bestimmte Regeln bereit. Auf verfassungsrechtlicher Ebene sind dies die Genehmigungspflicht für Kriegswaffen gem. Art. 26 GG und die Bindung an das Völkerrecht gem. Art. 25 GG. Auf einzelgesetzlicher Ebene erfasst werden das Gesetz über die Kontrolle von Kriegswaffen und das Gesetz über die parlamentarische Beteiligung bei der Entscheidung über den Einsatz bewaffneter Streitkräfte im Ausland. Es fragt sich, welche speziellen Anforderungen diese Rechtsregeln an den Einsatz neuer Militärtechnologien durch die Bundeswehr stellen.

a) *Genehmigungspflicht gem. Art. 26 Abs. 2 GG?*

Zur Kriegführung bestimmte Waffen dürfen gem. Art. 26 Abs. 2 Satz 1 GG nur mit Genehmigung der Bundesregierung hergestellt, befördert und in Verkehr gebracht werden. Der Genehmigungsvorbehalt zugunsten der Bundesregierung macht hierbei deutlich, welchen hohen Stellenwert der Verfassungsgeber dem Kriegswaffenkontrollregime beimisst.[32] Dies ist auch deshalb bemerkenswert, weil die umfassende Kriegswaffenkontrolle gem. Art. 26 Abs. 2 GG völkerrechtlich nicht geboten ist. Im Völkerrecht gilt vielmehr der Grundsatz, „dass jeder Staat Waffen beliebig besitzen oder anderen Staaten liefern darf, sofern er damit nicht bewusst einen völkerrechtswidrigen Aggressionsakt unterstützt (…) oder gegen spezielle Verträge über die Abschaffung oder Beschränkung bestimmter Waffen verstößt."[33] Die Bemühungen Deutschlands um eine umfassende Kriegswaffenkontrolle gehen damit über die Anforderungen des Völkerrechts hinaus. Dies hat Deutschland zuletzt verdeutlicht durch die Ratifizierung des Übereinkommens über Streumunition sowie die Zustimmung für ein globales Übereinkommen zur Regulierung des Waffenhandels (Arms Trade Treaty[34], ATT)[35]. Der am 2. April 2013 verabschiedete ATT be-

---

[32] Herdegen, Matthias: Kommentierung zu Art. 26, Rnr. 44, in: Maunz, Theodor/Dürig, Günther (Hrsg.): Kommentar zum Grundgesetz, Ergänzungslieferung Nr. 46, München März 2006.

[33] Hillgruber, Christian: Kommentierung zu Art. 26, Rnr. 13, in: Schmidt-Bleibtreu, Bruno/Hofmann, Hans/Hopfauf, Axel (Hrsg.): Kommentar zum Grundgesetz, München 2011.

[34] Text of the Arms Trade Treaty (as adopted by the General Assembly): UN Doc. A/CONF.217/2013/L.3, 27 March 2013.

findet sich im Ratifizierungsverfahren. Gleiche Anstrengungen könnte die Bundesregierung auch beim Verbot vollautomatischer Kampfdrohnen unternehmen, indem sie die internationale Verbotskampagne unterstützt und andere Staaten zum Eintritt in Verhandlungen überzeugt.

Welche Kriegswaffen von dem Genehmigungsvorbehalt erfasst werden und wie das Genehmigungsverfahren letztlich ausgestaltet ist, regelt Art. 26 Abs. 2 GG nicht. Vielmehr ist als Ausführungsgesetz zu Art. 26 Abs. 2 Satz 1 GG im Jahr 1961 das Kriegswaffenkontrollgesetz[36] (KWKG) in Kraft getreten, welches zuletzt im Juni 2013 geändert wurde. Es ist neben dem Außenwirtschaftsgesetz[37] (AWG), welches sich auf andere Rüstungsgüter und Dual-Use-Güter erstreckt, eines der zentralen gesetzlichen Eckpfeiler der deutschen Rüstungsexportpolitik. Zur Kriegführung bestimmte Waffen im Sinne des Kriegswaffenkontrollgesetzes zählen die in der Anlage zum KWKG aufgeführten Gegenstände, Stoffe und Organismen (§ 1 Abs. 1 KWKG). Das KWKG verzichtet auf eine positive Definition von Kriegswaffe und listet vielmehr enumerativ und konstitutiv-abschließend in der angehängten Liste auf, welche Waffen als Kriegswaffen zählen. Teil A der Kriegswaffenliste enthält dabei jene Waffentypen, auf deren Herstellung die Bundesrepublik völkervertragsrechtlich verzichtet hat (ABC-Waffen); Teil B umfasst alle sonstigen Kriegswaffen wie Flugkörper, Kriegsschiffe, Kampffahrzeuge sowie Munition.

Die Bundeswehr benötigt derweil für den Erwerb neuer Militärtechnologien keine Genehmigung gem. Art. 26 Abs. 2 Satz 1 GG i.V.m. §§ 2 bis 4a KWKG. § 15 Abs. 1 KWKG enthält in dieser Hinsicht eine Ausnahmeregelung, wonach die §§ 2 bis 4a und 12 KWKG nicht für die Bundeswehr, die Polizeien des Bundes und die Zollverwaltung gelten.

b) *Bindung an das Völkerrecht gem. Art. 25 GG*

Das Grundgesetz schreibt in Art. 25 Satz 1 vor, dass die allgemeinen Regeln des Völkerrechts Bestandteil des deutschen Bundesrechts sind. Als allgemeine Regeln des Völkerrechts gelten die Normen des *ius cogens* (z.B. Gewaltverbot gem. Art. 2 Ziff. 4 UN-Charta) sowie das Völkergewohnheitsrecht und die anerkannten allgemeinen Rechtsgrundsätze. Diese Regeln gehen den einfachen

---

[35] Zur Anwendbarkeit des ATT auf Drohnen siehe Frau, Robert: Der Einsatz von Drohnen, in: Zeitschrift VEREINTE NATIONEN 61 (2013), S. 101.

[36] BGBl. 1990 I, S. 2515.

[37] BGBl. 2013 I, S. 1482.

deutschen Gesetzen vor und erzeugen Rechte und Pflichten unmittelbar für die Bewohner des Bundesgebietes (Art. 25 Satz 2 GG). Fraglich ist, welche Bedeutung Art. 25 GG dabei für das humanitäre Völkerrecht und den Einsatz neuer Militärtechnologien hat.

Zunächst ist zu konstatieren, dass das humanitäre Völkerrecht nicht nur die Bundesrepublik Deutschland und die oberste militärische Führung, sondern jeden einzelnen Soldaten bindet. Wird demnach ein Verstoß gegen das humanitäre Völkerrecht festgestellt, muss der betreffende Soldat mit strafrechtlichen und disziplinarrechtlichen Konsequenzen rechnen. Besonders schwere Verstöße gegen das in internationalen und nicht-internationalen bewaffneten Konflikten anwendbare humanitäre Völkerrecht werden dabei sowohl im Römischen Statut[38] des Internationalen Strafgerichtshofs (IStGH) als auch im deutschen Völkerstrafgesetzbuch[39] (VStGB) unter Strafe gestellt. Der Gerichtshof darf aber nur insoweit strafverfolgend tätig werden, als die deutschen Strafverfolgungsbehörden nicht willens oder nicht in der Lage wären, eine bestimmte schwere Straftat ernsthaft zu verfolgen. Dies folgt aus dem Grundsatz der Komplementarität gem. Art. 17 IStGH-Statut.

Bislang hat der Internationale Gerichtshof (IGH) noch keine Feststellung darüber getroffen, welche Regeln des humanitären Völkerrechts *ius cogens* darstellen. Als zwingendes Völkerrecht gelten dabei diejenigen Völkerrechtssätze, von denen die Staaten aufgrund ihrer grundlegenden Bedeutung unter keinen Umständen, auch nicht durch völkerrechtliche Verträge, abweichen dürfen. Grundlegende Bedeutung im humanitären Völkerrecht haben jedenfalls die als „cardinal principals" geltenden Grundsätze, denn sie gelten als so bedeutsam im Recht der bewaffneten Konflikte, dass auch ein ausnahmsweises Abweichen davon völkerrechtswidrig und der über viele Jahre entwickelten Rechtspraxis gegenläufig wäre. Die Grundsätze der Vermeidung überflüssiger Verletzungen oder unnötiger Leiden, das Verbot der Umweltschädigung sowie das Verbot unterschiedsloser Angriffe[40] gelten mithin als *ius cogens* und sind Bestandteil des deutschen Bundesrechts. Sie gehen den einfachen deutschen

---

[38] UN Doc. A/CONF.183/9, 17.7.1998.

[39] BGBl. 2002 I, S. 2254.

[40] So auch das BMVg im Handbuch Humanitäres Völkerrecht, Mai 2013, allerdings ohne nähere Begründung: „Man wird (…) davon ausgehen können, dass auch die grundlegenden Regeln des Humanitären Völkerrechts, wie insbesondere das Unterscheidungsgebot, dem ius cogens zugeordnet werden kann." (Rnr. 145).

Gesetzen vor und erzeugen Rechte und Pflichten unmittelbar auch für den einzelnen Soldaten. Bei einem Einsatz neuer Militärtechnologie müssen sich die Soldaten zwingend an die „cardinal principals" des humanitären Völkerrechts halten.

c) *Beteiligung des Deutschen Bundestages*

Seit der grundlegenden Entscheidung des Bundesverfassungsgerichts (BVerfG) vom 12. Juli 1994[41] zum Einsatz bewaffneter deutscher Streitkräfte muss die Bundesregierung für einen auswärtigen bewaffneten Einsatz der Bundeswehr die grundsätzlich vorherige konstitutive Zustimmung des Deutschen Bundestages einholen. Das BVerfG stellte in dem Urteil fest, dass es Sache des Gesetzgebers sei, „die Form und das Ausmaß der parlamentarischen Mitwirkung näher auszugestalten." Erst zehn Jahre später, am 3. Dezember 2004, verabschiedete der Bundestag das entsprechende Parlamentsbeteiligungsgesetz[42] (ParlBG).

Der Parlamentsvorbehalt stellt dabei keine deutsche Besonderheit dar,[43] denn Deutschland zählt mit dem konstitutiven Parlamentsvorbehalt zu den elf Staaten der EU[44], in denen das Parlament an jeder Entscheidung zu einem Militäreinsatz teilnimmt und auch darüber entscheiden darf, einen solchen Einsatz abzulehnen.[45] Im Mittelpunkt des konstitutiven Parlamentsvorbehalts steht vielmehr die fortschreitende Auseinandersetzung zwischen den Befugnissen der Regierung (Exekutive) und den Kompetenzen des Parlaments (Legislative).[46]

---

[41] BVerfGE 90, 286.

[42] Gesetz über die parlamentarische Beteiligung bei der Entscheidung über den Einsatz bewaffneter Streitkräfte im Ausland, BGBl. 2005 I, S. 775.

[43] Haid, Michael/Pflüger, Tobias: Krieg außer Kontrolle: Die Demontage des konstitutiven Parlamentsvorbehalts, IMI-Studie Nr. 04/2013, 5.4.2013, S. 1.

[44] Deutschland, Estland, Finnland, Italien, Lettland, Litauen, Luxemburg, Malta, Österreich, Slowenien, Ungarn.

[45] Dieterich, Sandra/Hummel, Hartwig/Marschall, Stefan: Strengthening Parliamentary „War Powers" in Europe: Lessons from 25 National Parliaments, Geneva Centre for the Democratic Control of Armed Forces (DCAF), Policy Paper No. 27, 2008, S. 12, Table 2 „Typology of National European Parliaments According to their Aggregated War Powers in 2003".

[46] Haid, Michael/Pflüger, Tobias: Krieg außer Kontrolle: Die Demontage des konstitutiven Parlamentsvorbehalts, IMI-Studie Nr. 04/2013, 5.4.2013, S. 1.

Das ParlBG ist mit gerade einmal neun Paragraphen relativ kurz gehalten. Die zentralen Bestimmungen sind der Antrag auf Zustimmung (§ 3), die Unterrichtungspflicht der Bundesregierung (§ 6) sowie das Rückholrecht des Bundestages (§ 9). Die Bundesregierung hat dem Bundestag den Antrag auf Zustimmung zum Einsatz der Streitkräfte rechtzeitig vor Beginn des Einsatzes zu übermitteln. Der Antrag muss Angaben insbesondere über Auftrag und Dauer des Einsatzes sowie über die rechtlichen Grundlagen des Einsatzes und die Fähigkeiten der einzusetzenden Streitkräfte (z.B. Verwendung von bestimmter Militärtechnologie) enthalten. Während des Einsatzes hat die Bundesregierung den Bundestag regelmäßig von selbst und nicht nur auf Nachfrage sowohl über dessen Verlauf als auch über die Entwicklung im Einsatzgebiet zu unterrichten. Der Bundestag kann die Zustimmung zu einem Einsatz bewaffneter Streitkräfte jederzeit und ohne nähere Begründung widerrufen.

Angesichts der fortschreitenden Auseinandersetzungen über die Kompetenzen des Parlaments hat der Bundestag am 20. März 2014 auf entsprechenden Antrag der Fraktionen der CDU/CSU und SPD[47] und auf Empfehlung des Auswärtigen Ausschusses[48] beschlossen, eine Kommission „zur Überprüfung und Sicherung der Parlamentsrechte" bei Auslandseinsätzen der Bundeswehr einzurichten. Die Kommission soll prüfen, „wie auf dem Weg fortschreitender Bündnisintegration und trotz Auffächerung von Aufgaben die Parlamentsrechte gesichert werden können. Ziel der Kommission soll die rechtliche und politische Prüfung eines entsprechenden Handlungsbedarfes zur Anpassung des Parlamentsbeteiligungsgesetzes sein. Die Kommission soll darauf aufbauend Handlungsoptionen möglichst im Konsens formulieren, die gegebenenfalls in ein förmliches Gesetzgebungsverfahren eingebracht werden können." In ihrer Arbeit soll die Kommission die verschiedenen im Rahmen von NATO und EU bestehenden und künftig zu erwartenden Formen militärischer Integration untersuchen sowie mögliche Spannungsverhältnisse zur gegenwärtigen Ausgestaltung der Parlamentsbeteiligung in Deutschland identifizieren. Zudem soll die Kommission die verfahrensmäßigen wie verfassungsrechtlichen Möglichkeiten einer frühzeitigen parlamentarischen Beteiligung unter Nutzung des gesamten Spektrums möglicher Instrumente untersuchen. Darüber hinaus soll die Kommission Möglichkeiten der Abstufung der Intensität parlamentarischer Beteiligung nach der Art des Einsatzes unter voller Be-

---

[47] BT-Drs. 18/766, 11.3.2014.
[48] BT-Drs. 18/870, 19.3.2014.

rücksichtigung der Rechtsprechung des BVerfG ermitteln. Der Kommission sollen Mitglieder aller Fraktionen angehören. Derweil verweigern die Oppositionsfraktionen von Die Linke und Bündnis 90/Die Grünen die Teilnahme an der Kommission. Sie befürchten, die Kommission könnte am Ende Abstriche beim Parlamentsbeteiligungsgesetz empfehlen. Sie begründen dies damit, dass die Koalition es kategorisch abgelehnt habe, die Formulierung nicht nur einer „Sicherung", sondern einer „Stärkung" der Parlamentsrechte in den Einsetzungsbeschluss aufzunehmen.[49] Es bleibt damit abzuwarten, wie sich die Arbeit der Kommission entwickeln wird und welche Auswirkungen die Arbeit und letztlich die Empfehlungen auf die Befugnisse des Parlaments, auf das ParlBG und letztlich auf die Rechtsprechung des BVerfG haben wird. Die Oppositionsfraktionen von Die Linke und Bündnis 90/Die Grünen sind jedoch besser beraten, an der Arbeit der Kommission mitzuwirken, um sich gezielt an den Diskussionen beteiligen zu können und letztlich ihren Einfluss auf die Empfehlungen geltend zu machen.

Praxistest: Neue Technologien im Lichte des *ius in bello* und des deutschen Rechts

Auf der Grundlage der dargelegten Normen des humanitären Völkerrechts (insbesondere „cardinal principals") und der Vorgaben des deutschen Rechts soll nun anhand von ausgewählten Beispielen ein Praxistest erfolgen.

a) *Bewaffnete Drohnen*

Der Einsatz von bewaffneten Drohnen (unbemannte bewaffnete Luftfahrzeuge, „unmanned combat aircrafts", UCAs) in bewaffneten Konflikten ist sowohl im gesellschaftlichen Diskurs als auch in der politischen und rechtswissenschaftlichen Diskussion äußerst umstritten.[50] Entscheidenden Einfluss hat

---

[49] Deutscher Bundestag, Kommission für Auslandseinsätze kommt, 20.3.2014, https://www.bundestag.de/dokumente/textarchiv/2014/49966056_kw12_de_kommission_p arlamentsrechte/index.html

[50] Vgl. eingehend: Zeitschrift für Humanitäres Völkerrecht – Informationsschriften 24 (2011), Themenheft „Nicht-bemannte Waffensysteme und Humanitäres Völkerrecht"; Frau, Robert (Hrsg.): Drohnen und das Recht. Völker- und verfassungsrechtliche Fragen automatisierter und autonomer Kriegführung, Tübingen 2014; Frau, Robert: Der Einsatz von Drohnen – Eine völkerrechtliche Betrachtung, in: Zeitschrift VEREINTE NATIONEN 61 (2013), S. 99-103; Casey-Maslen, Stuart: Pandora's box? Drone Strikes under Jus ad Bellum, Jus in Bello, and

hierbei die umstrittene US-amerikanische Praxis des Einsatzes von bewaffneten Drohnen zur Bekämpfung „illegaler Kämpfer" und Terrorverdächtiger in Pakistan. Diese Einsätze finden oft in einer völkerrechtlichen Grauzone geheimdienstlicher Sonderaufträge statt, die von der „Central Intelligence Agency" (CIA) geleitet werden. Seit 2009 sollen (nach unbestätigten Berichten) bei über 300 Einsätzen mit bewaffneten Drohnen bis zu 3.000 Menschen getötet worden sein (Stand: Mai 2013).[51] Das US-amerikanische Militär, die CIA und die US-Regierung betrachten bewaffnete Drohnen als „weapons of choice" gegen Al-Qaida und Aufständische.[52] In Politik, Gesellschaft und Wissenschaft wird argumentiert, der Einsatz von bewaffneten Drohnen könne Kriegsschwellen senken und Verletzungen des humanitären Völkerrechts (und der Menschenrechte) fördern.

Auch in Deutschland zeichnet sich ein entscheidender Kurswechsel ab, denn die Bundesregierung beabsichtigt, für die Bundeswehr in den nächsten Jahren bis zu 16 bewaffnete Drohnen zu beschaffen. Damit würde Deutschland seine militärischen Fähigkeiten entscheidend erweitern und seine Stellung als verlässlichen Bündnispartner stärken. Erwerb und Einsatz von bewaffneten Drohnen durch die Bundeswehr in zukünftigen bewaffneten Konflikten hat sich aber auch hier zu einem heftigen Streit insbesondere unter den Abgeordneten des Deutschen Bundestages entwickelt. Mitglieder des Deutschen Bundestages betonen, dass mit der Beschaffung von bewaffneten Drohnen die Fähigkeit zur Kriegführung nachhaltig verändert werde. Sie führen fort: „Dies tangiert u.a. Fragen des humanitären Völkerrechts, der Rüstungsdynamik und der Parlamentsbeteiligung bei Auslandseinsätzen."[53] Darüber hinaus habe sich

---

International Human Rights Law, in: International Review of the Red Cross 94 (2012), S. 597-625; Liu, Hin-Yan: Categorization and Legality of Autonomous and Remote Weapons Systems, in: International Review of the Red Cross 94 (2012), S. 627-652; Marauhn, Thilo: Der Einsatz unbemannter bewaffneter Drohnen im Lichte des geltenden Völkerrechts, S. 26-51, in: Deutsche Stiftung Friedensforschung, Unbemannte bewaffnete Systeme: Verändert der rüstungstechnologische Wandel den Umgang mit Konflikten? Eine friedenspolitische Perspektive, Beiträge zum Parlamentarischen Abend der DSF am 25. September 2012 in Berlin, http://fb01-intlaw.recht.uni-giessen.de/fileadmin/user_upload/Publikationen/arbeitspapiere9.pdf

[51] Richter, Wolfgang: Kampfdrohnen. Völkerrecht und militärischer Nutzen, SWP-Aktuell 2013/A 28, Mai 2013, S. 1.

[52] Drew, Christopher: Drones Are Weapons of Choice in Fighting Qaeda, 16 March 2009, www.nytimes.com/2009/03/17/business/17uav.html

[53] BT-Drs. 16/12193, 9.3.2009, S. 1.

die Bundesregierung bislang einer Bewertung der völkerrechtlichen und rüstungskontrollpolitischen Aspekte des Drohnenproblems verweigert und verbleibe in abstrakten Versicherungen der Relevanz des humanitären Völkerrechts und Absichtserklärungen zu Konsultationen mit den Verbündeten,[54] ohne die grundlegenden völkerrechtlichen, menschenrechtlichen und ethischen Fragen zu beantworten.[55]

Auf der Grundlage der eingangs dargestellten humanitär-völkerrechtlichen Vorgaben für neue Militärtechnologien ergibt sich für bewaffnete Drohnen folgende Rechtslage:

–   Bewaffnete Drohnen sind bislang weder völkervertrags- noch völkergewohnheitsrechtlich verboten und unterliegen auch keinem speziellen Regelungsregime. Dies bedeutet, dass insbesondere Erwerb und Einsatz völkerrechtlich zulässig sind.[56]

–   Gleichwohl setzt das humanitäre Völkerecht auch dem Einsatz von bewaffneten Drohnen gewisse Grenzen – und zwar diejenigen Grenzen, die sich aus den speziellen sowie allgemeinen Regelungen des humanitären Völkerrechts ergeben. Im Zusammenhang mit den speziellen völkerrechtlichen Waffenverboten gilt, dass Drohnen nicht mit atomaren, biologischen oder chemischen Waffen bestückt werden dürfen. Gleichfalls nicht erlaubt ist es, Drohnen mit verbotenen konventionellen Waffen wie Streumunition zu versehen, soweit der jeweilige Staat Vertragspartei des entsprechenden Verbotsvertrages ist.

–   Unabhängig vom jeweiligen spezielleren Vertragsstatus hat sich jeder Staat bei einem Einsatz von bewaffneten Drohnen insbesondere an die allgemeinen geltenden Grundsätze des humanitären Völkerrechts („cardinal principals") zu halten. Dies betrifft die Vermeidung überflüssiger Verletzungen oder unnötiger Leiden, das Verbot der Umweltschädigung sowie das Verbot unterschiedsloser Angriffe. Ob mit dem Einsatz von bewaffneten Drohnen eine Verletzung dieser Grundsätze verbunden ist, muss anhand eines jeden Einsatzes kritisch gewürdigt werden.

---

[54] BT-Drs. 17/13497, 13.5.2013, S. 2; BT-Drs. 17/11102, 17.10.2012, S. 1.

[55] BT-Drs. 17/13235, 24.4.2013, S. 2.

[56] So auch Frau, Robert: Deutschlands Drohnenpläne aus völkerrechtlicher Sicht, BOFAX Nr. 420D, 1.2.2013,

http://www.ruhr-uni-bochum.de/ifhv/documents/bofaxe/bofaxe2013/420d.pdf

–   So ist das Zufügen körperlicher wie seelischer Leiden nur insoweit gerechtfertigt, als es im Hinblick auf das angestrebte militärische Ziel notwendig ist. Bei einem Einsatz von bewaffneten Drohnen kommt es demnach auf dessen militärische Notwendigkeit an.

–   Ähnliche Überlegungen gelten für die Prüfung der Vereinbarkeit eines Einsatzes von bewaffneten Drohnen mit dem Verbot der ausgedehnten, langanhaltenden und schweren Schädigung der natürlichen Umwelt. Ob ein solcher Einsatz eine derartige Schädigung bewirken kann, hängt von der Art der Waffe ab.

–   Letztlich verstößt der Einsatz von bewaffneten Drohnen auch nicht ohne weiteres gegen das Verbot unterschiedsloser Angriffe, wonach die am Konflikt beteiligten Parteien jederzeit zwischen der Zivilbevölkerung und Kombattanten sowie zwischen zivilen Objekten und militärischen Zielen unterscheiden müssen. Doch auch hier entscheidet letztlich der Einzelfall. Trägt die Drohne z.B. Streumunition, dann ist für die Entscheidung maßgeblich, wie und vor allem wo Streubomben abgeworfen werden und wie hoch die jeweilige Blindgängerrate der eingesetzten Streumunition ist, da dies u.a. von ihrer Lagerung abhängt.[57] Wichtig wird derweil sein, einen ausreichenden Informationsfluss sicherzustellen sowie Optionen für eine Intervention des Steuerers oder eine automatisierte Korrektur zwischen dem Start des unbemannten Systems und der Entfaltung seiner Waffenwirkung(en) am Zielort zu eröffnen. Dies ist deshalb erforderlich, weil sich durchaus Probleme daraus ergeben könnten, dass sich die Rahmenbedingungen zwischen dem Beginn des Einsatzes und dem Eintreffen am Zielort verändern können.[58] Auch in solchen Fällen muss dem Unterscheidungsgebot Genüge getan werden.

–   Der Einsatz von bewaffneten Drohnen ist damit grundsätzlich mit den „cardinal principals" des humanitären Völkerrechts vereinbar. Erst die

---

[57] Hertwig, Jana: Der Oslo-Prozess: multilaterale Verhandlungen über ein völkerrechtlich verbindliches Verbot von Streumunition, in: Zeitschrift für Humanitäres Völkerrecht – Informationsschriften 20 (2007), S. 221.

[58] TAB (Büro für Technikfolgen-Abschätzung beim Deutschen Bundestag): Stand und Perspektiven der militärischen Nutzung unbemannter Systeme, Endbericht zum TA-Bericht, Mai 2011, S. 198.

Einzelfallprüfung zeigt, ob der jeweilige Einsatz den allgemeinen Grundregeln des humanitären Völkerrechts entspricht.

Fraglich bleibt, welche Besonderheiten sich bei einem Einsatz von bewaffneten Drohnen nach deutschem Recht, insbesondere im Hinblick auf die eingangs erwähnten verfassungsrechtlichen und einzelgesetzlichen Vorgaben, stellen. Ein Problem könnte darin bestehen, dass sowohl die Drohnenpiloten als auch das militärische Bedienpersonal im Inland verbleiben und nur die bewaffneten Drohnen selbst im Ausland zum Einsatz kommen. Die Bundesregierung müsste nicht die Zustimmung des Deutschen Bundestages einholen, weil es sich offensichtlich um keinen Einsatz bewaffneter deutscher Streitkräfte außerhalb des Geltungsbereichs des Grundgesetzes handeln würde. Gemäß § 2 Abs. 1 ParlBG liegt ein Einsatz bewaffneter Streitkräfte vor, „wenn Soldatinnen oder Soldaten der Bundeswehr in bewaffnete Unternehmungen einbezogen sind oder eine Einbeziehung in eine bewaffnete Unternehmung zu erwarten ist." Entscheidend ist damit nicht, ob der einzelne Soldat den Geltungsbereich des Grundgesetzes verlassen hat, sondern ob der Soldat an einer bewaffneten Unternehmung im Ganzen beteiligt ist, deren Aktionsradius im Ausland stattfindet. Bei einem Einsatz von bewaffneten Drohnen sind Drohnenpilot und militärisches Bedienpersonal sowie die Drohne selbst derart eng miteinander verbunden, dass ein Einsatz nur im Verbund möglich ist. Die Bundesregierung muss deshalb auch hier die Zustimmung des Deutschen Bundestages einholen, weil eine Einbeziehung (des Drohnenpiloten und des militärischen Bedienpersonals) in eine bewaffnete Unternehmung (Einsatz von bewaffneten Drohnen) zu erwarten ist.[59]

b) *Vollautonome Waffensysteme*

Im Vergleich zum Einsatz von bewaffneten Drohnen birgt ein Einsatz vollautonomer Waffensysteme („Lethal Autonomous Weapons Systems, LAWS) ein weitaus größeres Risiko der Verletzung humanitär-völkerrechtlicher Normen. In zwei bis drei Jahrzehnten sollen die technischen Möglichkeiten für den Einsatz vollautonomer Waffensysteme geschaffen sein. Dann würde tatsächlich in Frage stehen, ob ein solcher Einsatz mit dem humanitären Völkerrecht (insbe-

---

[59] So auch: Gauseweg, Simon: Der konstitutive Parlamentsvorbehalt beim Einsatz bewaffneter Drohnen, in: Frau, Robert (Hrsg.): Drohnen und das Recht. Völker- und verfassungsrechtliche Fragen automatisierter und autonomer Kriegführung, Tübingen 2014, S. 177-191.

sondere mit dem Unterscheidungsgebot) (sowie den Menschenrechten) vereinbar wäre.

Im Vordergrund einer möglichen Völkerrechtsverletzung steht ein Verstoß gegen das Verbot unterschiedsloser Angriffe gem. Art. 48 ZP I, denn – anders als bei bewaffneten Drohnen – entscheidet bei vollautonomen Systemen kein Pilot bzw. Sensorbediener am Boden über den Einsatz. Vielmehr, so argumentiert die „Campaign to Stop Killer Robots", würden solche Systeme völlig autark funktionieren.[60] Die am Konflikt beteiligten Parteien könnten damit nicht mehr ohne weiteres gewährleisten, dass jederzeit zwischen der Zivilbevölkerung und Kombattanten sowie zwischen zivilen Objekten und militärischen Zielen unterschieden wird.

Gleichwohl könnte der Einsatz vollautonomer Waffensysteme dem Unterscheidungsgebot gem. Art. 48 ZP I entsprechen, soweit es Militärforschern gelingen sollte, auch bei vollautonomen Systemen die Regeln des humanitären Völkerrechts zu integrieren. In den USA ist die Forschung dazu bereits fortgeschritten. Wie der US-Robotikforscher Ron C. Arkin betont, würden autonome Kampfroboter mit den Völkerrechtsregeln programmiert; er selbst forsche an Programmiermöglichkeiten, dem humanitären Völkerrecht widersprechende Befehle zu verweigern bzw. sicherzustellen, dass in einem solchen Fall ein Mensch explizit die Entscheidung und die Verantwortung übernimmt.[61] Wie sich die Forschung in den nächsten Jahren entwickeln wird, bleibt deshalb abzuwarten. Staaten, die die Entwicklung vollautonomer Systeme unterstützen, müssen derweil bei der Einführung die im humanitären Völkerecht geltende Prüfungsnorm des Art. 36 ZP I beachten.

Aus den genannten Gründen der völkerrechtlichen Unsicherheiten sollte bereits heute eine wissenschaftlich fundierte und gesellschaftskritisch orientierte Diskussion[62] über die Kriterien eines Einsatzes vollautonomer Waffen-

---

[60] http://www.stopkillerrobots.org/the-problem/

[61] Arkin, Ron C.: Governing Lethal Behavior in Autonomous Robots, Boca Raton/Florida, 2009, zitiert aus: Altmann, Jürgen: Unbemannte Kampffahrzeuge und international Begrenzungen, in Zeitschrift für Humanitäres Völkerrecht – Informationsschriften 24 (2011), Themenheft „Nicht-bemannte Waffensysteme und Humanitäres Völkerrecht", S. 118-119.

[62] Vgl. dazu die folgenden ersten Diskussionsbeiträge: „New Technologies and Warfare", in: International Review of the Red Cross 94 (2012); International Committee on Robot Arms Control: Statements, http://icrac.net/statements/; UNOG, Disarmament, Lethal Autonomous Weapons, CCW Meeting of Experts on Lethal Autonomous Weapons Systems (LAWS), 13 to 16 May 2014, Geneva, http://www.unog.ch; Session 3: „Remote-Controlled and

systeme stattfinden. Vollautonome Waffensysteme sind bislang weder völker-vertrags- noch völkergewohnheitsrechtlich verboten und unterliegen auch keinem speziellen Regelungsregime. Gleichwohl könnte hier in den nächsten Jahren eine Veränderung eintreten, denn seit September 2009 forscht das „International Committee on Robot Arms Control" (ICRAC)[63] in dem Bereich und seit April 2013 existiert eine internationale Verbotskampagne zu voll autonomen Waffensystemen („Campaign to Stop Killer Robots"[64]). Sollte sie – ähnlich wie die Cluster Munition Coalition – und unter Einbezug einer Koalition verhandlungswilliger Staaten erfolgversprechend sein, könnte in zwei bis drei Jahren ein entsprechender Verbotsvertrag zur Zeichnung bereit liegen.

Ein erster Schritt stellt das „CCW Meeting of Experts on Lethal Autonomous Weapons Systems (LAWS)" dar, welches im Rahmen des UN-Waffenübereinkommens vom 13. bis 16. Mai 2014 in Genf stattfand und an dem 87 Staaten von insgesamt 117 Vertragsstaaten des UN-Waffenübereinkommens teilnahmen. Aufbauend auf einem interdisziplinären Ansatz diskutierten Experten technische[65], ethische, juristische und militärische Fragestel-

---

Autonomous Weapons Systems", Technological Challenges for the Humanitarian Legal Framework, Proceedings of the Bruges Colloquium, 11th Bruges Colloquium, 21-22 October 2010, S. 57-79, https://www.coleurope.eu/content/publications/pdf/Collegium41.pdf; Zeitschrift für Humanitäres Völkerrecht – Informationsschriften 24 (2011), Themenheft „Nicht-bemannte Waffensysteme und Humanitäres Völkerrecht"; Frau, Robert (Hrsg.): Drohnen und das Recht. Völker- und verfassungsrechtliche Fragen automatisierter und autonomer Kriegführung, Tübingen, 2014.

[63] „ICRAC is a Non-Governmental Organisation (NGO). We are an international committee of experts in robotics technology, robot ethics, international relations, international security, arms control, international humanitarian law, human rights law, and public campaigns, concerned about the pressing dangers that military robots pose to peace and international security and to civilians in war.", http://icrac.net/

[64] http://www.stopkillerrobots.org/

[65] Debatte der beiden führenden Experten in diesem Bereich: Professor Ronald Arkin (Georgia Institute of Technology) und Professor Noel Sharkey (University of Sheffield, UK). Vgl. grundlegend ihre Publikationen: Arkin, Ron C.: Lethal Autonomous Systems and the Plight of the Non-combatant, in: Artificial Intelligence and the Simulation of Behaviour (AISB) Quarterly No 137, July 2013,

http://www.unog.ch/80256EDD006B8954/(httpAssets)/54B1B7A616EA1D10C1257CCC00 478A59/$file/Article_Arkin_LAWS.pdf; Sharkey, Noel: The Evitability of Autonomous Robots Warfare, in: International Review of the Red Cross 94 (2012), S. 787-799 sowie Towards a Principle for the Human Supervisory Control of Robot Weapons, to appear in: Politica & Società, Number 2, May-August (2014),

lungen. Im Rahmen der juristischen Diskussion wurden Anknüpfungspunkte aus dem humanitären Völkerrecht sowie aus den Bereichen des *ius ad bellum*, der Menschenrechte und der Staatenverantwortlichkeit besprochen.[66] Beim nächsten jährlichen Vertragsstaatentreffen vom 13. bis 14. November 2014 wird über die Fortsetzung des Mandats abgestimmt.

Die internationale Verbotskampagne kann wichtige Impulse für die Erarbeitung eines völkerrechtlichen Verbotsvertrages geben; aber auch die Vereinten Nationen, die über weitreichende Erfahrungen in der Verhandlung von Rüstungskontrollverträgen verfügen, können einen wichtigen Beitrag zur Begrenzung vollautonomer Waffensysteme leisten. Die begonnenen Diskussionen im Rahmen des UN-Waffenübereinkommens sowie die im April 2013 gegenüber dem UN-Menschenrechtsrat aufgestellten Empfehlungen des Special Rapporteur on Extrajudicial, Summary or Arbitrary Executions[67] stellen dafür erste wichtige Schritte dar.

c) *Weniger tödliche Waffen der „zweiten" und „dritten" Generation*

Die Entwicklung und der Einsatz weniger tödlicher Waffen haben eine lange Tradition. Ihre Vorläufer finden sich bereits in Waffen wieder, die schon seit Jahrhunderten im Einsatz sind. Im Unterschied dazu handelt es sich bei dem Einsatz der heutigen weniger tödlichen Waffen trotzdem um ein neues Phänomen. Der Unterschied liegt in der Intention, mit der diese Waffen heute entwickelt, hergestellt und eingesetzt werden. Während sie in der Vergangenheit regelmäßig nur zur Maximierung der Wirkung tödlicher Waffen dienten, sollen sie heute ein abgestuftes Vorgehen gegen den Gegner unter Vermeidung unnötiger Verluste ermöglichen.[68]

---

http://www.unog.ch/80256EDD006B8954/(httpAssets)/2002471923EBF52AC1257CCC0047C791/$file/Article_Sharkey_PrincipleforHumanSupervisory.pdf

[66] UNOG, Disarmament, Lethal Autonomous Weapons, CCW Meeting of Experts on Lethal Autonomous Weapons Systems (LAWS), 13 to 16 May 2014, Geneva, http://www.unog.ch

[67] „The Special Rapporteur recommends that States establish national moratoria on aspects of LARs [Lethal autonomous robotics], and calls for the establishment of a high level panel on LARs to articulate a policy for the international community on the issue.", UN Doc. A/HRC/23/47, 9.4.2013, S. 1.

[68] Kessler, Wolfram: Nichtletale Waffen im Kriegsvölkerrecht, Berlin 2013, S. 44. Kessler nennt als ein Beispiel das Fangnetz der Gladiatoren, das *per se* keine tödliche Waffe ist, denn in der Arena diente es lediglich dazu, den Gegner kampfunfähig zu machen, um ihn dann mit dem Speer oder Dreizack töten zu können. „Die Intention des Netzes war somit gerade nicht

In den USA wird seit den 1920er Jahren und in Europa seit den 1970er Jahren an weniger tödlichen Waffen der neueren Generationen geforscht.[69] Ihr Einsatz war lange Zeit allerdings vornehmlich dem Bereich des Polizeirechts im Inneren eines Staates zugeordnet. Dies hat sich durch den rasanten technologischen Fortschritt und durch das veränderte Aufgabenprofil der Sicherheitskräfte[70] und letztlich durch die vermehrten Probleme humanitärer Operationen, von Peacekeeping oder Peacemaking geändert, mit denen die Vereinten Nationen, die EU und die NATO konfrontiert sind. „Zum Schutz solcher Aktionen war der normale Waffengebrauch inadäquat, unverhältnismäßig oder unzweckmäßig. Es besteht ja kein Krieg."[71] Auch die Bundeswehr nimmt in ihren Auslandseinsätzen verstärkt klassische Polizeiaufgaben wahr. Dementsprechend sind nunmehr auch die militärischen Streitkräfte an der Forschung und dem Einsatz weniger tödlicher Waffen interessiert. In Deutschland begann die systematische Forschung 1993 bei der DASA[72] (danach EADS[73], heute Airbus Group[74]) im Auftrag des Bundesministeriums der Verteidigung (BMVg).[75] Seit 1998 forscht die „European Working Group Non-Lethal Weapons" im Bereich weniger tödlicher Waffen. Auf deutscher Seite ist das Fraun-

---

auf die Schonung des Gegners gerichtet." Im Gegensatz dazu dienen moderne Fangnetze heute dazu, den Gegner zu immobilisieren, ohne ihn töten zu müssen.

[69] Eick, Volker: Weiche Waffen für eine harte Zeit? Markt und Macht von Non-Lethal Weapons, in: Kritische Justiz 45 (2012), S. 90, 91.

[70] Vorbemerkung der Fragesteller, in: Antwort der Bundesregierung zu „Haltung der Bundesregierung zu so genannten nichtletalen Waffen", BT-Drs. 16/9398, 30.5.2008, S. 1: „Im Kontext des rasanten technologischen Fortschritts und eines veränderten Aufgabenprofils der Sicherheitskräfte erlebt dieser Bereich allerdings seit den 1990er Jahren qualitative Innovationssprünge."

[71] Ott, Charles: Warum nichtletale Waffen?, in: Allgemeine schweizerische Militärzeitschrift (ASMZ) 164 (1998), S. 26.

[72] Deutsche Aerospace Aktiengesellschaft.

[73] European Aeronautic Defence and Space Company.

[74] Die Airbus Group ist Europas größtes Luft- und Raumfahrt- sowie Verteidigungsunternehmen.

[75] Antwort der Bundesregierung zu „Haltung der Bundesregierung zu so genannten nichtletalen Waffen", BT-Drs. 16/9398, 30.5.2008, S. 1. Forschungsaufträge wurden u.a. an das Fraunhofer Institut für Chemische Technologie (ICT) vergeben, auf dessen Initiative 1998 die „European Working Group NLW" gegründet wurde. Seit 2001 organisiert das ICT alle zwei Jahre das „European Symposium NLW", welches das größte europäische Symposium im NLW-Bereich sein soll.

hofer-Institut für Chemische Technologie (ICT) an der Forschung beteiligt. Alle zwei Jahre organisiert das ICT das „European Symposium on Non-Lethal Weapons".[76]

Weniger tödliche Waffen („Less Lethal Weapons", LLWs)[77] sind Wirkmittel, „die ausschließlich zu dem Zweck entwickelt und eingesetzt werden, Kräfte und Personen/Personengruppen kampf- oder handlungsunfähig zu machen und dabei die Wahrscheinlichkeit tödlicher oder bleibender Verletzungen gering zu halten, oder Geräte funktionsunfähig zu machen und dabei unbeabsichtigte Begleitschäden oder Umweltschäden möglichst auszuschließen."[78] Sie sollen den Denk- und Handlungsprozess von Individuen, Personengruppen oder Menschenmengen derart schwächen, lähmen oder unterbrechen, dass sie ihr Verhalten ändern – entweder durch Einschränkung der Bewegungsfreiheit („Immobilisation") und der Wahrnehmung („Sensory Deprivation") oder durch das Zufügen von Schmerzen („Pain Compliance")[79] bzw. die Veränderung von Gegenständen und/oder der Umwelt.[80] Weniger tödliche Waffen sollen vor allem in Konflikten unterhalb der Kriegsschwelle gegnerische Personen und technische Mittel auf schonende Art ausschalten und handlungsunfähig machen.[81] Derweil ist die relativ einfache Definition von weniger tödlichen Waffen durchaus mit verschiedenen Problemen verbunden. So ist die Einstufung einer Waffe, die von ihrer technischen Auslegung als weniger tödlich eingestuft werden kann, nicht nur von ihrer technischen Auslegung, son-

---

[76] Das nächste „European Symposium on Non-Lethal Weapons" findet vom 18. bis 20. Mai 2015 (wiederum) in Ettlingen (Deutschland) statt. Vgl. näher: http://www.non-lethal-weapons.com/

[77] Häufig findet sich auch die Formulierung „nicht-tödliche" bzw. „nicht-letale" Waffen oder – so die Bundeswehr – „nicht-letale Wirkmittel". Diese Bezeichnungen sind aber irreführend, da dies suggeriert, dass diese Waffen unter keinen Umständen tödlich sind. Davon kann aber nicht ausgegangen werden, da auch diese Waffen durchaus zum Tod – wenn auch ungewollt – führen können (vgl. die untersuchten Praxisbeispiele).

[78] Antwort der Bundesregierung zu „Haltung der Bundesregierung zu so genannten nichtletalen Waffen", BT-Drs. 16/9398, 30.5.2008, S. 2.

[79] Vgl. zu den medizinischen Aspekten des Einsatzes weniger tödlicher Waffen: Dobrowolski, Alan/Moore, Sue: Less Lethal Weapons and Their Impact on Patient Care, in: Topics in Emergency Medicine 27 (2005), S. 44.

[80] Eick, Volker: Weiche Waffen für eine harte Zeit? Markt und Macht von Non-Lethal Weapons, in: Kritische Justiz 45 (2012), S. 90.

[81] ASMZ-Korrespondent: Nichtletale Waffen: militärische Mittel für neue Konfliktformen, in: Allgemeine schweizerische Militärzeitschrift (ASMZ) 167 (2001), S. 40.

dern auch wesentlich von den jeweiligen Einsatzbedingungen und -arten abhängig. Beim Einsatz gegen Menschen muss zwischen weniger tödlicher physischer oder psychischer Wirkung unterschieden werden. Zudem bestehen bezüglich Definition und Bedeutung von weniger tödlichen Waffen weltweit noch sehr unterschiedliche Auffassungen.[82]

Im Gegensatz zu den weniger tödlichen Waffen der „ersten Generation" – wie Schlagstöcke, Handfesseln, Polizeistiefel, Klingenwaffen[83], Schlagwaffen[84] und Fernwaffen[85] – stehen heute die weniger tödlichen Waffen der „zweiten" und „dritten" Generation im Fokus der militärischen Forschung und dem Einsatz sowie der damit einhergehenden Kritik. Weniger tödliche Waffen der „zweiten" Generation umfassen Einsatzmittel wie Pfefferspray, Tränengas,[86] Taser, Klebeschaum sowie Schall-, Laser[87]- und Strahlenwaffen. Weniger tödliche Waffen der „dritten" Generation sind Waffen aus dem Bereich der Nano[88]- und Biotechnologie.[89] Die weniger tödlichen Waffen unterliegen keinem speziellen Verbots- bzw. Regelungsregime.

---

[82] ASMZ-Korrespondent: Nichtletale Waffen: militärische Mittel für neue Konfliktformen, in: Allgemeine schweizerische Militärzeitschrift (ASMZ) 167 (2001), S. 41.

[83] Hieb- und Stichwaffen.

[84] Beil, Axt, Keule.

[85] Pfeil und Bogen, Armbrust.

[86] Vgl. zu den rechtlichen Aspekten der Änderung des deutschen Ausführungsgesetzes zum Chemiewaffenübereinkommen: Kessler, Wolfram: Krieg ohne Tränen? Reizstoff für die Bundeswehr. Zur Änderung des deutschen Ausführungsgesetzes zum Chemiewaffenübereinkommen, in: Zeitschrift für Humanitäres Völkerrecht - Informationsschriften 18 (2005), S. 4-10.

[87] Vgl. näher: Stupl, Jan/Neuneck, Götz: „High Energy Lasers: A Sensible Choice for Future Weapon Systems?" in: Security Challenges 1 (2005), S. 135-153,

http://www.securitychallenges.org.au/ArticlePDFs/vol1no1StuplandNeuneck.pdf

[88] Nasu, Hitoshi: Nanotechnology and Challenges to International Humanitarian Law: A Preliminary Legal Assessment, in: International Review of the Red Cross 94 (2012), S. 653-672.

[89] Vgl. die Zusammenstellung bei Eick, Volker: Weiche Waffen für eine harte Zeit? Markt und Macht von Non-Lethal Weapons, in: Kritische Justiz 45 (2012), S. 92-93. Siehe auch die Auflistung bei: Ott, Charles: Warum nichtletale Waffen?, in: Allgemeine schweizerische Militärzeitschrift (ASMZ) 164 (1998), S. 26f: „Allgemein werden 4 Kategorien unterschieden, je nachdem ob das Wirkelement ein physischer Körper, eine chemische Substanz, ausgestrahlte Energie oder manipulierte Information (hier nicht behandelt) ist.". Vgl. auch Kessler, Wolfram: Nichtletale Waffen im Kriegsvölkerrecht, Berlin 2013, S. 42, der unterscheidet nach dem Zielobjekt und nach den zugrundeliegenden Technologien.

Stand der Forschung und des Einsatzes dieser Waffen unterscheiden sich. Während einige dieser Waffen im Einsatz sind, gibt es von manchen Waffen nur Prototypen und an anderen Waffen wird praktisch oder theoretisch geforscht. Glaubt man offiziellen Stellen, dann wurden einige Projekte inzwischen auch eingestellt.[90] Die meisten Armeen – so auch die Bundeswehr – dürfen weniger tödliche Waffen „bislang nur in Situationen [einsetzen], in denen auch die Anwendung tödlicher Gewalt zulässig wäre."[91] Die Nutzung weniger tödlicher Waffen durch die Bundeswehr ist bei „Peace Support Operations" und für „Crowd and Riot Control", also für die Kontrolle von Menschenmengen und gewalttätigen Ausschreitungen, vorgesehen.[92] Als weniger tödliche Waffen wurden für die Bundeswehr Impulsmunition 40 mm × 46 NLW DM 119, Pfefferspray in zwei Ausführungen mit unterschiedlicher Reichweite, Reizstoffwurfkörper CS sowie Reizstoffmunitionsfamilie CS 40 mm × 123 beschafft.[93]

Forschung und Einsatz weniger tödlicher Waffen der neueren Generationen sind derweil mit Kritik aus Wissenschaft, Gesellschaft und Politik verbunden. Neben der vermuteten Gefahr eines neuen Wettrüstens und der Gefahr der Auf- und Ausrüstung nicht-staatlicher Akteure mit diesen neuen Waffen wird als weitere Gefahr darauf hingewiesen, dass die Risiken dieser Waffen häufig erst während ihres Einsatzes sichtbar werden. „Es werden Technologien verwandt, deren Wirkung auf den Menschen kaum abgeschätzt werden kann. Neben tödlichen Folgen ist mit langfristigen gesundheitlichen Schäden und Verstümmelungen zu rechnen. In vielen Bereichen ist die nicht-tödliche Wirkung nur eine Frage der Dosierung (bzw. Frequenz). Zudem erlaubt das Funktionsprinzip vieler WLW keine Unterscheidung zwischen Zivilistinnen und Zivilisten und Kombattantinnen und Kombattanten."[94]

---

[90] Eick, Volker: Weiche Waffen für eine harte Zeit? Markt und Macht von Non-Lethal Weapons, in: Kritische Justiz 45 (2012), S. 93.

[91] Schürkes, Jonna/Marischka, Christoph: The World at Peace is a Very Dangerous Place: Weniger letale Waffen in „kleinen" Kriegen, in: Informationsstelle Militarisierung (IMI) e.V., Ausdruck 1 – Februar 2010, S. 12.

[92] Antwort der Bundesregierung zu „Haltung der Bundesregierung zu so genannten nichtletalen Waffen", BT-Drs. 16/9398, 30.5.2008, S. 3.

[93] Antwort der Bundesregierung zu „Haltung der Bundesregierung zu so genannten nichtletalen Waffen", BT-Drs. 16/9398, 30.5.2008, S. 7.

[94] Vorbemerkung der Fragesteller, in: Antwort der Bundesregierung zu „Haltung der Bundesregierung zu so genannten nichtletalen Waffen", BT-Drs. 16/9398, 30.5.2008, S. 1.

Welche humanitär-völkerrechtlichen Auswirkungen mit der Forschung und dem Einsatz weniger tödlicher Waffen der „zweiten" und „dritten" Generation verbunden sind, gilt es nachfolgend anhand ausgewählter Beispielsfälle und im Hinblick auf die „cardinal principals" des humanitären Völkerrechts zu skizzieren. Entwicklungsstand, ihre Konstruktion und Wirkungsweisen sowie ihr Einsatzkonzept sind derart unterschiedlich, dass es erforderlich ist, grundsätzlich jedes einzelne Waffensystem hinsichtlich seiner Übereinstimmung mit dem humanitären Völkerrecht zu überprüfen.[95]

Taser

Taser sind Geräte, aus denen bis zu zehn Meter zwei oder vier mit Widerhaken versehene Projektile (Drähte) auf eine Zielperson geschossen werden. Über die Drähte wird mit Pulsen von 50 Kilovolt die willkürliche Muskulatur gelähmt. Taser werden deshalb Elektroschockpistolen bzw. Distanz-Elektroimpulswaffen genannt. Die Zielperson wird vorübergehend handlungsunfähig gemacht, aber nicht getötet. Taser erzeugen starke Schmerzen, Brandverletzungen („Strommarken") und zeitweise Lähmungen („der Körper bricht zusammen").[96]

Als mögliche verletzte Prinzipien des humanitären Völkerrechts kommen das Verbot überflüssiger Verletzungen oder unnötiger Leiden (Art. 35 Abs. 2 ZP I) sowie das Verbot unterschiedsloser Angriffe (Art. 48 ZP I) in Betracht. Während ein Verstoß gegen das letztgenannte Prinzip verneint werden kann, weil bei dem Einsatz mittels Taser schon aufgrund der Zielgenauigkeit (zehn Meter) jederzeit zwischen der Zivilbevölkerung und Kombattanten unterschieden werden kann, hängt die Beurteilung des Verstoßes gegen das erstgenannte Prinzip vom jeweiligen Einzelfall und dabei von der militärischen Notwendigkeit ab. Ein Verstoß ist erst dann anzunehmen, wenn die zu erwartende Beeinträchtigung (hier: Schmerzen, Brandverletzungen, zeitweise Lähmungen) in keinem Verhältnis zu dem beabsichtigten rechtmäßigen militäri-

---

[95] Darauf wurde bereits 2001 in einem Aufsatz hingewiesen: Heintze, Hans-Joachim: Nichtletale Waffen und das humanitäre Völkerrecht, in: Hasse, Jana/Müller, Erwin/Schneider, Patricia (Hrsg.): Humanitäres Völkerrecht: Politische, rechtliche und strafgerichtliche Dimensionen, Baden-Baden 2001, S. 267f.

[96] Eick, Volker: Weiche Waffen für eine harte Zeit? Markt und Macht von Non-Lethal Weapons, in: Kritische Justiz 45 (2012), S. 98; Grete, Patrick: Nicht-tödliche Waffen? – Ein Interview mit einem kritischen Experten (Dr. Jürgen Altmann), 30.5.2009, http://www.solonline.de/2009/05/30/nicht-todliche-waffen-ein-interview-mit-einem-kritischen-experten/

schen Vorteil steht. Zwar kann der Einsatz mittels Taser durchaus auch den Tod herbeiführen, wenn der mit dem Tasereinsatz verbundene Stromschlag z.B. zu einem Herzinfarkt (da Zielperson z.B. einen Herzschrittmacher trägt) oder zu einer Panikattacke mit tödlichem Schock durch die zeitweise Lähmung des Körpers führt. Solche Todesfälle gelten indes als unbeabsichtigte Begleit- bzw. Folgeschäden des grundsätzlich humanitär-völkerrechtlich zulässigen Einsatzes und müssen als „Kollateralschäden" hingenommen werden.

Strahlenwaffen

Strahlenwaffen („Active Denial System"), auch elektromagnetische Kanonen genannt, sind auf Fahrzeugen montierte Systeme, die aus einer Entfernung von 500 bis 700 Metern einen etwa zwei Meter weiten Strahl von Millimeter-Wellen (Mikrowellen) aussenden. Diese Wellen werden in den ersten 0,4 Millimetern der Haut absorbiert, heizen dort das Wasser auf und erzeugen damit innerhalb weniger Sekunden einen großen Hitzeschmerz bei der Zielperson. Abgesehen von Hautrötungen sind bei ordnungsgemäßer Bestrahlung, d.h. bei Aufheizung der Haut der Zielperson auf 55 bis 60°C, keine weiteren körperlichen Verletzungen zu befürchten.[97] Mit Blick auf die Prinzipien des humanitären Völkerrechts fragt sich, ob der Einsatz von Strahlenwaffen gegen das Verbot unterschiedsloser Angriffe verstoßen könnte. Dies steht deshalb in Frage, weil die Mikrowellen immerhin aus einer Entfernung von 500 bis 700 Metern mit einem etwa zwei Meter weiten Strahl ausgesendet werden und der Bediener somit nicht oder unter erschwerten Bedingungen zwischen der Zivilbevölkerung und Kombattanten unterscheiden würde.[98] Für die Beurteilung eines möglichen

---

[97] Grete, Patrick: Nicht-tödliche Waffen? – Ein Interview mit einem kritischen Experten (Dr. Jürgen Altmann), 30.5.2009, http://www.solon-line.de/2009/05/30/nicht-todliche-waffen-ein-interview-mit-einem-kritischen-experten/

[98] In diesem Sinne auch Jürgen Altmann, der auf die grundsätzliche Problematik hinweist, ob derjenige in der Bedienungskabine wirklich gut abschätzen kann, wann es genug ist, wenn er die Menschen aus bis zu 700m Entfernung auf einem Bildschirm sieht. Vgl. Grete, Patrick: Nicht-tödliche Waffen? – Ein Interview mit einem kritischen Experten (Dr. Jürgen Altmann), 30.5.2009, http://www.solon-line.de/2009/05/30/nicht-todliche-waffen-ein-interview-mit-einem-kritischen-experten/ Vgl. auch die Interviews von Neil Davison mit AlterNet in denen er auf die praktisch nicht zu kontrollierende Strahlungsdosis für Personen hinweist, deren Bewegungsfreiheit z.B. in einer Menschenmenge eingeschränkt ist, Hearn, Kelly: Rumsfeld's Ray Gun, AlterNet, 18.8.2005, http://www.alternet.org/story/24044/rumsfeld's_ray_gun

Völkerrechtsverstoßes werden letztlich die technische Handhabung der Strahlenwaffen und damit der jeweilige Einzelfall entscheidend sein, d.h. ob dem Bediener die technischen Möglichkeiten für eine zielgenaue Handhabung der Waffe zur Verfügung stehen. Ebenfalls einzelfallabhängig zu entscheiden ist die Frage nach einem möglichen Verstoß des Einsatzes von Strahlenwaffen gegen das Verbot überflüssiger Verletzungen oder unnötiger Leiden. Hier kann ein Verstoß erst dann bejaht werden, wenn die zu erwartende Beeinträchtigung (hier: Hautrötungen) in keinem Verhältnis zu dem beabsichtigten rechtmäßigen militärischen Vorteil steht. Die zum Teil geäußerten Befürchtungen, Strahlenwaffen könnten missbräuchlich eingesetzt werden und schwere Körperverletzungen wie Hautverbrennungen zweiten und dritten Grades[99] innerhalb von nur zwei Sekunden (wenn nicht gar tödliche Folgen) bewirken, sind unabhängig von den Prinzipien des humanitären Völkerrechts zu beurteilen. Jede Waffe kann missbräuchlich eingesetzt werden. In solchen Fällen bilden die Normen des Strafrechts, des Disziplinarrechts und des Völkerstrafrechts die maßgebenden Reaktionsmöglichkeiten.[100]

Klebeschaum

Klebeschaum wird aus einem Hochdruck-Gewehr abgefeuert, das von einem einzelnen Soldaten getragen werden kann. Der Klebeschaum bedeckt die Zielperson innerhalb von Sekunden mit einem klebrigen Material. Die Zielperson wird für ungewisse Zeit am Boden „fixiert" und kann sich nicht bewegen.[101] Ein Verstoß des Einsatzes von Klebeschaum gegen das Verbot überflüssiger Verletzungen oder unnötiger Leiden gem. Art. 35 Abs. 2 ZP I wird sich zwar

---

[99] Siege dazu z.B. Grete, Patrick: Nicht-tödliche Waffen? – Ein Interview mit einem kritischen Experten (Dr. Jürgen Altmann), 30.5.2009, http://www.solon-line.de/2009/05/30/nicht-todliche-waffen-ein-interview-mit-einem-kritischen-experten/

[100] Vgl. aber Kessler, Wolfram: Nichtletale Waffen im Kriegsvölkerrecht, Berlin 2013, S. 145, der – unabhängig von einem Missbrauch – auf die Möglichkeit der Steigerung der ADS-Wirkung in den letalen Bereich hinweist, was bedeuten würd, dass der Betroffenen wahlweise einem nicht-tödlichen kurzen Hitzeimpuls ausgesetzt oder mittels starker Mikrowellenstrahlung durch Gewebezerstörung getötet werden kann. „Eine solche Waffenwirkung, also ein Kochen bei lebendigem Leibe, dürfte das Maß üblichen Verletzungsfolgen überschreiten und im Bereich überflüssiger Verletzungen und unnötigen Leidens liegen."

[101] Muller, Richard A.: „Weniger tödliche" Waffen für den Irak, 9.6.2004, Übersetzung: Ben Schwan,
http://www.heise.de/tr/artikel/Weniger-toedliche-Waffen-fuer-den-Irak-276917.html

wie bei den o.g. weniger tödlichen Waffen letztlich am Einzelfall entscheiden. Gleichwohl birgt der Einsatz von Klebeschaum vermehrte gesundheitliche Risiken, die auch keinen hinnehmbaren Kollateralschaden mehr darstellen. So kann der Klebeschaum Mund und Nase der Zielperson verkleben und zum Tod führen. Im Rahmen der Prüfungspflicht gem. Art. 36 ZP I wird es deshalb maßgebend sein, erstens, Vorgaben dafür zu treffen, dass die Soldaten vor Ort über ein entsprechendes Lösungsmittel zur Entfernung des Klebeschaums verfügen und zweitens, dass die Zielperson schnellstmöglich vom Klebeschaum befreit wird und Soldaten deshalb über spezielle Handlungsvorgaben verfügen. Ein schnelles Handeln kann sich z.B. verzögern, wenn mehrere Zielpersonen mit Klebeschaum fixiert wurden und es darüber hinaus bereits zu gesundheitlichen Komplikationen (z.B. Panikattacke mit Atemnot etc.) bei einer anderen Zielperson gekommen ist. Demgegenüber verstößt der Einsatz von Klebeschaum gegen das Unterscheidungsgebot, da bei einem flächendeckenden Einsatz nicht zwischen Zivilpersonen und Kombattanten bzw. zwischen zivilen und militärischen Objekten unterschieden werden kann.[102] Dies ist bereits aufgrund der technischen Handhabung nicht möglich.

Akustische Waffen, insbesondere Schallkanonen

Auch akustische Waffen als weniger tödliche Waffen sind vermehrt im Blickpunkt. Dies betrifft insbesondere Schallkanonen („Long Range Acoustic Device", LRAD), mit deren Hilfe z.B. Piraten vor der somalischen Küste gehindert worden sein sollen, Schiffe anzugreifen. Die Vorrichtung besteht aus einem runden Schirm, der wie ein Megaphon zur Übermittlung von Anweisungen und Warnungen eingesetzt werden kann. Der Beschuss erfolgt mit Schall von 150 Dezibel Stärke und kann über 500 Meter weit wirken.[103] Auch das Fraunhofer-Institut für Chemische Technologie (ICT) soll im Auftrag des BMVg einen Prototyp entwickelt haben, für den im Labor des ICT zehn quadratische Lautsprecher – jeder etwas größer als eine CD-Hülle – im Abstand von rund

---

[102] Im Ergebnis auch: Heintze, Hans-Joachim: Nichtletale Waffen und das humanitäre Völkerrecht, in: Hasse, Jana/Müller, Erwin/Schneider, Patricia (Hrsg.): Humanitäres Völkerrecht: Politische, rechtliche und strafgerichtliche Dimensionen, Baden-Baden 2001, S. 273.

[103] Sietz, Henning/Lubbadeh, Jens: Piratenabwehr: Die wirkungslosen Hightech-Waffen der Reeder, 19.12.2008,

http://www.spiegel.de/wissenschaft/mensch/piratenabwehr-die-wirkungslosen-hightech-waffen-der-reeder-a-594512.html

15 Zentimetern hintereinander auf ein Gestänge geschraubt wurden. Mit dem Akustikgenerator kann der Schall trichterförmig über mehrere hundert Meter ausgestrahlt werden und verhallt nicht schon nach wenigen Metern. Einzige Gefahr sei, dass das Trommelfell in Mitleidenschaft gezogen wird.[104] Bei einem Einsatz von Schallkanonen gegen angreifende Piraten auf (Hoher) See bestehen keine Bedenken eines Verstoßes gegen das Unterscheidungsgebot. Auf den angreifenden Schiffen befinden sich ausschließlich Piraten und keine Zivilpersonen, so dass bei einem Einsatz von Schallkanonen auch keine Zivilisten betroffen wären. Gleichwohl könnte der Einsatz von Schallkanonen gegen das humanitäre Völkerrecht verstoßen, weil unter Umständen das Gebot der Vermeidung überflüssiger Verletzungen oder unnötiger Leiden verletzt sein könnte. Immerhin drohen Schäden am Trommelfell, die im schlimmsten Fall sogar zu Taubheit führen können. Im Gegensatz zu blindmachenden Laserwaffen[105], die seit 1995 völkerrechtlich verboten sind, weil deren primärer Zweck es ist, eine Blindheit herbeizuführen, zielen Schallkanonen in erster Linie aber nicht darauf, bei der Zielperson eine Taubheit hervorzurufen.[106] Vielmehr soll der Hörnerv derart beeinträchtigt werden, dass die Zielperson von ihrem Handeln abgehalten wird.[107] Auch bei dem Verbot für blindmachende Laserwaffen sind solche Laser ausgenommen, die die Erblindung nicht hauptsächlich bezwecken, sondern nur als Nebenwirkung ihrer Verwendung erreichen.[108] Im Rahmen der Prüfung eines Verstoßes gegen das Gebot der Vermeidung überflüssiger Verletzungen oder unnötiger Leiden wird letztlich aber wiederum entschei-

---

[104] Reutlinger General-Anzeiger, Frieden schaffen mit Akustik-Waffen, 16.5.2011, http://www.gea.de/nachrichten/weltspiegel/frieden+schaffen+mit+akustik+waffen.2002874. htm

[105] Vgl. zu den gesundheitlichen Aspekten des Einsatzes von blindmachenden Laserwaffen: Marshall, John: Blinding Laser Weapons: Still Available on the Battlefield, in: British Medical Journal 315 (1997), S. 1392.

[106] Mit diesem Vergleich auch: Kessler, Wolfram: Nichtletale Waffen im Kriegsvölkerrecht, Berlin 2013, S. 144.

[107] Im Ergebnis folgend: Schrantz, Joe: The Long Range Acoustic Device: Don't Call it a Weapon – Them's Fightin' Words, in: Army Lawyer, August, 2010, S. 59: „(...) the LRAD would fully comply with the law of war because the 'discomfort' it can cause 'is well short of permanent damage to the ear' it would not exceed the 'threshold of superfluous injury or unnecessary suffering'."

[108] Heintze, Hans-Joachim: Nichtletale Waffen und das humanitäre Völkerrecht, in: Hasse, Jana/Müller, Erwin/Schneider, Patricia (Hrsg.): Humanitäres Völkerrecht: Politische, rechtliche und strafgerichtliche Dimensionen, Baden-Baden 2001, S. 272.

dend sein, ob die zu erwartende Beeinträchtigung (Verletzung des Trommel-fells, u.U. Taubheit) in keinem Verhältnis zu dem beabsichtigten rechtmäßigen militärischen Vorteil steht.

d) *Im Blickpunkt: Einsatzbedingte gesundheitliche Belastungen der Soldaten*

Militärische Aufgaben und Rahmenbedingungen sind heute mit höheren kör-perlichen Anforderungen an die Soldaten verbunden. Soldaten müssen in Aus-landseinsätzen höchstmögliche Wirksamkeit, Beweglichkeit und Durchhaltefä-higkeit zeigen. Das Einsatzspektrum ist dabei vielfältig und erfasst u.a. Lager-bau, ausgedehnte Fußpatrouillen, Kampf im urbanen oder gebirgigen Umfeld sowie Einsatz bei großer Kälte oder Hitze. An die körperliche Leistungsfähig-keit der Soldaten werden enorme Anforderungen gestellt durch Tragen hoher Lasten, eingeschränkte Sauerstoffaufnahmefähigkeit bei Höhenexposition (Af-ghanistan), besondere klimatische Bedingungen wie Hitze (Irak), Kälte (alpines Gelände) oder Schlafentzug.[109]

Reale Bedrohungssituationen in den Einsätzen, aber auch wehrtechni-sche Weiterentwicklungen spielen dabei eine entscheidende Rolle. „Die psychi-schen und physischen Anforderungen an die Soldatinnen und Soldaten sind unverändert hoch. Innovative Technik, Schutz, Informationsvorsprung und verbesserte Waffenwirkung sowie verkürzte Reaktionszeiten verlangen eine schnelle individuelle Auffassungsgabe. Zudem sind die Anforderungen an den Führer auf Gruppenebene gestiegen."[110]

Mit der Einführung neuer Militärtechnologie steigen die Anforderun-gen an die Soldaten. Dies betrifft einerseits die hohe Gewichtsbelastung, wel-che mit moderner Ausrüstung und zusätzlichen Ausrüstungsgegenständen wie ballistischem Schutz sowie komplexen Kommunikations-, Informations- und Waffensystemen verbunden ist. Im militärischen Bereich sollte die „optimale" Last 30 Prozent des eigenen Körpergewichtes nicht überschreiten.[111] Anderer-

---

[109] Hölzl, Thomas: Die körperliche Leistungsfähigkeit des Soldaten, in: TRUPPENDIENST Folge 332, Ausgabe 2/2013,

http://www.bmlv.gv.at/truppendienst/ausgaben/artikel.php?id=1523

[110] Inspekteur des Heeres: Die Neuausrichtung des Heeres. Kämpfen – Schützen – Helfen – Vermitteln, Juli 2013, S. 90.

[111] Hölzl, Thomas: Die körperliche Leistungsfähigkeit des Soldaten, in: TRUPPENDIENST Folge 332, Ausgabe 2/2013,

seits führt neue Militärtechnologie auch zu einer erhöhten psychischen Belastung der Soldaten, denn sie müssen sich mit komplexen technischen Neuerungen beschäftigen und in ihre militärischen Aufgabenbereiche integrieren – und dies sowohl auf eigener als auch auf gegnerischer Seite. Dies ist zudem in der Regel mit den o.g. erschwerten Einsatzbedingungen verbunden.

Soldaten sind deshalb in heutigen Auslandseinsätzen aufgrund wehrtechnischer Fortschritte sowohl physisch als auch psychisch enorm gefordert. Dies verlangt nach staatlichem Handeln in Form von Betreuung, Versorgung und Fürsorge für die Soldaten. Eine spezielle Fürsorgepflicht des deutschen Staates für die Soldaten der Bundeswehr regelt § 31 Abs. 1 S. 1 Soldatengesetz (SG)[112]. Danach haben der Bund und die in seinem Namen handelnden Organe für das Wohl der Soldaten sowie deren Familien zu sorgen, und dies auch für die Zeit nach dem Ende des Dienstverhältnisses. Die Pflicht zur Betreuung und Fürsorge umfasst zudem das ständige Bemühen, die Soldaten vor Schaden zu bewahren.[113] Die Soldaten der Bundeswehr stehen in einem gegenseitigen Dienst- und Treueverhältnis zum Bund als ihrem Dienstherrn (§ 1 Abs. 1 Satz 2 SG). Aus diesem Verhältnis können sie Ansprüche auf Betreuung und Fürsorge geltend machen.

Wehrtechnische Weiterentwicklungen und damit verbunden neue Militärtechnologien müssen im Sinne der Fürsorgepflicht stets das Wohl der Soldaten berücksichtigen. Diese Pflicht beginnt dabei bereits im Rahmen der Forschung zu neuen Militärtechnologien, und damit zeitlich gesehen so früh wie möglich. Aktuelles Beispiel aus der deutschen Praxis stellen die Erwägungen der Bundesregierung dar, für die Bundeswehr in den nächsten Jahren bis zu 16 bewaffnete Drohnen zu beschaffen. Ebenso wie Soldaten, die vor Ort im Auslandseinsatz kämpfen, sind auch Drohnenpiloten einer enormen psychischen Belastung ausgesetzt und können gleichfalls an einer Posttraumatischen Belastungsstörung (PTBS) erkranken. Folge wäre, dass auch sie ihren Dienst entwe-

---

http://www.bmlv.gv.at/truppendienst/ausgaben/artikel.php?id=1523. Demgegenüber berichten die US-amerikanischen Streitkräfte von mehrtägigen Einsätzen in Afghanistan mit Traglasten von bis zu 68 Kilogramm. Dies entspricht Belastungen von über 90 Prozent des eigenen Körpergewichtes. Folgen sind Leistungseinschränkungen und zunehmende Gefahren von Erschöpfung und Verletzungen für den einzelnen Soldaten.

[112] Gesetz über die Rechtsstellung der Soldaten, BGBl. 2005 I, S. 1482.

[113] Der Bundesminister der Verteidigung, Zentrale Dienstvorschrift Innere Führung ZDv 10/1 vom 16. Februar 1993, Punkt V. Ziff. 333 (Betreuung und Fürsorge).

der gar nicht mehr oder erst nach einer langen Behandlungspause wieder aufnehmen können.

PTBS ist eine der psychischen Erkrankungen, die infolge eines traumatischen Erlebnisses entstehen können. Als traumatisch wird dabei ein Geschehen bewertet, das so „katastrophalen Ausmaßes" ist, dass es „bei fast jedem eine tiefe Verzweiflung" hervorrufen würde. Es kommt zu tiefgreifenden Erschütterungen des Selbst- und Weltverständnisses, die die geistig-seelische Verarbeitungskapazität des exponierten Individuums überfordern. Die Erinnerungen werden nicht abgelegt, sondern bleiben leicht aktivierbar. Das Kardinalsymptom der PTBS ist dementsprechend die sich aufdrängende, szenische Erinnerung an das Erlebte, die Intrusion. Zusätzlich treten Rückzugs- und Vermeidungsverhalten sowie Erregbarkeit und Nervosität („Hyperarousal") auf, die die Lebensqualität und soziale Beziehungsfähigkeit der Betroffenen im Regelfall schwer beeinträchtigen.[114]

Bislang wurde die Möglichkeit, dass auch Drohnenpiloten an einer PTBS erkranken können, nicht in Betracht gezogen. In den USA, die immer stärker auf den Einsatz von Drohnen setzen, hat sich diese Sichtweise geändert. Dort wird nunmehr auf die Gefahr schwerer psychischer Erkrankungen bei denjenigen Militärangehörigen hingewiesen, die bewaffnete Drohnen teilweise aus einer Entfernung von mehreren tausend Kilometern steuern.[115] Inzwischen werden in den USA mehr Piloten für Drohnen ausgebildet als für Kampfflugzeuge. Viele der Bedienungsmannschaften leiden unter PTBS.[116] Peter Singer, einer der führenden anerkannten US-Militärexperten, schlussfolgert aus seinen Gesprächen mit Hunderten von Drohnenpiloten und Fachleuten: „Der rasante technologische Fortschritt, die wachsende Autonomie der Waffensysteme, die immer öfter Kriegführung aus großer Distanz und ohne eigene Verluste ermöglichen, verdecken die seelischen Qualen."

---

[114] Vgl. näher: World Health Organization, International Classification of Diseases (ICD-10), F43.1: Post-traumatic Stress Disorder,
http://apps.who.int/classifications/icd10/browse/2010/en
[115] Georg, Hans: Die Ära der Drohnen – in den USA aber auch bald in Deutschland. Wie Krieg zum Spiel wird, http://www.nrhz.de/flyer/beitrag.php?id=14985
[116] NDR Info, Bewaffnete Drohnen – Neue Qualität der Kriegsführung?, 20.4.2013,
http://www.ndr.de/info/programm/sendungen/streitkraefte_und_strategien/streitkraefte225.html

Die Bundeswehr sieht sich seit einigen Jahren mit der Tatsache konfrontiert, dass Soldaten in zunehmendem Maß während ihrer Auslandseinsätze an einer PTBS erkranken.[117] So ist die Anzahl der Soldaten, die sich wegen einer einsatzbedingten psychischen Störung in die Behandlung der Bundeswehrkrankenhäuser begeben haben, stetig angestiegen. Allein im letzten Jahr wurden 1.423 Soldaten in den Bundeswehrkrankenhäusern behandelt; 2009 waren es noch 466 PTBS-Behandlungsfälle.[118] Eine hohe Dunkelziffer wird darüber hinaus vermutet.[119] Betroffen sind vor allem Rückkehrer aus dem ISAF-Einsatz in Afghanistan. Verliefen die ersten Jahre dort noch weitgehend friedlich, änderte sich dies spätestens 2009. Seitdem erleben immer mehr Soldaten Gefechte und werden mit Verwundung und Tod konfrontiert.[120]

Die PTBS-Problematik könnte sich verschärfen, sofern die Bundesregierung weiter an ihren Plänen festhält, bewaffnete Drohnen zu erwerben. Da sich an diesen Plänen wohl auf absehbare Zeit nichts ändern wird, sollten bereits heute die Rahmenbedingungen für solche Einsätze bestimmt und Vorkehrungen getroffen werden, um zukünftige Drohnenpiloten der Bundeswehr in ausreichendem Maße auf ihren Einsatz und die möglichen physischen und psychischen Gefahren vorzubereiten. Die Fürsorgepflicht des Bundes gem. §

---

[117] Vgl. zu den Auswirkungen auf die Innere Führung: Tegtmeier, Catri/Tegtmeier, Michael A.: Posttraumatische Belastungsstörung (PTBS) – Die andere Herausforderung für den militärischen Führer, in: Hartmann, Uwe/Rosen, Claus von/Walther, Christian (Hrsg.): Jahrbuch Innere Führung, Berlin 2012, S. 173-182.

[118] Behandlungsfälle in Bundeswehrkrankenhäusern: 245 (2008), 466 (2009), 729 (2010), 922 (2011), 1.143 (2012), 1.423 (2013), vgl. Bundeswehr, Belastungsstörungen: Aktuelle Zahlen, http://www.bundeswehr.de

[119] Vgl. dazu die Studie von Wittchen, Ulrich/Schönfeld, Sabine: Traumatische Ereignisse, PTBS und psychische Störungen bei Soldaten mit und ohne Auslandseinsatz, Institut für Klinische Psychologie und Psychotherapie und „Center for Clinical Epidemiology and Longitudinal Studies", Technische Universität Dresden, 2001, Präsentation der Studie: http://tu-dresden.de/aktuelles/news/pdf/Wittchen

[120] Vgl. zu den Behandlungsmöglichkeiten traumatisierter Bundeswehrsoldaten: Zimmermann, Peter/Ungerer, Dietrich: Psychische Grenzbelastungen am Hindukusch – wie geht die Bundeswehr damit um? Standortbestimmung und Perspektiven, in: Hartmann, Uwe/Rosen, Claus von/Walther, Christian (Hrsg.): Jahrbuch Innere Führung, Berlin 2010, S. 23-33; Kowalski, Jens T./Hauffa, Robin/Jacobs, Herbert et al.: Einsatzbedingte Belastungen bei Soldaten der Bundeswehr: Inanspruchnahme psychiatrisch-psychotherapeutischer Behandlung, in: Dtsch Arztebl Int 109 (2012), S. 569-575; Zimmermann, Peter/Eisenlohr, Volker (Hrsg.), Psychosoziale Belastungen. Eine Orientierungshilfe für Mitglieder des Psychosozialen Netzwerks der Bundeswehr, Berlin 2011.

31 Abs. 1 S. 1 SG kann dabei als entscheidender Katalysator für ein baldiges Tätigwerden gelten, denn die Pflicht zur Betreuung und Fürsorge umfasst auch das ständige Bemühen, Soldaten vor Schaden zu bewahren.[121] Ist also heute schon bekannt, dass auch Drohnenpiloten an PTBS erkranken können, so haben Soldaten, die bereits in einem Dienst- und Treueverhältnis zum Bund als ihrem Dienstherrn stehen und als Drohnenpilot in Frage kämen, Anspruch darauf, dass der Bund, wie zuvor gefordert, die Rahmenbedingungen für solche Einsätze bestimmt und Vorkehrungen für die künftigen Drohnenpiloten trifft. So sollte die Bundeswehr bei der Planung beispielsweise darauf achten, dass auch Drohnenpiloten eine Pause zwischen Einsatz und Heimkehr benötigen, um sich in dieser Zeit zu entspannen und Druck abzubauen.

In versorgungsrechtlicher Hinsicht hat der Bund inzwischen entscheidende Schritte unternommen, um die Versorgungsansprüche der Soldaten (und damit auch der zukünftigen Drohnenpiloten) kontinuierlich an die erhöhten Risiken der Auslandseinsätze anzupassen. Insbesondere Soldaten, die an PTBS erkranken, haben nun eine ausreichende bundeswehrinterne Versorgung. In Ergänzung zur Beschädigtenversorgung (Kosten für eine Heilbehandlung, Beschädigtenrente, Bestattungsgeld)[122] haben Soldaten, die verwundet oder erkrankt aus dem Einsatz zurückkehren, nunmehr einen Anspruch auf Einsatzversorgung, der vor allem aus einer Entschädigung in Höhe von 150.000 Euro besteht, bzw. alternativ zu den sonstigen Ansprüchen aus der Einsatzversorgung einen Anspruch darauf, in der Bundesverwaltung weiterbeschäftigt zu werden. Die entsprechenden Rechtsgrundlagen ergeben sich aus dem Einsatz-

---

[121] Der Bundesminister der Verteidigung, Zentrale Dienstvorschrift Innere Führung ZDv 10/1 vom 16. Februar 1993, Punkt V. Ziff. 333 (Betreuung und Fürsorge).

[122] Die entschädigungsrechtlichen Grundtatbestände der §§ 80 und 81 Abs. 1 SVG (Dritter Teil, Abschnitt 1) des Soldatenversorgungsgesetzes (SVG; BGBl. 2009 I, S. 3054) bilden die Grundlage für die Beschädigtenversorgung. Danach erhält ein Soldat auf Antrag und bei Vorliegen der entsprechenden Voraussetzungen Versorgung in entsprechender Anwendung der Vorschriften des Bundesversorgungsgesetzes (BGBl. 1982 I, S. 21).

versorgungsgesetz[123] (2004), dem Einsatz-Weiterverwendungsgesetz[124] (2007) und aus dem Einsatzversorgungs-Verbesserungsgesetz[125] (2011).

Der Gesetzgeber hat damit die Rechtsgrundlagen für die Versorgung traumatisierter Soldaten geschaffen. Nun ist es an den Behörden, diese zügig umzusetzen. Auch dazu verpflichtet die Fürsorgepflicht den Bund. Dies gilt nicht nur für die Zeit des Wehrdienstes, sondern auch und gerade für die Zeit nach dem Ausscheiden aus dem Dienst. Einige der Hauptprobleme des Vollzugs sind die lange Dauer der Verfahren, die fehlende Einsatzkenntnis externer ziviler Gutachter sowie die unzulässige Verbindung verschiedener Ansprüche.[126] Es bleibt mithin abzuwarten, ob zukünftige Drohnenpiloten auch mit diesen Problemen noch zu tun haben werden.

Schlussbetrachtung

Neue Militärtechnologien werden auch in Zukunft den Transformationsprozess der Streitkräfte bestimmen. Die alles entscheidende Frage wird dabei stets sein, ob das geltende humanitäre Völkerrecht mit dem rasanten militärtechnologischen Fortschritt mithalten kann oder ob Nachregelungsbedarf für einzelne militär-technische Neuerungen bestehen wird. Dies muss letztlich für jede neue Militärtechnologie einzeln beurteilt werden. Zivilgesellschaft und Wissenschaft werden dabei eine immer wichtigere Rolle spielen. Die Prüfung neuer Militärtechnologie, wie sie Art. 36 ZP I vorsieht, kann hierbei nicht los-

---

[123] Gesetzentwurf der Bundesregierung, Einsatzversorgungsgesetz, BT-Drs. 15/3416, 24. Juni 2004; Die Umsetzung des Einsatzversorgungsgesetz im Hinblick auf die Versorgung verletzter Soldaten erfolgte durch die Schaffung eines eigenen Abschnitts „Versorgung bei besonderen Auslandsverwendungen" (Zweiter Teil, Abschnitt VI) in §§ 63c ff. SVG.

[124] Gesetz zur Regelung der Weiterverwendung nach Einsatzunfällen vom 12. Dezember 2007, BGBl. 2007 I, S. 2861, 2962.

[125] Gesetz zur Verbesserung der Versorgung bei besonderen Auslandsverwendungen (Einsatzversorgungs-Verbesserungsgesetz – EinsatzVVerbG) vom 5. Dezember 2011, BGBl. 2011 I, S. 2458 (Nr. 63).

[126] Vgl. ausführlich Hertwig, Jana/Becker, Nicola/Zimmermann, Peter: Posttraumatische Belastungsstörung bei Soldaten: Rechtliche Absicherung und psychologische Betreuung nach Auslandseinsätzen der Bundeswehr, in: Neue Zeitschrift für Sozialrecht 21 (2012), S. 451-459; Hertwig, Jana: Bundeswehr und PTBS: Traumatisierung im Auslandseinsatz, Bofax Nr. 434D, 27.8.2013, http://www.ruhr-uni-bochum.de/ifhv/documents/bofaxe/bofaxe2013/434d.pdf sowie Hertwig, Jana: Mehr Geld für traumatisierte Soldaten. Bund kommt seiner Fürsorgepflicht langsam nach, 20.9.2013, http://www.lto.de/recht/hintergruende/h/ptbs-posttraumatische-belastungsstoerung-soldaten-entschaedigung/

gelöst von einer Fachdisziplin erfolgen, sondern wird nur im interdisziplinären Austausch gelingen. Technische, ethische, juristische und militärische Aspekte müssen gleichermaßen in die Beurteilung einer neuen Militärtechnologie einfließen.

Ein weiterer wichtiger Baustein in der Gesamtbetrachtung einer neuen Militärtechnologie stellt zudem das interdisziplinäre Forschungsfeld der Technikfolgenabschätzung dar, denn nicht selten sind weitreichende Veränderungen für die Umwelt, die Wirtschaft, die Gesellschaft und den Menschen kaum absehbar. „Dennoch müssen Politikerinnen und Politiker regelmäßig Entscheidungen über die Regulierung bestimmter Technologien treffen, deren Auswirkungen das Leben späterer Generationen prägen werden."[127]

Die Abgeordneten des Deutschen Bundestages entscheiden bei einem Auslandseinsatz der Bundeswehr u.a. auch darüber, welche Militärtechnologie zum Einsatz gelangen soll. Für diese Beurteilung benötigen sie umfassende technische und militär-strategische Informationen sowie juristische und ethische Einschätzungen. Vor diesem Hintergrund ist durchaus kritisch zu fragen, ob die derzeitige Praxis der Prüfung neuer Militärtechnologie u.a. durch das Büro für Technikfolgenabschätzung beim Deutschen Bundestag[128] und die Arbeit des Ausschusses für Bildung, Forschung und Technikfolgenabschätzung[129] ausreichend sind. Diese Fragestellung sollte die neu gegründete Kommission „zur Überprüfung und Sicherung der Parlamentsrechte" bei Auslandseinsätzen der Bundeswehr in ihre einjährige Tätigkeit mit aufnehmen.

Letztlich sollten im Rahmen der Beurteilung neuer Militärtechnologien stets auch die möglichen einsatzbedingten gesundheitlichen Belastungen der Soldaten mitberücksichtigt werden. Für zukünftige Einsatzszenarien werden insbesondere die Forschung und der Einsatz neuer Militärtechnologien bzw. -strategien am Soldaten an Bedeutung gewinnen. (Völker)rechtlicher Interpretations- und u.U. Handlungsbedarf besteht dabei u.a. bei Hirnstimulationen

---

[127] Bundeszentrale für Politische Bildung (Hrsg.): Aus Politik und Zeitgeschichte (APuZ 6–7/2014): Technik, Folgen, Abschätzung,
http://www.bpb.de/shop/zeitschriften/apuz/177776/technik-folgen-abschaetzung
[128] https://www.tab-beim-bundestag.de/
[129] http://www.bundestag.de/bildung

mittels Elektroschocks sowie bei der Einpflanzung von Implantaten zur Abgabe stimulierender Drogen oder Hormone.[130]

---

[130] Altmann, Jürgen: Mikrosystemtechnik fürs Militär. Welche Gefahren bergen Implantate und Kleinroboter, wenn sie militärisch genutzt werden, und wie lässt sich einem Missbrauch vorbeugen?, in: Physik Journal 2 (2003) Nr. 5, S. 25: „(…) Denkbar wäre es (…), solche Systeme [Hohlnadeln] in den Körper zu implantieren und z.B. zur Abgabe stimulierender Drogen oder Hormone zu nutzen. Andere Projekte zielen auf den Kontakt zwischen Nerven/Gehirn und elektronischen Systemen. In Militär-finanzierten Experimenten lernten Ratten, mittels Elektroden in der motorischen Hirnrinde einen Roboterarm in einer Dimension zu bewegen. Bei Affen gelang es, aus den Signalen mehrerer Neurone die dreidimensionale Trajektorie der Handbewegung vorherzusagen und so einen Roboterarm zu steuern (…). Ein denkbares Ziel ist es, bei Soldaten den ‚Umweg‘ über efferenten Nerv und Muskel zu vermeiden und z.B. ein Flugzeug schneller ‚direkt mit dem Gehirn‘ zu steuern oder eine Waffe auszulösen. Auf der Eingangsseite wird darüber nachgedacht, die Palette der Sinnesorgane zu erweitern, etwa für Infrarot, Ultraviolett, Ultraschall oder Radioaktivität. Sehr langfristig könnte es sogar möglich werden, Denkinhalte auszutauschen, dafür wären aber grundlegende Fortschritte im Verständnis der Hirnfunktion erforderlich. Es ist elektrisch oder durch Freisetzung von Botenstoffen möglich, die Zentren, welche für Stimmungen und Gefühle zuständig sind, diffus zu reizen – hierfür wären keine wissenschaftlichen oder technologischen Durchbrüche nötig."

Zukunftstechnologien und ihre ethischen Herausforderungen für Streitkräfte: Auf dem Weg vom virtuellen Soldaten über den Cyborg zum Terminator?

Kristin Haase, Annika Vergin und Jörg Wellbrink

Zukünftige Technologien schaffen Chancen und neue Herausforderungen für den Menschen. Die Komplexität und der verantwortungsbewusste Umgang mit neuen Technologien gehören hierzu. Dieser Artikel beschreibt die drei auf Zukunftstechnologien basierende Trendentwicklungen Virtualisierung, Human Enhancement sowie Automatisierung und diskutiert deren ethische Herausforderungen für Streitkräfte.

- Unter Virtualisierung werden drei erkennbare Trends zusammengefasst: Die zunehmende Digitalisierung der Gesellschaft, die steigende Nutzung virtueller Simulationen sowie sogenannte Serious Games für die Ausbildung nicht nur von Soldaten.
- Human Enhancement ist eine Trendentwicklung, die auf eine pharmakologisch oder technologisch induzierte Leistungssteigerung des Menschen abzielt.
- Automatisierung ist die Trendentwicklung, immer mehr technische Systeme, die weitgehend selbstständig mit der Umwelt interagieren können, in allen Lebensbereichen einzuführen. Für den „Häuslebauer" ist der Rasenroboter sicherlich sehr nützlich. Wenn jedoch vom autonom agierenden Kampfroboter auf dem Gefechtsfeld die Rede ist, dann erwächst daraus Diskussionsbedarf.

Aus diesen Trendentwicklungen lassen sich, unter vielen möglichen, drei denkbare oder sogar befürchtete Szenarien ableiten:

- Szenario 1: Ein Soldat wird durch chirurgische Eingriffe so vernetzt, dass eine direkte Verbindung zwischen Mensch und Maschine entsteht. Ein Auge wurde durch einen Wärmebild- und Infrarotsensor ersetzt, ein Arm ist biomechanisch und kann als Waffe oder Werkzeug genutzt werden, die Beine wurden mit leistungsstarken Karbonfasern verstärkt. Der so verstärkte Soldat ist zu einem Cyborg, also einer Art Robocop, geworden.
- Szenario 2: Drohnen bekämpfen selbstständig voreingestellte Ziele –

auch Menschen – , und Soldaten werden immer mehr durch autonome Systeme ersetzt. Die Entwicklung eines autonomen Killerroboters „Terminator" wird vorangetrieben.

- Szenario 3: Soldaten werden zunehmend durch verschiedene technisch robuste, teilautonome Systeme unterstützt, behalten jedoch weiterhin die Kontrolle. Das setzt voraus, dass einzelne Soldaten nicht zu viele teilautonome Systeme gleichzeitig einsetzen und sie insbesondere über den Einsatz von Waffengewalt weiterhin persönlich entscheiden und diesen somit auch verantworten.

Der Artikel analysiert die ethischen Herausforderungen, die sich aus den jeweiligen Szenarien ergeben könnten.

Virtualisierung
Der Virtuelle Soldat

"In einem richtigen Krieg würde jeder Kommandeur mit ein bisschen Verstand seine Armee zurückziehen und schützen" sagte Ender. "Verdammt nochmal!" sagte sein Freund Bean. "Es ist nur ein Spiel." (Enders' Game)

Der Science Fiction Roman „Ender's Game" beschreibt eine Zukunft, bei der die Virtualisierung so weit fortgeschritten ist, dass das Schicksal der Erde in der Hand eines Jungen namens Ender Wiggin liegt. Ender gehört zu einer Gruppe talentierter Kinder, die sich in schwierigen Kriegsspielen in einer militärischen Elite-Schule bewähren müssen. Er erweist sich als strategisch brillant, wird durch die Armeeführung als militärischer Führer auserkoren und führt die Soldaten in eine epische Schlacht gegen Außerirdische, bei der es um den Fortbestand der Menschheit geht. Ender glaubt, ein Spiel zu spielen. In Wahrheit führt er alle Streitkräfte der Erde alleine aus einer Kommandozentrale. Während der Schlacht opfert er in riskanten, waghalsigen Manövern viele seiner Soldaten, um am Ende als siegreicher Held und Retter der Erde gefeiert zu werden.

Sicherlich ist Ender's Game Science Fiction, jedoch nähern sich in verschiedenen militärischen Anwendungsbereichen die Grenzen zwischen Realität und Virtualität immer mehr an. In der Ausbildung sind Simulationssysteme nicht mehr wegzudenken. Auch beim Einsatz weitreichender Waffensysteme oder bei der Führung von Truppen spielt die Digitalisierung eine immer größere Rolle.

Die Entwicklung und Anwendung von Virtueller Simulation und Serious Games für die Ausbildung wird wahrscheinlich durch die *Digital Natives* noch weiter befördert werden.

a.   *Digital Natives*

Der von Marc Prensky[1] geprägte Begriff bezeichnet Personen, die mit dem Computer und dem Internet aufgewachsen sind. Nach Prensky sind dies vor allem die nach 1980 Geborenen. Das Denken, Verhalten und Lernen der *Digital Natives* ist stark von der Erfahrung geprägt, dass sie mit digitalen Technologien aufgewachsen und diese in ihrem Leben allgegenwärtig sind.[2] Neben einer hohen Technikkompetenz wird ihnen eine besonders stark ausgeprägte Multitaskingfähigkeit zugesprochen. Das heißt, sie nehmen Informationen schnell auf und können auch große Informationsmengen aus verschiedenen multimedialen Quellen filtern sowie mehrere Tätigkeiten gleichzeitig ausführen.

Computer und technische Errungenschaften sind für jemanden, der damit aufwächst, nichts Außergewöhnliches, sondern etwas Vorgefundenes.[3] Ein Großteil der jüngeren und auch der zukünftigen Soldaten sind mit dem Umgang digitaler Technologien sehr vertraut. Amerikanische Wissenschaftler erwarten, dass zukünftige Soldaten überwiegend eine virtuelle Ausbildung durchlaufen werden und ressourcenintensivere, herkömmliche Ausbildungsmethoden zunehmend in den Hintergrund gedrängt werden.[4]

b.   *Der spielende Soldat*

Virtuelle Simulation und Computerspiele können mehr sein als reine Unterhaltung. Technische und grafische Weiterentwicklungen sorgen dafür, dass sie komplexer, vielseitiger und vor allem der Realität immer ähnlicher werden.

---

[1] *Prensky, Marc* 2001: Digital Natives, Digital Immigrants, in: On the Horizon, Vol. 9, No. 5, S. 1-6.

[2] *Prensky, Marc* 2001: Digital Natives, Digital Immigrants, in: On the Horizon, Vol. 9, No. 5, S. 1-6, hier: 1-3.

[3] *Schulmeister, Rolf* 2008: Gibt es eine »Net Generation«?, Hamburg, S. 94-95, 115.

[4] *Bleidel, Eric* 2012: Avatars Invade Military Training Systems, in: http://www.nationaldefensemagazine.org/archive/2012/February/Pages/AvatarsInvadeMilitaryTrainingSystems.aspx, 30.07.2012.

116

Spiele, die hauptsächlich einen Ausbildungs- und Lernzweck verfolgen, werden als *Serious Games* bezeichnet.[5] Im militärischen Bereich wurden *Serious Games* vor allem durch den kostenlosen online Ego-Shooter *America's Army* der US-Streitkräfte bekannt (siehe Abb. 1). Ursprünglich zu Rekrutierungszwecken konzipiert, wird er inzwischen auch für Ausbildungs- und Trainingszwecke genutzt. Auch innerhalb der Bundeswehr finden *Serious Games* in den verschiedenen Teilstreitkräften ihre Anwendung, zum Beispiel nutzt das Heer *Virtual Battlespace 2*[6] (siehe Abb. 2).

Abb. 1: Screenshot America's Army

Quelle: Ubisoft

Durch Virtuelle Simulation und *Serious Games* können in einem realitätsnahen Umfeld praktische Fertigkeiten eingeübt sowie relevante Verhaltensweisen vermittelt werden. *Serious Games* werden unter anderem für das Training in medizinischer (Erst-)Versorgung, in interkultureller Kompetenz[7], von strategischem Denken und zur Steigerung der Teamfähigkeit eingesetzt.

---

[5] *Abt, Clark C.* 1971: Ernste Spiele: Lernen durch gespielte Wirklichkeit, Köln, S. 26.

[6] Es handelt sich dabei um eine militärische 3D-Simulationsumgebung, in der unter anderem realitätsnahes Training für Infanterie, auch unter dem Teamaspekt, durchgeführt werden kann.

[7] In der Bundeswehr wird beispielsweise das Spiel Tactical Dari genutzt, um die interkulturelle Kompetenz von Soldaten im ISAF Afghanistan Einsatz zu erhöhen.

Multi-Player-Games ermöglichen hierfür ein gezieltes Training. In diesen Spielen kann die Abstimmung des Handelns verschiedener Beteiligter in unterschiedlichen Rollen eingeübt werden.

Die Verwendung von Virtuellen Simulationen und *Serious Games* hat erkennbare Vorteile: Sie verringert die Gefährdung von Menschen, seines Umfeldes und der Umwelt sowie den Ressourcenaufwand in der Ausbildung. Nach Studien der Verteidigungsakademie der britischen Streitkräfte steigern *Serious Games* darüber hinaus die Motivation des Lernenden, da deren Wissen und Fähigkeiten direkt in den Ausbildungsbetrieb eingebunden werden können.[8]

Nichts ersetzt den scharfen Schuss

Des Weiteren können im militärischen Bereich unter anderem mögliche zukünftige Einsatzräume simuliert und die Ausbildung sowie operative und taktische Planung danach ausgerichtet werden. Die wachsende Komplexität von Entscheidungssituationen und die damit einhergehende Informationsdichte können mithilfe von Simulationen dargestellt und nachempfunden werden, das heißt auch die Erprobung des Ernstfalls. Trotz dieser Vorteile gelten *Serious Games* jedoch nicht als vollständiger Ersatz für die praktische Übung und Ausbildung. Die Grenzen beim Einsatz von *Serious Games* liegen beispielsweise darin, dass motorische Abläufe nicht geübt werden können. Es fehlen die praktischen Erfahrungen in der Ausbildung, und die physische Belastung lässt sich nicht simulieren.

Zentrale Herausforderung bei der Anwendung von *Serious Games* ist der Transfer von Gefühlen, Gedanken und Handlungen aus dem Spiel in die Wirklichkeit. Diese Transfers geschehen nicht automatisch, sondern müssen aktiv gestaltet werden und setzen eine gewisse Bereitschaft voraus, das im Spiel Erlernte auch ernst zu nehmen. Ein positiver Transfer besteht in der direkten Umsetzung des Erworbenen in das normale Anwendungsfeld, also auf ein Gebiet mit gleicher Komplexität. Es gibt aber auch nicht wünschenswerte Transfers aus der virtuellen in die reale Welt.[9]

---

[8] *Defence Academy of the United Kingdom* 2008: Serious Games in Defence Education, Shrivenham, S. 5-7.

[9] *Fritz, Jürgen* 2005: Wie virtuelle Welten wirken, in:
http://www.bpb.de/gesellschaft/medien/computerspiele/63699/wie-virtuelle-welten-wirken?p=all; 30.07.2012.

Abb. 2: Screenshot Virtual Battlespace 2

Quelle: Bohemian Interactive

Serious Games ermöglichen das Lernen von Fähigkeiten auch bei wiederholtem Versagen und Fehlern ohne drastische Konsequenzen.[10] Dadurch können negative Transfers hervorgerufen werden. So beklagte sich beispielsweise ein früherer Unteroffizier der amerikanischen Streitkräfte, der im Irak stationiert war, dass die ihm unterstellten Soldaten unvorsichtig seien und sich in der Realität ähnlich verhielten wie in den von ihnen in ihrer Freizeit gespielten Computerspielen. Sie mussten immer wieder darauf hingewiesen werden, ihre Köpfe im Gefecht unten zu halten. Schließlich gebe es keinen Knopf für den Neustart in der Realität.[11]

Trotz dieser möglichen Nachteile ist es aufgrund der oben beschriebenen Vorteile wahrscheinlich, dass *Serious Games* und Virtuelle Simulationen[12] nicht nur zur Ausbildung, sondern zukünftig auch zur Unterstützung militärischer oder politischer Entscheidungen genutzt werden.

---

[10] *Defence Academy of the United Kingdom* 2008: Serious Games in Defence Education, Shrivenham, S. 5-7.

[11] *Engelhardt, Tom* 2005: Tomgram: A Young Man's Death in Iraq, in:
http://www.tomdispatch.com/post/9439/; 31.07.2012.

[12] Virtual Battlespace wurde bereits zur Analyse taktischer Situationen von Patrouillen im ZTransfBw genutzt.

Quelle: Bumiller (2012)

c. *Krieg im Wohnzimmer*

Der militärische Einsatz von Waffen- oder Aufklärungssystemen wird zunehmend virtueller. Dies gilt besonders im Bereich unbemannter Systeme. Diese haben, wie in Afghanistan und Irak sichtbar, enorm an Bedeutung gewonnen. Bei ihrem Einmarsch in den Irak im Jahr 2003 brachte die USA noch keine unbemannten Luftfahrzeuge (Unmanned Aerial Vehicles (UAV)) zum Einsatz. Zwischen 2003 und 2007 stieg die Zahl der zur Verfügung stehenden UAV auf mehr als 7.000.[13]

Die Verwendung von Drohnen wird zukünftig noch wichtiger. Aktuell verfügt die U.S. Air Force über mehr als 1.300 Drohnenpiloten, bis zum Jahr 2015 werden wahrscheinlich über 2.000 benötigt, um weltweit und zu jeder Zeit zu operieren. Wenn dieser Trend sich in den USA ungehindert fortsetzt, wird die Anzahl der Drohnenpiloten die der herkömmlichen Piloten zahlenmäßig übersteigen, auch wenn prognostiziert wird, dass die U.S. Air Force

---

[13] *Singer, Peter W.* 2009: Wired for War: the Robotics Revolution and Conflict in the Twenty-first Century, New York.

auch in 30 Jahren noch herkömmliche Piloten haben wird.[14] Dieser Trend ist auch in anderen Ländern, wie beispielsweise China und Russland, zu beobachten. Er birgt auch Risiken. Der Abstand zwischen virtuell agierenden Soldaten und dem Einsatzgebiet vergrößert sich zusehends. Dem Erleben und den Gefahren kriegerischer Handlungen sind diese Soldaten nur noch indirekt ausgesetzt. Der Krieg reduziert sich für sie auf eine virtuelle Welt, die mitunter auch Parallelen zu einem Computerspiel aufweist. So sind Soldaten bereits heute in der Lage, vor einem Monitor zu sitzen und mit einem Joystick fernab von ihrem Aufenthaltsort – quasi vom Wohnzimmer aus – Angriffe mit unbemannten Drohnen zu fliegen (siehe Abb. 3). Für den Drohnenpilot spielt sich ein Angriff lediglich auf einem Monitor ab und nach seiner Schicht geht er nach Hause. Für die Betroffenen jedoch sind Verwundung und Tod real.[15]

d. Die Playstationmentalität

Empirisch konnte eine Playstationmentalität bei Drohnenpiloten bisher nicht nachgewiesen werden. Ein UN-Sonderbericht zum Thema *targeted killings* warnt jedoch vor dem Risiko einer solchen Mentalität. Diese könne aus der räumlichen Distanz zwischen dem Soldaten in der Operationszentrale vor seinen Computerbildschirmen und dem Einsatzgebiet, in dem er aus der Ferne operiert, resultieren.[16] Die individuelle Entkopplung von der eigentlichen Kampfsituation durch diese Distanz schaffe aufgrund der physischen sowie psychologischen Abkopplung auch eine Distanz zum Akt des Tötens.

In einer Studie der *U.S. Air Force* aus dem Jahr 2010 widerspricht ein amerikanischer Soldat der Aussage, die Crew würde nur ein Computerspiel spielen. „Ich besitze kein Computerspiel, was mich dazu auffordert, für sechs Stunden auf einem Platz zu sitzen und auf ein Ziel zu starren. [...] Eines der Dinge, die wir unserer Crew beständig einschärfen, ist, dass es sich um ein reales Flugzeug handelt, mit einer realen menschlichen Komponente und gleich

---

[14] *Bumiller, Elisabeth* 2012: A Day Job Waiting for a Kill Shot a World Away, in: http://www.nytimes.com/2012/07/30/us/drone-pilots-waiting-for-a-kill-shot-7000-miles-away.html?pagewanted=all; 30.07.2012.

[15] *Weidlich, Christian* 2012: Joystick statt Abzug, in: Adlas – Magazin für Außen- und Sicherheitspolitik, Nr. 2, S. 27-30, hier: 29.

[16] *Alston, Philip* 2010: Study on Targeted Killings, United Nations Human Rights Council (Hg.), Report of the Special Rapporteur on extrajudicial, summary or arbitrary executions, Genf, S. 25.

welche Entscheidung sie treffen, gut oder schlecht, sie wird reale Konsequenzen haben".[17]

Die verantwortliche Crew in der Operationszentrale wechselt ständig zwischen der virtuellen Realität und ihrer physischen Umwelt, das heißt, sie ist gleichzeitig Zuhause und im Krieg. Ein weiterer Punkt ist die Monotonie des Dienstes, denn einem Angriff gehen oft tage- bis wochenlange Überwachungen voraus. Die Crew muss ohne Unterbrechung in einem hohen Maße wachsam sein und ständig Informationen visuell und auditiv verarbeiten.

In der aufgeführten Studie wurde insbesondere der Stresslevel von Drohnenpiloten und Sensorkontrolleuren, die Einsätze über Irak und Afghanistan geflogen sind, untersucht. 46 Prozent der Drohnenpiloten sprachen von einem hohen Stresslevel[18] und weitere 29 Prozent sind von emotionaler Erschöpfung beziehungsweise *Burnout* betroffen. Von den Sensorkontrolleuren berichteten 41 Prozent von einem hohen Stresslevel und weitere 21 Prozent von einem *Burnout*. Die Gründe für das Ausmaß des Stresses wurden in der Studie mit der Schichtarbeit, den damit verbundenen häufigen Schichtwechseln, langen Arbeitszeiten und einer ständig steigenden Belastung bei gleichzeitigem Personalmangel nachgewiesen.

Etwa vier Prozent der Sensorkontrolleure, aber keine Drohnenpiloten, waren von einer Posttraumatischen Belastungsstörung (PTBS) betroffen, was auf das Anschauen von Nahaufnahmen, auch von Kollateralschäden[19], zurückgeführt werden kann. Im Vergleich dazu erkranken zwischen elf und 20 Prozent der im Irak und Afghanistan stationierten Soldaten an PTBS.[20]

Das heißt, für Drohnenpiloten und Sensorkontrolleure scheinen bei ihrer täglichen Arbeit häufige Schichtwechsel, lange Arbeitszeiten und der Wechsel zwischen Krieg und Frieden mehr in den Vordergrund zu treten. Das Risi-

---

[17] *Bumiller, Elisabeth* 2012: A Day Job Waiting for a Kill Shot a World Away, in: http://www.nytimes.com/2012/07/30/us/drone-pilots-waiting-for-a-kill-shot-7000-miles-away.html?pagewanted=all; 30.07.2012.

[18] Die U.S. Air Force bezeichnet es in der Studie als high operational stress, was jedoch nicht näher definiert wird.

[19] Unverhältnismäßige, zivile Begleitschäden, die bei einem Angriff entstanden sind.

[20] *Zucchino, David* 2012; Stress of Combat reaches Drone Crews, in: http://articles.latimes.com/2012/mar/18/nation/la-na-drone-stress-20120318; 30.07.2012; *Bumiller, Elisabeth* 2011: Air Force Drone Operators Report High Levels of Stress, in: 30.07.2012.

ko einer Playstationmentalität bei Drohnenpiloten lässt sich durch geeignete Maßnahmen minimieren.

e.   Deutsche Drohnen

In Deutschland wird über die Beschaffung bewaffneter Drohnen für die Bundeswehr breit diskutiert. Der Fokus liegt dabei einerseits auf der moralischen und ethischen Dimension des Einsatzes solcher Waffensysteme und andererseits auf der Frage der strategischen Effizienz. Während Befürworter den Schutz der Soldaten in den Vordergrund stellen, sehen Gegner eher das Potenzial gezielter Tötungen und die Senkung der Hemmschwelle zu Einsätzen als Gegenargumente an[21]. Unabhängig vom Ausgang dieser Diskussion und letztlich der Entscheidung der Bundesregierung, besteht bereits jetzt ein akutes Risiko durch die Existenz solcher Systeme. In mehreren Ländern (u.a. USA, Israel, Russland, China, Nord-Korea) werden bewaffnete Drohnen bereits militärisch genutzt. Neben staatlichen Akteuren verfügen auch nicht-staatliche Akteure, wie beispielsweise die Terrorgruppe Hisbollah[22], über erste Systeme. Das potentielle Risiko von Drohnen musste auch die Bundeskanzlerin und der damalige Verteidigungsminister de Maizière erfahren[23]. Während einer Wahlkampfveranstaltung im September 2013 in Dresden stürzte eine Foto-Drohne direkt vor der Bühne ab. Es hätte auch ein Sprengsatz sein können.

Es ist also auch eine moralische Verantwortung, die eigene Bevölkerung und die Soldaten vor diesem potentiellen Risiko zu schützen.

f.   Von hinten führen

Neben den Herausforderungen für die Drohnenpiloten sowie die Sensorkontrolleure hat die virtuelle Kriegsführung aus der Distanz auch Auswirkungen auf die militärische Führung und Führungskultur. Zum einen bewirkt die zunehmende Vernetzung eine wachsende Distanz zwischen den Soldaten, die in der Kampfzone agieren, und deren militärischen Führern in möglicherweise

---

[21]   http://www.ndr.de/info/sendungen/streitkraefte_und_strategien/streitkraefte225.html, 16.06.2014

[22] http://www.spiegel.de/politik/ausland/spionageflug-ueber-israel-hisbollah-bekennt-sich-zu-drohneneinsatz-a-860845.html ; 10.06.2014

[23]   http://www.spiegel.de/politik/deutschland/wahlkampf-in-dresden-foto-drohne-stuerzt-direkt-vor-merkel-ab-a-922355.html

weit entfernten Gefechtsständen.

Die militärischen Führer sind trotz der geografischen Distanz informationstechnisch mit dem Kampfgebiet verbunden. Alle verfügbaren Informationen werden in (nahezu) Echtzeit auf eine digitale Karte übertragen; hinzu kommt die Videoübertragung der Drohnen. Dies scheint zu einer unerwünschten Informationsüberflutung zu führen[24].

Selten standen militärischen Führern durch digitale Technologie so viele Informationen zur Verfügung. Dies kann jedoch auch zu nachteiligem Mikromanagement führen. Das Hin- und Herwechseln zwischen verschiedenen taktischen Lagen kann problematisch sein, denn es birgt die Gefahr einer sich nachteilig auswirkenden Fokussierung auf eine bestimmte Situation und kann eine Vernachlässigung des Gesamtkontextes nach sich ziehen.[25]

g.   Jeder führt mal

Die beschriebene Entwicklung kann Einfluss auf die Aspekte der Verantwortlichkeit und Befehlsbefugnis haben. Dieses kommt nach Aussage einer US-Studie[26] auch bereits vor: Wenn zum Beispiel eine Drohne über den Irak fliegen soll, die auf einer Militärbasis im Persischen Golf startet und von der Luftwaffenbasis in Nevada gesteuert wird, scheint häufig nicht ganz klar, welcher der militärischen Führer an diesen verschiedenen Orten die tatsächliche Befehlsbefugnis hat. Eine Vielzahl von Personen in der Kommandostruktur erhält einen Zugriff auf diese vernetzte Informationsstruktur und hat damit die Möglichkeit zu sehen, was gerade vor Ort passiert und welche Bewegungen die Einheiten vornehmen. Dies kann dazu führen, dass sich militärische Führer nicht „ebenengerecht" verhalten und über Führungsebenen hinweg Befehle erteilen. Bei der Truppe vor Ort kann dies Verwirrung stiften.

Bei der Bundeswehr könnte so das Prinzip „Führen nach Auftrag" ausgehebelt werden. Klare Regelungen und Verantwortlichkeiten sind deshalb zukünftig überlebenswichtig.

Derzeit ist noch davon auszugehen, dass die militärischen Führer vor

---

[24] *Singer, Peter W.* 2009: Wired for War: the Robotics Revolution and Conflict in the Twenty-first Century, New York, S. 349-351.

[25] *Singer, Peter W.* 2009: Wired for War: the Robotics Revolution and Conflict in the Twenty-first Century, New York, S. 349-351.

[26] *Singer, Peter W. 2009*: Wired for War: the Robotics Revolution and Conflict in the Twenty-first Century, New York, S. 349-351.

den Bildschirmen auch Einsatzerfahrungen haben und Situationen vor Ort einschätzen können. Allerdings könnten sich Entscheidungsmuster verändern, wenn die Generation der *Digital Natives* in diese virtuelle Rolle hineinwächst, ihr aber reale militärische Einsatzerfahrung fehlt.[27]

Kriege sind durch die digitale Vernetzung nicht mehr durch Geografie oder Zeit limitiert. Die Chance und gleichzeitig eine zentrale Herausforderung ist, dass sich durch Technologie die Zeit für Entscheidungsprozesse verkürzt. Große Mengen an Informationen müssen in einem beschleunigten Entscheidungsprozess schneller gefiltert und auf ihre Relevanz geprüft werden. Dies birgt die Gefahr von Fehlentscheidungen. Eine mögliche Lösung sind entscheidungsunterstützende Systeme mit Künstlicher Intelligenz, die die Fülle an Informationen besser verarbeiten können und dann Handlungsoptionen vorschlagen.

Die *Defense Advanced Research Projects Agency* (DARPA) hat in diesem Zusammenhang das Projekt *Integrated Battle Command* initiiert. Dieses System verbindet Mensch und Maschine und soll militärischen Führern als automatisierte Entscheidungsunterstützung dienen, unter anderem mit Hilfe von detaillierten Berechnungen und Prognosen.[28] Bei der Entscheidungsfindung spielen Algorithmen eher eine untergeordnete Rolle, vielmehr beruhen Entscheidungen auf komplexen kognitiven und emotionalen Faktoren. In Zukunft könnten militärische Führer sowohl von militärischem Personal als auch von Künstlicher Intelligenz Entscheidungsunterstützung erhalten.[29]

Diese Nutzung von Künstlicher Intelligenz birgt sowohl eine ethische Herausforderung, als auch ein simples technisches Risiko, nämlich das der Fehlfunktion. Zudem muss der Umgang mit solchen Systemen erlernt werden, insbesondere die Grenzen der Anwendung müssen von militärischen Führern verstanden werden. Blindes Vertrauen in Technologie oder Algorithmen ist genauso wie die Ablehnung sämtlicher computerunterstützter Hinweise unan-

---

[27] *Ebd., S.* 351-356.

[28] *Stanford Research Institute International* (2012): Integrated Battle Command Rolling Start, in: http://www.ai.sri.com/project/IBC; 10.09.2012; *Dyer, Douglas E.* (2004): A Proposed Architecture for DARPA's Integrated Battle Command Rolling Start, in: http://www.activecomputing.org/papers/Proposed-architecture-for-IBC-Rolling-Start.doc; 10.09.2012.

[29] *Kott, Alexander/Ownby, Michael* (2005): Tools for Real-Time Anticipation of Enemy Actions in Tactical Ground Operations, Arlington, VA.

gebracht.

Die Unterstützung des Menschen durch Maschinen ist Bestandteil der zweiten Trendentwicklung: das Human Enhancement.

Human Enhancement
Cyborg und Soldat?

Die Leistungssteigerung von Soldaten ist keine neue Trendentwicklung; historisch wurde die Kampfkraft von Soldaten durch neue technische Systeme stets weiterentwickelt. In vielen Ländern werden derzeit Nachfolgenerationen für die Ausstattung künftiger Soldaten entwickelt beziehungsweise realisiert. In Deutschland wird beispielsweise der „Infanterist der Zukunft" beschafft.

„Bei dem ‚Infanteristen der Zukunft' handelt es sich um eine modulare Kampfausstattung neuester Technologie. Sie soll die Leistungsfähigkeit eines abgesessen kämpfenden Soldaten in den Bereichen

- Durchsetzungsvermögen
- Überlebensfähigkeit
- Führungsfähigkeit
- Beweglichkeit und
- Durchhaltefähigkeit

steigern und seine Belastungen reduzieren."[30]

Andere NATO Staaten entwickeln ebenfalls Projekte auf nationaler Ebene: In Großbritannien wird FIST (Future Integrated Soldier Technology), in Frankreich FÉLIN (Fantassin à Équipement et Liaisons Intégrées), in den USA der Future Force Warrior, in Kanada das Integrated Soldier System Project betrieben. Die russische Armee hat den RATNICK beginnend ab 2013 eingeführt[31]. Noch sind solche Systeme nicht direkt mit den Nervenbahnen des Menschen verbunden. Die Entwicklungen zeigen jedoch, dass Sensoren Informationen über den Körper beziehungsweise den Zustand der Soldaten sammeln können sollen.

---

[30] http://web.archive.org/web/20090104221537/http://www.bwb.org/01DB022000000001/vwContentByKey/W26FS984081INFODE, Zugriff 18.06.2014

[31] http://indian.ruvr.ru/2013_06_11/Soldiers-of-the-future/, Zugriff 16.06.2014

Abbildung: Infanterist der Zukunft, Quelle Bundeswehr

Human Enhancement (HE) ist eine neue, nur wenig konkrete Bezeichnung für eine Vielzahl sehr unterschiedlicher Technologien, die der Leistungssteigerung von Menschen in körperlicher und geistiger Hinsicht dienen. HE-Technologien unterscheiden sich in pharmakologische Technologien, nicht-invasive und invasive Technologien. Im Folgenden werden beispielhafte Technologien und deren augenblicklicher Sachstand erläutert. Die Erläuterungen sind Auszüge aus der Studie „*Human Enhancement. Eine neue Herausforderung für Streitkräfte?*" des Planungsamtes der Bundeswehr.[32]

[32] Future Topic Human Enhancement, Planungsamt der Bundeswehr, Oktober 2013

a.   Der gedopte Soldat

Unter pharmakologischer Leistungssteigerung wird die Anwendung von Substanzen am oder im gesunden Körper verstanden, die zu einer körperlichen und/oder geistigen Leistungssteigerung führen oder ein Vorbeugen von Schäden bewirken sollen. So ist beispielsweise eine kurzfristige körperliche Leistungssteigerung durch Schmerzmittel möglich. Neben teils gravierenden Nebenwirkungen kann es durch die Unterdrückung von Schmerzen und deren Warnwirkung zu unkalkulierbaren Folgeschäden kommen.

Arzneistoffe wie Beta-2-Sympathomimetika (Adrenalinwirkungen), Erythropoetins (EPO), Betablocker und Amphetamin-Derivate können kurzfristig bestimmte körperliche Parameter (beispielsweise Ausdauer) positiv beeinflussen. Allerdings sind diese Effekte so gering, dass eine militärische Relevanz unwahrscheinlich ist. Der Einsatz derartiger Mittel für reguläre Streitkräfte ist mit einer solchen Indikation militärisch kaum relevant – kann im Gegenteil sogar kontraproduktiv sein.

Bei der geistigen Leistungssteigerung in den Bereichen Aufmerksamkeit oder Wachheit sind dagegen beträchtliche positive kurzfristige Effekte erzielbar. Koffein, das wohl bekannteste Aufputschmittel, wird seine dominante Stellung im zivilen wie im militärischen Bereich behalten. Einige NATO-Partner nutzen in bestimmten militärischen Situationen darüber hinaus auch Amphetamin (wurde ursprünglich als Arzneimittel bei der Behandlung von Depressionen genutzt) und Modafinil (Mittel gegen Narkolepsie bzw. „Schlafkrankheit") als Aufputschmittel. Mittel- und langfristig überwiegen jedoch die Risiken der Nebenwirkungen solcher Medikamente.

Schlaf- und Beruhigungsmittel sind weitere Substanzen, die durch vereinzelte NATO-Partner verwendet werden, um durch effektiver genutzte Schlaf- und Ruhephasen eine Verbesserung der militärischen Leistungsfähigkeit zu erzielen. Dafür steht eine hohe Anzahl Arzneimittel zur Verfügung. Antidepressiva werden im zivilen Sektor oft als Mittel zur Motivationssteigerung verwendet. Abgesehen davon, dass nicht bekannt ist, ob und in welchem Umfang dies in anderen Ländern auch in deren Streitkräften geschieht, gibt es bis dato keine belastbaren Nachweise dafür, dass die erwünschten Effekte auch tatsächlich eintreten.

Die Bundeswehr schließt solche Arzneimittel für die Leistungssteigerung ihrer Soldaten ausdrücklich aus. Maßgeblich für ihre Verabreichung sind ausschließlich medizinische Indikationen zur Behandlung von erkrankten Soldaten.

Deutsche Soldaten werden jedoch zwangsläufig in den Einsätzen mit dem Thema konfrontiert. Denn Soldaten verbündeter Nationen nehmen solche Mittel – von ihrem Land gebilligt – ein. Diese Soldaten haben somit im Vergleich zu deutschen Soldaten eine höhere Leistungsfähigkeit, können beispielsweise länger wach und wachsam sein. Diese legale Einnahme der Medikamente zeigt deutlich, dass in anderen Staaten – auch demokratischen Staaten – eine andere Wertevorstellung vorherrscht.

Die Anwendung solcher Mittel ist kein ausschließlich militärisches Problem, sondern eher und drängender ein gesamtgesellschaftliches Problem: Studenten versuchen seit mehreren Jahren, über die Einnahme entsprechender Mittel, beispielsweise Ritalin, ihre kognitive Leistung zu steigern und sich somit letztlich einen Vorteil gegenüber anderen zu verschaffen[33].

b.   *Der genmanipulierte Soldat*

Die Grundidee des Gendopings entwickelte sich ausgehend von einigen Athleten, die auf Grund von natürlichen Genmutationen zu herausragenden sportlichen Leistungen fähig waren. „Der finnische Skilangläufer Eero Mäntyranta sah nicht aus wie ein geborener Sieger, maß nur 1,68 Meter und musste stets zu seinen Konkurrenten aufschauen. Trotz seiner kurzen Beine wurde er zu einem der erfolgreichsten Skilangläufer aller Zeiten, siegte bei den Olympischen Winterspielen 1964 in Innsbruck über die 15- und die 30-Kilometer-Distanz. Drei Jahrzehnte nach den Triumphen entdeckten Forscher der Universität Helsinki das Erfolgsgeheimnis des kleinen Mannes: Die Biologie hat Mäntyranta bereits einen Vorsprung in die Wiege gelegt; er kam mit einem natürlichen Dauer-Doping auf die Welt. Er besitzt verkürzte Rezeptoren für ein Hormon namens Erythropoetin, das die Herstellung roter Blutkörperchen ankurbelt. Als Folge zirkulieren im Körper des Finnen abnorm große Mengen roter Blutkörperchen. Die versorgten seine Muskel auch dann noch mit Sauerstoff, wenn die Gegner längst blau angelaufen waren."[34]

Mit dem Aufkommen und den Fortschritten in der Gentherapie wurde von Wissenschaftlern in den letzten zehn Jahren zunehmend diskutiert, ob sich deren Methoden auch für eine genetische Leistungssteigerung eines gesunden Organismus eignen. Aktuelle Forschungsergebnisse zeigen, dass die Anwen-

---

[33] http://www.zeit.de/campus/2009/02/ritalin, Zugriff 26 Mai 2014
[34] http://www.sportunterricht.de/lksport/gene.html, Zugriff 16.06.2014

dung gentherapeutischer Methoden zur Steigerung der menschlichen Leistungsfähigkeit derzeitig nicht möglich ist und nach Meinung seriöser Wissenschaftler auch absehbar nicht sein wird[35]. Die Anwendung von Gendoping durch Personen oder deren Erforschung und Förderung durch politische Systeme mit anderen ethischen und moralischen Grundwerten als den in der westeuropäischen Kultur gültigen, erscheint zukünftig jedoch möglich. Die technologisch vorstellbare Veränderung des Genmaterials von Menschen ist ein zutiefst ethisches Thema. Auch hier ist erkennbar, dass dieses eine gesamtgesellschaftliche Herausforderung sein könnte.

c.   Der Cyborg Soldat

Der Science Fiction Film Avatar zeigt zwei denkbare Entwicklungsstufen eines Cyborgs auf. Zum einen bedient ein Army Colonel eine Art Riesenroboter, um seinen bösartigen Machenschaften nachzugehen. Zum anderen ist der Hauptdarsteller durch ein neurales Netzwerk mit einem Ersatzkörper (einem Avatar) verbunden[36]. Diese Bilder erscheinen futuristisch, der erste Schritt in Form eines Exoskeletts scheint aber nicht so weit entfernt zu sein. Und auch die neuronale Steuerung ist kein Science Fiction mehr. In den USA haben Ärzten 2012 einer vom Hals abwärts gelähmten Frau Elektroden im Gehirn eingepflanzt. Die Elektroden „lesen" die Gedanken der Frau und sie kann dadurch einen robotischen Arm steuern.[37]

Exoskelette gehören zu den seit langem erforschten, nicht-invasiven HE-Technologien. Sie sollen – auch im therapeutischen Bereich – als äußere Strukturen Menschen unterstützen, zur Unterstützung beim Tragen von Lasten oder zum Schutz eines Trägers dienen. Für medizinische und auch militärische Anwendungen wurden vor allem in Japan und den USA in den letzten zehn Jahren verschiedene Prototypen für Ganzkörper-Exoskelette entwickelt. Spezielle Systeme für die unteren Extremitäten wurden unter anderem in den

---

[35] Future Topic Human Enhancement, Planungsamt der Bundeswehr, Oktober 2013

[36] http://de.wikipedia.org/wiki/Avatar_%E2%80%93_Aufbruch_nach_Pandora, Zugriff 26 Mai 2014

[37] http://www.focus.de/gesundheit/ratgeber/zukunftsmedizin/elektroden-im-kopf-gelaehmte-frau-steuert-roboterhand-mit-ihren-gedanken_aid_883758.html. Zugriff, 26 Mai 2014. „In den USA ist es Ärzten gelungen, einer vom Hals abwärts gelähmten Frau Elektroden im Gehirn einzupflanzen, mit denen sie eine Roboterhand steuern kann. Die Elektroden „lesen" dabei die Gedanken der Frau."

USA, in Israel und in Neuseeland entwickelt. Bisher wird durch Exoskelette die Kraft des Trägers verstärkt. Gewünscht ist jedoch auch eine Verbesserung der Geschwindigkeit und der Sprungkraft. Die bisherigen Modelle sind mittlerweile so weit entwickelt, dass die Gehgeschwindigkeit des Trägers zumindest nicht negativ beeinflusst wird. Eine Verbesserung der Sprungkraft konnte bisher jedoch noch nicht erreicht werden.

Ob Exoskelette im Hinblick auf die Erweiterung menschlicher Fähigkeiten beim Militär im größeren Maßstab eingesetzt werden können, wird von weiteren technischen Fortschritten in der Herstellung der einzelnen Bausteine abhängen. Um den gewünschten Anforderungen zu genügen, müssen diese sowohl leicht als auch widerstandsfähig sein. Neben einer stabilen Mensch-Maschine-Interaktion auf kognitiver und physischer Ebene, einer sehr guten Trag- und Transportfähigkeit und einer ausdauernden, verlässlichen Energieversorgung ist insbesondere auch die Akzeptanz des Trägers ein entscheidender Faktor. Dazu muss die Bedienung so ausgelegt sein, dass sie intuitiv und reibungslos ist und den Bediener bei seinen sonstigen Arbeiten nicht stört.

Die bisherigen Erfolge und Forschungsergebnisse erscheinen vielversprechend und können in fünf bis zehn Jahren zu einsetzbaren Ergebnissen führen. Somit ist jetzt auch ein guter Zeitpunkt, solche Zukunftstechnologien unter moralischen und ethischen Gesichtspunkte zu diskutieren und einen gesellschaftlichen Konsens herbeizuführen.

d.   Elektroden im Gehirn?

Im Laufe der letzten beiden Jahrzehnte wurden verschiedene Verfahren zur konstruktiven Stimulation des Gehirns entwickelt, die von außerhalb der Kopfhaut, also transkraniell, eingesetzt werden. Die zwei wichtigsten Grundtypen sind die magnetische und die elektrische Stimulation, die beide seit langem bekannt und im klinischen Einsatz erprobt sind. Fortschritte in den vergangenen Jahren geben Anlass zu der Vermutung, dass sie jenseits rein therapeutischer Wirkung auch verschiedene Leistungsparameter des gesunden Gehirns über das normale Maß hinaus verbessern können. Der zentrale Faktor hierfür ist die sogenannte Plastizität des Gehirns. Aus heutiger Sicht wird, ein entsprechendes, begleitendes Training vorausgesetzt, eine Verbesserung verschiedener Leistungsmerkmale des Gehirns angenommen. Hierzu gehören beispielsweise die Willkürmotorik, kognitive Fähigkeiten oder das Erinnerungsvermögen. Die Effekte können dabei von kurz- und längerfristiger Dauer sein. Die längerfristigen wirken teils noch über Stunden nach und können bei über Wochen hinweg täglich wiederholter Anwendung zu dauerhaften Veränderungen im Gehirn führen. Der gezielte Einsatz solcher Stimulationsmethoden zur Verbesserung kognitiver Eigenschaften scheint bereits heute theoretisch möglich. Allerdings liegen hierzu bislang nur rudimentäre Einzelerkenntnisse und noch keine statistischen Auswertungen vor. Insofern ist zu erwarten, dass erst in fünf bis zehn Jahren wirklich mit ersten zielgerichteten Optimierungsansätzen gerechnet werden kann.

Erste nachweisliche Erfolge hingegen gibt es bei der Nutzung kurzfristiger Effekte im Zusammenhang mit wachsamer Aufmerksamkeit (vigilance) über längere Einsatzzeiten. In einer Studie wurde gezeigt, dass stimulierte Versuchspersonen ihrer Aufgabe deutlich länger gleichbleibend hohe Aufmerksamkeit widmeten als Teilnehmer einer nichtstimulierten Kontrollgruppe[38]. Darauf aufbauend, plädieren die Wissenschaftler für eine stärker anwendungsorientierte Erforschung der positiven Effekte transkranieller Stimulation auf das bereits mit konventionellen Aufgaben beschäftigte Gehirn.

In den US-Streitkräften sind bereits erste erfolgreiche Experimente durchgeführt worden.[39] Die Diskussion, inwieweit solche nicht-invasiven Technologien für gesunde Menschen auch in Deutschland genutzt werden sollen, wird noch nicht geführt. Die Angst vor möglichen langfristigen Nebenwirkungen gehört sicherlich zu einer solchen Diskussion dazu. Die massenhafte Anwendung solcher Technologie könnte Menschen oder Gesellschaften durchaus Wettbewerbsvorteile verschaffen. Daher ist eine gesamtgesellschaftliche Diskussion wichtig, um Chancen und Risiken abzuwägen.

Unter invasiven Methoden des HE werden Ansätze verstanden, die einen chirurgischen Eingriff beim Menschen erfordern. Der erwähnten gelähmten Frau wurden Elektroden ins Gehirn implantiert, damit sie über ihre Gedanken eine Roboterhand steuern konnte. Die überwiegende Mehrheit entsprechender Techniken hat eindeutig therapeutischen, also heilenden Charakter. Als eine wesentliche mögliche Nebenwirkung sind Persönlichkeitsveränderungen feststellbar.

---

[38] Nelson, Jeremy T./McKinley, R. Andy/Golob, Edward J./Warm, Joel S./Parasuraman, Raja 2013: *Enhancing vigilance in operators with prefrontal cortex transcranial direct current stimulation (tDCS) 2013*, i.E., in: NeuroImage, doi: 10.1016/j.neuroimage.2012.11.061; 19.06.2013.

[39]http://www.welt.de/gesundheit/psychologie/article125028830/Soldaten-sollen-mit-Hirnstimulation-wach-bleiben.html

Neurologen hoffen jedoch, dass die Risiken eines invasiven Eingriffes durch die Möglichkeiten aufgewogen werden, die eine wesentlich engere Verknüpfung von Mensch und Technik mit sich brächten. Im Wesentlichen hoffen sie mit solchen Eingriffen, Nervensignale in einer deutlich höheren räumlichen wie zeitlichen Auflösung detektieren und wesentlich genauer stimulieren zu können als bislang. Ob durch so eine Technologie eine Leistungsverbesserung beim gesunden Menschen möglich sein könnte, ist derzeit spekulativ. Es ist jedoch zu erwarten, dass diese Technologie dann auch entsprechend genutzt werden würde.

In diesem Zusammenhang wird auch deutlich, dass zivile technologische Entwicklungen für unlautere Zwecke missbraucht werden könnten. Daher sollte in einer Diskussion auch dieser Aspekt beleuchtet werden. Insbesondere muss überlegt werden, welche Technologien wem zur Verfügung gestellt werden sollten und welche besonders schützenswert sind.

e. Quo Vadis HE?

Da Anwendungsbereiche auch weiterhin insbesondere im zivilen Bereich zu finden sein werden, wird HE sich auch weiter zu einem ernstzunehmenden gesellschaftspolitischen Thema entwickeln. Die Bundeswehr wird als Teil der Gesellschaft zunehmend mit der Thematik konfrontiert werden und sich den daraus abzuleitenden Konsequenzen stellen müssen. Nicht-invasive HE-Technologien, die dem Schutz und dem Überleben deutscher Soldaten dienen oder gegebenenfalls kognitive Fähigkeiten ohne Nebenwirkungen steigern, sollten zum eigenen Nutzen – unter Berücksichtigung ethisch und rechtlich vertretbarer Aspekte – durchaus in Betracht gezogen werden.

Für potenzielle Akteure (im Sinne von Nutzern von HE-Technologien) spielen sowohl die Kosten für die Entwicklung und die Beschaffung als auch die Komplexität der Technologie eine wichtige Rolle. Preiswerte und einfach anzuwendende Technologien werden künftig nicht nur von staatlichen, sondern auch von nichtstaatlichen Akteuren genutzt werden.

Darüber hinaus spielt auch der sozio-kulturelle Hintergrund einer Nation beziehungsweise Gruppierung eine wichtige Rolle bei der Akzeptanz und damit auch für den Einsatz von HE-Technologien. Dieser Hintergrund und die daraus resultierende gesellschaftliche Akzeptanz entsprechender Technologien könnten sogar Haupttechnologietreiber werden.

So gesehen, könnte sich insbesondere das zivile Umfeld künftig zu einem wichtigen Treiber für die Anwendung von HE-Technologien entwickeln. Gesellschaftliche Elemente wie beispielsweise Leistungsdruck, Technikaffinität oder Wettbewerbsfähigkeit könnten schneller und nachhaltiger zu einer zunehmenden Nutzung dieser Technologien führen, als eventuelle Vorteile in einer militärischen Auseinandersetzung. Wie die Gesellschaft und letztlich die Bundeswehr mit solchen Entwicklungen umgehen, sollte in einer rechtzeitigen Wertediskussion und einem politischen Diskurs geklärt werden. Innerhalb der Bundeswehr ist ein solcher Diskurs schon jetzt deshalb nötig, um das Führungspersonal in die Lage zu versetzen, bei diesem Thema gegenüber den von ihnen geführten Soldaten entsprechend argumentieren zu können. Diese Fürsorgepflicht ist besonders dann gefordert, wenn im Rahmen internationaler Einsätze Soldaten ohne HE-Technologien mit jenen zusammenarbeiten müssen, die über diese Technologien verfügen und sie nutzen. Eine solche Debatte muss auch die Möglichkeit einbeziehen, dass HE in einigen Gesellschaften als selbstverständlich akzeptiert und flächendeckend angewandt wird.

Dieses gilt auch für die Nutzung autonomer oder teilautonomer Systeme in der Zukunft: die Roboter. Auch hier gibt es unterschiedlichste Akzeptanzlevel in verschiedenen Gesellschaften.

Automatisierung

Der Umgang mit Robotern in der Zukunft ist ein wichtiges gesamtgesellschaftliches Thema. Der Herausforderung der alternden Gesellschaft und der zunehmenden Anzahl pflegebedürftige ältere Menschen begegnen japanische Forscher beispielsweise mit der Entwicklung von Pflegerobotern. Diese werden in Japan bereits prototypisch eingesetzt. „Das japanische Forschungsinstitut Riken hat einen neuen humanoiden Roboter entwickelt, der in der Altenpflege eingesetzt werden soll. Der 100 Kilogramm schwere, künstliche Altenpfleger, den die Wissenschaftler auf den Namen RI-MAN getauft haben, misst 158 Zentimeter und soll schon bald in der Lage sein, bis zu 70 Kilogramm schwere Personen aufzuheben oder auch herumzutragen. Darüber hinaus kann RI-MAN sowohl sehen als auch hören und soll den Forschern zufolge zwischen acht unterschiedlichen Gerüchen unterscheiden können. Anders als in Europa werden Maschinen in Japan nicht als Bedrohung sondern als Hilfe empfunden, die für mehr Autonomie im täglichen Leben sorgen können", erklärt Roboterexperte Frank Kirchner von der Universität Bremen die ausgeprägte Faszination der Japaner mit humanoiden Robotern."[40]

Ein umstrittenes und viel diskutiertes Thema ist die denkbare Entwicklung autonomer Roboter für Streitkräfte, einem sogenannten Killer-Roboter.[41]

f.   Ersetzen Roboter Soldaten?

In der Diskussion um bewaffnete Drohnen wird von den Gegnern häufig aufgezeigt, dass die Entwicklung von den teilautonomen Drohnen zu vollständig autonomen Systemen zwangsläufig ist. Konsequent zu Ende gedacht würde das bedeuten, dass Kampfroboter quasi schon jetzt nicht mehr aufzuhalten sind.

Steht der Terminator also bereit, um in die Gefechte von morgen einzugreifen? Führen künftig autonome Maschinen bewaffnete Auseinandersetzungen gegen Menschen, wie es im Film *Die Matrix* den Anschein hat? Ist das alles noch Science Fiction oder schon bald Realität?

Die Bundeswehr hat sich mit der Zukunft der Robotik und möglichen Auswirkungen auf Streitkräfte wissenschaftlich auseinandergesetzt. Die Studie *Weiterentwicklungen in der Robotik durch Künstliche Intelligenz und Nanotechnologie. Welche Herausforderungen und Chancen erwarten uns?* des Planungsamtes der Bundeswehr beschäftigte sich mit den neuesten und zukünftig zu erwartenden Entwicklungen der Roboterforschung, der künstlichen Intelligenz und der Nanotechnologie sowie mit möglichen Auswirkungen auf Aspekte der Sicherheitspolitik und auf Streitkräfte[42]. Vorrangig betrachtete das Planungsamt dabei mögliche Entwicklungen der nächsten fünf bis zehn Jahre. Die bis dato so populistisch betrachteten Kampfroboter spielen in diesem Zeitraum noch keine Rolle.

Technisch fraglich ist, so die Studie, ob die Entwicklung von autonomen Robotern mit den Funktionalitäten von Soldaten im Gefecht überhaupt realisierbar ist.

Das Dezernat Zukunftsanalyse im Planungsamt der Bundeswehr erwartet künftig eine weitere Steigerung der Komplexität bei Krisensituationen, in denen Streitkräfte im Bündnis eingesetzt werden. Diese werden für die Bun-

---

[40] http://www.flensburg-online.de/senioren/pflege-roboter.html, Zugriff 16.06.2014

[41] Eine breite und ausführliche Diskussion ist hier zu finden:
http://www.ethikundmilitaer.de/index.php?id=2, Zugriff 16.06.2014

[42] Future Topic RAIN, Planungsamt der Bundeswehr, Oktober 2013

deswehr weiterhin den Bogen von humanitären Katastrophenhilfseinsätzen, über mögliche kürzere Stabilisierungsoperationen bis hin zu Kampfoperationen umfassen. Die Umgebung und der Auftrag von Soldaten in zukünftigen Einsätzen gestalten sich zunehmend komplexer und lassen folglich die Anforderungen an Soldaten weiter steigen. Komplexe Situationen zu handhaben, sich flexibel auf unbekannte neue Situationen einzustellen, fordert die menschliche Intelligenz. Daher liegt bei der Bundeswehr auch ein klarer Schwerpunkt auf der Ausbildung ihrer Soldaten – auch und gerade im Bereich der Ethik.

In diesem Bereich liegen die immer noch aktuellen Schwächen von künstlicher Intelligenz:

- Überforderung bei nicht vorhersehbaren Ereignissen oder zu komplexen Aufgabenstellungen,
- eine sehr geringe auftragsbezogene Flexibilität und
- keine Fähigkeit zur Improvisation.

Kampfroboter hätten also höchstwahrscheinlich nur eine sehr begrenzte Einsatzmöglichkeit bei Operationen gegen technologisch halbwegs gleichwertige Gegner. Technologisch unterlegene Gegner hingegen neigen nicht dazu, sich im offenen Gefecht zu stellen, sondern suchen Hinterhalte oder andere Möglichkeiten, um ihre Absichten umzusetzen.

Zusammenfassend ist der Mehrwert solcher Kampfroboter aus militärischer Sicht sehr fragwürdig. Viele ungelöste pragmatische Fragen stehen technologisch fragwürdigen Versprechungen entgegen. Können es sich Streitkräfte in der Zukunft überhaupt noch leisten, Systeme mit vermutlich nur sehr eingeschränkten Einsatzoptionen zu beschaffen? Hieran wird deutlich: Nicht alles, was technisch theoretisch möglich erscheint, ist militärisch auch sinnvoll.

Die entscheidende Sichtweise, von der aus die Gesamtproblematik bewertet werden muss, ist die ethisch-rechtliche. Die Frage nach der Verantwortlichkeit bei einem Waffeneinsatz gegen Menschen ist immer zu stellen. Nach dem Kriegsvölkerrecht muss es einen Verantwortlichen geben. Bei autonomen Systemen wäre die Verantwortlichkeit jedoch unklar. Infrage kommen der Kommandeur der Einheit, der Hersteller oder sogar der Programmierer. Denn auch wenn ein Mensch beispielsweise eine Maschine bedroht, wäre es rechtlich unverhältnismäßig, von dieser getötet zu werden.

Der Schusswaffengebrauch bzw. der Einsatz von Gewalt gegen Menschen ist und bleibt eine zutiefst ethische Entscheidung. Der Mensch, der getötet hat, muss hinterher mit den Konsequenzen seines Handelns zurechtkommen. Hier spielen der kulturelle Hintergrund und die ethische Grundhaltung eine entscheidende Rolle, wie Streitkräfte mit dieser Herausforderung umgehen. In unserer Gesellschaft ist der Einsatz von Gewalt gegen Menschen ein strafbewehrter Akt.

Bei einem Gefecht kann es nach dem Grundverständnis der Bundeswehr nicht darum gehen, möglichst viele Gegner zu töten, sondern Gegner handlungsunfähig zu machen, um die eigene Absicht durchzusetzen. Daher zielen Soldaten im Gefecht auf die Kampfunfähigkeit der Gegner und nicht auf deren Tod. Der Tod von Gegnern im Gefecht ist dennoch nicht immer vermeidbar.

Es geht hier um die ethische Grundhaltung, nicht mehr Gewalt auszuüben als zwingend notwendig. Dass Soldaten im Gefecht Fehler machen können, weil sie sich beispielsweise von Emotionen hinreißen lassen – eines der Hauptargumente von Befürwortern von Kampfrobotern – ist unbestritten. Auch dass Soldaten in Gefechtssituationen überlegt und mit Minimierung von Gewalt ihre Ziele erreichen bzw. ihren Auftrag erfüllen, erreicht die Bundeswehr nur über die entsprechende ethische Ausbildung – auch von Grundhaltungen. Es bestehen jedoch erhebliche Zweifel, ob ein Computeralgorithmus diese Komplexität auch nur annähernd abdecken kann.

Die Studie empfiehlt daher, sich auf robotische Systeme mit überschaubaren Funktionalitäten zur Unterstützung von Soldaten zu beschränken anstatt Forschungsmittel auf die Entwicklung voll autonomer humanoider Roboter einzuplanen. Für die Bundeswehr bedeutet das keinen Richtungswechsel, denn sie schließt den Einsatz von Systemen, die eine autonome Entscheidung zum Waffeneinsatz gegen Menschen alleine aufgrund einer Computer- oder Maschinenlogik treffen, aus.

g.   *Gewappnet in die Zukunft*

Für die Bundeswehr ist es wichtig, sich weiter mit der langfristigen Risikovorsorge auseinanderzusetzen. Mögliche Gegner haben zum Teil andere Rechts- und Ethikverständnisse und könnten Roboter, deren Einsatz die Bundeswehr ausschließt, einsetzen. Wenn es der Staatengemeinschaft nicht gelingt, entsprechende Selbstbeschränkungen – wie von Human Rights Watch gefordert – durchzusetzen, besteht in der Nutzung von Kampfrobotern und der damit möglicherweise einhergehenden, dramatisch kürzeren Reaktionszeit und höheren Treffergenauigkeit bei Kampfrobotern zukünftig ein hohes Risikopotenzial für Soldaten der Bundeswehr. Daher sollte zum einen die Entwicklung von unterstützenden, robotischen Systemen der Bundeswehr-Soldaten und zum anderen die Entwicklung von Strategien und Technologien (beispielsweise Laser- oder Mikrowellenwaffen) gegen Bedrohungen durch robotische, gegebenenfalls teilautonome Systeme gefördert werden. Mit der wachsenden zivilen Robotikforschung wächst die Gefahr des Dual-Use, das heißt, dass zivile Anwendungen für andere Zwecke umfunktioniert werden können. Dieses gilt es im Rahmen nationaler Risiko- und Sicherheitsvorsorge zu beobachten und zu bewerten.

Zusammenfassung

Dieser Artikel zeigt einige denkbare Entwicklungen von heutigen und zukünftigen Technologien auf. Bei heutigen Technologien, beispielsweise bewaffneten Drohnen, hat die ethische Diskussion, obwohl sie sehr wichtig ist, gerade erst begonnen. Die Diskussion sollte nicht verhindern, dass sich Deutschland aktiv auf die Risiken einstellt, wenn solche Technologien durch potentielle Gegner genutzt werden.

Der Cyborg in Form eines Robocops (Szenario 1), ermöglicht durch invasive HE-Technologien, wird alleine aus ethischen Gründen in der Bundeswehr keine Rolle spielen. Dennoch sollten einzelne HE-Technologien, wie beispielsweise die Nutzen pharmakologischer Mittel durch Verbündete, thematisiert werden, um einen ethischen Konsens herzustellen oder eine klare eigene, gegebenenfalls deutlich abgrenzende und zukunftsrobuste Position festzulegen. Nicht-invasive HE-Technologien, die dem Schutz und der Überlebensfähigkeit eigener Soldaten dienen, sollten genauer untersucht und gegebenenfalls beschafft werden. Eine frühzeitige gesamtgesellschaftliche Diskussion ist hier sehr wünschenswert und könnte durchaus proaktiv von der Bundeswehr angestoßen werden, beispielsweise zum Thema „Lernen mit transkranieller Stimulation".

Chirurgisch invasive Eingriffe zur Leistungssteigerung von Soldaten sind nach Auffassung der Autoren ethisch nicht vertretbar. Dennoch sollten Fortschritte im medizinischen Bereich auch unter dem Aspekt des Missbrauchs von Technologie betrachtet werden.

Der Weg zum autonomen Roboter als Ersatz von Soldaten in Form des Terminators (Szenario 2) ist keine Zwangsläufigkeit; dafür gibt es derzeit noch zu viele technische Hürden. Es ist unklar, ob diese überwunden werden können. Auch hier ist zu beachten, dass die Entwicklung sehr sorgfältig zu beobachten ist. Selbst ein Bann entsprechender militärischer Systeme könnte durch Missbrauch ziviler zukünftiger Technologie umgangen werden. Einem Pflegeroboter ist es egal, ob er eine Spritze oder eine Waffe in der Hand hält. Daher muss die Gesellschaft und letztlich die Bundesregierung über den künftigen Umgang und die Verbreitung von Spitzentechnologie diskutieren, um dem Dual Use einen Riegel vorzuschieben.

Der virtuelle Soldat im Stil eines Ender Wiggin ist eine eher unwahrscheinliche zukünftige Entwicklung (Szenario 3). Die Informationsflut wird kaum durch einen Einzelnen trotz entscheidungsunterstützender Systeme beherrschbar werden. Einzelne Aspekte sind jedoch sehr wohl durch die Bundeswehr zu berücksichtigen. Die entscheidenden Aspekte sind Führen mit Auftrag versus Mikromanagement und Entfernung des militärischen Führers vom Handlungsort. Daher empfiehlt sich für die Bundeswehr eine intensive Auseinandersetzung mit der fortschreitenden Virtualisierung.

Die Autoren sind der Auffassung, dass eine Zukunft (Szenario 3), bei der Soldaten durch teilautonome Systeme unterstützt werden und immer noch die letzte Handlungsoption haben, wünschenswert und auch ethisch vertretbar wäre.

Der Artikel ist letztlich ein Plädoyer, sich innerhalb und außerhalb der Bundeswehr frühzeitig und offen über Zukunftstechnologien auszutauschen und ihre ethischen, technischen und militärischen Implikationen zu bewerten.

Prometheus und PTBS.

Unbemannte Flugobjekte ⇒ ungeahnte Folgen

Kai-Uwe Hellmann

> „Ich konnte und konnte mir den Gedanken an die $ 175, die ich für den Refrigerator zuhause noch nicht abbezahlt habe, nicht aus dem Kopf schlagen."

Hiroshima und das unverbesserliche Moratorium der menschlichen Moral

Am 6. August 1945 überflog Claude Robert Eatherly die Gegend von Hiroshima, um die Wetterbedingungen für den bevorstehenden ersten Atombombenabwurf zu ermitteln. Von einer anderen Maschine wurde knapp 45 Minuten später dann, um 8 Uhr 15, die Bombe mit dem Nickname „Little Boy" abgeworfen, die mindestens 70.000 Menschen sogleich tötete und mindestens noch mal so viele im Laufe der anschließenden Tage, Monate, Jahre. Nach seiner Rückkehr wurde Eatherly danach gefragt, was ihn – um den bevorstehenden Bombenabwurf und seine Beteiligung daran wissend – während seines Überfluges beschäftigt hatte, und er antwortete so, wie oben angezeigt.

Günther Anders (2002: 268) zitierte diese Aussage in seinem ersten Band „Die Antiquiertheit des Menschen", in dem er sich zentral mit einem wachsenden Mißverhältnis zwischen technischer Entwicklung und moralischer Kapazität befaßte. Seine Auffassung war, daß unser Vorstellungsvermögen zusehends damit überfordert sei, die Folgen des technischen Fortschritts zu realisieren. Besonders deutlich werde dies, wenn man sich mit Massenvernichtungswaffen beschäftige, weil wir uns wohl noch vorstellen können, wenn auf einen Schlag einer, zehn oder hundert Menschen sterben. Aber schon bei tausend Menschen streikt unser Vorstellungsvermögen, und bei mindestens 70.000 Toten, wie damals in Hiroshima, setzt es vollends aus. Damit einher geht der Verlust unseres moralischen Vermögens. Unser Gewissen kann sich zu solchen Zahlen nicht mehr sinnvoll verhalten. Unsere „Seele" ist schlichtweg überfordert. Gleichgültigkeit breitet sich aus. Damit aber ist der Weg frei, sich angesichts und während solcher Vorkommnisse auch ganz trivialen Dingen des Alltags zuzuwenden, und genau dies schien die Aussage Eatherlys zu bestätigen: Am drängendsten war ihm der Gedanke an den noch zu bezahlenden Restbetrag für seinen Kühlschrank zuhause. Keinerlei Erschütterung über das bevorstehende Grauen wird in seiner Aussage erkennbar. Nichtigkeiten beherrschten sein Bewußtsein.

Anders (2002: 16) nannte dieses Mißverhältnis *das prometheische Gefälle*: „Die Tatsache der täglich wachsenden *A-Synchronisiertheit des Menschen mit seiner Produktewelt*, die Tatsache des von Tag zu Tag breiter werdenden Abstandes, nennen wir ‚*das prometheische Gefälle*‘" (siehe auch den Beitrag von *Jens Warburg* in diesem Band). Von daher ist auch der Titel „Die Antiquiertheit des Menschen" zu verstehen, da wir moralisch nicht mehr Schritt halten können mit der technologischen Entwicklung, die wir selber anstoßen – wobei es sich um eine stetig größer werdende Kluft handelt, die im Grunde sämtliche Aspekte unseres Lebens erfaßt. So gibt es laut Anders „das Gefälle zwischen *Machen* und *Vorstellen*; das zwischen *Tun* und *Fühlen*; das zwischen *Wissen* und *Gewissen*; und schließlich und vor allem das zwischen dem produzierten *Gerät* und dem (nicht auf den ‚Leib' des Gerätes zugeschnittenen) *Leib* des Menschen." (ebd.) Befördert wird diese Tendenz zur Überforderung und Gleichgültigkeit noch, wenn die soziale Distanz zunimmt, die Gemeinsamkeiten also abnehmen und man füreinander fremder wird, und wenn die physische Distanz wächst, wenn also der räumliche Abstand vom Geschehen größer wird und man einander nicht mehr wahrnehmen, d.h. nicht mehr sehen, hören, riechen, berühren kann (Booth 2013).

So fern, so nah

Am 6. Juni 2013 gab Brandon Byrant, ein ehemaliger Angehöriger der U.S. Air Force und über viele Jahre Pilot unbemannter, ferngesteuerter und bewaffneter Fluggeräte, sogenannter *Drohnen* („drones"), die über viele Tausende von Kilometern im „Global War against Terrorism" (GWOT) eingesetzt werden, dem Moderator Richard Engel der Nachrichtensendung „Today" des US-Fernsehsenders NBC ein Interview.[1] In diesem aufsehenerregenden Interview erzählte Bryant erstmals einer breiten Öffentlichkeit, was es mit diesen hoch geheimen Einsätzen solcher Drohnen auf sich hat.[2] Ein Grund für seinen

---

[1] Vgl. http://www.youtube.com/watch?v=u2jepIJXHwM

[2] Wobei es schon ältere Medienberichte gab, etwa bei der Huffington Post vom 10. Oktober 2012 (vgl. http://www.huffingtonpost.com/2012/10/10/ptsd-drones_n_1954940.html), und erste Untersuchungsergebnisse waren seit 2011 zugänglich, vgl. Chappelle et al. 2011.

Gang an die Öffentlichkeit war nicht zuletzt, daß er wegen dieser Einsätze unter schweren posttraumatischen Belastungsstörungen (PTBS) litt; unter anderem hatte man ihm kurz vor seinem Ausscheiden aus der Air Force anerkennend mitgeteilt, daß er direkt wie indirekt für den Tod von 1.626 Personen verantwortlich sei.

Im Zuge dieses Interviews wurden immer mehr Informationen publik, die deutlich machten, daß das Risiko, durch einen solchen Einsatz möglicherweise ebenso stark von PTBS gefährdet zu sein wie Kampfjetpiloten, erheblich sein dürfte. Vor allem aber erfuhr man zum ersten Mal Näheres über die Umstände solcher Einsätze, wie die Drohnenpiloten arbeiten und leben.

Am 15. April 2014 strahlte Arte eine Dokumentation mit dem Titel „Krieg der Drohnen" aus, in der Bryant erneut jene Geschichte erzählte, die schon Gegenstand des Gesprächs mit Richard Engel im Juni 2013 gewesen war. Bryant ließ bei dieser Schilderung jedoch noch wesentlich mehr erkennen. Die entscheidende Passage, Deutsch synchronisiert und so transkribiert wie gehört, lautet wie folgt: „Wir observierten diese Leute. Und plötzlich hieß es, fast unmittelbar: Waffen bestätigt, hier sind die Zieldaten, Ziel freigeben, Schuß. Wir feuerten die Rakete ab, und der Sicherheitsbeobachter zählte rückwärts bis null und machte ‚Splash!' Und ich beobachtete, wie der Mann verblutete. Die Rakete hatte ihm ein Bein abgetrennt, direkt über dem Knie, und ich sah, wie er aus der Oberschenkelarterie blutete und über den Boden rollte, und ich malte mir seine letzten Momente aus. Ich wußte nicht, wie ich mich fühlen sollte, ich wußte nur, daß ich gerade einem Leben ein Ende bereitet hatte, obwohl ich kein Recht dazu hatte. Doch ich hatte einen Eid geschworen und tat, was ich tun mußte. Ich zog es durch. Es war, als würde mein Selbstbild Risse bekommen, auseinanderbrechen. Und der Sicherheitsbeobachter schlug mir lachend auf den Rücken und sagte: ‚Du hättest sehen sollen, was für einen Satz Du bei meinem ‚Splash' gemacht hast.' Und er lachte, als hätte er so eben den besten Witz der Welt gemacht. Die anderen schüttelten sich die Hände und klopften sich auf die Schulter, als würde sie das alles gar nichts angehen. Sie gratulierten sich einfach zu einem gut gemachten Job."

Bemerkenswert erscheint daran vor allen Dingen, wie offenbar alle Beteiligten außer Bryant mit diesem Ereignis umgegangen sind. Wobei nicht einmal Überforderung und Gleichgültigkeit zu überwiegen schienen. Vielmehr waren es Genugtuung, Triumph oder vielleicht auch nur ein riesiger Spaß und der beste Witz der Welt.

Betrachten wir das geschilderte Ereignis vom Standpunkt Günther Anders', so mag sich darin eine unmittelbare Bestätigung für das prometheische Gefälle ausdrücken, eine Haltung, wie sie damals schon Robert Eatherly an den Tag legte. Angesichts der Vorgänge, die Bryant bedrückend anschaulich wiedergibt, stechen die Parallelen ins Auge: Auf der Grundlage großer physischer und sozialer Distanz wurde ein Attentat[3] auf drei Männer begangen, deren genaue Identität nie mit letzter Sicherheit, d.h. durch Augenschein und Obduktion, festgestellt wurde. Die technische Entwicklung ermöglichte die Tötung tausende Kilometer entfernt, ohne daß einer der Beteiligten körperlich direkt betroffen war. Überdies verband die Beteiligten mit den mutmaßlichen Verdächtigen und später Getöteten – ideologisch-politisch initiiert – keinerlei Gemeinsamkeiten, dafür hatte die manichäisch-zynische Aufteilung der Welt in Gut und Böse bestens gesorgt.

Und doch stimmt ein Detail mit Anders' damaliger Sicht der Dinge nicht überein: Obgleich tausende Kilometer entfernt, sind die Drohnenpiloten ihren Opfern doch ungewöhnlich nahe, und genau daraus erwächst ein schwerwiegendes Problem der Drohnenpiloten.

Vertrautheit wider Willen und der Verlust von Distanz

Wie die Schilderung Bryants nämlich außerdem zeigt, befinden sich die Drohnenpiloten sehr viel näher an ihren späteren Opfern, als dies für jeden Jetpiloten je möglich ist. Dabei sind es nicht nur das Attentatsmoment und die desolate Lage danach, mit denen die Piloten unmittelbar konfrontiert werden. Vielmehr verfolgen sie ihre späteren Opfer zuvor oft über Tage, Wochen, wenn nicht Monate, bei einer erschreckend guten Auflösung der Bilder, so daß sich für die Piloten eine ganz unfreiwillige Vertrautheit mit diesen Personen, ihren Familien, Freunden und Komplizen einstellt. Damit aber ist die ursprünglich unterstellte Distanz dahin. Zumindest berichten Drohnenpiloten mit PTBS und entsprechenden Symptomen, daß sie sich mitnichten ganz frei halten können von Gefühlen der Vertrautheit und Teilnahme am Leben ihrer späteren Opfer, weil die vielen Stunden, die die Piloten damit verbringen, ihren Opfern trotz großer Entfernung auf Schritt und Tritt zu folgen, zwangsläufig dazu führen, daß sie ihnen – sie ständig überwachend – sehr nahekommen, obgleich es der Feind sein mag. Sicher sind nicht alle Drohnenpiloten glei-

---

[3] Vgl. Williams 2010.

chermaßen davon betroffen und leiden unter diesem allmählichen Vertraut-werden. Aber die Höhe der Zahlen von PTBS-geschädigten Drohnenpiloten hat die Air Force doch überrascht (Chappelle et al. 2011; Fitzsimmons/Sangha 2013a; Otto/Webber 2013; Whetham 2013).

Im Zuge dieser Untersuchungen ist noch ein weiterer Umstand er-kennbar geworden, der zu einer übergroßen, gleichfalls unvorhergesehenen Belastung der Drohnenpiloten führt. Die meisten Drohnenpiloten werden innerhalb der USA eingesetzt, etwa auf der Creech U.S. Air Force Base in Ne-vada. Fernab der realen Einsatzorte ermöglicht diese Heimatstationierung, daß die Drohnenpiloten mit ihren Familien und Freunden in unmittelbarer Nähe zu den Militärbasen leben, so daß sie ihrer „Arbeit" so nachgehen können, wie viele andere auch: morgens hin, abends zurück, ohne größeren zeitlichen Auf-schub zwischen Arbeit und Familie. Gerade dieser mangelnde zeitliche Auf-schub ist es aber, der die Drohnenpiloten besonders belastet, weil ihnen auf dem Heimweg die Zeit fehlt, das Erlebte, Gesehene und Vollzogene angemes-sen zu verarbeiten und zu überwinden. Statt dessen verlassen sie nach der Schicht ihre Container, steigen in ihr Auto, fahren nach Hause und befinden sich innerhalb weniger Minuten schon in einer vollständig anderen Welt, in der es nicht mehr um die Tötung mutmaßlicher Terroristen geht, sondern um die Sorge für die Kinder und die Organisation des Haushalts. Dieser kurzfristige Umstieg reicht offenbar nicht aus, um genügend Abstand zu schaffen (Mayer 2009; Barrett 2011).

Außerdem kommt hinzu, daß den Drohnenpiloten nach ihren Einsatz-zeiten keine gleichgesinnte, gleichermaßen betroffene Bezugsgruppe zur Ver-fügung steht, wie unter herkömmlichen Einsatzbedingungen, wo die kleine Kampfgemeinschaft noch viele Tage miteinander verbringt und sich aus-tauscht, bevor die einzelnen, sich über die gemeinsame Einsatzzeit hoch ver-traut gewordenen Mitglieder der selben Einheit ihre Familien und Freunde wiedersehen. Denn mit ihren Familien und Freunden dürfen sich die Piloten über ihre Einsätze nicht austauschen. Auch dieser Mangel an Austausch mit Gleichgesinnten wird inzwischen als eine Ursache für die gar nicht so nicht geringe Zahl von durch PTBS gepeinigten Drohnenpiloten erkannt und be-klagt (Fitzsimmons/Sangha 2013a).

Drohneneinsätze und die Folgen für die Innere Führung

Was hat das nun mit der Inneren Führung zu tun? Drei Aspekte seien hier nur kursorisch angesprochen. Zum ersten muß sich die Innere Führung fragen, ob sie auf das neue „Kriegsbild", das mit den aufziehenden Drohnenkriegen verbunden ist, angemessen vorbereitet ist und vorbereitet (Mayer 2009; Singer 2009a, 2009b; Sharkey 2011; Hastings 2012; Miller 2012; Dowd 2013). Was Baudissin damals ja maßgeblich geprägt hatte, als er die Innere Führung ausformulierte, war der Atomkrieg, also der Massenvernichtungswaffenkrieg, der eine konventionelle Kriegsführung völlig obsolet machte, weil ein Erst- oder Revancheschlag alle anschließenden Maßnahmen unverzüglich zunichte gemacht hätte.

Nachdem dieses Szenario glücklicherweise nie eintrat, verharrte man jahrzehntelang weitgehend untätig beim Status quo. Im Zuge von ISAF hat sich die Lage verschoben. Denn nun ist die konventionelle Kriegsführung zurückgekehrt, mit gewissen, nicht unerheblichen Modifikationen, weil die neuen Kriege andere Herausforderungen stellen, etwa die Asymmetrie der Kombattanten. Und die Bundeswehr ist plötzlich zur Armee im Einsatz geworden. Doch nach dem ISAF-Einsatz, der sicher nicht als Erfolg durchgeht, scheint nunmehr Zurückhaltung angesagt, ohne daß klar ist, was die postinterventionistische Ära eigentlich bringt.

Der verstärkte Einsatz von Drohnen verspricht darauf eine Antwort, weil zwei Fliegen mit einer Klappe zerschlagen werden: Man ist wehrhaft, aber ohne (eigene) menschliche Kosten (Deri 2012; Dowd 2013; Fitzsimmons/Sangha 2013b; Krasmann 2014). Mangels leichtfertiger Opferbereitschaft der deutschen Bevölkerung, ein Heroismus der seltenen Art, sollen deutsche Soldaten ja nicht mehr sterben, aber die Bündnistreue muß trotzdem gewahrt werden. Hierfür eignen sich Drohneneinsätze hervorragend.

Doch ist noch unklar, welches „Kriegsbild" der Bundeswehr damit auferlegt wird. Was wird aus einer Armee, die so Krieg führt, wie dies für die USA inzwischen sichtbar geworden ist: durch fortlaufende Verletzung des Völkerrechts, die Souveränität der Staaten kaum mehr beachtend, nur noch auf bloßen Verdacht hin tötend, ohne jede Gewißheit? (Mayer 2009; Ofek 2010; Gregory 2011; Chandler 2012; Clarke 2012; Shaw/Akhtar 2012; Boyle 2013; Freyberger 2014; Rudolf 2014). Nicht daß dies der Bundeswehr zwingend bevorstünde, wenn es zur Anschaffung bewaffneter Drohnen kommt. Doch der Einsatz bewaffneter Drohnen wird sicher eine hohe Geheimhaltungsstufe erhalten, ähnlich wie bei den Spezialkräften, so daß eine demokratische Kontrolle durch das Parlament höchst unwahrscheinlich ist (Singer 2012).

Überdies zeigt sich die ZDv 10/1 noch in keiner Weise darauf vorbereitet. Die „Sinnhaftigkeit" dieses neuen, noch ungetesteten „Kriegsbildes" ist allenfalls vage, wenn überhaupt artikuliert, und nirgends implementiert (Wellbrink 2014). Vor allem jedoch gibt es keinerlei bewährte Vorbereitungserfahrung bezüglich der Einsatzrealität dieser bewaffneten Drohneneinsätze. Und da sich im Nachhinein zu Genüge gezeigt hat, daß die Einsatzvorbereitung für ISAF schon ungenügend war, insbesondere bei der Auswahl geeigneten Personals und der Nachbetreuung von PTBS-Geschädigten, verheißt dies nichts Gutes für das Umschwenken von direkter Konfrontation auf Drohneneinsätze. Die Bundeswehr lernt einfach zu langsam.

Zum Schluß seien nochmals der Zeitmangel und die fehlende Bezugsgruppe erwähnt, die für viele Air Force Piloten im Drohneneinsatz ein lange Zeit unerkanntes Problem darstellten, weil der zu kurze zeitliche und soziale Abstand zwischen Arbeit und Freizeit es nicht erlaubt, die erlebten psychisch-emotionalen Belastungen während der Dienstzeit wirkungsvoll aufzuarbeiten oder wenigstens doch zu verdrängen. Hier hat in der U.S. Air Force der Klärungs- und Verständigungsprozeß gerade erst eingesetzt (Barrett 2011; Matthews 2014). Um so größer ist die Aufgabe für die Bundeswehr, entsprechende Vorkehrungen dafür zu treffen, daß die Soldaten im bewaffneten und diese Waffen auch nutzenden Drohneneinsatz bezüglich des zentralen Leitbilds „Staatsbürger in Uniform", das mit dieser Einsatzrhythmik und -typik dem Baudissin'schen Ideal möglicherweise am nächsten kommt („Morgens in die Fabrik, abends nach Hause."), nicht massiv Schaden an ihrer seelischen Verfassung nehmen – eine Aufgabe, der sich die Bundeswehr, bei aller Bündnistreue, in besonderem Maße unterziehen muß, wenn sie sich weiterhin für die Anerkennung und Bewährtheit der Inneren Führung auszusprechen gedenkt.

Gewissen als Zentralwert der Inneren Führung

Abschließend sei nochmals darauf hingewiesen, daß das Gewissen ein Zentralwert der Inneren Führung darstellt. Staatsbürger in Uniform zu sein, hat mit rechtlichen und politischen, vor allem aber mit ethischen Gesichtspunkten zu tun (Dörfler-Dierken 2013: 19f., 86ff. sowie in diesem Band). Erst die Gewissensentscheidung qualifiziert den Staatsbürger vollends, nicht schon der blinde Gehorsam gegenüber rechtlichen und politischen Normen.

Wenn aber Anders' Annahme zutreffen sollte, daß zwischen *Machen* und *Vorstellen,* zwischen *Tun* und *Fühlen* und zwischen *Wissen* und *Gewissen* eine eklatante Kluft besteht, wäre zu fragen, wie die Innere Führung dieses Risiko bedenkt und auffängt, das darin liegen könnte, daß mit dem Einsatz bewaffneter Drohnen diese Kluft möglicherweise noch viel weiter aufgerissen wird als bisher schon.[4] Wie können sich das Vorstellen und Fühlen, gewissermaßen Vorstufen, und letztlich das Gewissen angesichts dieser Technologie und der Versprechungen und Vorteile, die sie zu bieten scheint, noch angemessen behaupten? Wie gelingt es schließlich dem Gewissen, diesen technologischen Versuchungen nicht zu erliegen? Und wie stellt die Bundeswehr in der Vorbereitung auf solche bewaffneten Drohneneinsätze ausreichend sicher, daß die Gewissensoption nicht zu einem Papiertiger mit Feigenblattfunktion verkommt, mithin die Innere Führung schon im Ansatz verletzt wird?

Literatur

Anders, Günther 2002: Die Antiquiertheit des Menschen. Band 1: Über die Seele im Zeitalter der zweiten industriellen Revolution. München: Beck.

Barrett, Clark C. 2011: Unarmed and Dangerous: The Holistic Preparation of Soldiers for Combat, in: Ethical Human Psychology and Psychiatry, Vol. 13, No. 2, S. 95-114.

Booth, Sebastian 2013: Does Distance or Remoteness Affect How Human Beings Use and Respond to Violence?, in: E-International Relations Studies. Quelle: http://www.e-ir.info/2013/02/19/does-distance-or-remoteness-affect-how-human-beings-use-and-respond-to-violence/

Boyle, Michael J. 2013: The costs and consequences of drone warfare, in: International Affairs, Vol. 89, No. 1, S. 1-29.

Brandt, Marisa Renee 2013: Cyborg Agency and Individual Trauma: What Ender's Game Teaches Us about Killing in the Age of Drone Warfare, in: M/C Journal, Vol. 16, No. 6, S. 1-6.

---

[4] Eine scharfsinnige Analyse zu Gefahren der Simulation findet sich bei Brandt (2013), die dazu auf den Roman *Ender's Game* von Orson Scott Card referiert.

Chandler, Katherine 2012: 5.000 Feet is the best: Re-viewing the politics of unmanned aerial systems, in: United Nations University (Hg.): Knowledge Politics and Intercultural Dynamics. Actions, Innovations, Transformations. Barcelona: CIDOB, S. 63-73.

Chappelle, Wayne/McDonald, Kent/McMillan, Katherine 2011: Important and Critical Psychological Attributes of USAF MQ-1 Predators and MQ-9 Reaper Pilots According to Subject Matter Experts. AFRL-SA-WP-TR-2011-ß0002. May 2011. Case Number: 88ABW-2011-2980, 13 Jun 2011. Quelle:

http://www.dtic.mil/dtic/tr/fulltext/u2/a545552.pdf

Clark, Steven 2012: Targeted Killings: Justified Acts of War or Too Much Power for One Government, in: Global Security Studies, Vol. 3, No. 3, S. 15-33.

Deri, Aliya Robin 2012: "Costless" War: American and Pakistani Reactions to the U.S. Drone War, in: Intersect, Vol. 5, S. 1-16.

Dörfler-Dierken, Angelika 2013: Führung in der Bundeswehr. Soldatisches Selbstverständnis und Führungskultur nach der ZDv 10/1 Innere Führung. Mit einem Geleitwort des Evangelischen Militärbischofs Martin Dutzmann. Berlin: Miles.

Dowd, Alan W. 2013: Drone Wars: Risks and Warnings, in: Parameters, Vol. 42/43, No. 4/1, S. 7-16.

Fitzsimmons, Scott/Sangha, Karina 2013a: Killing in High Definition: Combat Stress among Operators of Remotely Piloted Aircraft, in: Canadian Political Science Association. Quelle: http://www.cpsa-acsp.ca/papers-2013/Fitzsimmons.pdf

Fitzsimmons, Scott/Sangha, Karina 2013b: The reality of drone warfare – is it really a costless conflict? Quelle:

http://www.thejournal.ie/readme/column-the-reality-of-drone-warfare-%E2%80%93-is-it-really-a-costless-conflict-974983-Jul2013/

Freyberger, Harald 2014: Special: Was muten wir eigentlich unseren Soldaten in Auslandseinsätzen zu?, in: Ethik und Militär, Ausgabe 1, S. 56-58.

Gregory, Derek 2011: The everywhere war, in: The Geographical Journal, Vol. 177, No. 3, S. 238-250.

Hastings, Michael 2012: The Rise of the Killer Drones: How America Goes to War in Secret, in: Reader Support News, S. 1-10.

Krasmann, Susanne 2014: Der Aufstieg der Drohnen. Über das Zusammenspiel von Ethik und Ökonomie in der Praxis des gezielten Tötens, in: WestEnd. Neue Zeitschrift für Sozialforschung, Heft 1, S. 25-44.

Matthews, Michael D. 2014: Special: Stress bei Drohnenpiloten – posttraumatische Belastungsstörung, Existenzkrise oder moralische Verletzung?, in: Ethik und Militär, Ausgabe 1, S. 59-64.

Mayer, Jane 2009: The Predator War. What are the risks of the C.I.A.'s covert drone program?, in: The New Yorker, Quelle: http://www.newyorker.com/reporting/2009/10/26/091026fa_fact_mayer

Miller, Greg 2012: Drone Wars. Are remotely piloted aircraft changing the nature of war?, in: Science, Vol. 336, S. 842-843.

Ofek, Hillel 2010: The Tortured Logic of Obama's Drone War, in: The New Atlantis, S. 35-44.

Otto, Jean L./Webber, Bryant J. 2013: Mental Health Diagnoses and Counselling Among Pilots of Remotely Piloted Aircrafts in the United States Air Force, in: Medical Surveillance Monthly Report, Vol. 20. No. 3, S. 3-8.

Rudolf, Peter 2014: Töten durch Drohnen. Zur problematischen Praxis des amerikanischen Drohnenkriegs, in: Ethik und Militär, Ausgabe 1, S. 41-45.

Sharkey, Noel 2011: Automating Warfare: lessons learned from the drones, in: Journal of Law, Information, and Science, S. 1-12.

Shaw, Ian Graham Ronald/Akhtar, Majed 2012: The Unbearable Humanness of Drone Warfare in FATA, Pakistan, in: Antipode, Vol. 44, No. 4, S. 1490-1509.

Singer, Peter W. 2009a: Robots at War: The New Battlefield, in: The Wilson Quarterly, S. 1-12.

Singer, Peter W. 2009b: Military Robots and the Laws of War, in: The New Atlantis, S. 27-47.

Singer, Peter W. 2012: Do Drones Undermine Democracy?, in: The New York Times, S. 1-4.

Wellbrink, Jörg 2014: Mein neuer Kamerad – der Roboter`, in: Ethik und Militär, Ausgabe 1, S. 52-55.

Whetham, David 2013: Killer Drones, in: The RUSI Journal, Vol. 158, No. 3, S. 22-32.

Williams, Brian Glyn 2010: The CIA's Covert Predator Drone War in Pakistan, 2004-2010: The History of an Assassination Campaign, in: Studies in Conflict and Terrorism, Vol. 33, S. 871-892.

Drohnen vor dem Gewissen

Angelika Dörfler-Dierken

Am 17. Juni dieses Jahres hat eine Anhörung zu Drohnen im Deutschen Bundestag stattgefunden. Sie hat die bisher in der öffentlichen Diskussion vorgebrachten völkerrechtlichen und ethischen Argumente gebündelt und weiter entwickelt, mit dem Ziel, letztlich zu einer Entscheidung über die Anschaffung von Unmanned Aerial Vehicles (UAV) für die Bundeswehr zu kommen. Auch die Entscheidung über die Frage, ob die gegebenenfalls anzuschaffenden UAVs aufmunitionierbar sein sollen, wird von dieser Veranstaltung abhängen. Mit der Anhörung setzt die Bundesregierung ihre Forderung vom 29. Mai 2013 um, dass „eine abschließende Entscheidung zur Beschaffung bewaffneter UAVs" erst nach „einer breiten gesellschaftspolitischen Debatte" gefällt werden könne. (Bundestagsdrucksache 17/13655, 4) Pünktlich zu diesem Termin ist ein Themenheft der neuen elektronischen Zeitschrift der Katholischen Militärseelsorge, herausgegeben vom Zentrum für Ethische Bildung in den Streitkräften (zebis), erschienen: „Ethik und Militär", die sich in ihrer ersten Nummer des Drohnenthemas aus unterschiedlichen Perspektiven angenommen hat.

Die folgenden Überlegungen fokussieren nicht auf die Sicherheit, welche Drohnen für Soldatinnen und Soldaten im Einsatz, im Feldlager sowie auf Patrouille schaffen können, auch nicht auf die ökonomischen Motivbündel, die für die Produktion, den Erwerb und Einsatz von Drohnen sprechen, und nicht auf die Folgen, die der Einsatz von Drohnen in den betroffenen, überwachten Kulturen und Gesellschaften hat, sondern „nur" auf die Auswirkungen, die der Einsatz von Drohnen als einer speziellen Form technologischer Kriegsführung auf den Soldaten oder die Soldatin hat, der/die am Bildschirm sitzt, das Zielgebiet und die Zielpersonen am Monitor überwacht, und gegebenenfalls (was in Deutschland allerdings – zumindest vorläufig – nicht geschehen soll) am Joystick eine Rakete auslöst. Die Beschäftigung mit dieser Frage erfolgt vor dem Hintergrund der für die Bundeswehr kennzeichnenden Konzeption der Inneren Führung, die dem Soldaten bzw. seiner Kameradin zutraut und zumutet, selbstständig und eigenverantwortlich in unübersichtlichen Situationen zu handeln und dabei Verantwortung für sich selbst, für die Kameraden und für das Ziel des Auftrages: einen Beitrag zur Herstellung von Sicherheit und Frieden, zu übernehmen.

Schon der „Vater" der Inneren Führung, der als Generalleutnant aus der Bundeswehr ausgeschiedene ehemalige Reichswehr- und Wehrmachtssoldat Wolf Graf von Baudissin, sprach von der „fast übermenschlichen Verantwortung" (Baudissin 2006: 230), die trägt, wer eine Waffe einsetzt – denn er sei individuell verantwortlich für dasjenige, was geschieht: „Je tödlicher und weitreichender die Waffenwirkung wird, umso entscheidender ist die Frage, ob hinter den Waffen Menschen stehen, die wissen, was sie tun."

In meinen Blick kommen deshalb diejenigen, die Drohnen führen, also diejenigen, die den Joystick bedienen und diejenigen, welche die Bildauswertung vornehmen. Ich kenne keinen einzigen dieser Soldatinnen oder Soldaten persönlich, gebe mit diesen Zeilen also nur dasjenige zu bedenken, was ich vermute und befürchte. Aber ich beziehe mich natürlich auf Literatur und Filmdokumente, die vor allem aus den Vereinigten Staaten von Amerika kommen, wo einige Soldaten, die Drohnen geführt haben, sich „geoutet" und über die speziellen Herausforderungen ihrer Arbeit berichtet haben. In den einschlägigen Zeitschriften der Bundeswehr ist meines Wissens bisher nichts zu den speziellen Herausforderungen an entsprechenden Arbeitsplätzen veröffentlicht worden. Eine Ausnahme ist die in „Ethik und Militär" publizierte Studie von Michael Matthews zu „Stress bei Drohnenpiloten" (2014; vgl. a. ebd. Freyberger 2014).

Die nachfolgenden Äußerungen sind ein Plädoyer dafür, den „Menschen hinter der Waffe" (Dörfler-Dierken 2006) wahrzunehmen. Menschen sind – jedenfalls nach öffentlicher Meinung und allgemeiner Erfahrung – vulnerable und vielfältig affizierbare Wesen, die nach den in der Bundesrepublik Deutschland geltenden Gesetzen vor den Folgen von Gewalteinwirkungen geschützt werden müssen. Solchen Schutz verspricht der Staat allen seinen Bürgerinnen und Bürgern. Soldatinnen und Soldaten können sich darauf verlassen, dass – wie es Helmut Schmidt mit unnachahmlicher Präzision bei einer Vereidigung vor dem Reichstag in Berlin formulierte – dieser Staat sie „nicht missbrauchen" wird. Im Unterschied zu anderen Staatsbürgern haben Uniformträger in ihrem Eid gelobt, sich tapfer „für Recht und Freiheit des deutschen Volkes" einzusetzen und das kann im schlimmsten Fall auch heißen, das eigene Leben in Gefahr zu bringen und gegebenenfalls zu verlieren. Wenn Soldatinnen und Soldaten sich selbst nicht mehr körperlicher Gefahr aussetzen müssen, weil sie an Monitoren sitzen und von gegnerischen Waffen nicht erreicht werden können, dann ist für sie ein hoher Schutz erreicht. Drohnenpiloten und Bildauswerter schützen aber vor allem die Kameradinnen und Kameraden, die im Einsatzland tätig sind. Das wird meist als zentrales Argument für den Einsatz (bewaffneter) Drohnen angeführt.

Tote begleiten die Lebenden

Kampf- und Kriegserfahrungen prägen Menschen – häufig ein Leben lang. Karl Marlantes, ein amerikanischer Vietnamveteran, der aufgrund seiner Kampferfahrungen und seines daran anschließenden Philosophiestudiums vierzig Jahre nach dem Einsatz in Vietnam fordert, dass Soldaten ihre spirituelle Seite entwickeln und dabei Hilfe bekommen müssen, berichtet, dass sich ihm einer seiner Gegner unauslöschlich eingeprägt hat:

„Es gab einen speziellen Soldaten der NVA [=Nordvietnamesischen Armee, ADD], an dessen verzweifelte, angsterfüllte Augen ich mich noch lebhaft erinnere. Schwarz und tief stachen sie aus einer explodierenden Landschaft voller Schlamm und sterbender Vegetation heraus. Ich sehe ihn noch vor mir, wie er sich aus seinem Loch hob, um eine Handgranate nach mir zu werfen, sehe die wilde Verzweiflung des in die Enge getriebenen Tieres, die Suche nach einem Fluchtweg. Aber es gab keinen. Ich sehe die Panik, die zurückgezogenen Lippen, die seine Zähne bloß legten. Sein Freund, der über ihm lag, war tot, ein Teenager wie mein Funker." (Marlantes 2013, 48) „Da war er [=besagter Nordvietnamese], die Granate in der Hand. Er zog den Zünder. Blut lief ihm aus einer Kopfwunde übers Gesicht. Er legte den Arm zurück, um die Granate zu werfen – und sah mich, wie ich ihn über den Lauf meines Gewehres anvisierte. Er hielt inne und sah mich direkt an. In diesem Moment brannte sich das Bild seiner Augen auf ewig in mein Gedächtnis, über die Zielvorrichtung meines Gewehres hinweg." (Marlantes 2013, 50) „Heute verbindet sich die Erinnerung daran mit allen möglichen Gefühlen. Angenommen, es wäre einer meiner Söhne gewesen, Peter oder Alex, in der Falle und voller Angst, als die riesigen als rücksichtslos, ja sogar wahnsinnig bekannten amerikanischen Marines einer nach dem anderen aus dem Dschungel kamen, auf den Hang ausschwärmten und seine Freunde in den Löchern um ihn herum töteten." (Marlantes 2013, 52) Marlantes spielt dann geistig und emotional die Situation durch, dass sein Sohn der gegnerische Vietnamese ist, und betrauert dessen unvollendetes Leben: „Der Tod fängt ihn in einem Drecksloch Hunderte von Kilometern von seiner Familie entfernt, und er hat nie eine Frau geliebt, wird nie die Freuden und Widrigkeiten einer eigenen Familie erleben." (Marlantes 2013, 52)

Soldatsein heißt, gegebenenfalls ein Leben lang mit solch exzeptionellen Erfahrungen umgehen zu müssen, sie in das eigene Selbstbild und Lebenskonzept zu integrieren.

Auch wer „nur" am Monitor Kampfhandlungen ansieht, ist betroffen

Diejenigen, die am Bildschirm sitzen, sind „mitten drin" im Gefecht. Sie sehen und manchmal „hören" sie auch (tatsächlich Töne oder zum Schrei geöffnete Münder), was am Boden im Einsatz geschieht. Sie können sich nur eingeschränkt abschotten gegen die Bilderflut. Schließlich wissen und sehen sie, dass es sich um reale Menschen handelt, die miteinander kämpfen, sich gegenseitig verletzen und töten. Sie nehmen diese Bilder mit nach Hause und müssen sie gegebenenfalls in allen Lebenssituationen mit sich herumtragen. Sie können die Bilder noch nicht einmal beiseite schieben und sagen: Damals war ich in einem fernen Land im Krieg – denn sie bleiben ja „daheim" und leben täglich mit Frau und Kindern. Sie haben kein Ritual des Auszugs der Krieger und ihrer Heimkehr, denn für sie ist das Berufsalltag.

Niemand hat bisher darüber berichtet, wie Soldatinnen und Soldaten wieder „runter kommen" in diesen beruflich bedingten Alltagssituationen, welche Hilfen sie erhalten bei der Bewältigung solcher Bilder, die eigentlich niemand ansehen möchte.

Deshalb ist es wichtig, dass Soldatinnen und Soldaten innerlich „wach" und „lebendig" sind, so dass sie sich mit ihren Erfahrungen auseinandersetzen können. Die Konzeption der Inneren Führung verankert solche Selbstreflexion auf Erfahrungen mit dem Töten und getötet Werden im Zentrum des Soldatenberufs. Zur Konzeption der Inneren Führung gehört auch, dass Gesellschaft und Politik sich nicht nur um den „kranken" Soldaten bzw. die „kranke" Soldatin kümmern, sondern um den ganzen Menschen. Der braucht nach seinen Erfahrungen Versöhnung, nicht nur Gesundheit. Der oben schon zitierte Karl Marlantes drückt das folgendermaßen aus: „Der aus dem Krieg zurückkehrende Krieger muss nicht nur Geist und Körper heilen, sondern vor allem seine Seele." (Marlantes 2013, 246)

Gestützt werden diese Überlegungen durch die Entdeckung sogenannter „Spiegelneuronen", die Menschen dazu befähigen, Gefühle ihrer Artgenossen mitzuempfinden. Diese Fähigkeit haben schon Kleinkinder, sie kann im

Laufe des Lebens unterdrückt oder instrumentalisiert werden. (Meier 2014; Ebeling 2014, beide mit weiterführender Lit.)

Wer den Einsatz militärischer Mittel veranlasst, muss sich seiner ethischen Verantwortung bewusst sein

Wenn das deutsche Parlament Soldatinnen und Soldaten in solche Situationen bringt, in denen sie mit exzeptionellen und existentiell betroffen machenden Erfahrungen – die sie tiefen moralischen Verletzungen aussetzen können – umgehen müssen, dann muss es dafür „gute" Gründe geben. Das ist nicht nur eine Frage an das Persönlichkeitsprofil der Soldatinnen und Soldaten, eine Aufgabe für die Truppenpsychologie und eine Herausforderung für die Fürsorge der militärischen Vorgesetzten, sondern eine zutiefst ethische Frage: Was darf ein Staat, was darf eine Gesellschaft von den uniformierten Bürgern erwarten, wenn nicht Recht und Freiheit des deutschen Volkes verteidigt werden müssen, sondern Krisenprävention, Unterstützung eines ausländischen Staates, humanitäre Hilfe, Grenzüberwachung oder Beistand im Bündnis geleistet werden sollen? Die ethische Frage lautet zugespitzt: Welchen moralischen Dilemmata darf ein Staat seine Bürger gezielt und bewusst aussetzen? Was der Staat seinen Staatsbürgern in Uniform zumuten darf, in welche Situationen er sie aus welchen Gründen bringen darf – das muss in Gesellschaft und Politik breit diskutiert werden. Das Völkerrecht entwickelt sich in Richtung einer Responsibility to Protect; Menschenwürde und Menschenrechte, Leib und Leben aller Menschen auf dieser Welt gelten als schützenswert. (Gareis 2014; Fassbender 2014) Besonders brisant ist diese Fragestellung, seit die Übernahme größerer Verantwortung in der Welt durch deutsche Politiker gefordert wurde. Darf der Staat von seinen Soldatinnen und Soldaten verlangen, sich Situationen auszusetzen, die kaum ein Mensch unbeschadet überstehen kann, wenn nicht unmittelbar Recht und Freiheit des deutschen Volkes verteidigt werden müssen? Muss ein Staat von seinen Soldatinnen und Soldaten den Einsatz militärischer Gewaltmittel fordern, um Menschenwürde durchzusetzen, wo sie mit Füßen getreten wird? Die Antwort auf diese Frage ist nicht banal, sie rührt vielmehr an das Zentrum des Verhältnisses von uniformiertem Staatsbürger, Staat und Gesellschaft – und an das Verständnis von Verantwortung, das die Bundesrepublik in der Welt wahrzunehmen bereit oder gar verpflichtet ist.

Wer militärische Mittel einsetzt, muss sich auch seiner Verantwortung für sich selbst bewusst sein

Soldatinnen und Soldaten sind – wie andere Menschen auch – verantwortlich für sich selbst und ihre Mitmenschen. Sie sind verantwortlich für den Erhalt ihres Lebens und ihre physische und psychische Gesundheit, sie sind verantwortlich für Leib und Seele. Wie andere Menschen auch haben sie ein Identitätszentrum, einen individuellen und je besonderen Kern von Überzeugungen und Haltungen. Das wird gemeinhin als ihr Gewissen bezeichnet. In Deutschland darf niemand gezwungen werden, gegen sein Gewissen zu handeln. (Vgl. einführend Gillner 2014, mit weiterführender Lit.)

Zum soldatischen Gewissen nach der Konzeption der Inneren Führung

Am 5. Juni vor 21 Jahren starb Baudissin in seinem Haus in Groß-Flottbek in Hamburg. Zwar hat kaum jemand in der Bundeswehr seiner gedacht, aber sein geistiges Erbe ist einigermaßen lebendig. Das erkennt man daran, dass seine „Erfindung", die Konzeption der Inneren Führung, immer noch das Leitbild für soldatisches Selbst- und Berufsverständnis in Deutschland abgibt und Zentrale Dienstvorschriften, die „ZDv 10/1 Innere Führung" sowie die „ZDv 10/4 Lebenskundlicher Unterricht. Selbstverantwortlich leben – Verantwortung für andere übernehmen können", prägt.

Baudissin sah den Soldaten als Mitmenschen und Staatsbürger an, der sich für Sicherheit für die Menschen und Frieden zwischen den Menschen einsetzt, auch in dem, was Baudissin das „Heiße Gefecht" nannte. Baudissins grundsätzliche Überlegung war, dass derjenige Soldat gut kämpfen wird, der von der Legitimität seines militärischen Handelns zutiefst überzeugt ist, der seine eigenen Anliegen verteidigt: demokratische Lebensform und Freiheit. Daraus ergibt sich die Forderung, dass Soldatinnen und Soldaten vom Nutzen des Einsatzes der Drohnentechnologie überzeugt sein müssen, wenn sie damit arbeiten. Sie müssen der Überzeugung sein, dass dasjenige, was sie tun, tatsächlich hilft, die Sicherheit für Deutschland (und seine Verbündeten) zu verbessern und dem Frieden zu dienen. Dass der Einsatz von Überwachungsdrohnen sowohl an den Außengrenzen der Europäischen Union wie in Einsatzländern um die Feldlager herum oder bei Patrouillen zum Selbst- und Kameradenschutz aus soldatischer Sicht für sinnvoll und notwendig erachtet wird, steht außer Frage. Auch die Möglichkeit, im Notfall zur Unterstützung der im

Einsatzgebiet operierenden Kräfte eine Rakete abzufeuern, wird von Soldatinnen und Soldaten im allgemeinen gut geheißen (zumal Drohnen besser als andere Waffen das Diskriminationsgebot des Völkerrechts erfüllen können). Fragen stellen sich allerdings vom Ziel des Soldatenberufs her, Frieden und Sicherheit zu erhalten oder wieder herzustellen: Kann die technologische Übermacht eines „Goliath" tatsächlich den kleinen „David" besiegen? Und ein zweites Bündel von Fragen: Was passiert, wenn Terrorgruppen in den Besitz von Drohnentechnologie gelangen und Ziele in Zentraleuropa oder mitten in Deutschland aufklären oder gar mit Raketen ansteuern? Auf diese Frage kann abweisend geantwortet werden, bis dahin dauere es noch Jahrzehnte. Die Frage zielt aber auch auf das allgemein menschliche Gebot: Was du nicht willst, das man dir tu', das füg' auch keinem andern zu!

Auch die neueste Fassung der Zentralen Dienstvorschrift zur Inneren Führung, die ZDv 10/1 von 2008 (heißt jetzt: Zentrale Dienstvorschrift A 2600/1), betont die Notwendigkeit der Authentizität des Soldaten im Sinne der Inneren Führung. Es heißt dort, dass Soldatinnen und Soldaten gerade im Auslandseinsatz vor Gewissensentscheidungen gestellt werden. Deshalb werden sie darauf verpflichtet, „ihr Gewissen (zu schärfen) und eine moralische Urteilsfähigkeit (zu entwickeln)" (ZDv 10/1, 2008, Ziff. 508). Denn, so sagte schon Baudissin: „In Konfliktsituationen steht der Soldat – wie jeder andere Mensch mit Verantwortung für Mitmenschen und Auftrag – allein vor seinem Gewissen." (Baudissin 2006, 232) Solcher Arbeit am eigenen Gewissen unterziehen sich auch diejenigen, die weit entfernt vom eigentlichen Kampfgeschehen Drohnen steuern, Drohnenbilder auswerten und auch diejenigen, die gegebenenfalls den Impuls auslösen, dass ferngelenkte oder sich selbst ins Ziel steuernde Waffen zum Einsatz kommen.

Kirchliche Verlautbarungen sprechen vom „Primat des Gewissens", der auch dann gelte, wenn „für den Einzelnen andere Bezugskategorien wie die Zugehörigkeit zu einer militärischen Gruppe (Kohäsion durch Kameradschaft) oder Karrieregesichtspunkte (Auslandseinsatz als Bedingung für berufliche Förderung) wesentliche handlungsleitende Motive sein mögen." (Evangelische Seelsorge in der Bundeswehr 2014, 22f.)

Unzweifelhaft bedarf die Demokratie gewissensgeleiteter Individuen, die Verantwortung für die Sicherheit des Gemeinwesens und die freiheitliche Ordnung übernehmen und aus Einsicht gehorsam sind. Sie bedarf solcher Menschen, die nötigenfalls auch durch den Einsatz von Gewaltmitteln Schutz für Unbewaffnete und Frieden erzwingen – obwohl gerade Soldatinnen und Soldaten darum wissen, dass ein sicheres und friedliches Leben für alle Menschen letztlich nicht erzwungen werden kann, denn das setzt Respekt und friedliche Formen der Konflikttransformation voraus. Deshalb forderte Baudissin von den Soldaten Mitmenschlichkeit: „Menschlichkeit ist nicht teilbar. Soll sie nur noch bestimmten Gruppen vorbehalten bleiben, so wird sie ganz und gar verloren gehen. Der Soldat, der keine Achtung vor dem Mitmenschen hat, – und auch der Feind ist sein Mitmensch – ist weder als Vorgesetzter noch als Kamerad oder Mitbürger erträglich." (Baudissin 1957, 64)

Nach Baudissin sind Soldaten demnach nicht nur Militärhandwerker – also Spezialisten für den Einsatz militärischer Gewaltmittel –, sondern auch Menschen, denen der Schutz ihrer innersten Überzeugungen oder ihrer Weltanschauung und ihrer persönlichen Integrität, kurzum: der Schutz ihres Gewissens, wie allen anderen Bürgerinnen und Bürgern nach dem Grundgesetz zukommt.

Drohnen in der friedenspolitischen Diskussion

Das von Baudissin lange Jahre geleitete IFSH hat 2013 zusammen mit anderen Institutionen das Friedensgutachten herausgegeben. Die seit 1987 erscheinenden Friedensgutachten untersuchen die internationale Konfliktrealität aus friedensstrategischer Perspektive und leiten daraus Empfehlungen für die Friedens- und Sicherheitspolitik in Deutschland und Europa ab. Das Friedensgutachten hat 2013 das Thema Drohnen, speziell bewaffnete Drohnen, zu seinem Schwerpunktthema gemacht. Begründet wird das damit, dass die Rüstungsproduktion und die Rüstungsmärkte, vor allem aber Krieg und Kampf durch den Einsatz von bewaffneten Drohnen sich dramatisch verändern: ferngesteuerte Kampfdrohnen können von anderen Erdteilen aus gegen Personen und Einrichtungen eingesetzt werden, ohne dass ein eigener Soldat mehr bewegt als den Finger am Joystick. Ferngesteuerte Kampfdrohnen werden von den USA eingesetzt gegen Länder, mit denen sie nicht im Krieg sind – etwa Pakistan oder der Jemen. Dort seien seit 2009 75 Drohnenangriffe durchgeführt worden. Solche unerklärte Kriege würden bald völlig automatisiert ablaufen können, heißt es im Friedensgutachten aus dem letzten Jahr. Solche Kriege forderten keine Gefallenen, setzten die eigenen Soldatinnen und Soldaten noch nicht einmal der schwierigen Lebenssituation in einem Feldlager im fernen Land aus. Schon jetzt seien es nicht nur die Militärs, denen bewaffnete Drohnen zur Verfügung stünden, sondern auch Geheimdienste – wie in den USA die CIA. Bei

Drohnenangriffen komme es immer wieder zu dramatischen Fehleinsätzen, die ganze Hochzeitsgesellschaften, friedenswillige muslimische Geistliche, unschuldige Frauen und Kinder treffen – sei es, weil die Informationen, wer wo mit wem zusammen steht, falsch übermittelt wurden, oder dass der Drohnenpilot am Monitor einen Fehler gemacht habe. Dass das eine Spirale der Motivation für Gotteskrieger in Gang setzen kann – der Tod der durch bewaffnete Drohnen Getöteten motiviere zu neuen Terrorakten – stehe außer Zweifel. Drohnen seien, auch das ist ein wichtiger Faktor, ökonomischer als Soldaten, denn sie verursachten weniger Neben- und Nachfolgekosten als ein verwundeter Soldat. Und mit Exporten von Drohnen, nicht nur für Kampf und Krieg, sondern beispielsweise auch für die Grenzsicherung, könne die deutsche Rüstungsindustrie gutes Geld verdienen. Diese Dimensionen von Drohnentechnologie und -einsätzen wurden im letztjährigen Friedensgutachten thematisiert.

Besondere Belastungen durch Drohnenarbeitsplätze?

Wer die einschlägigen Veröffentlichungen der Bundeswehr zu den besonderen psychischen Belastungen bei Soldatinnen und Soldaten oder anderen Einsatzkräften anschaut, wird keine Hinweise auf Traumata, Depressionen, Angststörungen, Panikattacken oder Suchterkrankungen speziell bei Drohnenpiloten oder Bildauswertern finden. Dabei würde es eigentlich nahe liegen, dass die visuelle und akustische Konfrontation mit Leid und Tod, mit scheußlichen Verbrechen an den eigenen Kameraden sowie an anderen Menschen sehr belastend sein kann für diejenigen, die auf die Monitore schauen müssen und die Drohnen steuern. Was ist, wenn einer der Übeltäter im letzten Moment, bevor er von einer Rakete getötet wird, die Hände hochreißt und sich ergeben will? Niemand kann eine Rakete zurück rufen. Ganz sicher sind diejenigen, die an solchen Arbeitsplätzen arbeiten, einem besonderen Stress ausgesetzt, der sich unterscheidet von dem Stress, dem Pflegende auf Intensivstationen in Krankenhäusern, Feuerwehrleute, Angehörige von Rettungsdiensten oder Polizistinnen und Polizisten ausgesetzt sind. Während diese alle nämlich mit leibhaftig ihnen begegnenden Menschen in realen Situationen umgehen und sie zu retten versuchen, müssen Drohnenpiloten und Bildauswerter ähnlich wie Journalisten „nur" zusehen. Gegebenenfalls rufen sie die Feuerkraft anderer Staaten zu Hilfe – und dann müssen sie ansehen, wie durchschlagend diese sein kann. Auch das bloße Zusehen bei Gewalthandlungen hat Folgen: Neurologische

Erkenntnisse zu Gewalterfahrungen ergeben, dass das Zusehen ebenso traumatisierend wirken kann, wie das eigene Erleiden.

Verpflichtungen des Dienstherrn gegenüber den Soldatinnen und Soldaten

Auch Soldatinnen und Soldaten der Bundeswehr stehen im Geltungsbereich des Grundgesetzes. Für sie gilt, dass ihre Würde unantastbar ist, dass sie das Recht auf Leben und körperliche Unversehrtheit haben (außer im Verteidigungsfall). Der Staat hat somit die Verpflichtung und Verantwortung, die Menschen, die er mit hoheitlichen Aufgaben betraut hat, in deren Folge Schädigungen an Leib und Leben eintreten können, besonders zu betreuen, sich angemessen um sie zu kümmern und natürlich vor allem im Vorfeld dafür zu sorgen, dass diese nur in unbedingt notwendigen Situationen sich solchen Risiken aussetzen müssen. Nach § 31 Soldatengesetz muss der Bund im Rahmen des besonderen Dienst- und Treueverhältnisses für seine Soldatinnen und Soldaten und deren Familien sorgen und sie gegebenenfalls für die erlittenen Schädigungen entschädigen. Wer deutsche Soldatinnen und Soldaten in den Einsatz schickt, ihnen Krieg und Kampfhandlungen – auch solche am Bildschirm – zumutet, der muss davon zutiefst überzeugt sein, dass er die ethische Berechtigung dazu hat. Und das ist die Verteidigung von Recht und Freiheit des deutschen Volkes. Ein anderer Grund ist in der deutschen Verfassung nicht vorgesehen. Gegebenenfalls sollten Soldatinnen und Soldaten „den politischen Entscheidungsträgerinnen und -trägern die möglichen Gewissenskonflikte und die daraus folgenden physisch-psychischen Belastungen deutlich vor Augen führen. Denn das Gewissen der Politikerinnen und Politiker kann – ebenso wie dasjenige aller Bürgerinnen und Bürger – nicht unberührt bleiben von den Lasten und Zumutungen, die sie den Soldatinnen und Soldaten aufbürden." (Evangelische Seelsorge in der Bundeswehr 2014, 23)

Forschungen zu Folgen von besonderen Belastungen

Soldatinnen und Soldaten sind tätig in einem sogenannten „Hochrisiko-Beruf". Sie setzen sich berufsbedingt Situationen aus, die andere Menschen vermeiden. Das macht Stress. Solcher Stress kann dann zum Nährboden für eine Posttraumatische Belastungsstörung, einer Depression oder einer anderen psychischen Krankheit werden. Diese Erkrankungen können – so meine Argumentation – nicht nur durch den unmittelbaren Kampf, sondern auch durch die Ar beit am Monitor, bei der man gegebenenfalls Zeuge von Gewalthandlungen wird, ausgelöst werden.

Unbestreitbar entstehen besondere Belastungen durch Kampfhandlungen. Michael und Catri Tegtmeier – ein Oberst der Bundeswehr und seine Frau, Chefärztin einer psychosomatischen Klinik – haben Daten zusammengestellt, wonach von den im Irak und in Afghanistan zwischen 2002 und 2008 eingesetzten US-amerikanischen Soldatinnen und Soldaten „21,8 Prozent an einer Posttraumatischen Belastungsstörung, 17,4 Prozent an einer Depression und 36,9 Prozent an einer anderen psychischen Erkrankung litten." (2011, 22, vgl. a. 66f.) Diese Soldaten waren selbst und leibhaftig an Kampfeinsätzen beteiligt. Besonders junge Soldatinnen und Soldaten seien betroffen, wenn sie Kampferfahrungen verarbeiten müssten. Aus der Bundeswehr sind keine vergleichbaren Daten öffentlich zugänglich. Es ist jedoch gewiss, dass solche vorliegen. Dass es in der Bundeswehr spezifische Erkenntnisse zu Stressbelastungen speziell bei der Gruppe derer gibt, die an Monitoren gegebenenfalls ein Kampfgeschehen verfolgen, ist mir bisher nicht bekannt geworden.

Auch andere Menschen als Soldatinnen und Soldaten werden Zeuge von schrecklichen Vorfällen. Dass das Mitansehen von Gräueltaten Stress für die Zuschauer bedeutet, ist unbestritten. Das kann schon erfahren, wer zufällig einen Verkehrsunfall mitansehen muss. (Weisaeth 1994, 92). Dieser Hinweis macht darauf aufmerksam, dass nicht nur Soldatinnen und Soldaten, sondern alle Menschen ein Trauma erleiden und gegebenenfalls an einer PTBS erkranken können. Manche Berufsgruppen sind entsprechenden Stressoren allerdings stärker ausgesetzt als andere, weil sie wegen ihrer Profession immer wieder in belastende Situationen kommen. Die Häufigkeit entsprechender Erfahrungen oder deren Wiederholung erhöht das Risiko einer psychischen Störung. Soldatinnen und Soldaten sind solchen Stressoren ebenso wie Feuerwehrleute oder diejenigen, die auf dem Rettungswagen fahren, nicht nur einmal im Leben, sondern immer wieder ausgesetzt.

Aus der Berufsfeuerwehr, ein „Hochrisiko-Beruf" wie der Soldatenberuf, ist bekannt, dass die Nähe zum tatsächlichen Einsatzgeschehen kein entscheidender Stressor ist. Vor dem brennenden Haus mit dem Löschwagen zu stehen, in das brennende Haus einzudringen, um Verletzte zu bergen, und in der Einsatzzentrale das Geschehen zu koordinieren, begründet keine unterschiedliche Intensität der Belastung. Für das menschliche Gehirn ist es offenbar nicht wichtig, ob die Erfahrung real und mit Lebensgefahr für einen selbst verbunden ist, oder ob die eigentliche Gefährdung sich fern vom eigenen Arbeitsplatz abspielt:

„Nur ein Viertel aller Einsatzkräfte der Berufsfeuerwehr wies keine relevanten psychischen Auffälligkeiten auf. Darüber hinaus wurde kein statistisch bedeutsamer Unterschied in der Auftretenshäufigkeit von PTBS-Symptomen zwischen einzelnen Funktionen innerhalb einer Berufsfeuerwehr nachgewiesen. Belastungssymptome waren nicht nur bei den Einsatzkräften, sondern auch bei den Leitstellendisponenten aufgetreten. Selbst bei Feuerwehrangehörigen, die ausschließlich mit Verwaltungsaufgaben betraut waren, wurden keine geringeren posttraumatischen Belastungen als bei den Kollegen in den anderen Aufgabenbereichen nachgewiesen." (Tegtmeier/Tegtmeier 2011, 70)

Diese Beobachtung macht darauf aufmerksam, dass mit Blick auf Soldatinnen und Soldaten eigens zu fragen und zu untersuchen wäre, ob die persönliche Exposition tatsächlich gar nicht entscheidend ist für Stress und die Entstehung von Traumata, Depressionen und ähnlichen Erkrankungen. Vielleicht reicht es schon, wenn Kameraden oder Kollegen von dem erzählen, was sie gesehen und erlebt haben. Dann laufen möglicherweise die Bilder im Kopf auch der „eigentlich" nicht Betroffenen ab. Wenn das vom Ehepaar Tegtmeier referierte Ergebnis von Forschungen bei Feuerwehrleuten auf die Bundeswehrsoldaten übertragbar wäre, dann würde es gar keinen Sinn machen, Listen mit den Namen all derjenigen Soldaten und Soldatinnen zu führen, die tatsächlich in Afghanistan an Gefechten beteiligt waren. Oder anders herum formuliert: Wenn es denn stimmt, dass mitangesehene Gewalt auf den Menschen genauso krank machend und zerstörerisch wirkt wie leibhaftig ausgeübte oder erlittene Gewalt, dann müssten auch die Bildschirmarbeiter erfasst werden, die entsprechende Extremsituationen auf ihrem Bürostuhl miterleben. Und was wäre, wenn es stimmt, dass es keine signifikanten Unterschiede zwischen allen an einem Militäreinsatz beteiligten Gruppen gibt?

Dann würde sich die Verantwortung von Politik und Gesellschaft, die Soldatinnen und Soldaten in Einsätze entsenden, um ein Vielfaches erhöhen. Darf – so möchte ich fragen – ein Parlament seinen Bürgern das Aushalten und Bestehen einer Situation zumuten, in der drei Viertel (um die oben zitierten alarmierenden Zahlen von Tegtmeier/Tegtmeier zur Berufsfeuerwehr zu verwenden) an Leib und Seele geschädigt werden?

Forderungen an Politik und Bundeswehr

Aus diesen Hinweisen ergeben sich einige Forderungen an die Politiker und deren Mandatserteilung: Sie sollten sich der besonderen Belastungen, die sie derjenigen Gruppe ihrer Bürger zumuten, die im soldatischen „Hochrisiko-Beruf" arbeiten, immer bewusst sein und alles dafür tun, das Vertrauen und die Leidensfähigkeit von Soldatinnen und Soldaten nicht zu missbrauchen. Sie haben darüber hinaus eine optimale Versorgung aller derjenigen zu gewährleisten, die gestresst und möglicherweise erkrankt aus dem Einsatz zurückkommen. Daneben tritt dann die Forderung an die Gesellschaft, die Politik und Bundeswehr nicht allein zu lassen. Die „Menschen hinter den Waffen" verdienen es, anteilnehmend und emphatisch begleitet zu werden.

Dazu muss allerdings auch die Forderung nach Selbstsorge bei den Soldatinnen und Soldaten treten. Sie müssen sich auseinandersetzen mit demjenigen, was sie selbst im Dienst sich zumuten. Sie können nicht für ein paar Jahre ihre „Seele an den Dienstherrn verkaufen" (so das Diktum eines jungen Hauptmanns) und darauf hoffen, dass sie dann „heil" nach Hause gehen können. Das Leben ist voller Risiken – und diejenigen, die im „Hochrisiko-Beruf" Soldat arbeiten, sollten besonders sorgsam mit ihrer Psyche und ihrer Seele umgehen.

Auf die aktuell diskutierte Frage der Anschaffung und des Einsatzes von Drohnen bezogen, ist zu formulieren: Mit Drohnen ist keine völlig neue Situation für die Spezialisten, die sie führen und deren Bilder auswerten, entstanden: Zu Recht hat schon während seiner Amtszeit Verteidigungsminister de Maizière darauf hingewiesen: „Auch heute schon wird nahezu bei jeder indirekten Waffe auf einen Monitor geguckt." (Rede im Bundestag am 1. Februar 2013, abrufbar auf der Homepage des BMVg)

Daraus sollte allerdings nicht abgeleitet werden, Drohnen könnten eingesetzt werden, weil ähnliche technische Mittel schon längst im Einsatz bewährt sind, sondern vielmehr die Forderung, nun endlich genauer zu erforschen, wie belastet die Gruppe derjenigen ist, die am Bildschirm mit Drohnen arbeiten. Mit Drohnen ist keine völlig neue Situation für die Spezialisten, die sie führen und deren Bilder auswerten, entstanden. Im Grunde gelten die Überlegungen zu den spezifischen Gefährdungen von Soldatinnen und Soldaten durch die seitens Gesellschaft und Politik zu verantwortende Zumutung für jede Form von Waffeneinsatz.

Literatur

Baudissin, Wolf von: Als Mensch hinter den Waffen, hrsg. u. komm. von Angelika Dörfler-Dierken. Göttingen: Vandenhoeck & Ruprecht 2006.

Baudissin: Soldatische Tradition in der Gegenwart. In: Bundesministerium für Verteidigung, Führungsstab der Bundeswehr-B: Handbuch Innere Führung. Hilfen zur Klärung der Begriffe (Schriftenreihe Innere Führung). Bonn: 1957, 47-78.

Dörfler-Dierken, Angelika: Zu dieser Quellensammlung. In: Baudissin 2006: 21-54.

Dörfler-Dierken, Angelika: Ethische Fundamente der Inneren Führung. Baudissins Leitgedanken: Gewissensgeleitetes Individuum – Verantwortlicher Gehorsam – Konflikt- und friedensfähige Mitmenschlichkeit. (Berichte des Sozialwissenschaftlichen Instituts der Bundeswehr 77) Strausberg: Sozialwissenschaftliches Institut der Bundeswehr 2005.

Ebeling, Klaus: Mitleid. In: Ders. / Matthias Gillner: Ethik-Kompass. 77 Leitbegriffe. Freiburg im Br. u.a.: Herder 2014, 114f.

EKD, Rat: Aus Gottes Frieden leben – für gerechten Frieden sorgen. Eine Denkschrift des Rates der Evangelischen Kirche in Deutschland. Gütersloh: Gütersloher Verlagshaus 2007.

EKD, Rat: „Selig sind die Friedfertigen." Der Einsatz in Afghanistan: Aufgaben evangelischer Friedensethik. Eine Stellungnahme der Kammer für Öffentliche Verantwortung der EKD. Hannover: Kirchenamt 2013.

Evangelische Seelsorge in der Bundeswehr: Soldatinnen und Soldaten in christlicher Perspektive. 20 Thesen im Anschluss an das Leitbild des Gerechten Friedens. Arbeitskreis für ethische Bildung in den Streitkräften, im Auftrag des Ev. Militärbischofs hrsg. vom Ev. Kirchenamt für die Bundeswehr. (Schriften der Evangelischen Seelsorge in der Bundeswehr 2014) Berlin: 2014.

Fassbender, Bardo: Zulässigkeit und Begrenzung militärischen Handelns aus völkerrechtlicher Perspektive. In: Handbuch Militärische Berufsethik. Bd. 1: Grundlagen. Wiesbaden: Springer VS 2014: 177-193.

Freyberger, Harald J.: Was muten wir eigentlich unseren Soldaten in Auslandseinsätzen zu? In: Ethik und Militär 2014/1, 56-58.

Gareis, Sven: UN. In: Friedensbildung. Das Hamburger Interdisziplinäre Modell, hrsg. von Ulrike Borchardt, Angelika Dörfler-Dierken, Hartwig Spitzer. Göttingen: Vandenhoeck & Ruprecht 2014.

Gillner, Matthias: Gewissen. In: Ders. / Matthias Gillner: Ethik-Kompass. 77 Leitbegriffe. Freiburg im Br. u.a.: Herder 2014, 72f.

Marlantes, Karl: Was es heisst, in den Krieg zu ziehen. Zürich-Hamburg: Arche 2013.

Matthews, Michael: Special: Stress bei Drohnenpiloten – posttraumatische Belastungssitutationen, Existenzkrise oder moralische Verletzung. In: Ethik und Militär 2014/1, 59-64.

Meier, Uto: Empathie. In: Ders. / Matthias Gillner: Ethik-Kompass. 77 Leitbegriffe. Freiburg im Br. u.a.: Herder 2014, 40f.

Tegtmeier, Catri / Michael A. Tegtmeier: PTBS. Das unsichtbare Leid. Posttraumatische Belastungsstörung. Handbuch für Einsatzkräfte und deren Angehörige. Regensburg: Walhalla 2011.

Weisaeth, L.: Stress im UN- und humanitären Hilfseinsatz. In: Wehrmedizin und Wehrpharmazie 1994/3, 90-95.

Innere Führung im Zeitalter der neuen Informations- und Kommunikationsmedien

Hans-Joachim Reeb

Einführung

Die heutige Zeit wird gerne nach typischen Merkmalen der Moderne bezeichnet. So wechselten sich die Begriffe Informations-, Medien-, Wissens- und Netzwerkgesellschaft ab und behaupten die Dominanz von technologischen Entwicklungen. Stets wird dabei auch das Prädikat „neu" verwendet, wenn es um Informations- und Kommunikationsmedien geht.

Zweifelsohne kann aus gesellschaftlicher, ökonomischer und auch politischer Sicht von einem Zeitalter der neuen Informations- und Kommunikationsmedien gesprochen werden. Zumindest scheint ein Blick auf die Vereinnahmung des Alltags- und Berufslebens durch Medien aller Art diese Deutung zu bestätigen. Das gilt seit langem für die konventionellen Massenmedien wie Zeitungen, Zeitschriften, Fernsehen und Radio, aber auch die mediensoziologisch so etikettierten „kybernetischen Interaktionsmedien" (also Internet) (Thiedecke 2012, 251) stehen zunehmend im Mittelpunkt der regelmäßigen Beschäftigung.

Gemäß der ARD/ZDF-Onlinestudie 2013 waren im letzten Jahr über Dreiviertel der Erwachsenen online (Eimeren/Frees 2013, 358), in der Gruppe bis 39 Jahre fast nahezu jeder. Unterschiede lassen sich in der Intensität der Nutzung zu Gunsten der Jüngeren feststellen. In Bezug auf die Nutzungsmotive stehen Tätigkeiten des Suchens von Informationen und Angeboten mit über 80 Prozent im Vordergrund, gefolgt von der Beschäftigung mit Online-Communities (Dreiviertel) und diversen Entertainmentinteressen (Videos, Musik, Spiele). An Gesprächsforen waren ca. 15 Prozent der Erwachsenen interessiert (Eimeren/Frees 2013, 363).

Befragungen zu den Social Media kommen zu vergleichbaren Nutzerdaten, wobei Zweidrittel der Erwachsenen als aktiv in sozialen Netzwerken angesehen werden, die Meisten bei Facebook. In der Altersgruppe unter 30 Jahren steigt dieser Anteil auf über 90 Prozent (Bitcom 2013). Die Motive sind hauptsächlich privater Natur und konzentrieren sich auf Kommunikation wie Nachrichten verschicken und chatten (sowohl stationär als auch mobil), um sich mit „Freunden" zu vernetzen. Ein Blick auf die kleine Gruppe der Nicht-

Nutzer zeigt, dass diese sich verweigern, weil sie keinen Sinn oder Nutzen in Social Media sehen bzw. keine persönlichen Informationen preisgeben wollen.

Aufgrund dieser quantitativen Entwicklung bleiben die gesellschaftlich und politisch geführten Debatten um die Chancen und Risiken dieser neuen IK-Medien nicht aus und werden mit unterschiedlichen Themen geführt (Kemper, Tillmanns, Mentzer 2012). Sie sollen in der weiteren Analyse aufgegriffen werden.

Auch das Militär ist voll im Informationszeitalter angekommen, wenn es nicht sogar umgekehrt zu dieser Entwicklung maßgeblich selbst beigetragen hat (Apranet 1969). Dort stehen sicherheitspolitische und militärische Aspekte im Vordergrund. Die werden an anderer Stelle dieses Buches diskutiert, bleiben aber auch eine Rahmenbedingung bei der Anwendung von IK-Medien (z.B. in Bezug auf Sicherheit siehe Giese 2014).

Wenn es um Information und Kommunikation innerhalb der Streitkräfte und zwischen Bundeswehr und Gesellschaft geht, ist unmittelbar die Konzeption der Inneren Führung berührt. Denn diese stellt gerade für diese Beziehungen ein normatives Gerüst an Erwartungen auf, das mit Blick auf die technologischen Neuerungen und deren sozialen Anwendungsformen näher betrachtet werden sollte.

Dazu sollen zunächst die wesentlichen Erwartungen der Konzeption Innere Führung für Information und Kommunikation herausgestellt und anschließend die zentralen sozialen Merkmale der digitalen IK-Medien aufgezeigt werden. Im Anschluss werden die digitalen IK-Medien als Herausforderung im Umgang mit der Gesellschaft und innerhalb des Militärs analysiert, indem der jeweilige Beitrag der zentralen sozialen Merkmale von digitalen IK-Medien für die Erwartungen der Konzeption Innere Führung an Information und Kommunikation analysiert und beurteilt werden.

Konzeption Innere Führung

Die Konzeption Innere Führung ist ja bekanntlich nicht eindeutig fixiert, trotzdem lassen sich allgemein einige wesentliche Grundsätze herausstellen (Reeb/Többicke 2014). Mit Blick auf die Thematik soll das hier zugespitzt auf die Aspekte Information und Kommunikation erfolgen.

Die Konzeption Innere Führung ist normativ orientiert und beschreibt verschiedene Erwartungen, die im Verhältnis der Bundeswehr zur Gesellschaft sowie innerhalb der Streitkräfte erfüllt werden sollen. Dabei richtet sie sich an den verfassungsrechtlichen Grundlagen aus. Dementsprechend kann sie auch als eine „Unternehmensphilosophie" verstanden werden (Wiesendahl 2005).

Die Bundeswehr ist Teil der Gesellschaft und soll daher alle gesellschaftlichen Normen und Entwicklungen berücksichtigen, soweit sie nicht den genuinen militärischen Bereich beeinträchtigen. Angestrebt wird eine weitgehende Integration in die Gesellschaft (Franke 2012). Somit können sich die Streitkräfte auch nicht den Gewohnheiten und Verhaltensweisen der Mitglieder in der Gesellschaft verschließen. Dazu gehört gerade die Nutzung von Informations- und Kommunikationsmedien.

Als weiteres Ziel der Inneren Führung wird Legitimation als die aussagekräftige Begründung für die Existenz und den Einsatz von Streitkräften gegenüber der Bevölkerung angestrebt. Hier ist zunächst eine Informationspolitik der Regierung gefordert, die den Auftrag umfassend erläutern kann, dabei offen und transparent die wesentlichen Zusammenhänge erklärt und auch selbstkritisch auf eigene Fehler und Defizite eingeht (Reeb 2011, 94). Das gilt erst recht in Bezug auf die Einsätze der Bundeswehr, indem solche Informationen gegeben werden, die es den Bürger/innen erlauben, sich ein eigenes Urteil bilden zu können, ohne dass relevante militärische Interessen gefährdet werden. Spektakuläre Ereignisse mit großem Interesse für die Öffentlichkeit müssen nach den Spielregeln der Krisenkommunikation schnell, umfassend und verständlich behandelt werden.

Ziel einer gelungenen Integration mit Hilfe von Informationen ist die Akzeptanz in der und die Unterstützung durch die Bevölkerung. Dabei geht es zunächst um eine grundsätzliche Zustimmung zum Auftrag der Bundeswehr und zur Existenz von Soldaten/innen. Weitergehende Erwartungen begründen ein Verständnis für militärische Aufgaben und die Rahmenbedingungen des soldatischen Berufs. Ein solches Verständnis dürfte durch Informationen nicht allein zu erreichen sein, sondern setzt weitergehende und wechselseitige Kommunikationsanstrengungen mit der Gesellschaft voraus.

Die Konzeption Innere Führung zielt innerhalb der Streitkräfte auf das Leitbild vom „Staatsbürger in Uniform", der die gleichen Rechte wie jeder andere Bürger hat, die nur eng im Rahmen militärischer Erfordernisse eingeschränkt werden dürfen. Er soll darüber hinaus auch als Person in der Gesellschaft verankert bleiben und nicht von den sich dort vollziehenden Entwicklungen ausgeschlossen werden. Das Informations- und Kommunikationsverhalten der Soldaten/innen gehört angesichts der Nutzungsgewohnheiten in der jungen Generation zu den charakteristischen Eigenschaften, die für sie auch im militärischen Alltag eine Rolle spielen.

Ein wesentliches Ziel ist es, den Soldaten/innen den Sinn ihres Dienstes zu vermitteln. Die Vorgesetzten müssen dazu regelmäßig informieren. Gerade in Zeiten tiefgreifender Veränderungen und sich sicherheitspolitisch kurzfristig änderbarer Aufgaben ist eine zielgenaue Information erforderlich (Reeb 2010). Diese darf sich aber nicht mit einer Informationswiedergabe von einem „Sender" zu den „Empfängern" begnügen. Sie muss auch den Sinnhorizont der Rezipienten berücksichtigen, d.h. die Soldaten/innen mit solchen Nachrichten erreichen, die auf ihrer „Wellenlänge" liegen. Hierbei ist häufig das persönliche Gespräch erforderlich. Außerdem sollten die Soldaten/innen soweit wie möglich an Entscheidungen rechtzeitig beteiligt werden. Letztendlich geht es um den Aufbau einer symmetrischen Kommunikationssituation (Francke 1992, 216).

Darüber hinaus müssen die Vorgesetzten die Interessen ihrer Untergebenen, d.h. auch deren Sorgen und persönliche Erwartungen von dem Beruf, kennen und sie in seinen militärischen Entscheidungen mit berücksichtigen. Dazu bedarf es eines regelmäßigen Austausches von Informationen über die Situation der Untergebenen. Der Vorgesetzte trägt dabei auch eine Verantwortung, seine Soldaten/innen vor Gefährdungen zu warnen, die zu Pflichtverletzungen führen können. Der Umgang mit Informationen ist ein Bereich, in dem eine solche Prävention angeraten ist.

Letztendlich lassen sich der Außen- und Innenaspekt in der Konzeption Innere Führung nicht von einander trennen, sondern sie wirken wechselseitig auf einander ein. Dem entspricht auch die Vorstellung von einer integrierten „Unternehmenskommunikation" (Zerfass 2004), d.h. die Flüchtigkeit von Informationen führt dazu, dass sie sich nicht auf einzelne Bereiche begrenzen lassen.

Merkmale digitaler IK-Medien

Medien sind empirische Sachverhalte, die der jeweiligen Kommunikation eine ganz eigene Form geben. Sie werden daher über ihre spezifische „Materialität" betrachtet. Diese Materialität der Medien drückt sich in der Konkretheit ihrer Technizität aus. Die technischen Bedingungen verschränken sich mit den sozialen Möglichkeiten der Kommunikation. Medien strukturieren Kommunikation aber nicht unmittelbar, sondern bedienen sich dabei medialer Kommunikationsformen, die die sinnhaften Unterscheidungen der Kommunikation festlegen. (Thiedecke 2012, 101ff).

Als technische Bedingungen können die Vernetzung von Computern mit Hilfe von Servern und Schnittstellen angesehen werden, die aufgrund von festgelegten Standards und Programmen wechselseitig Informationen austauschen können. Die Geschwindigkeit und Datenmenge werden durch Übertragungskanäle (Satelliten, Kabel) garantiert. Die Einführung der Breitbandtechnik brachte hierbei enorme Steigerungen. Die Digitalisierung erlaubt die Verbreitung von Texten, Bildern und Videos, d.h. multimedialen Anwendungen. Damit entsteht eine Konvergenz von bisher getrennten Medienformaten. Die weitere Entwicklung der Mobilgeräte ermöglicht nun auch eine Datenübertragung von jedem Ort des Benutzers.

Kybernetische (auch steuernde und steuerbare) Interaktionsmedien ermöglichen, dass Individuen massenhaft „zurückdrucken" oder „zurücksenden". Die Individualmedien werden hierbei mit den Massenmedien verschmolzen. Dadurch können Kommunikationsmedien interaktiv gestaltet und steuerbare Schnittstellen herausgebildet werden. Die Informations- und Kommunikationskanäle lassen sich one-to-one, one-to-many, many-to-one und many-to-many bedienen.

Kybernetische Interaktionsmedien können also aufgrund ihrer soziotechnischen Operationsmöglichkeiten „Mitteilungen für die interaktive Gestaltung und Steuerung einzelner oder vieler, einander bekannter oder unbekannter, natürlicher oder künstlicher Kommunikationsteilnehmer öffnen" (Thiedeke 2012, 251). Dabei ist charakteristisch, dass die Variabilität der medialen Kommunikation zunimmt, d.h. die bisher festgelegten Wirklichkeitsbedingungen entgrenzt werden. Sie ist gekennzeichnet durch Interaktivität, Dezentralität und Dynamik (Kilian, Hass, Walsh 2008: 7).

Es haben sich verschiedene Anwendungsformen herausgebildet, die weitgehend als bekannt voraus gesetzt werden können: World Wide Web (www), Chats, Newsgroups, Webforen, Social Communities, Virtuelle Räume und Virtuelle Welten. Auf folgende soziologische Merkmale soll in Hinblick auf die anschließende Analyse hingewiesen werden: soziales Handeln, Identität, Gruppe und Macht (zum Folgenden Schelske 2007, 85ff.).

Durch die neuen IK-Medien lassen sich prinzipiell alle Informations- und Kommunikationsprozesse in den verschiedenen Bereichen des sozialen Handelns (privat, geschäftlich, dienstlich, politisch usw.) aufnehmen. Eine körperliche Nähe ist dabei in der Regel ausgeschlossen. Die Technik ermöglicht das Angebot von Informationen in hoher Dichte und in kurzen Zeitabschnitten (auch in Echtzeit) von überall. Abgelegte Informationen sind meist noch lange Zeit (asynchron) verfügbar. Die Art und der Umfang der Informationen bleiben aber der Motivlage der Anbieter überlassen, wobei durch den sozialen Umgang mit den IK-Medien ein gewisser Druck für Personen und Institutionen ausgeübt wird, auch selbst „im Netz" präsent zu sein.

Das Individuum hat nunmehr die Möglichkeit, von diesen Informationsangeboten Gebrauch zu machen oder sich selber als Anbieter innerhalb der verschiedenen Anwendungsformen einzubringen. Das erweitert grundsätzlich seinen kommunikativen Handlungsspielraum, kann aber auch zu Belastungen führen.

Die körperliche Entkopplung in diesen Kommunikationssituationen ermöglicht es dem Individuum, eine andere Identität als in der Realwelt anzunehmen. Dadurch erzielt es gegenüber Anderen eine Anonymität, die ihm erlaubt, neue Rollen auszuüben und soziale Grenzüberschreitungen zu begehen. In den computervermittelten Sozialbeziehungen ist die Identität unsicherer, transparenter und flüchtiger geworden. Von einer Verlässlichkeit der Identität eines Urhebers in verschiedenen interaktiven Anwendungsformen (z.B. Chats, Newsgroups) kann nicht mehr ausgegangen werden. Vielmehr nimmt hier die Entscheidungsfreiheit des Individuums zu.

Die Gruppe hat durch das Internet eine neue Wertschätzung bekommen, nachdem in soziologischen Analysen eher von einer Individualisierung und Fragmentierung der Gesellschaft gesprochen wird. Die sozialen Netzwerke im Internet ermöglichen entsprechende ortsungebundene Beziehungen mit einer hohen Netzwerkdichte, die typische Merkmale aufweisen, wie sie auch in face-to-face-Beziehungen praktiziert werden (z.B. regelmäßiger, längerer Kontaktaustausch, Wunsch nach Geselligkeit, Austausch von Gefälligkeiten und emotionale Unterstützung). Sie haben den Vorteil, dass der Erstkontakt aufgrund nicht erkennbarer äußerer Eigenschaften (der sog. erste Eindruck) nicht so schnell zum Abbruch der Beziehung führt. Diese Gruppen können auch über eine Führung (Moderator) verfügen.

Wie in der Realwelt bilden sich zweckgebundene Gruppen, die auf ein gemeinsames Ziel hin angelegt sind. Die Verarbeitungsdichte der Informationen verspricht hierbei hohe Synergieeffekte. Des Weiteren können schneller flüchtige Gruppe für einen speziellen Zweck gebildet werden und dabei Mobilisierungseffekte erzeugen.

Grundsätzlich werden die realen Lebensformen durch soziale Netzwerke nicht ersetzt, sondern unterstützt. Die Qualität eines computervermittelten Netzwerkes richtet sich nach der Dichte der Kontakte, der Abgrenzung zu anderen Netzwerken, seiner Reichweite, der Ausschließbarkeit, der sozialen Kontrolle sowie der Bindungsstärke innerhalb dieser Netze.

In und durch Interaktionsmedien wird auch Macht ausgeübt. Aktionsmacht, die auf sofortige Verletzung setzt, wird durch Zerstörung der Daten (z.B. Computervirus), Datendiebstahl (z.B. beim Online-Banking) oder auch durch Zugangsbeschränkungen ausgeübt. Instrumentelle Macht, die Strafe androht oder Belohnung verspricht sowie autoritative Macht, die auf Überzeugungskraft (einer Idee, Ideologie oder Religion) setzt, nötigen das Individuum (freiwillig) zu bestimmten Handlungen (z.B. Bekanntgabe persönlicher Daten, Akzeptanz von Software-Programmen, Bezahlung von Online-Dienstleistungen). Schließlich werden die Strukturen in den Interaktionsmedien durch datensetzende Macht beeinflusst, in dem mächtige Institutionen ihre Standards vorgeben (z.B. Betriebssysteme).

Diese Macht äußert sich in unterschiedlicher Weise und wirkt sich auf das soziale Handeln und die Persönlichkeit der Nutzer aus. Zugangsschranken treten aufgrund von Einkommen und sozio-kulturellen Merkmalen (z.B. Alter) ein. Der Datenverkehr wird durch Missbrauch persönlicher Daten, Aufgabe von Privatheit, Diebstahl und unbefugte Verbreitung, Zerstörung, Überwachung und Ausspähung verunsichert. Vormals gemeinwohlorientiert, werden nunmehr Informationen vermarktet. Das Individuum erleidet einen Orientierungsverlust aufgrund der Datenmengen und Vernetzungsstruktur (Informationsflut), der sich zum Realitätsverlust und Suchtverhalten Einzelner ausweiten kann. Inhaltlich bleibt ein Zweifel an Wahrheit und Glaubwürdigkeit angesichts der Manipulationsmöglichkeiten, zumal fragwürdige Inhalte wie Propaganda, Beleidigungen (Cyber-Mobbing), Diskriminierungen, Gewalt und sexueller Missbrauch eher als in der realen Welt verbreitet werden.

Diese Merkmale sollen mit Blick auf die Analyse der normativen Erwartungen in der Konzeption Innere Führung zu folgenden Kriterien zusammengefasst werden:

- Teilhabe an IK-Medien
- Informationsdichte
- Informationszeit (Beschleunigung)
- Interaktivität

- Auswirkungen auf Persönlichkeit
- Gruppenbildung
- Schwarmeffekte (Synergien, Mobilisierung)
- Manipulationen

Diese Kriterien werden zunächst daraufhin überprüft, ob und inwieweit sie sich jeweils als Herausforderung im Umgang mit der Gesellschaft in den Erwartungen Integration, Legitimation und Unterstützung bzw. Akzeptanz auswirken. Anschließend erfolgt die Analyse des Umgangs mit IK-Medien innerhalb der Streitkräfte nach den Erwartungen Staatsbürger-Rolle, Sinnvermittlung/Beteiligung sowie Berücksichtigung von Interessen.

Digitale IK-Medien als Herausforderung im Umgang mit der Gesellschaft

Die Bundeswehr beteiligt sich seit 1996 mit eigenen Angeboten an den neuen IK-Medien und richtete eine entsprechende Homepage (www.bundeswehr.de) ein. Nach frühen unkoordinierten Versuchen unterschiedlicher Dienststellen liegt mittlerweile ein standardisiertes Angebot nach einheitlichen Gestaltungsrichtlinien vor. Die Web 1.0-Anwendungen sind auf unterschiedliche Zielgruppen ausgerichtet (Zowislo-Grünewald, Beitzinger 2013, 2014, 84). Erst seit 2010 tritt die Bundeswehr auch mit eigenen Videos, Fotos und Texten in den Social Media (YouTube, Flickr, twitter, Facebook) auf.

Die Integration der Bundeswehr in die Gesellschaft wird durch diese Maßnahmen gestärkt, zeigt sich die Institution doch als „attraktiv, modern und ansprechend" (Finster 2013, 53). Die Neigung, sich auf diese Instrumente zu konzentrieren, darf aber nicht zulasten anderer, bisher bewährter Informations- und Kommunikationsmittel gehen.

Die große Anzahl an unterschiedlichen externen Webangeboten erzeugt insgesamt ein vielfältiges Bild von der Bundeswehr, auch so eins, das wenig mit der Realität gemein hat oder von offizieller Seite nicht gerne gesehen wird (Reeb 2010a). Die Spezifika der IK-Medien verbieten den Versuch permanenter Gegensteuerung. Vielmehr muss die Bundeswehr durch ihre eigenen Informationen einen Beitrag leisten, das Bild vom deutschen Militär in der Öffentlichkeit zu zeichnen. Dabei dürfte es schwierig werden, der ständigen Aktualisierung im Netz nachzukommen.

Ein besonderes Augenmerk richtet die Institution Bundeswehr auf die Besucher der eigenen Social Media Angebote, da diese als Multiplikatoren angesehen werden können. Ebenfalls sollten solche Gruppen berücksichtigt werden, die aufgrund ihres Interesses an militärischen Angelegenheiten (z.B. Militärtechnik, Militärgeschichte) aktiv im Internet tätig sind. Allerdings könnten für eine Integration in die Gesellschaft solche Anbieter kontraproduktiv sein, die durch ihre Foren eine eigene Militärwelt gestalten wollen.

Für die Legitimation von deutscher Sicherheitspolitik und Streitkräfte gegenüber der Öffentlichkeit stellen die IK-Medien ein weiteres Instrument der Informationsarbeit dar, das man entsprechend ihrer Merkmale nutzen kann. Andererseits sind in einer „Informationsgesellschaft" die Ansprüche von Gruppen und Einzelner nach ständig aktueller Information gewachsen und müssen entsprechend befriedigt werden.

Hier stoßen technische Möglichkeiten und politische Bereitschaft an Grenzen, können und sollen doch gerade nicht immer schnelle Antworten auf aktuelle sicherheitspolitische Herausforderungen gegeben werden. In ein solches Vakuum treten dann eben andere Informationsanbieter. Dadurch können die offiziellen Begründungsversuche im Ringen um das Agenda Setting und die Deutungshoheit mehr noch als in der konventionellen Medienwelt in die Defensive geraten.

Klar definierte Zielgruppen (z.B. für die Nachwuchsgewinnung) können wiederum genauer mit Informationen erreicht werden (Zowislo-Grünewald, Beitzinger 2014). Stärker als bisher müssen aber die Reaktionen von Dritten beachtet werden, die auf amtliche Maßnahmen aufmerksam geworden sind. So können gut gemeinte Angebote, wie die Verbreitung von Computerspielen mit militärischen Spielhandlungen oder Werbespots im Militainment-Stil („Adventure Camps"), eine Kritik von unerwarteter Seite auslösen[1]. Die Informationsbeschleunigung bringt es daher mit sich, ein kontinuierliches Monitoring der Netzdebatten betreiben zu müssen.

Selbstverständlich bietet das Netz gerade auch regierungskritischen Positionen ein breites und effektives Artikulationsforum, das vorbei an den traditionellen journalistischen Gatekeepern betrieben werden kann. Insbesondere Verfehlungen einzelner Soldaten können leichter öffentlich gemacht und zur Debatte gestellt werden. Außerdem eignen sich die kollaborativen Möglichkei-

---

[1] Zur inhaltlichen Kritik an Websites zur Nachwuchsgewinnung vgl. Vogel (2014).

ten, kritische Positionen oder Missstände effektiv zu verbreiten, z.B. durch einen Shitstorm oder einen Plag.

Wichtig für die Bemühungen um gute Begründungen für die richtige Sicherheitspolitik und die Notwendigkeit von Streitkräften ist daher die Gewinnung von externen Meinungsführern (z.B. Betreiber von Milblogs)[2]. Diese Experten sind die neue Form des politischen Journalismus (Pentzold, Katzenbach, Fraas 2014).

Insgesamt gilt noch stärker als bereits bisher, dass eine Informationsarbeit transparent, glaubwürdig und wahrheitsgemäß ausgerichtet sein muss. Denn auch Manipulationen technischer (z.B. Störungen des Netzbetriebes) und publizistischer Art (z.B. gefälschte Infos oder Fotos) treten regelmäßig auf und können nur dann ihre Wirkung erzielen, wenn in der Öffentlichkeit noch kein klares Bild von sicherheitspolitischen Angelegenheiten gezeichnet wurde.

Die neuen IK-Medien können durchaus die Unterstützung in der Gesellschaft für die Belange der Bundeswehr stärken und ein besseres Verständnis für militärische Belange erzeugen. Der Nährboden dazu muss aber bereits durch andere Maßnahmen bereitet worden sein.

So hat sich in der Gesellschaft im Zuge der Auslandseinsätze der Bundeswehr bereits eine Solidaritätsbewegung gegründet, die ihre Botschaften über spezielle Webangebote verbreiten und damit multiplizieren kann (z.B. „Gelbes Netzwerk“, „Solidarität mit Soldaten“). Hierbei besteht die Möglichkeit, dass sich ohne großen Aufwand weitere interessierte Bürger/innen solchen Kampagnen anschließen können.

Eine ausgeprägte Erwartung der Konzeption Innere Führung im Umgang mit der Gesellschaft ist die dialogorientierte Kommunikation. Hierzu können die interaktiven Medien besonders gut genutzt werden. Andererseits treten dann Akzeptanzverluste ein, wenn es einer militärkritischen Öffentlichkeit gelingt, mit ihren Parolen eine breite Wirkung zu erzielen.

Digitale IK-Medien als Herausforderung innerhalb des Militärs

Digitale IK-Medien haben seit Ende der 1990er Jahre vermehrt Eingang in die Bundeswehr gefunden und bestimmen teilweise den Arbeitsrhythmus. Als

---

[2] Zu nennen wären augengeradeaus.net oder bendler-blog.de.

Herzstücke können das Intranet der Bundeswehr sowie das Mailingsystem Lotus Notes angesehen werden. Entsprechende technische Plattformen (SASPF) sind im Zusammenwirken mit der IT-Industrie konzipiert und eingerichtet worden. Stets müssen bei allen Aktivitäten die IT-Sicherheitsansprüche mit bedacht werden.

Das Intranet der Bundeswehr verknüpft zahlreiche Angebote der unterschiedlichsten Dienststellen und Dienste, hauptsächlich zur Information der Angehörigen der Bundeswehr. Der Zugang ist nach dem Status der Berechtigung gestaffelt. Als allgemeine Informationsplattform wurde „Intranet aktuell" als Bestandteil der Truppeninformation aufgebaut (Reeb 2011a). Sämtliche Entwicklungen von allgemeinem Interesse werden hier kurzfristig eingestellt, insbesondere zu den Veränderungen in der Bundeswehr.

In das Intranet der Bundeswehr wurden verschiedene Web 2.0-Anwendungen integriert. Das zählen ein eigener E-Learning-Bereich (Schulz, Bergert 2010) und insbesondere der Wiki-Service Bw.

Das E-Mail-System Lotus Notes hat mittlerweile die Rolle des internen Steuerungsinstrumentes übernommen, das in früheren Zeiten durch Fernschreiben und schriftliche Befehle (Postweg) wahrgenommen wurde. Teilnehmen können nur aktive Mitarbeiter/innen, die nach einem z.T. langwierigen Verfahren einen der begrenzten Zugänge erhalten haben. Innerhalb dieses Systems sind weitere Anwendungsbereiche (z.B. für das Personalwesen) für eingeschränkte Nutzerkreise (z.B. Disziplinarvorgesetzte) geschaffen worden.

Der Staatsbürger in Uniform kann auf verschiedenen Wegen von seinem Recht auf Zugang zu freien Informationskanälen Gebrauch machen. Vorgesetzte müssen es tolerieren, wenn sich der Soldat/die Soldatin dabei auch für alternative oder fragwürdige Inhalte interessiert.

Die gestiegenen Möglichkeiten von Information und Kommunikation ersetzen aber nicht die persönlichen Beziehungen, die innerhalb der Streitkräfte gepflegt werden. Der Soldat/ die Soldatin kann aber leichter an öffentlichen Debatten zu unterschiedlichen gesellschaftlichen und politischen Themen teilnehmen und dadurch das staatsbürgerliche Profil schärfen. Hierbei könnte die sog. Normenfalle (Treiber) zuschnappen (d.h. Dienstpflichtverletzungen begangen werden), insbesondere wenn einsatz- oder streitkräfterelevante Informationen unbedacht weiterverbreitet werden.

Die umfangreiche Kommunikation mit den neuen IK-Medien durch die Generation der digitale natives stößt auf eine größere Zurückhaltung älterer Soldaten. Eine „Zweiklassenarmee" gilt es hierbei zu vermeiden.

Die Vorgesetzten erhalten aber ein Instrument, um die Sinnvermittlung auf eine breitere Basis zu stellen und die Untergebenen noch besser an der Entscheidungsfindung zu beteiligen.

Die neuen Medien sind auf jedem Fall gut geeignet, politische Informationen ins Netz zu stellen und erlauben z.B. im Rahmen der politischen Bildung, auf Informationen gezielt zuzugreifen. Auch können diese Informationen in einem Wissenspool abrufbar vorgehalten werden.

Andererseits erzeugen vermehrte Informationen auch einen ständigen Informationsbedarf nach Aktuellem. Aber nicht der Umfang der Mitteilungen, sondern die konkret erwartete Nachricht ist für den Einzelnen von Gewicht (Francke 1992: 214). Des Weiteren bleibt der Vorgesetze in der Pflicht, mit seinen Untergeben persönliche Kontakte zu pflegen und Gespräche zu führen. Die elektronischen Mitteilungswege ersetzen diese Interaktionen nicht.

Die Möglichkeiten der Soldaten/innen, sich über technische Instrumente in die Abläufe des Truppenalltages einbringen zu können, verändern bisherige Vorstellungen von Rollen und Hierarchien, die es im Sinne der Inneren Führung zu nutzen gilt. Der Vorgesetzte muss - wie bisher auch - die Sachkompetenz seiner Soldaten/innen in seine Entscheidungsfindung mit einbeziehen und ihnen auch Freiräume für selbständiges Handeln ermöglichen. Dabei ist die Kollaboration im Team noch einfacher durchführbar. Einen Druck erzeugt aber die technische Möglichkeit, dass Vorschläge und Beschwerden gleichzeitig an höhere Vorgesetze gerichtet werden können. Hier müssen Vorgesetzte aller Ebenen lernen, damit souverän umzugehen. Außerdem bilden sich in eigenen Soldatenforen Meinungsbildungen heraus, die produktiv integriert werden sollten.

Die neuen IK-Medien sind auf jedem Fall ein Gegenstand, der im Unterricht (insbesondere in der politischen Bildung) aufgegriffen werden sollte. Entsprechende Vorschläge des Zentrums Innere Führung liegen vor[3]. Damit können auch Missverständnisse im Umgang mit diesen Technologien geklärt

---

[3] Zum Themenkreis 7 „Umgang mit Medien und ihre Inhalte" der ZDv 12/1 „Politische Bildung" wird das Thema „Social Media – Gefahr oder Chance für Aufklärung und eine objektive Meinungsbildung" vorgeschlagen.

und Zusammenhänge verdeutlicht werden. Auch der Missbrauch der neuen Medien ist zu thematisieren, gilt es doch Manipulationen im Netz und deren Wirkungen auf Soldaten/innen vorzubeugen. Dazu hat das Bundesministerium der Verteidigung (Presse- und Informationsstab) entsprechende „Empfehlungen für einen sicheren Umgang mit Sozialen Medien" (2012) herausgegeben.

Die neue Medienwelt betrifft insbesondere die Interessenlage jedes/r einzelnen Soldaten/in, die es zu berücksichtigen gilt. So kann ein allgemeines Ziel der Inneren Führung, gut informierte Soldaten zu erhalten, über diese Instrumente leichter erreicht werden. Die Soldaten/innen wünschen ebenfalls, ihre Individualkommunikation in gewohnter Art und Weise betreiben zu können. Hierzu ist seitens der Institution der Aufbau einer (kostenlosen) Betreuungskommunikation unerlässlich (Finster 2013, 54).

Im täglichen Dienstbetrieb entsteht durch die technisch induzierte ständige Verfügbarkeit und Ansprechbarkeit größerer Empfängerkreise eine Dynamik von Dienstabläufen, die beherrschbar bleiben muss. Die jederzeitige Erreichbarkeit hat ihre Grenzen und stößt auf das Prinzip der Vereinbarkeit Familie und Dienst. Andererseits können die neuen Gegebenheiten auch für veränderte Arbeitsbedingungen genutzt werden (z.B. Telearbeit, flexible Arbeitszeiten). Dabei müssen die Nachteile durch beschleunigte Informationsflüsse und individuelle Kontrollierbarkeit beachtet werden.

Der Vorgesetzte ist nunmehr auch auf anderen Wegen für seine Untergebenen ansprechbar, darf dieses Instrument aber nicht zur Vermeidung von persönlichen Sozialkontakten nutzen.

Schließlich darf nicht übersehen werden, dass die neuen IK-Medien auch persönliche Schäden verursachen können, denen sich der Vorgesetzte aufgrund seiner Fürsorgepflicht stellen muss. Gemeint sind geeignete Maßnahmen zum Schutz vor Angriffen (Cybermobbing, Verletzung der Identität) gegen Soldaten/innen sowie bei sich anbahnendem Internet-Suchtverhalten. Dazu sind bereits o.g. amtliche Empfehlungen und Leitlinien erlassen worden. Weiterführende Hinweise im Umgang mit Social Communities wären hilfreich (Peter 2013). Der Vorgesetzte muss sich dabei selbst eine Zurückhaltung auferlegen, die sich aus den Kontrollmöglichkeiten der digitalen Medien ergeben. Ebenfalls sollte die Kameradschaft als tragende Säule in der militärischen Gemeinschaft auch in den neuen Kommunikationsbeziehungen ihren Stellenwert behalten.

Ausblick

Fasst man die Ergebnisse der Analyse zusammen, so bleibt die Konzeption Innere Führung auch im neuen Informationszeitalter ein wichtiges Element im Umgang mit der Gesellschaft und innerhalb der Streitkräfte. Im Einzelnen stellen die neuen IK-Medien aber Herausforderungen dar, die es aufzugreifen und zu berücksichtigen gilt, ohne sie anstelle von bewährten Verfahren zu stellen.

Literatur

BITCOM (2013): Soziale Netzwerke. Dritte, erweiterte Studie. Eine repräsentative Untersuchung zur Nutzung sozialer Netzwerke im Internet vom 31.10.2013.

Eimeren, Birgit van / Frees, Beate (2013): Rasanter Anstieg des Internetkonsums – Onliner fast drei Stunden täglich im Netz. In: Media Perspektiven Nr. 7-8, S. 358-372.

Finster, Norbert (2013): Innere Führung im Zeitalter des Web 2.0. In: DWT-Info, S. 53-55.

Francke, Dieter (1992): Umgang mit Informationen. In: Reeb, Hans-Joachim/ Moerchel, Michael (Hrsg.): Menschenführung. Handbuch für Vorgesetzte, Regensburg.

Franke, Jürgen (2012): Wie integriert ist die Bundeswehr? Eine Untersuchung zur Integrationssituation der Bundeswehr als Verteidigungs- und Einsatzarmee.

Giese, Daniel (2014): Militärische Führung im Internetzeitalter. Die Bedeutung von Strategischer Kommunikation und Social Media für Entscheidungsprozesse, Organisationsstrukturen und Führerausbildung in der Bundeswehr. Analyse und Empfehlungen für eine Armee im Einsatz, Berlin.

Kemper, Peter/ Tillmanns, Julika/ Mentzer, Alf (Hrsg.) (2012): Wirklichkeit 2.0 – Medienkultur im digitalen Zeitalter. Das Buch zum neuen Funkkolleg.

Kilian, Thomas/ Hass, Berthold H./ Walsh, Gianfranco (2008): Grundlagen des Web 2.0. In: Dies (Hrsg.): Web 2.0. Neue Perspektiven für Marketing und Medien, Berlin Heidelberg 2008, S. 3-21.

Pentzold, Christian/ Katzenbach, Christian/ Fraas, Claudia (2014): Digitale Plattformen und Öffentlichkeiten mediatisierter politischer Kommunikation. In: Aus Politik und Zeitgeschichte Nr. 22-23. S. 28-34.

Peter, Christian (2013): Kein „Like" für die Bundeswehr. In: JS-Magazin Nr. 2, S. 14.

Reeb, Hans-Joachim/ Többicke, Peter (2014): Lexikon Innere Führung, 4. überarbeitete Auflage, Regensburg.

Reeb, Hans-Joachim (2011): Sicherheitskultur als kommunikative und pädagogische Herausforderung, Berlin 2011.

Reeb, Hans-Joachim (2011a): Truppeninformation und Innere Führung. In: IF. Zeitschrift für Innere Führung Nr. 4, S. 5-12.

Reeb, Hans-Joachim (2010): Change Communication in den Streitkräften. In: IF. Zeitschrift für Innere Führung Nr. 4, S. 5-9.

Reeb, Hans-Joachim (2010a): Die Rolle des Internet als Massenmedium in der Sicherheitspolitik. In: Europäische Sicherheit Nr. 7, S. 78-81.

Schelske, Andreas (2007): Soziologie vernetzter Medien. Grundlagen computervermittelter Vergesellschaftung, München/ Wien.

Schulz, Manuel/ Aline Bergert, Aline (2010): Fernausbildung – die dritte Ausbildungsform der Bundeswehr. In: Reader Sicherheitspolitik, Ausgabe 3/2010 (Stand 29.1.2014).

Thiedeke, Udo (2012): Soziologie der Kommunikationsmedien. Medien – Formen – Erwartungen, Wiesbaden.

Vogel, Friedemann (2014): Die Zukunft im Visier. Die mediale Selbstinszenierung der Bundeswehr gegenüber Jugendlichen aus der Perspektive engagierter Diskurslinguistik. In: Medien & Kommunikationswissenschaften Nr. 2, S. 190-215.

Wiesendahl, Elmar (2005): Innere Führung auf dem Prüfstand – Zum Anpassungsbedarf des Leitbildes. In: Ders (Hrsg.): Neue Bundeswehr – neue Innere Führung? Perspektiven und Rahmenbedingungen für die Weiterentwicklung eines Leitbildes, Baden-Baden, S. 17-34.

Zerfass, Ansgar (2004): Unternehmensführung und Öffentlichkeitsarbeit. Grundlegung einer Theorie der Unternehmenskommunikation und Public Relations, Wiesbaden.

Zowislo-Grünewald, Natascha/ Beizinger, Franz (2013): Digitale Kommunikationsmedien für die Streitkräfte. Grenzen, Gefahren und Perspektiven. In: Reader Sicherheitspolitik, Ausgabe 4/2013 (Stand 4.12.2013).

Zowislo-Grünewald, Natascha/ Beizinger, Franz (2014): Social Media in der Lebenswelt und bei der Berufswahl Jugendlicher. AIK-Texte Nr. 1, Strausberg.

III Innere Führung auf dem Prüfstand

Quo vadis Bundeswehr - Strategisches „Diversity Management" oder operatives „Managing Diversity"?

Uwe Ulrich

Einleitung

Wer kennt ihn nicht den Satz, dass nichts so beständig ist wie die Änderung? Die Formel „Alles fließt" – „panta rhei" (<u>griechisch</u> πάντα ε) wird auf den Philosophen Heraklit zurückgeführt, der damit wohl eines der wesentlichsten ontologischen Prinzipien erkannte. Im evolutionstheoretischen Sinne ist es für alles Leben von existentieller Bedeutung, sich diesem Wandel anzupassen. Immer wieder neu stellt sich die Frage, wie mit dem Wandel umzugehen sei. „Wenn der Wind des Wandels weht, bauen die einen Mauern, die anderen Windmühlen", sagt man in China. „Wer zu spät kommt, den bestraft das Leben", sagte sinngemäß im Oktober 1989 Michael Gorbatschow gegenüber dem Politbüro der DDR. Etwa ein Jahr später singen die Scorpions die Rockballade „Wind of Change". Wandel ist offenbar eine zentrale historische Erfahrung nicht nur in Hinblick auf die neuere europäische und insbesondere deutsche Geschichte.

Wie können nun Antworten auf derart umfassende Herausforderungen aussehen? Zentrale Mottos wie das der Europäischen Union „In Vielfalt geeint" oder auch der Vereinigten Staaten „E pluribus unum – aus Vielem Eines" geben einen ersten Hinweis auf Lösungsstrategien für solche Herausforderungen – nämlich einerseits *Vielfalt* (engl. diversity) und andererseits *Einheit*. Nur gemeinsam und aufeinander verwiesen, bietet dieses Wortpaar eine adäquate Strategie, um den komplexen, dynamischen und vernetzten Entwicklungen unserer Tage zu begegnen. Voraussetzung für den Bestand von Gesellschaften ist es, einerseits die Vielfalt aller vorhandenen Potentiale anzuerkennen, sie zu mobilisieren und sie nicht durch sicher funktional begründete, oft aber durch unbewusste Stereotype beeinflusste Ausleseprozesse einzuengen. Andererseits dürfen auch die mit Vielfalt potentiell verbundenen Konflikte nicht aus den Augen verloren werden. Vielfalt in allen denkbaren Dimensionen nicht abzulehnen, sondern sie wertzuschätzen, sie aber auch nicht dem Zufall zu überlassen, sondern sie zum Wohle aller zu nutzen – *darum geht es!*

Auch die Bundeswehr ist hinsichtlich ihrer strategischen Begründungs- und operativen Umsetzungszusammenhänge von den genannten Phänomenen betroffen. „Die Bundesrepublik Deutschland stellt Streitkräfte zur Verteidigung auf", heißt es in Art. 87a des Grundgesetzes. Was „Verteidigung" genau heißt, ob und wie sie abzugrenzen ist und wo sie genau stattfindet, ist insbesondere nach Beendigung des Kalten Krieges, der Wiedervereinigung Deutschlands und der Beteiligung der Bundeswehr an Auslandeinsätzen Gegenstand anhaltender Debatten – und das sollte in demokratischen Staaten auch so sein! Jede Anpassung der Bundeswehr hat unter strikter Beachtung der Werteordnung des Grundgesetzes das Ziel einer wirksamen Verteidigung vor Augen und deren Realisierung angesichts des fortschreitenden technologischen, (sicherheits-) politischen, gesellschaftlichen, ökonomischen und ökologischen Wandels sicherzustellen. Ein wesentliches Ergebnis dieser hier nur angedeuteten Entwicklungen ist Vielfalt – sowohl mit Blick auf den Auftrag als auch insbesondere auf das zur Verfügung stehende und benötigte Personal. Insbesondere letzteres wird möglicherweise eher als konfliktträchtige Gefahr denn als Chance zur Auftragserfüllung betrachtet. In diesem Zusammenhang erhält die Zeichnung der „Charta der Vielfalt" für das BMVg im Februar 2012 eine besondere Bedeutung.[1]

Was ist das eigentlich – Vielfalt (engl. Diversity) und der wertschätzende sowie zielgerichtete Umgang damit (engl. Diversity Management)? Was bedeuten diese Begriffe für die Bundeswehr? Was ist schon realisiert und welche weiteren Möglichkeiten gibt es, diese Charta umzusetzen? Diesen Fragen soll sich der vorliegende Beitrag annehmen.

Strategische Ableitung

Deutschland will heute als gestaltendes Mitglied der internationalen Staatengemeinschaft seine Interessen wahrnehmen und setzt sich aktiv für eine bessere und sichere Welt ein. Es will als starker Partner in einem vereinten Europa dem Frieden der Welt dienen. Bedrohungen der immer weiter synergetisch verschmelzenden inneren und äußeren Sicherheit stellen sich vielfältiger und

---

[1] „Die Charta der Vielfalt ist eine Unternehmensinitiative zur Förderung von Vielfalt in Unternehmen und Institutionen. Die Bundeskanzlerin Dr. Angelika Merkel ist Schirmherrin. […] Die Initiative will die Anerkennung, Wertschätzung und Einbeziehung von Vielfalt in der Unternehmenskultur in Deutschland voranbringen. […] Die Charta der Vielfalt wurde von Daimler, der BP Europa SE, der Deutschen Bank und der Deutschen Telekom im Dezember 2006 ins Leben gerufen. […] Träger der Initiative ist seit 2010 der gemeinnützige Verein Charta der Vielfalt e.V." (vgl. http://www.charta-der-vielfalt.de)

komplexer denn je dar (VPR 2011, S. 1, 4). Diesen Herausforderungen will Deutschland mit einem ressortübergreifenden, internationalen und vernetzten Ansatz begegnen, der auf „Breite vor Tiefe" ausgerichtet ist und daher Flexibilität erfordert (VPR 2011, S. 6). Dies ist letztlich Ausdruck der strategischen Anpassungsleistung an die gesellschafts- und sicherheitspolitischen Veränderungen, wie sie in den letzten zehn Jahren unter den Stichworten „Postmodernes Militär" (vgl. Moskos 2000) und „Asymmetrische Kriege postheroischer Gesellschaften" (vgl. Münkler 2002) beschrieben wurden. Militär wird in der Folge zunehmend zahlenmäßig kleiner, aber hinsichtlich Aufgabenspektrum und Fähigkeiten breiter und insbesondere vernetzt aufgestellt gedacht. Es geht darum, im Verbund mit anderen Ressorts und Nationen den Frieden zu sichern oder gar wiederherzustellen. Der Kämpfer ist gefordert! – aber oft genug eben auch als Helfer, Techniker, Ökonom, Lehrer oder Diplomat.

Für Deutschland „ist Sicherheitspolitik den Werten und Grundsätzen des Grundgesetzes [...] und des Völkerrechts verpflichtet. " (VPR 2011, S. 4). Die Bundeswehr ist also schon mit Blick auf den ihr als staatliches Organ besonders aufgetragenen Schutz der Würde des Menschen (Art. 1 Grundgesetz) sowie die Umsetzung des Diskriminierungsverbotes (Art. 3 GG) bzw. des Gleichstellungsgebotes (AGG, SoldGG) aufgefordert, sich mit der gegebenen Vielfalt wertschätzend zu befassen. In der ZDv 10/1 „Innere Führung" wird dann auch folgerichtig formuliert: „In der Bundesrepublik Deutschland besteht eine freiheitliche und pluralistische Gesellschaft, die von vielfältigen Überzeugungen, Lebensentwürfen, religiösen und weltanschaulichen Bekenntnissen, Meinungen und Interessen gekennzeichnet ist. [...] Die Menschen in der Bundeswehr sind Teil der Gesellschaft [...]. Damit steht auch die Bundeswehr selbst im Widerstreit der Meinungen und im Spannungsfeld unterschiedlicher Generationen, Kulturen und Herkünfte. Der Inneren Führung entspricht es, dass die Angehörigen der Bundeswehr einander als Mitglieder einer freiheitlichen und pluralistischen Gesellschaft anerkennen und sich mit den gesellschaftlichen Entwicklungen auseinandersetzen. In einem offenen Dialog entsteht durch Vertrauen geprägte Kameradschaft" (Nr. 312 und 313).

Darüber hinaus leitet sich die Notwendigkeit zum bewussten Umgang mit Vielfalt aus gesellschaftlichen und wirtschaftlichen Entwicklungen ab, denen auch die Bundeswehr ausgesetzt ist. Die Auswirkungen des demographischen Wandels wie z.B. geringe Geburtenraten, höheres Lebensalter oder Migrationsbewegungen verbunden mit der im Rahmen der Aussetzung der Wehrpflicht entstehenden Konkurrenzsituation und dem unter dem Aspekt der Wettbewerbsfähigkeit entstehenden Zwang zur Attraktivität sind wohl die augenscheinlichsten Beispiele dafür. Weitere Anforderungen ergeben sich aus der voranschreitenden Individualisierung sowie der Pluralisierung von Wertvorstellungen und Lebensformen. Die hier nur angedeuteten Entwicklungen sind nicht kurzfristiger Natur, sondern im Sinne von Megatrends (vgl. Horx 2011) nachhaltig und flächendeckend. Sie führen schließlich zu einer wachsenden sozialen Vielfalt, was allein in Hinblick auf potentielle Konflikte kein „Selbstläufer" ist.

In den Verteidigungspolitischen Richtlinien 2011 wurden diese Zusammenhänge auf politisch-strategischer Ebene aufgegriffen und daraus Folgerungen abgeleitet hinsichtlich Selbstverständnis, Struktur, Organisation, Umfang, Fähigkeiten, Verfahren und Ausrüstung der Bundeswehr. Solche Streitkräfte werden daher zunehmend heterogen zusammengesetzt sein und es sich nicht leisten können, aus welchen Gründen auch immer, ganz oder teilweise auf Potential zu verzichten. Mit der Zeichnung der Charta der Vielfalt im Februar 2012 wurde zusätzlich der politische Wille artikuliert, sich mit der Frage der Bedeutung und des Umgangs mit Vielfalt wirksam zu befassen. Dies und die daraufhin einsetzende – ab April 2013 auch parlamentarische – Diskussion zur Umsetzung der Charta der Vielfalt hat einen Prozess in Gang gesetzt, innerhalb dessen das Phänomen Vielfalt und der wertschätzende Umgang damit als normativ geboten, der zielgerichtete Umgang als funktional notwendig und beides schließlich politisch gewollt betrachtet werden kann (vgl. Illauer & Stiffel & Ulrich 2014, S. 24). Damit steht die Frage nach einem strategischen Ansatz zu Verständnis und Umgang mit Vielfalt – einem umfassenden Diversity Management also – nicht nur im Raum, sondern ein solches ist geradezu einzufordern (vgl. Apelt 2014).

Begriffe, Grundlagen, Bewertungsrahmen

Abgeleitet von dem lateinischen Wort „diversitas" (= Verschiedenheit) kann der Begriff *„Diversity"* im Deutschen am ehesten mit „Vielfalt" übersetzt werden. Im Sinne der Charta der Vielfalt ist damit nicht eine – defizitorientierte – Fokussierung auf Unterschiede beabsichtigt. Vielfalt meint stets Unterschiede und Gemeinsamkeiten von Menschen in einer Organisation. Diese Merkmale lassen sich in verschiedenen Modellen darstellen. Am bekanntesten ist wohl das „Rad der Vielfalt", in dem Personenmerkmale in konzentrisch angeordneten Dimensionen betrachtet werden (vgl. www.charta der vielfalt.de.). Den Kern bildet die Persönlichkeit, gekennzeichnet etwa durch Emotionen, Werte,

Einstellungen oder Verhaltensmuster. Auf der inneren Dimension sind Merkmale wie Alter, Geschlecht, ethnische Herkunft, Religion, Behinderung und sexuelle Orientierung angeordnet, die auch Gegenstand der Antidiskriminierungs- und Gleichstellungsgesetzgebung sind. Darüber hinaus sind in einer äußeren und schließlich organisationalen Dimension eine Vielzahl weitere Merkmale unter dem Begriff Vielfalt zu fassen.

Hierbei sind aber auch die Aspekte mitzudenken, die sich aus dem vielschichtigen Auftrag, dem Fähigkeitsprofil der Bundeswehr bis hin zu weitgehenden fachlichen, sozialen und ethischen Forderungen an das Personal ableiten. Folgerichtig entwickeln sich höchst unterschiedliche Erfahrungswelten, die in Kategorien wie „Kalter Krieg", „Out of Area-Einsatz", „Einsatzerfahrung" oder gar „Gefechtserfahrung" nur grob umrissen seien. Für die einzelne Person kann dies bedeuten, dass sie als Grenzgänger zwischen den Welten[2] zurechtkommen muss. Für die Organisation Bundeswehr bedeutet dies die Notwendigkeit einer fortwährenden Anpassung – vom Führungsverständnis bis zum Beschaffungsprozess – in nahezu allen Bereichen. Wenn also in der Bundeswehr von Vielfalt die Rede ist, dann geht es um Soldatinnen und Soldaten, um zivile Mitarbeiterinnen und Mitarbeiter, Junge und Alte, Menschen mit unterschiedlichsten Lebens- und Berufs- bzw. Diensterfahrungen, mit und ohne gesundheitliche Beeinträchtigungen, gläubige und nicht gläubige sowie Menschen unterschiedlicher sozialer und kultureller Herkunft sowie verschiedener sexueller Orientierung – und sie alle dienen Deutschland. Bereits die Idee des „Staatsbürgers in Uniform", also die Trias "Mensch – Staatsbürger – Soldat", gibt Hinweise auf die Vielfalt von Rollen und Merkmalen. Ergänzt um das Motto „Wir.Dienen.Deutschland." kann Vielfalt innerhalb des Bezugsrahmens Bundeswehr systematisiert und greifbar gemacht werden (vgl. Ulrich 2/2013, Stiffel 2013).

Mit Blick auf das Phänomen Vielfalt lassen sich grundsätzlich defizit- und potentialorientierte Ansätze finden. Während die einen eher die jeweilige

---

[2] Der Begriff des „marginal man", des „Randseiters oder „Grenzgängers", stammt von Robert Ezra Park. Der "marginal man" ist ein Mensch, der zwischen zwei Kulturen wankt, also an zweien teilnimmt, ohne einer wirklich anzugehören. Solch eine Persönlichkeit entwickelt sich aufgrund räumlicher, sozialer und kultureller Mobilitätsprozesse. Durch diese Prozesse wird der Mensch entwurzelt und orientierungslos, wodurch sich die Chance für den Betroffenen ergibt, sich zu erweitern und den Intellekt zu schärfen. Ein neuer Persönlichkeitstypus entsteht, der sich von der Tradition emanzipiert und „zum Träger kulturellen Wandels und zur Verkörperung moderner Subjektivität wird." Vgl. http://de.wikibook

Schwäche bis hin zur Behinderung fokussieren, richten die anderen den Blick eher auf Stärken und zu entwickelnde Potentiale. „Positiv belegt ist ‚Diversity‚ im Sinne von Facettenreichtum zu verstehen, [...] der die Unterschiedlichkeit nicht nur als Trennendes, sondern auch als etwas Verbindendes ansieht und als Chance bzw. Potenzial zu einer synergetischen Nutzung begreift. Eher negativ mutet ein hierarchisch geprägtes ‚Diversity‚-Verständnis an, in dem [...] Anderssein im defizitären Sinne empfunden wird" (vgl. Vedder 2006).

Bewältigungsstrategien für das „Phänomen Vielfalt" bilden in etwa ein Kontinuum von Vermeidung, Verleugnung, Unterdrückung, Isolierung, Assimilierung, Tolerierung, Akzeptanz, Aufbau von Beziehungen bis hin zu umfassenden und vollständig inklusiven Ansätzen (vgl. Aretz 2003, S. 19 f.). *Diversity Management"* bezeichnet im Sinne der Charta der Vielfalt ein ganzheitliches Konzept des Umgangs mit dieser Vielfalt in der Organisation – zum Nutzen aller Beteiligten. Es geht um den wertschätzenden, gleichzeitig systematischen und zielgerichteten Umgang mit Vielfalt. Es geht nicht in erster Linie um die Umsetzung von Antidiskriminierungsansätzen. Der Leitgedanke des Diversity Managements ist: Die Wertschätzung der Vielfalt von Mitarbeiterinnen und Mitarbeitern dient dem [...] Erfolg des Unternehmens oder der Institution. Ziel ist, Personalprozesse und Personalpolitik von Organisationen so auszurichten, dass einerseits die Belegschaft die demographische Vielfalt des Geschäftsumfeldes widerspiegelt sowie andererseits alle Mitarbeitenden Wertschätzung erfahren und dadurch motiviert sind, ihr Potential zum Nutzen der Organisation einzubringen. Das bedeutet im Sinne eines Regelkreises insbesondere die Analyse und ggf. auch die zielgerichtete Änderung / Anpassung von Strukturen, Personalprozessen sowie der Organisationskultur (Vgl. www.charta-der-vielfalt.de). Diversity Management beinhaltet nach Taylor Cox „planning and implementing organizational systems and practices to manage people so that the potential advantages of diversity are maximized while its potential disadvantages are minimized." (Cox 2001, S. 19). Das Begriffspaar „Managing Diversity" vs. „Diversity Management" (Vedder 2006) macht deutlich, in welchem Rahmen sich der Umgang mit Vielfalt in Organisationen bewegt. Managing Diversity hat einen eher reaktiven Charakter und ist eher eine Frage der operativen Gestaltung gegebener Vielfalt, die in diesem Ansatz toleriert, bestenfalls akzeptiert wird. Ein Diversity Mangement hingegen fordert Vielfalt aus strategischen Gründen aktiv und wertschätzend ein und richtet sie konsequent auf das Unternehmensziel hin aus.

Die Ursprünge solcher Ansätze – je nach Ausrichtung als Resistenz- oder Fairnessansatz bezeichnet – liegen in der Human Rights-Debatte der USA in den 1960er und 1970er Jahren. Im Rahmen der beginnenden Globalisierung in den 1980er und 1990er ging es insbesondere darum, mit Vielfalt eine bessere Marktposition zu erreichen. Megatrends wie der demographische Wandel und die Individualisierung von Lebensstilen führen seit Mitte der 1990er Jahre zur Entwicklung des Lern- und Effektivitätsansatzes. In Europa und in Deutschland erfolgte die Implementierung stark verzögert (vgl. Vedder 2006).

DiM Ansatz	Resistenz-ansatz	Fairnessan-satz	Marktzutritts-ansatz	Lern- und Effektivitäts-ansatz
Grund-lage	Diversity kein Thema oder eine Gefahr	Vielfalt ver-ursacht Probleme	Vielfalt führt zu Marktvorteilen	Unterschiede gezielt und integrativ nutzen
Ver-ständnis	Monokultur; Homogenität erhalten	Keine Dis-kriminierung; Assimilierung	Optimales Ausmaß an Vielfältigkeit	Multikultur / Pluralismus
Zielset-zung	Status quo verteidigen	Minderheiten gleich be-handeln	Zugang zu Kunden und Märkten	Langfristiges Lernen aus Diversity

Abbildung 1: Ansätze für Diversity Management (vgl. Vedder 2006, S. 18)

Warum ist es nun so schwierig, eine solche Strategie zu implementieren? In der Fachliteratur werden unterschiedliche Ebenen und Formen von Widerständen bei der Einführung eines Diversity Managements berichtet. So wird die Notwendigkeit für Gleichstellung negiert, Probleme werden personalisiert oder biologisiert, die Übernahme von Verantwortung z.B. zur Bewilligung von Ressourcen wird verweigert. Auch Überforderung und Resignation spielen auf allen Ebenen eine Rolle, wenn derartige Veränderungsprozesse nur langsam erfolgen (vgl. Erfurt 2010, S. 12 f.). Derartige Befunde überraschen nicht, denn es geht um mitunter tiefgreifende Veränderungen von (Organisations-)Kulturen, bei denen mit systemischen Beharrungskräften zu rechnen ist. Für die erfolgreiche Implementierung derartiger umfassender Ansätze ist daher ein reiner „Top-Down-Approach" nicht zielführend und sollte mit einem „Bottom-up-Prozess" kombiniert werden (Vgl. www. Charta der Vielfalt). Denn es geht darum, auf allen Ebenen liebgewonnene Denkmuster aufzubrechen, Komfortzonen zu verlassen und aus Betroffenen Beteiligte zu machen. Ein im Schwerpunkt eher emotionaler denn kognitiver Prozess! „Erschöpft sich Diversity Management in Einzelmaßnahmen, wird es sein Potential nicht entfalten können" (vgl. Heidsiek 2009, S. 44).

Managing Diversity in der Bundeswehr

„Derzeit gibt kein gebündeltes <u>strategisches</u> Diversity Management in der Bundeswehr. Die Gesamtthematik ist derzeit nicht in einem ministeriellen Referat zusammengefasst, sondern über viele Abteilungen [...], Unterabteilungen und Referate fachlich ‚verstreut'. Eine zielgerichtete Koordinierung findet nicht statt. Ein Konzept zum Diversity Management existiert nicht." (Illauer & Stiffel & Ulrich 2014, S. 18). Dabei befindet sich die Bundeswehr offenbar <u>nicht</u> in einer Sondersituation, denn es zeigt sich, dass in vielen Bereichen des öffentlichen Dienstes „noch ein eher loses und fragmentiertes Nebeneinander verschiedener Gleichbehandlungsstrategien und Vielfalt fördernder Maßnahmen wie etwa Gender Mainstreaming, interkulturelle Öffnung, Teilhabe behinderter Menschen oder Maßnahmen für ältere Menschen. Hintergründe sind vor allem das Ressortprinzip und die Säulenstruktur der Verwaltung (bei gleichzeitig oft räumlicher Dezentralisierung) und unterschiedliche Dynamiken durch die bereits etablierten Verantwortlichkeiten für einzelne Diversity-Dimensionen. Dadurch wird zum einen oft die interne Heterogenität der „Zielgruppen" etwa in Bezug auf soziale Lebenslagen, Bildungsgrad, Alter, Geschlecht, familiäre Situationen oder weitere Faktoren nicht ausreichend berücksichtigt. Zum anderen werden im Hinblick auf Mehrfachzugehörigkeiten (z.B. von älteren Migrantinnen) bestehende Schnittmengen zu wenig in entsprechenden zielgruppenübergreifenden Projekten, Initiativen und Maßnahmen gemeinsam gestaltet. Doppelarbeiten sowie Konkurrenzen und Konflikte zwischen den für die jeweiligen Diversity-Dimensionen verantwortlichen Akteurinnen und Akteuren können die Folge sein." (Charta der Vielfalt 2014, S. 18)

Allerdings konnten im Sinne eines operativen „Managing Diversity" in vielen Gestaltungsfeldern der Inneren Führung Maßnahmen und Projekte zur Gestaltung von Vielfalt in der Bundeswehr realisiert werden, auch wenn sie möglicherweise nicht unter dem Begriff „Diversity" zu finden sind (vgl. Illauer, Stiffel, Ulrich 2014, S. 19-23). Insbesondere in Hinblick auf die inhaltliche und organisatorische Weiterentwicklung des Themas „Interkulturelle Kompetenz" sei hier hingewiesen. Der Kulturbegriff kann im Sinne einer Interkulturellen Öffnung durchaus auf die verschiedenen Dimensionen von Vielfalt übertragen werden (Ulrich 2/2013, S. 10). Jedoch muss die These, dass ein Diversity Management Teil eines Interkulturellen Managements in der Bundeswehr ist (vgl. Stiffel 2013), kritisch betrachtet werden. Insbesondere in Hinblick auf einen sich abzeichnenden Ansatz, der Vielfalt strategisch in den Mittelpunkt stellt, erscheint dies zu kurz gesprungen. Neben den bereits weiter vorn genannten Widerständen ist ein wesentlicher Grund für das „Fehlschlagen" eines Diversity Managements die zeitlich und organisatorisch nur punktuelle und unzusammenhängende Umsetzung (vgl. Heidsiek 2009, S. 44, Köppel 2013, 15-22). Diese Erfahrung gilt im Prinzip für alle organisationskulturellen Zusammenhänge – im Übrigen auch für die Innere Führung.

Diversity Management für die Bundeswehr

Vor diesem Hintergrund war die Unterzeichnung der Charta der Vielfalt im Februar 2012 ein weiterer Schritt in Richtung eines strategischen Verständnisses von Vielfalt. Hiermit verpflichtete sich die Bundeswehr:

1) eine Organisationskultur zu pflegen, die von gegenseitigem Respekt und Wertschätzung jeder und jedes Einzelnen geprägt ist;

2) die Personalprozesse zu überprüfen und sicherzustellen, dass diese den vielfältigen Fähigkeiten und Talenten sowie unserem Leistungsanspruch gerecht werden;

3) die Vielfalt der Gesellschaft innerhalb und außerhalb der Organisation anzuerkennen, die darin liegenden Potentiale wertzuschätzen und gewinnbringend einzusetzen;

4) die Umsetzung der Charta zum Thema des internen und externen Dialogs zu machen;

5) über die Aktivitäten und den Fortschritt jährlich öffentlich Auskunft zu geben;

6) die Soldatinnen/Soldaten und das zivile Personal über Diversity zu informieren und sie bei der Umsetzung der Charta einzubeziehen.

Wie kann diese Charta nun umgesetzt werden? In politischen Debatten über diese Frage wurde bei aller Kritik in einzelnen Dimensionen parteiübergreifend grundsätzlich angemerkt, dass in der Bundeswehr bereits sehr viel dazu getan wird. Insbesondere wurde hier die Bedeutung der Inneren Führung – d.h. des Selbstverständnisses und der Führungskultur der Bundeswehr – hervorgehoben (vgl. Bundestag 2013). Betrachtet man deren Ziele und Gestaltungsfelder in Form einer Matrix und überlagert diese mit dem Management-Regelkreis klassischer Ansätze wie er etwa bei T. Cox zu finden ist (vgl. Cox 2001), der einerseits Eingang in der Charta der Vielfalt gefunden hat und andererseits auch „problemlos" in den militärischen Führungsprozess „übersetzt" werden kann, ergibt sich in etwa ein konzeptioneller Rahmen für ein strategisches Diversity Management, der aber auf die organisatorische Ebene beschränkt bleibt (vgl. Ulrich 2/2013, S. 8 Abb. 2). In Verbindung mit dem bereits in seiner Anlage „diversen" Leitbild vom Staatsbürger in Uniform, ergänzt durch das Motto der aktuellen Selbstverständniskampagne der Bundeswehr „Wir.Dienen.Deutschland." und eingebettet in einen breiten sicherheitspolitischen Ansatz ist die Bundeswehr auf dem Weg hin zu einem umfassenden und inklusiven Verständnis von Diversity Managements.

Betrachtet man die verschiedenen Gestaltungsfelder der Inneren Führung und wirft einen Blick in das Organigramm des BMVg wird jedoch schnell klar, dass damit die bereits angedeutete Dislozierung der Zuständigkeiten nicht behoben, sondern allenfalls verdeutlicht und unterstrichen wird. Die Empfehlung zur Einrichtung einer abteilungsübergreifenden Diversity-Koordinierungsgruppe, zur Erstellung eines eigenständigen Konzeptes zum „Diversity Management in der Bundeswehr", liegt auf der Hand und ist letztlich Voraussetzung für die ebenso zu fordernde Sensibilisierung des Personals auf allen Ebenen, insbesondere in Führungspositionen. Bislang finden sich hierzu Ansätze z.B. am Zentrum Innere Führung in Projekten wie z.B. „Dimension Kulturen" oder Trainingsboards zu Themen wie „Interkulturelle Kompetenz" und „Konflikt", die durch die Zentrale Koordinierungsstelle Interkulturelle Kompetenz bereitgestellt und durch deren Informationsangebot ergänzt werden. Vorgesehen ist auch die Entwicklung eines „Diversity Trainingsboards". Explizit unter dem Stichwort „Diversity Management in der Bundeswehr – Norm und Funktion" wurde diese Thematik im Lehrangebot der Führungsakademie der Bundeswehr verankert. Die aktive Teilnahme des BMVg am jährlich stattfindenden Tag der Vielfalt wäre eine zusätzliche sowohl nach innen als auch nach außen wirkende Möglichkeit, die Grundsätze der Charta der Vielfalt zu kommunizieren (vgl. Illauer & Stiffel & Ulrich 2014,   S. 24).

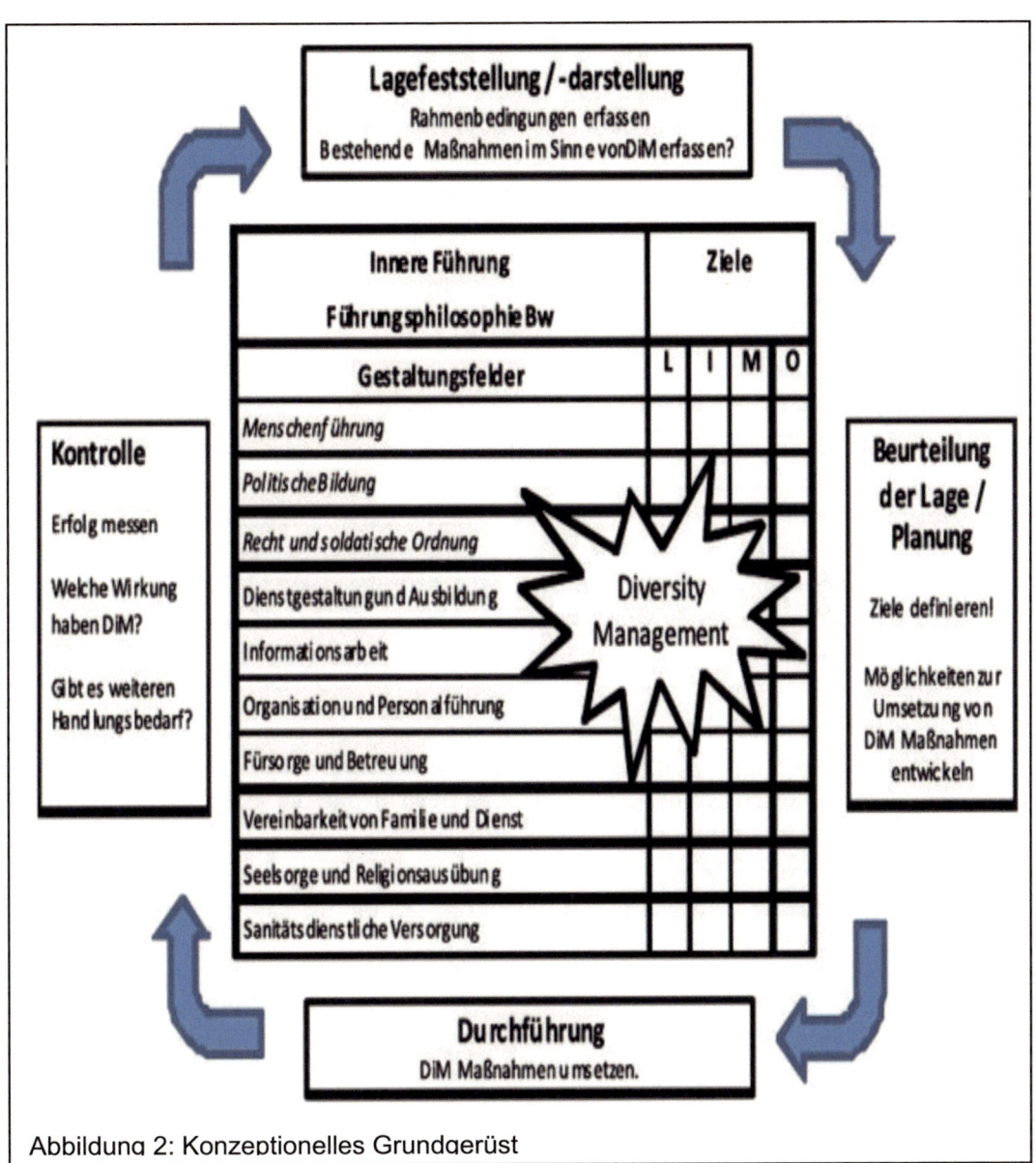

Abbildung 2: Konzeptionelles Grundgerüst

193

Darüber hinaus gehende Vorschläge wurden z.B. im Rahmen von Seminaren an der Führungsakademie entwickelt. Sie ergänzen die bereits vorliegenden Empfehlungen und erscheinen zügig und im Wesentlichen kostenneutral umsetzbar.

(1) Insbesondere wenn – konzertiert – auf unterschiedlichen Ebenen die Möglichkeit eingeräumt wird, Arbeitsergebnisse, Projekte und Maßnahmen im Rahmen dieses Tages zu präsentieren, könnte auch sichergestellt werden, dass im Sinne eines „Bottom up"-Ansatzes aus Betroffenen Beteiligte werden und ein „Diversity Management Konzept" nicht ins Leere läuft.

(2) Ergänzend zu den Coaching-Angeboten des Zentrums Innere Führung, sowie Bezug nehmend auf die Einsatzerfahrungen mit Mentoring/Partnering-Konzepten könnte auch überlegt werden, im Rahmen der Personalentwicklung ein Mentoring-Programm[3] ähnlich wie in den Norwegischen Streitkräfte – die im Übrigen in 2013 den Norwegischen Vielfaltspreis gewonnen haben[4] – aufzulegen (vgl. Bottenvik-Hartmann 2014). Hier können eigentlich nur alle Beteiligten profitieren – ob nun „Kalter Krieger" oder „ISAF-Veteran".

(3) Die jährliche „Berichtspflicht", die mit der Unterzeichnung der Charta einhergeht, sollte für die Bundeswehr möglicherweise unter Nutzung von Synergieeffekten im Rahmen des Berichtes des Wehrbeauftragten des Deutschen Bundestages ohne wirklichen Mehraufwand erfüllt werden.

Die wohl umfangreichste Aufgabe – nämlich die Personalprozesse (z.B. Personalwerbung, -auswahl, -entwicklung, -bindung) zu überprüfen und si-

---

[3] Mentoring bezeichnet ein Personalentwicklungsinstrument – insbesondere in Unternehmen, aber auch beim Wissenstransfer in persönlichen Beziehungen. Eine erfahrene Person (Mentor) gibt ihr fachliches Wissen oder ihr Erfahrungswissen an eine noch unerfahrenere Person (Mentee) weiter. Auch wenn auf den ersten Blick vor allem die Mentees von der Förderung profitieren, sollten die Vorteile für die Mentoren nicht unterschätzt werden, das Konzept geht von einem gegenseitigen Geben und Nehmen aus. http://de.wikipedia.org/wiki/Mentoring

[4] The Norwegian Armed Forces awarded the diversity price for 2013 by the Norwegian Directorate for Inclusion and Diversity. The Norwegian Armed Forces are as such in company with earlier price winners like IKEA (2010) and Coca Cola (2011). This does not mean that the Norwegian Armed Forces possess all the solutions when it comes to diversity management. It means that the armed forces has put it on the agenda, and given it sufficient attention to try to incorporate the necessary acceptance in the armed forces.
http://www.regjeringen.no/nb/dep/bld/aktuelt/nyheter/2013/forsvaret-far-mangfoldsprisen-2013-.html?id=747141

cherzustellen, dass diese den vielfältigen Fähigkeiten und Talenten sowie dem Leistungsanspruch gerecht werden – ist eng mit dem Personalmanagement der Bundeswehr und dem Attraktivitätsprogramm der Bundeswehr verbunden. Auch wenn mit der gleichen Begründung wie für ein Interkulturelles Management grundsätzlich zu hinterfragen ist, ob Diversity Management tatsächlich als ein Teil des Personalmanagements der Bundeswehr zu betrachten ist, wird die Begrifflichkeit hier erstmals auf der Ebene der Teilkonzeptionen präsent. Insbesondere werden folgende Handlungsfelder identifiziert (vgl. Illauer & Stiffel & Ulrich 2014, S. 19):

1) Verbesserung der Rahmenbedingungen für Personal mit familiären Verpflichtungen
2) Integration und Förderung von Frauen
3) Erschließung des Potentials von Menschen mit Migrationshintergrund
4) Inklusion von Einsatzgeschädigten und Menschen mit Behinderung
5) Gezielte Nutzung von Kompetenzen lebenserfahrener Menschen

Zumindest für den Bereich Personalmanagement wird dem angemessenen Umgang mit Vielfalt im Sinne von „annehmen und nutzen" damit eine strategische Bedeutung zugemessen.

Zusammenfassung und Ausblick

Wenn mit dem vorliegenden Beitrag auch die Fragen nach den Begriffen Vielfalt (engl. Diversity) und dem angemessenen, d.h. wertschätzenden und zugleich zielgerichteten Umgang damit (engl. Diversity Management) sowie der Bedeutung und dem derzeitigen Sachstand diskutiert wurden, so steht doch die Frage des weiteren konkreten Vorgehens im Raum. Weitere Schritte und mögliche Fragestellungen für die Bundeswehr ergeben sich unter Einbeziehung der auf der Internetseite der Charta der Vielfalt aufgezeigten Schritte.

(1) Eine zentrale Rolle kommt sicher der bereits empfohlenen Diversity-Koordinierungsgruppe im Rahmen der konzeptionellen Arbeit vor allem bei der *Formulierung von Zielen* und der Diskussion etwa folgender Fragen zu: Wie profitiert die Bundeswehr durch Diversity Management? Wo trägt Vielfalt zur Auftragserfüllung der Bundeswehr bei? Wo liegen potentielle Chancen und Risiken von Vielfalt? Wie kann Vielfalt im Sinne der Maximierung von Vorteilen und der Minimierung von Risiken (Vgl. Cox 2001, S. 19) umgesetzt werden?

(2) Bei der *Ermittlung des Ist-Zustandes* stehen in etwa folgende Fragen im Mittelpunkt: Was ist die Ausgangssituation zu Diversity in der Bundeswehr? Wie stellt sich die Zusammensetzung des Personals der Bundeswehr in besonders relevanten Dimensionen (z.B. Gender, Religion, Migration, Alter) dar? Was sind bereits vorhandene Diversity-Maßnahmen, auch mit Blick darauf, dass sie ggf. unter einem anderen Begriff durchgeführt werden? Wesentliche Vorarbeiten hierzu wurden bereits durch das Sozialwissenschaftliche Institut der Bundeswehr geleistet (vgl. Kümmel 2012).

(3) Die *Planung* obliegt wiederum in erster Linie der ministeriellen Koordinierungsgruppe. Relevante Fragen können hier lauten: Wie lässt sich Diversity in der Organisation einführen? Wie lässt sich eine eventuelle Lücke zwischen formulierten Zielen und der aktuellen Situation beschreiben? Was lässt sich in welchem Zeitraum erreichen? Was sind geeignete Maßnahmen?

(4) Die *Realisierung* der verschiedenen Maßnahmen obliegt naturgemäß den dafür zu identifizierenden Instituten, Ämtern oder Organisationsbereichen. Diese sind im Rahmen der operativen Umsetzung zentral zu unterstützen. Mit Blick auf die große Schnittmenge mit Zielen und Gestaltungsfeldern erscheint es durchaus zweckmäßig, dass das Zentrum Innere Führung – unter Nutzung des gesamten Aufgabenverbundes Innere Führung – diese Unterstützungsaufgabe für die Operative Gestaltung eines Diversity Managements wahrnimmt. Hierzu gehört z.B. auch die begleitende bundeswehrweite Kommunikation dieses Prozesses.

(5) Ganz in der Tradition militärischer Führungsprozesse steht am Ende die *Messung des Erfolges*. Insbesondere die Frage nach der Wirkung der getroffenen Maßnahmen steht hier im Vordergrund – eine in erster Linie empirische Frage, die unter Hinweis auf die Vorarbeiten des Sozialwissenschaftlichen Institutes der Bundeswehr am ehesten auch von dort her betrachtet werden kann. Am Ende stehen dann Empfehlungen für die Beibehaltung, den Ausbau, die Variation oder auch den Wegfall von Maßnahmen.

Es wird deutlich, dass der weitere Umgang mit dieser Thematik von der Beantwortung der im Titel des Beitrages aufgeworfenen Frage „Quo vadis Bundeswehr – Strategisches Diversity Management oder Operatives Managing Diversity?" abhängt. Daran werden sich alle weiteren Punkte des hier nur grob angedeuteten Führungs- und Umsetzungsprozesses zu orientieren haben.

Die Notwendigkeit für den angemessenen Umgang mit Vielfalt leitet sich neben den normativen Grundlagen (z.B. Grundgesetz, Allgemeines Gleichbehandlungsgesetz, Gesetz zur Gleichbehandlung von Soldatinnen und

Soldaten, Soldatengesetz, Einsatzweiterverwendungsgesetz etc.) aus den sicherheitspolitischen Rahmenbedingungen, den diversen Erfahrungswelten sowie insbesondere aus gesellschaftlichen Entwicklungen ab, die massive Veränderungen in der Arbeitswelt bewirken und die selbstverständlich auch die Bundeswehr betreffen. In diesem Verständnis geht ein Diversity Management über die Toleranz bzw. Akzeptanz von Minderheiten – die eh gesetzlich eingefordert und auch weitgehend gelebt wird – weit hinaus. Eine wesentliche Voraussetzung für die erfolgreiche Bewältigung dieser Veränderungsprozesse ist es, die Vielfalt der in der Gesellschaft und in der Bundeswehr vorhandenen Potentiale zu erkennen. Es kommt darauf an, diese Vielfalt nicht abzulehnen, sondern zu begrüßen, diese Vielfalt aber auch nicht dem Zufall zu überlassen, sondern sie zielgerichtet zu nutzen. Dabei gilt es aber eines zu beachten: Nur dann, wenn die Menschen in der Bundeswehr sich primär als Menschen wertgeschätzt fühlen, werden die erhofften synergetischen Wirkungen eintreten. Der angemessene Umgang mit sozialer Vielfalt ist eine Frage sensiblen Bewusstseins und engagierter Führung, und nicht etwa distanzierten Managements, welches den Menschen auf Kategorien z.B. einer Humanressource reduziert. Die für die Implementierung eines – wie auch immer ausgestalteten – Diversity Managements notwendigen rechtlich-normativen Grundlagen sind vorhanden. Nunmehr gilt es Strukturen und Personalprozesse sowie die Organisationskultur der Bundeswehr hinsichtlich des angemessenen Umgangs mit Vielfalt zu hinterfragen und der strategischen Zielsetzung gem. den sicherheitspolitischen Vorgaben anzupassen.

Die im Raume stehende Frage, ob Diversity Management eher als umfassendes Konzept oder im Sinne eines Managing Diversity eher als operativ-pragmatischer Umgang mit einer im Kern unerwünschten oder gar bedrohlichen Sache betrachtet werden sollte, muss für die Bundeswehr vor dem Hintergrund der dargestellten Entwicklungen immer stärker in Richtung eines strategischen Verständnisses beantwortet werden. Ein konzertiertes Diversity Management spielt eine ganz zentrale Rolle bei der Realisierung effektiver postmoderner Streitkräfte. So verstanden, ist und bleibt der „angemessene Umgang mit Vielfalt" Aufgabe und Chance der Bundeswehr in Zeiten des Wandels.

Literatur und Quellen

Apelt, Maja: Gespräch zur Integration von Frauen in der Bundeswehr. http://www.3sat.de/mediathek/?mode=play&obj=41324

Aretz, Hans Jürgen & Hansen, Katrin: Erfolgreiches Management von Diversity. In: Zeitschrift für Personalführung. Heft 17/2003. S. 3 – 42.

Bottenvik-Hartmann, Michael: Diversity Management in der Bundeswehr – Strategie und operative Umsetzung am Beispiel von Mentoring im Rahmen der Inneren Führung. Jahresarbeit. Hamburg 2014 (im Druck).

Cox, Taylor: A Strategy for meeting the challenge. In: Taylor Cox: Creating the multicultural organization. A Strategy for capturing the power of diversity. San Francisco 2001. S. 17 – 30.

Charta der Vielfalt (Hrsg.): Vielfalt, Chancengleichheit und Inklusion. Diversity Management in öffentlichen Verwaltungen und Einrichtungen. Berlin 2014.

www.charta-der-vielfalt.de (homepage des Verein Charta der Vielfalt e.V. Berlin)

Deutscher Bundestag 17. Wahlperiode. Protokoll der 234. Sitzung am 18.04.2013.

Erfurt, Philine: Nicht wichtig, keine Zeit, fehlende Beweise – Widerstände bei der Implementierung von Gender Mainstreaming und Diversity Management. In: Diversitas. Zeitschrift für Managing Diversity und Diversity Studies. 2/2010. S. 10 ff.

Heidsiek, Charlotte: Organisationspädagogische Fragen an Diversity Management. In: http://www.diezeitschrift.de/22009/bildungsmanagement-01.pdf.

Horx, Matthias: Das Megatrend-Prinzip. München 2011.

Illauer, Ralf & Stiffel, Hartmut & Ulrich, Uwe: Im stetigen Wandel. Der Umgang mit Vielfalt in der Bundeswehr. In: if Zeitschrift für Innere Führung. 1/2014, S. 16 ff.

Köppel, Petra: Diversity Management in Deutschland 2013. Ein Benchmark unter den DAX 30 Unternehmen. Köln Okt. 2013.

Kümmel, Gerhard (Hrsg.): Die Truppe wird bunter: Streitkräfte und Minderheiten, Baden-Baden 2012.

Moskos, Charles: Postmodern Military. Armed forces after the cold war. Oxford 2000.

Münkler, Herfried, Die neuen Kriege, Reinbek 2002.

Stiffel, Hartmut: Diversity Management als Aufgabe und Chance innerhalb der Bundeswehr. In: www.charta-der-vielfalt.de 2013.

Ulrich, Uwe: Diversity Management. Aufgabe und Chance der Bundeswehr in Zeiten des Wandels. Reader Sicherheitspolitik 2/2013.

Vedder, Günther: Die historische Entwicklung von Diversity Management in den USA und in Deutschland. In: Gertraude Krell Hartmut Wächter (Hrsg.): Diversity Management – Impulse aus der Personalforschung. München 2006.

Nicht-Auffallen als Integrationsstrategie?
Mehr Sensibilität für die Belange praktizierender Muslime in der Bundeswehr

Said AlDailami

Einleitung

Muslime scheinen sich in der Bundeswehr wohl zu fühlen, was u. a. daran abgelesen werden kann, dass der Bericht des Wehrbeauftragten der Bundeswehr[1], der jährlich erscheint und u. a. auf aktuelle Probleme in der Truppe hinweist, in den letzten Jahren kaum Nennenswertes über Soldaten muslimischen Glaubens in den Streitkräften enthält. Dessen ungeachtet beschäftigt sich die Wissenschaft schon seit längerem mit dem Phänomen des „managing diversity", des Umgangs mit Minderheiten in den Streitkräften.[2] Das Sozialwissenschaftliche Institut der Bundeswehr (SOWI)[3] hat speziell zum Thema „Muslime in der Bundeswehr" eine wissenschaftliche Untersuchung angestrengt. In den Jahren 2007 bis 2009 führte das SOWI eine Pilotstudie durch, die sich mit der Alltagspraxis und der Integration von muslimischen Soldaten[4] innerhalb der Bundeswehr beschäftigte. Als damals noch aktiver Soldat im Dienstgrad Hauptmann fiel ich unter den Personenkreis, der im Rahmen dieser Studie befragt wurde. Die wesentlichen Ergebnisse der Studie decken sich mit den Erfahrungen, die ich im Rahmen meiner 13-jährigen aktiven Dienstzeit in der Bundeswehr gelebt und erlebt habe.[5] Diese lassen sich auf fünf zentrale Thesen verkürzen:

   1. Soldaten muslimischen Bekenntnisses versuchen, ihren Dienstalltag mit den religiösen Pflichten zu harmonisieren und wollen dabei möglichst nicht

---

[1] Vgl. Deutscher Bundestag, Jahresberichte des Wehrbeauftragten, Bonn/Berlin1976-2013.

[2] Vgl. Kümmel, Gerhard (Hrsg.), Die Truppe wird bunter: Streitkräfte und Minderheiten, Baden-Baden 2012, hier insbesondere S. 9-13.

[3] Im Rahmen der Neuausrichtung der Bundeswehr gehört das Institut inzwischen zum sogenannten Zentrum für Sozialwissenschaften und Militärgeschichte der Bundeswehr.

[4] Der Begriff Soldat/Soldaten wird im gesamten Beitrag als geschlechtsneutrale Berufsbezeichnung verwendet.

[5] Zum Themenfeld Minderheiten in den Streitkräften, vgl. *Fedtke, Cornelia u.a.* Migration und Militär, Zur Integration deutscher Soldaten mit Migrationshintergrund in der Bundeswehr, Berlin 2013.

auffallen. Im konkreten Fall bedeutet diese Haltung beispielsweise, die Gebetszeiten flexibler zu handhaben, beim gemeinsamen Essen im Offizierscasino das Champagnerglas mit den Kameraden zu heben, jedoch nicht davon zu trinken. 2. Ihr Deutschsein und ihre Loyalität zur Bundesrepublik Deutschland bestimmt ihr Auftreten und Handeln und ist für sie aus dreifachem Grund von sehr großer Bedeutung: a) weil sie sich mit diesem Vaterland identifizieren, b) weil sie den Diensteid bzw. den Dienstschwur zum treuen Dienen geleistet haben, c) weil sie in einigen Fällen schon viel Kritik in ihrem häuslichen Milieu für diese Entscheidung einstecken mussten. 3. Über kleine Spitzen und verbale Entgleisungen einiger ihrer Kameraden im Dienstalltag schauen sie bewusst hinweg, um wiederum nicht aufzufallen bzw. den Dienstbetrieb nicht „unnötig" mit – aus ihrer Sicht – banalen Dingen zu stören. 4. Eine kleine Minderheit der muslimischen Soldaten ist nicht bereit, diese ständige Anpassungsleistung zu vollziehen. Sie stellen eine besondere Herausforderung für die Bundeswehr dar. D. h. die Bundeswehr kann offensichtlich nicht weiter darauf vertrauen, uneingeschränkt anpassungswillige und um Unauffälligkeit bemühte Soldaten zu rekrutieren. 5. Muslime bilden innerhalb der Bundeswehr keine Netzwerke, um a) wiederum nicht als gesonderte Gruppe aufzufallen und b) weil sie keinen inneren Antrieb für diesen Zusammenschluss empfinden, schließlich basiert ihr Glaube auf der Verantwortlichkeit des *Einzelnen* vor Gott und nur sekundär auf dem Gemeinschaftserlebnis.[6]

Diese äußerst interessanten Thesen sagen bereits sehr viel darüber aus, wie gut Soldaten muslimischen Bekenntnisses in der Bundeswehr integriert sind und welche Bemühungen sie aufwenden, um als gleichwertiger Teil der militärischen Gemeinschaft zu zählen. Obwohl sie wenig vernetzt sind und somit kaum bis gar keine Erfahrungsaustauschmöglichkeiten haben, neigen sie offensichtlich alle dazu, die Strategie des „Nicht-Auffallens" aus Intuition als wirksamstes Mittel zur Integration zu wählen. Diese Verhaltensweise könnte allerdings vor dem Hintergrund des in der Bundeswehr gezeichneten Ideals vom „Staatsbürger in Uniform" – eines mündigen, reflektierten und aktiv-partizipierenden Bürgers – durchaus auch negativ interpretiert werden. Aus diesem Grund soll in diesem Artikel das ausgesprochen werden, was muslimische Soldaten in der Bundeswehr bisher womöglich nur unzureichend bzw.

---

[6] Zu den wesentlichen Ergebnissen der Studie vgl. Tomforde, Maren: Muslime in der Bundeswehr. Grade der Integration und Anpassungsstrategien. In: Kümmel, Gerhard (Hrsg.): Die Truppe wird bunter: Streitkräfte und Minderheiten, Baden-Baden 2012, S. 95-110.

nur in Einzelfällen artikuliert haben. Der Artikel konzentriert sich auf die praktische Dimension des Dienstes von Muslimen in der Bundeswehr, auf das „Wie" der Bewältigung von Alltagsproblemen in der Truppe. Er vernachlässigt theoretische Erörterungen zu Fragen, wie jene nach der grundsätzlichen islamischen Legitimation des Dienstes von Muslimen in der Bundeswehr.[7] Die faktische Präsenz von mehreren Tausend Soldaten muslimischen Bekenntnisses in der Bundeswehr hat diese Frage obsolet werden lassen und endgültig in den Raum der Theorie bzw. der wissenschaftlichen Forschung verbannt. Den eigentlichen Ausführungen zu diesem Themenfeld soll eine wichtige Bemerkung noch vorgeschaltet werden:

Weil der Islam keine Kirchenmitgliedschaft kennt, dürfte es äußerst schwierig sein zu ermitteln, wie viele Muslime sich nicht nur qua Sozialisation als Muslim bezeichnen, sondern ihren Glauben ernst nehmen und die religiösen Verpflichtungen einhalten. Gerade für Muslime in der Diaspora ist die Kluft zwischen Bekenntnis zum Glauben und Ausübung des Glaubens oft sehr groß. Die Anzahl praktizierender Muslime bildet eine Minderheit unter allen bekennenden Muslimen in Deutschland. Für die Bundeswehr ist dieses Faktum nicht uninteressant, da „Kulturmuslime" bzw. „Etiketten-Muslime"[8] geringere Ansprüche an den Dienstherrn stellen als praktizierende Gläubige. Letztere werden in Abhängigkeit von ihrem Glaubenseifer und der Intensität ihrer Frömmigkeit von der Orthopraxie des islamischen Glaubens in ihrem Alltag beeinflusst, sodass sie zumindest darauf insistieren werden, wenigstens die Hauptsäule des Islams – das fünfmalige tägliche Gebet – zeitgerecht zu verrichten.

---

[7] Zu theoretischen Anfragen an die islamische Theologie bezüglich des Militärdienstes von Muslimen in der Diaspora, vgl. AlDailami, Said: Treues Dienen versus treues Glauben, in: Zeitschrift für die Religionslehre des Islam, Heft 9, 2011, S. 2-6.

[8] Die Bezeichnung Kulturmuslim bzw. Etiketten-Muslim bedeutet in diesem Kontext, dass inzwischen eine säkularisierte Lebensform des Islams die Realität vieler (junger) Muslime prägt. Kulturmuslime zeichnen sich dadurch aus, dass sie einerseits nur ungern auf das Etikett „Muslim" verzichten möchten, andererseits nicht die Disziplin aufbringen wollen, um den ethischen Maximen und den gottesdienstlichen Verpflichtungen ihrer Religion gerecht zu werden. Diese „Islam-light-Generation" ist kein ausschließliches Produkt westlicher Gesellschaften, sondern ein Phänomen, das sich mittlerweile inmitten islamischer Gesellschaften von Indonesien bis Senegal unaufhaltsam ausbreitet.

Glaubenspraxis und Dienstalltag – Konfliktpotenziale

Religionsfreiheit und militärischer Dienst

Der Dienst in den Streitkräften ist für jeden Soldaten mit Entbehrungen verbunden. Die meisten Soldaten sind sich dieser Tatsache bewusst, da sie im Rahmen des Rekrutierungs- und Eingliederungsprozesses in die Bundeswehr von den Verantwortlichen auf diesen Umstand aufmerksam gemacht werden. Zu diesen Entbehrungen gehört die vollständige Bereitschaft des Soldaten, Einschränkungen seiner individuellen, grundgesetzlich verankerten Freiheitsrechte als berufsspezifische Notwendigkeiten hinzunehmen, ja sogar aus eigenem Berufsethos heraus als selbstverständlich anzusehen. Der Dienstherr hingegen ist angehalten, jeden Eingriff in die Freiheitsrechte des Soldaten auf der Basis von geltenden Gesetzen und Vorschriften vorzunehmen. Daher definieren unzählige Dienstvorschriften, Wehrgesetze, Verordnungen, Weisungen und Erlasse innerhalb der Bundeswehr u. a. jenen rechtlichen Rahmen, in dem sich die freiheitsbeschränkenden Normen bewegen dürfen.

Bezogen auf das Recht der freien Religionsausübung gilt auch für die Bundeswehr das Prinzip, dass diese grundsätzlich nicht eingeschränkt werden darf. Falls eine dienstliche Notwendigkeit dennoch eine Einschränkung dieses Grundrechts erforderlich machen sollte, muss ein Gesetz die Grundlage hierfür bieten. Eine klare gesetzliche Regelung, die das Grundrecht der Religionsfreiheit für Soldaten explizit behandelt, insbesondere wie mit Soldaten muslimischen Bekenntnisses in der Bundeswehr umgegangen werden soll, existiert jedoch nicht. Gerade für Vorgesetzte wäre aber eine sichere Handhabe im Umgang mit Forderungen von Muslimen im Bundeswehralltag wünschenswert, da in der Truppe oft Entscheidungen zu konkreten Fragen getroffen werden müssen.

Das Zentrum Innere Führung hat der Thematik des Umgangs mit religiösen Minderheiten in den Streitkräften insbesondere ab dem Jahr 2001 größere Aufmerksamkeit geschenkt. Bezogen auf Muslime in den Streitkräften sind vor allem die Arbeitspapiere zu nennen, die das Zentrum Innere Führung hierzu herausgegeben hat. Das jüngste Arbeitspapier, welches sich explizit mit dem Thema „Muslime in der Bundeswehr" auseinandersetzt, datiert aus dem Jahr 2011 und trägt den Titel „Deutsche Staatsbürger muslimischen Glaubens in der Bundeswehr". Es beinhaltet auf den letzten Seiten sogenannte „Hinweise für Vorgesetzte". Sie sollen als Vorschläge und Anregungen verstanden werden und „erheben keinen Anspruch auf Vollständigkeit. Sie stellen eine notwendige Grundlage für Entscheidungen des Vorgesetzten dar, halten dem Disziplinarvorgesetzten jedoch Freiräume offen und ermöglichen Einzelfallregelungen".[9] Die Entscheidungshilfen in dieser Broschüre nehmen zu bestimmten Themen wie Diskriminierungsverbot, Feiertagsregelung und Gebetszeiten Stellung, indem sie auf den im Grundgesetz verankerten Schutz dieser Rechte und auf allgemeine Gesetze hinweisen. Darüber hinaus weisen sie die Vorgesetzten darauf hin, welche unterschiedlichen Positionen das muslimische Recht zu ein und derselben Frage einnehmen kann. In knappen Ausführungen wird dargelegt, wie beispielsweise die genaue Einhaltung der Gebetszeiten in der islamischen Welt von Rechtschule zu Rechtsschule durchaus erheblich variieren kann. Das Spektrum der Aussagen der Rechtsgelehrten zum Thema „Gebetszeiten" reicht von einer strikten Einhaltung der genauen Gebetszeit über eine Zusammenlegung verschiedener Gebetszeiten zu „Sammelgebetszeiten" bis hin zum Nachholen aller Gebete am Abend, also nach Dienstschluss.[10] Wann welche Regelung für den konkreten Fall tatsächlich greift, bleibt in der Broschüre unerwähnt. In Konfliktfällen, in denen also der Vorgesetzte aus zwingenden dienstlichen Gründen insistieren muss, dass der Soldat den Dienstbetrieb nicht unterbrechen darf, kann ihm wohl nur ein muslimischer Gelehrter den entscheidenden Hinweis geben. Letzterer müsste im Einzelfall prüfen, welcher Glaubens- und Rechtsschule der betroffene Soldat angehört und anschließend die auf diesen konkreten Fall anzuwendenden Rechtsvorschriften an den Vorgesetzten weiterleiten. Ein sehr komplexes Verfahren, das weder unter zeitlichen noch unter organisatorischen Gesichtspunkten zu realisieren wäre. Denn einerseits kann die Bundeswehr nicht gewährleisten, dass ein muslimischer Rechtsgelehrter ständig dem Vorgesetzten beratend zur Seite steht, andererseits fehlt es grundsätzlich an ausreichend qualifiziertem Personal von muslimischer Seite, das in der Lage wäre, diese verantwortungs- und anspruchsvolle Beratungsleistung zu erbringen. Letzten Endes bedeutet dieser Mangel im Truppenalltag, dass der Vorgesetzte auf sich alleine gestellt bleibt.

---

[9] Zentrum Innere Führung: Deutsche Staatsbürger muslimischen Glaubens in der Bundeswehr, Koblenz 2011, S. 32.

[10] Gebetszeiten können je nach Rechtsschule auch in Gebetszeiträume ausgedehnt werden, so dass Muslime nicht an einen präzisen Zeitpunkt gebunden sind. Auch das Zusammenfassen von Gebeten wird von einigen Rechtsschulen erlaubt. Hingegen wird das Nachholen aller Gebete am Abend von allen Rechtsschulen nur in Ausnahmefällen genehmigt.

Freilich kann die Broschüre des Zentrums Innere Führung lediglich einerseits auf das geltende, verbindliche Recht für alle Soldaten hinweisen, andererseits für die flexible Ausgestaltung islamischer Regelungen in Fragen des Ritus sensibilisieren. Die entscheidende Frage, wie Dienst und Religionsausübung im *konkreten* Fall in Einklang gebracht werden können, bleibt hingegen ungeklärt und fällt somit auf den Vorgesetzten zurück. Es bleibt ihm nicht erspart, fallbezogen zu entscheiden, ob einem muslimischen Soldaten anlässlich eines islamischen Festtages Urlaub, Sonderurlaub oder Dienstbefreiung gewährt wird, ob der Urlaubsantrag aus zwingenden dienstlichen Gründen abgelehnt werden muss, wie es um die Bereitstellung von Gebetsräumen für muslimische Soldaten in der Einheit bestellt ist und schließlich,ob die Soldaten ihre Gebete trotz des Dienstplans pünktlich verrichten dürfen. An diesen genannten Beispielen lässt sich bereits erkennen, dass es sich in allen Fällen im Kern um das verfassungsrechtlich geschützte Grundrecht der Religionsfreiheit handelt. Hier ist seitens des Vorgesetzten höchste Vorsicht geboten. Eine empirische Studie in Einheiten, in denen muslimische Soldaten ihren Dienst leisten, könnte sicherlich zu einem ersten Befund führen, der Einblicke in den bisherigen Umgang von Vorgesetzten mit Forderungen muslimischer Soldaten im Dienstbetrieb gewähren würde.

Vorgesetzte müssen bei ihren Entscheidungen auch die Belange des Dienstherrn im Fokus haben. Sie werden u. a. folgende Fragen beantworten müssen: Gefährden Unterbrechungen des Dienstbetriebs (z. B. zu den vorgeschriebenen Gebetszeiten) die Erreichung der gesteckten Ausbildungsziele? Welche Auswirkungen hat die Gewährung von „Sonderrechten" auf die Kameradschaft und die Gruppenkohäsion in einem Kampfverband? Ein Beispiel: Die Bereitstellung von Sonderkost für Muslime stößt in manchen Fällen auf großes Unverständnis seitens nicht-muslimischer Soldaten, da sie als Privileg oder bewusste Bevorteilung empfunden wird. Solche Ressentiments können bei mangelnder Aufklärung das vorwiegend positive Klima in der Truppe zeitweise trüben. Die Thematisierung dieser u. ä. Konfliktfelder im Rahmen des verpflichtenden Bildungsangebots für Soldaten in den Unterrichtseinheiten „Politische Bildung", „Menschenführung", „Recht und soldatische Ordnung" und speziell im „Lebenskundlichen Unterricht" ist ein sinnvoller Ansatz, um Spannungen innerhalb der Truppe zu minimieren und das Bewusstsein für gegenseitigen Respekt und Toleranz zu stärken. Das Zentrum Innere Führung bietet allen Bundeswehrangehörigen die Möglichkeit, im Rahmen von Lehrgängen und Bildungsangeboten die dafür nötige Basis zu schaffen, insbesondere durch das Lehrgangsangebot im Bereich der interkulturellen Kompetenz.

Die folgenden drei Problemfelder aus dem Truppenalltag von Soldaten muslimischen Bekenntnisses in der Bundeswehr sollen zeigen, dass die weitestgehend reibungslose Integration von Muslimen in Einzelfällen auch mit Schwierigkeiten verbunden sein kann. Diese können nur dann überwunden werden, wenn der Dienstherr pragmatisch und weniger bürokratisch an deren Lösung herantritt.

Waschgelegenheiten und Gebetsräume

Praktizierende Muslime beten in der Regel fünfmal am Tag.[11] Das Gebet müssen Muslime im Zustand der Reinheit verrichten. Daher ist die rituelle Waschung *(wudu)* vorher notwendig. Durch die Waschung – in bestimmten Fällen durch eine Ganzkörperwaschung – muss zunächst ein Status der Reinigung *(tahara)* hergestellt werden. Denn nur in gereinigtem Zustand soll der Muslim seinem Gott mehrere Male am Tag in Demut und Unterwerfung gegenüber treten. Damit Muslime diese religiöse Pflicht erfüllen können, müssten in Kasernen, Bundeswehrschulen und -einrichtungen in Nähe der Gebetsräume auch geeignete Waschräume zur Verfügung gestellt werden. Während die Bereitstellung eines Gebetsraumes den Dienstherrn nicht überfordern sollte, da jedes Dienstzimmer bzw. jede Schlafstube in Bundeswehrliegenschaften auch zu einer Gebetsstätte umgestaltet werden kann, scheint ihn die Bereitstellung von geeigneten Waschräumen vor größere „Herausforderungen" zu stellen. Das Hauptproblem liegt in den sanitären Anlagen selbst, die meist nicht mit den für die rituelle Waschung notwendigen Mitteln ausgestattet sind. Der erste Akt der Waschung beginnt nämlich mit dem Reinigen der Ausscheidungsöffnungen von Kot und Urin. Nach Verrichten der Notdurft, spätestens jedoch vor dem Pflichtgebet, ist die gründliche Reinigung dieser beiden Öffnungen unter Zuhilfenahme der linken Hand mit Wasser und Seife durchzuführen. In muslimischen Einrichtungen, wie etwa Moscheen, ist die WC-Schüssel bereits mit einem zusätzlichen Wasserhahn ausgestattet oder es befindet sich in greifbarer Nähe ein Schlauch mit Brauseaufsatz und direktem Wasseranschluss. In

---

[11] Wie bereits o.g. gibt es einige Rechtsschulen, die das Zusammenlegen von zwei Gebetseinheiten zu einem Gebet erlauben. D. h. es gibt Ausnahmen von der Pflicht zum fünfmaligen Gebet am Tag.

Bundeswehrliegenschaften existieren Vorrichtungen dieser Art bisher nicht.[12] Muslime behelfen sich daher mit Gießkannen, leeren Flaschen oder Auffüllbehältern, die sie zuvor im gemeinschaftlichen Waschraum mit Wasser füllen und sodann in die WCs „schmuggeln", um ihre Genitalien vorschriftsgemäß vor dem Gebet zu waschen. Nicht wenige der muslimischen Bundeswehrangehörigen genieren sich jedoch, den Gang zur Toilette mit einer Gießkanne oder einer Wasserflasche in der Hand anzutreten. Denn wie die Ergebnisse der o. g. SOWI-Studie zeigen, sind sie darum bemüht, um jeden Preis nicht aufzufallen. Nichts ist aber auffälliger als der Toilettenbesuch mit einer Flasche oder einer Gießkanne in der Hand. In diesem Fall kommen noch weitere Befürchtungen hinzu, die in die Intimsphäre der Betroffenen hineinragen. Denn schnell sieht sich der Betroffene ggf. mit unangenehmen Fragen seiner Kameraden konfrontiert oder im schlimmsten Fall wird sein befremdendes Verhalten der Lächerlichkeit preisgegeben. Nicht weniger auffällig sind die weiteren Rituale der Waschung, wie beispielsweise das dreimalige Waschen des Gesichts, der Arme und der Füße (bis zum Knöchel). Speziell letzteres dürfte in öffentlichen Waschräumen für Erstaunen oder gar große Missbilligung sorgen. Wer wäscht denn freiwillig seine Füße in Gemeinschaftswaschräumen in herkömmlichen Waschbecken? Bis dato behelfen sich praktizierende Gläubige in den Reihen der Bundeswehr damit, den letzten Akt der Waschung hinter verschlossener WC-Tür zu erledigen: die Füße werden über die geöffnete Kloschüssel gehoben, mit der einen Hand aus der zuvor aufgefüllten Wasserflasche das Wasser ausgeschüttet und mit der anderen der Fuß gewaschen. Die Praxis der Waschung nimmt je nach Umgebung, in der sie im jeweiligen Moment vollzogen werden muss, teilweise bizarre Formen an und erfordert viel Improvisationsgeschick und höchste Wachsamkeit, damit sie im Idealfall unbemerkt und ohne großes Aufsehen durchgeführt werden kann. Nicht selten tritt der Fall ein, dass praktizierende Muslime wider Willen auf das Gebet verzichten, weil sie die Strapazen der Waschung in der speziellen Situation für unzumutbar halten.

Ein weiteres praktisches Problem, mit dem sich muslimische Soldaten konfrontiert sehen, ist das Duschen in Gemeinschaftsduschen. Mangels Einzelduschkabinen müssen Muslime an vielen Standorten die Gemeinschaftsduschen nutzen, obwohl islamische Vorschriften anordnen, dass ein Muslim die Geschlechtsteile eines anderen nicht sehen und umgekehrt seine Ge-

---

[12] Dieses Problem ist kein kasernenspezifisches Problem, sondern eine Realität, mit der Muslime überall konfrontiert werden.

schlechtsteile anderen nicht zeigen darf. Dieses Problem dürfte sich aber mit einer einfachen Maßnahme, wie der Staffelung von Duschzeiten, lösen lassen. Bisweilen gab es Fälle in der Bundeswehr, in denen muslimische Soldaten in Unterhose geduscht haben, um zumindest einen Teil der Vorschrift einzuhalten. Nur sehr wenige von ihnen wagten den Gang zum Vorgesetzten, um den Fall zu problematisieren. Für das Waschen, Duschen und Beten haben Muslime im Dienste der Bundeswehr bisweilen diverse pragmatische Ansätze entwickelt, um Dienst und Ritus in Einklang zu bringen. Es gibt allerdings Bereiche, in denen ihr Handlungs- und Entscheidungsspielraum eingeengt ist bzw. das Heft des Handelns gar nicht in ihren Händen liegt, so z. B. bei der Zubereitung der Gemeinschaftsverpflegung in Truppenküchen und in Bundeswehrliegenschaften im Allgemeinen.

Speisevorschriften

Es gehört inzwischen zu den Gemeinplätzen, dass zu den wichtigsten Speiseregeln im Islam das Verbot des Verzehrs von Schweinefleisch (inkl. Schweinefett, Schweineknochenglasur usw.) zählt. Ergänzend kann an dieser Stelle genannt werden, dass es Muslimen verboten ist, Blut und Erzeugnisse, die aus Blut hergestellt werden, zu verzehren. Obgleich es innerhalb der Bundeswehr bereits Erlasse gibt, die jedem Soldaten Verpflegung nach den Maßgaben seiner Religion garantieren, gestaltet sich die praktische Umsetzung in manchen Fällen schwierig – sei es aufgrund einer mangelnden Kenntnis dieser Erlasse, einer Nicht-Meldung der Präsenz von Soldaten muslimischen Glaubens an das Küchenpersonal in den Dienststellen der Bundeswehr oder einem Fehlen von Kapazitäten gerade in kleineren Bundeswehrliegenschaften oder auf Schiffen, um die Zubereitung von Ersatzspeisen für Muslime sicherzustellen.

Zwar bieten fast alle Bundeswehrstandorte inzwischen eine Auswahl an Hauptgerichten zum Mittagessen an, wovon eines mit großer Sicherheit den islamischen Speisevorschriften entspricht; eine Garantie hierfür gibt es allerdings nicht. Auch hier verhalten sich muslimische Soldaten sehr pragmatisch. Im Zweifel tendieren sie oft zur vegetarischen Kost aus der Menüauswahl, um ganz sicher zu sein, dass sie keine unerlaubten Speisen verzehren. In manchen Verbänden, insbesondere jenen mit hohem muslimischen Anteil, können Muslime über den Leiter des Innendienstbetriebs (Kompaniefeldwebel o. ä.) in der Einheit ihren Anspruch auf islamkonforme Speisen anmelden. Geschieht die Anmeldung rechtzeitig, ist davon auszugehen, dass den Soldaten zum Mittagsgericht ein Menü angeboten wird, das kein Schweinefleisch enthält. In wie fern das Küchenpersonal auch die restlichen relevanten Speisevorschriften bei der Zubereitung der Kost berücksichtigt hat, bleibt hingegen unbeantwortet.

Meine persönlichen Erfahrungen mit der Bereitstellung von „Sonderkost" sind ambivalent. Im Ramadan, wo Muslime ihre Mahlzeiten außerhalb der regelmäßigen Essenszeiten einnehmen müssen, wurden sogenannte Lunchpakete zum Frühstück am jeweiligen Vorabend ausgegeben und des Abends – zum Fastenbrechen – eine warme Mahlzeit zubereitet. Es hat also hervorragend funktioniert, vorausgesetzt, das Küchenpersonal wurde entsprechend informiert. Bei mehrtägigen Übungen im Gelände kam es hingegen nicht selten vor, dass ich auf warme Mahlzeiten komplett verzichten musste, weil die Küche mich – den einzigen muslimischen Soldaten in der Einheit – nicht berücksichtigte. Im Einsatz wiederum, so berichten muslimische Kameraden, gibt es in Bezug auf Speisevorschriften keinen Grund zu Beanstandungen. Weitergehende Forderungen können sich in diesem Bereich gegebenenfalls auf die bei der Zubereitung der Verpflegung auftretenden Probleme beziehen, etwa wenn Besteck und Kochgerät ohne Grund ungereinigt von einem Kochtopf zu einem anderen wandern, obwohl z. B. in einem dieser Töpfe mit Schweinefett gebraten wurde. Dieses Detail ist aber durch entsprechende Sensibilisierung des Küchenpersonals unproblematisch und mit wenig Aufwand lösbar.[13]

Der Verzehr von Fleisch zieht für Muslime noch ein grundsätzlicheres Problem nach sich. Denn nach islamischem Recht dürfen Muslime nur Fleisch verzehren, das nach islamischem Ritus geschlachtet wurde. Das Tier muss hierbei geschächtet werden und vollkommen ausbluten, bevor es zum Verzehr frei gegeben wird. Die Erörterung dieser Frage bleibt an dieser Stelle aus, da sie (noch) nicht zum praktischen Problem im Dienstalltag von Muslimen in der Bundeswehr geworden ist.

Seelsorge für Muslime in den Streitkräften

Auf der verfassungsrechtlichen Verankerung der freien Religionsausübung basiert §36 des Soldatengesetzes. Er spricht explizit von einem „Anspruch auf Seelsorge und ungestörte Religionsausübung" für alle Soldaten. Auf die praktischen Herausforderungen hinsichtlich der ungestörten Religionsausübung

---

[13] Vgl. *Hummel, Ulrike,* Ramadan in Uniform (2013), in: http://www.dw.de/ramadan-in-uniform/a-16929784 (Stand: 14.07.2014).

wurde in den oberen Abschnitten bereits hingewiesen. Bezüglich der Frage der Seelsorge muss zunächst festgehalten werden, dass Muslime bisher über keine eigene institutionalisierte Seelsorge in der Bundeswehr verfügen. Sie werden – bei Bedarf und auf eigenen Wunsch – provisorisch von den katholischen und/oder von den evangelischen Militärseelsorgern betreut.[14] Der Frage, ob Muslime in den Streitkräften überhaupt an einer islamisch genuinen Militärseelsorge interessiert wären, kann wohl nur in Form einer Feldstudie nachgegangen werden. Denn die islamische Lehrtradition kennt die Institution Seelsorge – als ausdifferenzierte und professionelle Leib- und Seelenbetreuung von Gläubigen durch Geistliche, wie sie in der christlichen Tradition entwickelt wurde – in dieser spezifischen Ausprägung nicht. Die meisten Rituale im Islam bedürfen nämlich keines Amtsträgers, da vorausgesetzt wird, dass jeder Muslim im Elternhaus bzw. in der Schule ausreichend über den Vollzug des Gottesdienstes unterrichtet wurde. Das fünfmalige tägliche Gebet beispielsweise kann alleine oder in Gemeinschaft verrichtet werden. In einer Gemeinschaft wird das Gebet von dem Kundigsten in Fragen der Religion geleitet. Er verfügt oft nicht über eine spezielle Ausbildung zum Imam (Vorbeter). Tauchen im Alltag rechtliche Fragen auf, die von einem Geistlichen beantwortet werden müssten, so kann der Imam in der nächstgelegenen Gemeinde kontaktiert und um Rechtsbeistand gebeten werden.[15]

In Zeiten des Leids und der psychischen Belastung sieht der Islam keine Seelsorger vor, an die sich der Gläubige wenden kann, um sein Leid zu klagen oder seelischen Beistand zu ersuchen. Der Adressat des leidenden Gläubigen ist nach islamischer Auffassung nur Gott allein. Es darf keine Zwischeninstanz um Hilfe gerufen werden. Selbstverständlich steht es jedem psychisch belasteten Muslim frei, sich an Freunde, Familienangehörige oder Vertraute zu wenden, um mit ihnen im Sinne des Gedankens „geteiltes Leid ist halbes Leid" über den eigenen seelischen Zustand zu sprechen. Er darf jedoch niemals auf die Idee kommen, dass ein Mensch sein Leid lindern könne. Diese Suggestion

---

[14] Vgl. Deutscher Bundestag: Multikulturelle Identität der Bundeswehr, Drucksache 17/9482, Berlin 2012, S. 11.

[15] Dieser konventionelle Weg wird heute von vielen Muslimen nicht mehr beschritten. Muslime haben das Medium des World Wide Web entdeckt, um in Sekundenschnelle auf religiös-rechtliche Probleme im Alltag die passende Lösung zu finden. Vgl. *Shavit, Uriya,* «Sheikh Google» – The Role of Advanced Media Technologies in Constructing the Identity of Muslim-Arab Germans, in: Juden und Muslime in Deutschland. Recht, Religion, Identität, herausg. v. José Brunner und Shai Lavi, Göttingen 2009, S. 255-272.

würde mit der grundlegenden Glaubensauffassung eines Muslims kollidieren, die jegliches Handeln des Menschen unter göttlicher Allmacht stellt. Eine Stellvertreter- oder Mittlerfunktion zwischen Gott und dem Menschen, wie sie christliche Geistliche ausüben, kann und darf ein muslimischer Imam nicht einnehmen. In vielen Fällen entfällt das „Hilfe- und Ratsuchen" des Leidenden bei seinen Mitmenschen, da er sich plötzlich von zahlreichen Glaubensbrüdern und -schwestern umgeben sieht, die gespürt haben, dass er in Not geraten ist oder physisches bzw. psychisches Leid ertragen muss.[16] Kommen Muslime dieser Pflicht nicht nach, so verstoßen sie gegen das Selbstverständnis des Islams, welches das Wohl der Gemeinschaft, das sich aus dem Wohl ihrer einzelnen Mitglieder zusammensetzt, in den Mittelpunkt seiner ethischen Lehren stellt. Unabhängig von der Pflicht des Mitgefühls und Beistands der Gemeinschaft greift der fromme Muslim zuallererst auf die ihm am besten vertraute Instanz – Gott – zurück.

Es handelt sich im Islam folglich um eine „selbständige Seelsorge", in der der Gläubige nach Rat, Halt, Kommunikation und Beistand unmittelbar bei Gott sucht und nicht bei den Menschen. Die islamische Tradition ist reich an ritualisierten „Gottesanrufungen" für jeden Anlass. Es handelt sich um Fürbitten, die vom Propheten selbst oder von islamischen Würdenträgern überliefert worden sind. Mit der andächtigen Rezitation dieser Fürbitten tritt der Gläubige nach islamischem Verständnis in einen Dialog mit Gott. Gott schlüpft in diesem Moment in die Rolle des Seelsorgers. Die Gewissheit, dass diese Fürbitten die erhoffte Entlastung für den Hilfesuchenden bedeuten, bezieht der Muslim aus der wichtigsten spirituellen Quelle im Islam, dem Koran, in welchem Gott das Versprechen gibt, alle ihn Anrufenden mit dem erwünschten „Seelenfrieden" zu beschenken.[17]

Das Thema islamische Seelsorge spielt in der aktuellen politischen Diskussion dennoch eine Rolle. Es soll in der aktuellen (2014) Runde der vom Innenministerium federführend organisierten bundesdeutschen Islamkonferenz diskutiert werden. Eine eigene institutionalisierte Militärseelsorge setzt

---

[16] Zahlreiche muslimische Quellen belegen, dass zum Muslimsein auch eine soziale Komponente gehört, die sich in der individuellen Verantwortung für das Kollektiv ausdrückt. Notsituationen von Mitmenschen können und dürfen aus islamischer Sicht nicht vom Rest der Gesellschaft als „private Probleme" deklariert werden, mit denen der Einzelne alleine fertig werden muss.

[17] Vgl. Sure 27, Vers 62; Sure 2, Vers 186; Sure 40, Vers 60.

einen Staatsvertrag mit einer anerkannten islamischen Institution voraus. Dieser Staatsvertrag existiert bisher nur in den Bundesländern Hessen, Bremen und Hamburg. In allen anderen Bundesländern rechtfertigt der aktuelle Rechtsstatus muslimischer Religionsgemeinschaften den „Betrieb" einer eigenen Seelsorge noch nicht.

Die wesentlichen rechtlichen Rahmenbedingungen, welche von islamischen Verbänden und Organisationen erfüllt werden müssen, um als anerkannte Religionsgemeinschaften u. a. eine eigene Seelsorge betreiben zu können, finden sich in Art. 140 des Grundgesetzes wieder. Dieser fordert von muslimischen Verbänden in Deutschland – analog zum Kirchenaufbau – eine klare und sowohl nach innen als auch nach außen rechtlich geordnete Organisationsstruktur sowie eine Lehrautorität, die für alle Mitglieder in Fragen des Glaubens verbindliche Aussagen trifft und stellvertretend für alle Gläubigen Rechtshandlungen vornimmt. Diese Bedingungen können von muslimischer Seite nicht hinreichend erfüllt werden. Das liegt u. a. daran, dass das deutsche Staatskirchenrecht auf kirchenähnliche Institutionen fokussiert ist. Im Islam gibt es allerdings weder ein Lehramt noch eine Kirche. Bemühungen seitens der Muslime, den aus dem Staatskirchenrecht abgeleiteten Forderungen im Grundgesetz nach transparenter Organisation und Struktur ihrer Religionsgemeinschaften gerecht zu werden, gipfelten im Jahr 2007 in einem Zusammenschluss aller großen Verbände in Deutschland unter dem Dachverband „Koordinierungsrat der Muslime in Deutschland" (KRM). Eine Anerkennung des Islams als Religionsgemeinschaft im verfassungsrechtlichen Sinne auf Bundesebene hat dieser Zusammenschluss jedoch nicht nach sich gezogen. Vielmehr verharren einerseits die zuständigen politischen Institutionen in einer reservierten Haltung, während andererseits die islamischen Verbände darum bemüht sind, die teils unversöhnlichen Meinungen zwischen den Mitgliedern des KRM und anderen islamischen Interessenvertretungen zu harmonisieren.

Ein Blick auf die Nachbarländer Österreich und Frankreich zeigt, dass das Problem der Heterogenität islamischer Religionsgruppen und das Fehlen einer verbindlichen Lehrautorität kein Hindernis darstellen muss, um muslimischen Institutionen den Status einer Religionsgemeinschaft im rechtlichen Sinne zuzuerkennen. In beiden Ländern gibt es bereits muslimische Militärgeistliche. Im Fall Österreich ist der Islam mit dem sogenannten Islamgesetz von 1912 sogar schon sehr früh als Religionsgemeinschaft anerkannt worden. Im Jahr 1979 folgte die Anerkennung als öffentlich-rechtliche Körperschaft. Dieser Status stellte die islamischen Religionsgemeinschaften weitestgehend mit den christlichen Kirchen in Österreich gleich.[18]

Ohne eine flächendeckende Anerkennung des Islams als Religionsgemeinschaft im verfassungsrechtlichen Sinne, im besten Fall gekoppelt an einer Verleihung des Status einer Körperschaft des öffentlichen Rechts, ist die Debatte über eine Bereitstellung von muslimischen Seelsorgern in der Bundeswehr wenig zielführend. Darüber hinaus muss der Gesetzgeber endgültig und verbindlich festlegen, welche Mindestanzahl von Muslimen innerhalb der Bundeswehr erreicht werden muss, um eine islamische Militärseelsorge einzurichten. Bisher gilt als Richtzahl für christliche Militärgeistliche, dass pro 1500 christliche Soldaten ein Militärseelsorger bereitzustellen ist. Die muslimischen Verbände müssen ihrerseits überzeugend begründen, a) *weshalb* muslimische Seelsorge in den Streitkräften notwendig ist und b) *wozu* muslimische Militärgeistliche konkret gebraucht würden? Muslimischen Soldaten Auskunft erteilen und dem Vorgesetzten Rechtsbeistand leisten, wird wohl nicht ausreichen.

Zusammenfassung und Ausblick

Die leise Integration, wie sie von Soldaten muslimischen Bekenntnisses in der Bundeswehr gelebt wird, zeigt vor allem eine Tendenz, die sich auch außerhalb der Bundeswehr mehrfach bemerkbar macht: Muslime wollen nicht länger durch die Mehrheitsgesellschaft auf ihre religiöse Identität reduziert werden. Sie sind in erster Linie deutsche Staatsbürger bzw. stolze Staatsbürger in Uniform. Ihre Lebenswirklichkeit wird entgegen der verbreiteten Meinung nicht ausschließlich durch ihren Glauben dominiert. Dieses Faktum fand bereits in der österreichischen Armee Berücksichtigung. Dort werden die muslimischen Soldaten in insgesamt drei Kategorien eingeteilt: Gläubig, streng gläubig, nicht gläubig.

Für die Bundeswehr kommt eine solche nach gesinnungsethischen Gesichtspunkten segregierende Einteilung ihrer Soldaten muslimischen Bekenntnisses wohl nicht in Frage. Sie sollte sich dennoch offen, in bestimmten Fällen sogar offensiv, mit dem Thema „Muslime in der Bundeswehr" auseinandersetzen. Nur auf diese Weise können Rahmenbedingungen geschaffen werden, die der steigenden Anzahl von Bundeswehrangehörigen muslimischen Bekenntnis-

---

[18] Vgl. *Khorchide, Mouhanad,* Der islamische Religionsunterricht zwischen Integration und Parallelgesellschaft, Wiesbaden 2009, S. 27.

ses Rechnung tragen und sie darin bestärken, dass der Dienstherr im Rahmen seiner Möglichkeiten gewillt ist, ihre freie Religionsausübung zu garantieren. Ein erster Schritt wäre die Lösung der in diesem Artikel skizzieren „kleinen" praktischen Probleme im Alltag muslimischer Soldaten in der Truppe.

Wie die eingangs zitiere SOWI-Studie belegt, bewertet die Mehrzahl der Soldaten muslimischen Glaubens in den Reihen der Bundeswehr ihre Situation insgesamt positiv. Die Bundeswehr ihrerseits hat inzwischen erkannt, welche Potenziale Soldaten mit Migrationshintergrund im Allgemeinen und Muslime im Speziellen mitbringen. Spätestens seit den Einsätzen in Somalia, Kosovo, Bosnien und Afghanistan profitiert die Bundeswehr von jenen jungen Soldaten, die über den kulturellen Hintergrund dieser Länder verfügen und gegebenenfalls die Sprache des Einsatzlandes beherrschen. Nicht von ungefähr umwirbt die Bundeswehr diese Gruppe von jungen Menschen gezielt, um sie für den Dienst an der Waffe zu gewinnen.

Abschließend darf noch ergänzt werden, dass zur vollkommenen Integration von Muslimen in den Streitkräften neben der Bereitstellung von Infrastruktur und der Berücksichtigung besonderer materieller Bedürfnisse auch die mentale Stütze eine große Rolle spielt. Muslime, die sich bewusst für den Dienst in der Bundeswehr entscheiden, stoßen teilweise auf Unverständnis bis hin zu Ablehnung und Aufkündigung von Freundschaften in ihrem privaten Umfeld – meist von unmittelbaren Verwandten oder Bekannten, die möglicherweise islamistischen Tendenzen anhängen. Sie werden als Verräter und Kollaborateure denunziert, weil sie den Islam und ihre ursprüngliche Heimat verraten würden. In der britischen Öffentlichkeit sorgte der Tod des ersten gefallenen britischen Soldaten muslimischen Glaubens im Jahr 2006 für großes Aufsehen: Die Familie des Verstorbenen erhielt nach dem Tod ihres Sohnes im Afghanistan-Einsatz nicht nur Kondolenzschreiben, sondern auch diffamierende und demütigende Briefe, in denen der Gefallene als Verräter, Höllenbewohner und westlicher Kollaborateur verleumdet wird.[19] Das Beispiel zeigt, dass Muslime, die sich bewusst für den Dienst in der Armee ihrer „neuen" Heimat entscheiden, von einigen islamistischen Gruppierungen angefeindet werden können. Davor müssen sie geschützt werden. Sie brauchen einen festen Halt in der Truppe. Sie brauchen vor allem Ansprechpartner, denen sie

---

[19] Vgl. *Ware, Vron,* British Muslim soldiers (2013), in:
http://militarymigrants.org/2013/03/british-muslim-soldiers/, S. 1-3, (Stand:16.07.2014).

sich öffnen können und die ihnen in solchen Fällen mit Rat und Tat zur Seite stehen.

Es ist daher dringend erforderlich, diesen Soldaten in ihrer neuen beruflichen Heimat Bundeswehr einerseits eine reibungslose Integration zu ermöglichen, andererseits für ihre religiösen Belange, die sie aus den genannten Gründen nicht unbedingt offen kommunizieren wollen, ausreichend sensibilisiert zu sein. Anerkennung, Wertschätzung, Lösung praktischer Probleme und Schaffung von Ansprechpartnern in den Streitkräften sind die besten Mittel, um sich gegen Kritik von außen zu behaupten und im Bundeswehralltag zu bestehen. Vielleicht kann eine Aufgabe zukünftiger islamischer Seelsorge in der Bundeswehr auch darin bestehen, muslimische Soldaten mit dem geistigen Rüstzeug auszustatten, um die verbalen, meist islamistisch unterfütterten Attacken aus ihrem privaten Umfeld, mit religiös fundierten Gegenargumenten begegnen zu können. Islamische Militärgeistliche müssten daher nicht nur über eine breit gefächerte und solide theologisch-rechtliche Ausbildung verfügen, sondern auch ausreichend qualifiziert sein, um verstehen zu können, wie die (Einsatz-)Armee Bundeswehr „tickt", welcher Tradition sie sich verpflichtet fühlt und welche Führungsphilosophie den Geist der Truppe prägt.

Das Bundesministerium der Verteidigung befasst sich seit längerem mit dem Thema „Religiöse Minderheiten in der Bundeswehr". Es beabsichtigt, in Übereinstimmung mit den Empfehlungen des Verteidigungsausschusses, eine „Ansprechstelle für Soldatinnen und Soldaten anderer Glaubensrichtungen in der Bundeswehr" einzurichten. Sie soll als zentrale Anlaufstelle am Zentrum Innere Führung auf akute Fragen aus der Truppe rund um dieses Themengebiet Auskunft erteilen können. Darüber hinaus soll sie den tatsächlichen Bedarf für eine zusätzliche Militärseelsorge in der Truppe ermitteln und geeignete Konzepte zur Umsetzung dieser und weiterer Ideen entwickeln.

Der Bundeswehr bleibt zu wünschen, dass es ihr schnell gelingt, die angesprochenen „kleinen" Probleme im Dienstalltag muslimischer Soldaten pragmatisch und sachorientiert zu lösen. Die Grundsätze der Inneren Führung, die Fürsorgepflicht und das Soldatengesetz, insbesondere (§ 10 SG und § 12 SG) verpflichten dazu.

Literatur

AlDailami, Said: Treues Dienen versus treues Glauben. Muslime im Rechts-staat und im Dienste der Bundeswehr , in: Zeitschrift für die Religions-lehre des Islam, Heft 9, 2011, S. 2-6.

Deutscher Bundestag: Unterrichtung durch den Wehrbeauftragten, Jahresbe-richte 1976-2012,

http://www.bundestag.de/bundestag/wehrbeauftragter/jahresberichte.html (Stand: 01.07.2014).

Deutscher Bundestag: Multikulturelle Identität der Bundeswehr, Drucksache 17/9482, 02.05.2012,

http://www.bundestag.de/dokumente/drucksachen/(Stand: 01.07.2014).

Fedtke, Cornelia/Hellmann, Kai-Uwe/Hörmann, Jan: Migration und Militär. Zur Integration deutscher Soldaten mit Migrationshintergrund in der Bundeswehr, Berlin 2013.

Karimi, Ahmad Milad: Der Koran, mit einer Einführung hrsg. v. Bernhard Uhde, Freiburg, Basel, Wien 2009.

Kümmel, Gerhard (Hrsg.): Die Truppe wird bunter: Streitkräfte und Minder-heiten, Baden-Baden 2012.

Hummel, Ulrike: Ramadan in Uniform, http://www.dw.de/ramadan-in-uniform/a-16929784 (Stand: 14.07.2014).

Khorchide, Mouhanad: Der islamische Religionsunterricht zwischen Integrati-on und Parallelgesellschaft. Einstellungen der islamischen Religionsleh-rerInnen an öffentlichen Schulen, Wiesbaden 2009.

Shavit, Uriya: «Sheikh Google» – The Role of Advanced Media Technologies in Constructing the Identity of Muslim-Arab Germans, in: Juden und Muslime in Deutschland. Recht, Religion, Identität, herausg. v. José Brunner und Shai Lavi, Göttingen 2009, S. 255-272.

Ware, Vron: British Muslim soldiers,

http://militarymigrants.org/2013/03/british-muslim-soldiers/ (Stand: 16.07.2014).

Weiterführende Literatur

Bleuer, Christian: Muslim Soldiers in Non-Muslim Militaries at War in Muslim Lands: The Soviet, American and Indian Experience, in: Journal of Muslim Minority Affairs (2012), S. 1-15.

Bendel, Lothar/Suermann, Manfred: Der Lebenskundliche Unterricht als Lernort ethischer Reflexion, in: Thomas Bohrmann u.a. (Hg.): Handbuch Militärische Berufsethik, Band 1, Wiesbaden 2011, S. 333-354.

Bohn, Jochen: Die Grenzen des Menschenrechts und das Ethos des Soldaten. Überlegungen zur Haltbarkeit einer Idee, in: Thomas Bohrmann u.a. (Hg.): Handbuch Militärische Berufsethik, Band 1, Wiesbaden 2011, S. 399-414.

Bülent, Ucar/ Martina, Blasberg-Kuhnke (Hrsg.): Islamische Seelsorge zwischen Herkunft und Zukunft. Von der theologischen Grundlegung zur Praxis in Deutschland, Reihe Osnabrücker Islamstudien Band 12, Frankfurt/M. u.a. 2013.

Georg Wenz/Talat Kamran (Hrsg.): Seelsorge und Islam in Deutschland. Herausforderungen, Entwicklungen und Chancen, Speyer 2012.

Menke, Iris/Langer Phil C./Tomforde, Maren: Challenges and Chances of Integrating Muslim Soldiers in the Bundeswehr: Strategies of Diversity Management in the German Armed Forces, in: Iris Menke/Phil C Langer (Eds.): Muslim Service Members in Non-Muslim Countries. Experiences of Difference in the Armed Forces in Austria, Germany and The Netherlands, Sozialwissenschaftliches Institut der Bundeswehr, Print- und Medienzentrum der Wehrbereichsverwaltung Ost, April 2011.

Ulrich Krainz/Thomas Slunecko: Zur Problematik kultureller Integration. Junge muslimische Männer beim Österreichischen Bundesheer und Zivildienst, Marburg 2012.

Sexuelle Belästigung, sexuelle Gewalt und Streitkräfte[1]

Gerhard Kümmel

Einleitung

Sexuelle Belästigung und sexuelle Gewalt sind ein Problemfeld, dessen Virulenz vor allem unter dem Eindruck der Emanzipation der Frau deutlich geworden ist und das seither vor allem in Bezug auf die Arbeitswelt, aber auch das Strafrecht diskutiert wird (vgl. etwa Zippel 2006). Zum Einstieg in unser Thema sei deshalb zunächst eine juristische Brille gewählt. In dieser Perspektive werden zwischen sexueller Belästigung einerseits und sexueller Gewalt, also sexueller Nötigung und Vergewaltigung, andererseits gewisse Differenzierungen vorgenommen. So werden letztere rechtlich sozusagen doppelt behandelt.

Im deutschen Strafrecht werden sie gesondert für sich behandelt und aufgeführt. Das Strafgesetzbuch widmet ihnen einen eigenen Paragraphen, in dem es heißt: „(1) Wer eine andere Person 1. mit Gewalt, 2. durch Drohung mit gegenwärtiger Gefahr für Leib oder Leben oder 3. unter Ausnutzung einer Lage, in der das Opfer der Einwirkung des Täters schutzlos ausgeliefert ist, nötigt, sexuelle Handlungen des Täters oder eines Dritten an sich zu dulden oder an dem Täter oder einem Dritten vorzunehmen, wird mit Freiheitsstrafe nicht unter einem Jahr bestraft. (2) In besonders schweren Fällen ist die Strafe Freiheitsstrafe nicht unter zwei Jahren. Ein besonders schwerer Fall liegt in der Regel vor, wenn 1. der Täter mit dem Opfer den Beischlaf vollzieht oder ähnliche sexuelle Handlungen an dem Opfer vornimmt oder an sich von ihm vornehmen lässt, die dieses besonders erniedrigen, insbesondere, wenn sie mit einem Eindringen in den Körper verbunden sind (Vergewaltigung), oder 2. die Tat von mehreren gemeinschaftlich begangen wird. (3) Auf Freiheitsstrafe nicht unter drei Jahren ist zu erkennen, wenn der Täter 1. eine Waffe oder ein anderes gefährliches Werkzeug bei sich führt, 2. sonst ein Werkzeug oder Mittel bei sich führt, um den Widerstand einer anderen Person durch Gewalt oder Drohung mit Gewalt zu verhindern oder zu überwinden, oder 3. das Opfer durch die Tat in die Gefahr einer schweren Gesundheitsschädigung bringt. (4) Auf Freiheitsstrafe nicht unter fünf Jahren ist zu erkennen, wenn der Täter 1.

---

1 Der vorliegende Beitrag greift in Teilen zurück auf Kümmel (2010).

bei der Tat eine Waffe oder ein anderes gefährliches Werkzeug verwendet oder 2. das Opfer a) bei der Tat körperlich schwer misshandelt oder b) durch die Tat in die Gefahr des Todes bringt. (...)" (StGB 2014: § 177)

Darüber hinaus werden sie im Arbeitsrecht als eine Extremform der sexuellen Belästigung begriffen, die wiederum als eine Form der Diskriminierung verstanden wird und somit auch im Kontext von Mobbing steht. Am deutlichsten ist hier die Formulierung des Gesetzes zum Schutz der Beschäftigten vor sexueller Belästigung am Arbeitsplatz vom 24. Juni 1994 (Beschäftigtenschutzgesetz 1994: § 2, Abs. 2): „Sexuelle Belästigung am Arbeitsplatz ist jedes vorsätzliche, sexuelle bestimmte Verhalten, das die Würde von Beschäftigten am Arbeitsplatz verletzt. Dazu gehören 1. sexuelle Handlungen und Verhaltensweisen, die nach den strafgesetzlichen Vorschriften unter Strafe gestellt sind, sowie 2. sonstige sexuelle Handlungen und Aufforderungen zu diesen, sexuell bestimmte körperliche Berührungen, Bemerkungen sexuellen Inhalts sowie Zeigen und sichtbares Anbringen von pornografischen Darstellungen, die von den Betroffenen erkennbar abgelehnt werden." Das Allgemeine Gleichbehandlungsgesetz vom 14. August 2006, welches das Beschäftigtenschutzgesetz abgelöst hat, verwendet hingegen eine etwas schwächere Formulierung (Antidiskriminierungsgesetz 2006: § 3, Abs. 4): „Eine sexuelle Belästigung ist eine Benachteiligung (...), wenn ein unerwünschtes, sexuell bestimmtes Verhalten, wozu auch unerwünschte sexuelle Handlungen und Aufforderungen zu diesen, sexuell bestimmte körperliche Berührungen, Bemerkungen sexuellen Inhalts sowie unerwünschtes Zeigen und sichtbares Anbringen von pornographischen Darstellungen gehören, bezweckt oder bewirkt, dass die Würde der betreffenden Person verletzt wird, insbesondere wenn ein von Einschüchterungen, Anfeindungen, Erniedrigungen, Entwürdigungen oder Beleidigungen gekennzeichnetes Umfeld geschaffen wird." Ähnliches gilt für die Definition des Europäischen Parlaments und des Rats der Europäischen Union in deren Richtlinie 2002/73/EG vom 23. September 2002. Danach gilt als sexuelle Belästigung „jede Form von unerwünschtem Verhalten sexueller Natur, das sich in unerwünschter verbaler, nicht-verbaler oder physischer Form äußert und das bezweckt oder bewirkt, dass die Würde der betreffenden Person verletzt wird, insbesondere wenn ein von Einschüchterungen, Anfeindungen, Erniedrigungen, Entwürdigungen und Beleidigungen gekennzeichnetes Umfeld geschaffen wird."

In sozialwissenschaftlichen Untersuchungen zur Inzidenz von sexueller Belästigung und sexueller Gewalt im militärischen Kontext werden sie zumeist als ein zusammenhängendes Themenfeld betrachtet und behandelt. Somit reicht die Palette der Verhaltensweisen, die im Folgenden behandelt werden, von relativ harmlosen verbalen Bemerkungen und Äußerungen wie sexistischen Witzen über exhibitionistische Verhaltensweisen wie das Entblößen von Genitalien und die Konfrontation mit pornographischen Medien, weiter über das Versprechen von Belohnungen bei einschlägigem entgegenkommenden Verhalten und spiegelbildlich dazu die Androhung von Repressalien bei der Verweigerung eines solchen Verhaltens bis hin zu unerwünschten körperlichen Berührungen etwa an den Brüsten, dem Po und/oder den Genitalien und schließlich zu sexueller Nötigung und Vergewaltigung als den Extremformen der Verstöße gegen die sexuelle Selbstbestimmung.

Diese doch sehr unterschiedlichen Phänomene weisen ein gemeinsames Wesensmerkmal auf, die Nicht-Konsensualität. Die beschriebenen sexuellen und geschlechtsbezogenen Verhaltensweisen basieren nicht auf einem Einvernehmen der Beteiligten, sondern auf einem Willen und einer Intention auf der einen Seite und einem Nicht-Wollen auf der anderen, so dass sie eine Täter-Opfer-Struktur aufweisen. Dabei ist gerade mit Blick auf die Opfer von sexueller Belästigung und sexueller Gewalt wichtig hervorzuheben, dass die Opfer aus den Streitkräften, aber auch aus zivilen Bereichen stammen können. Und bei den Opfern aus den Streitkräften muss schließlich betont werden, dass diese anderen militärischen Organisationen angehören, aber auch aus den eigenen Streitkräften kommen können.

Sexuelle Belästigung und sexuelle Gewalt hat es im militärischen Kontext in der Vergangenheit gegeben, es gibt sie auch in der Gegenwart, und es wird sie, so lässt sich begründet vermuten, absehbar künftig ebenfalls geben. Sie tauchen allerdings in verschiedenen Settings auf und sind dabei Ausdruck konkreter Geschlechter- und Sexualitätspolitiken der Streitkräfte, die allesamt darauf abzielen, die Motivation und Einsatzbereitschaft der Organisationsmitglieder und damit die Effizienz und die Effektivität der Streitkräfte als Organisation zu erhalten und zu erhöhen. Die diesen Politiken unterliegende Logik ist dabei jedoch keineswegs einheitlich, sondern es zeigt sich ein duales Muster. So folgen sie im einen Fall einer Logik der Ermöglichung oder auch der Affirmation von Geschlecht und Sexualität, im zweiten Fall basieren sie auf einer Logik der Unterbindung bzw. der Negation von Geschlecht und Sexualität (Kümmel 2010). Es werden also im einen Fall Räume für Geschlecht und Sexualität geschaffen, während sie im anderen Fall verschlossen werden. Die weitere Diskussion unseres Themas erfolgt nun anhand dieser dualen Logiken.

Die Logik der Affirmation von Geschlecht und Sexualität

Die Logik der Affirmation von Geschlecht und Sexualität liegt bei sexueller Belästigung und sexueller Gewalt in dem Augenblick vor, wo die Streitkräfte diese Phänomene ignorieren, stillschweigend dulden oder sogar aktiv fördern. Drei Ausprägungen können hierbei unterschieden werden:

Die Absicht einer *Gratifikation* liegt beispielsweise vor, wenn Personen, insbesondere Frauen, den Siegern für Akte der sexuellen Belästigung und, vor allem, der sexuellen Gewalt im Sinne einer Beute zugeführt werden. Der Körper dieser Personen wird dann sozusagen als Lohn und Entschädigung für die Mühsal und die Entbehrungen während der vorangegangenen militärischen Auseinandersetzungen konzipiert. Darstellungen des Krieges sind häufig mit Erwähnungen und Schilderungen von Sexualvergehen seitens der siegreichen Soldaten gespickt. Bilder von lustvoll mordenden, brandschatzenden, plündernden und eben auch vergewaltigenden Soldaten im Umfeld kollektiver militärischer Gewaltanwendung gehören über die Zeiten hinweg sozusagen zum gängigen, quasi-normalen Erscheinungsbild des Krieges. Die Beispiele sind Legion: Bereits in der Antike machten die Griechen, die Perser und die Römer die Frauen der Besiegten zu Arbeits- und Sexsklavinnen (vgl. etwa Doblhofer 1994). Dem Mittelalter waren Vergewaltigungen im Kontext von Kriegen ebenfalls nicht fremd (Knödler 2005). In Grimmelshausens (2007) ‚Simplicissimus' wiederum sind Beschreibungen sexueller Gewalt zu Zeiten des Dreißigjährigen Krieges (1618-1648) nachzulesen. Im Ersten Weltkrieg haben beispielsweise die deutschen Soldaten in Belgien und Frankreich sexuelle Gewaltakte begangen (Kramer 1993). In den 1930er Jahren sind zehntausende Chinesinnen bei der Einnahme der chinesischen Stadt Nanking von japanischen Soldaten vergewaltigten und nicht selten auch getötet worden (Chang 1997). Gegen und nach dem Ende des Zweiten Weltkrieges wurden im Osten Deutschlands und in Berlin rund 100.000 Frauen von sowjetischen Soldaten vergewaltigt (vgl. Sander/Johr 2005; Jacobs 2008). Die amerikanischen Soldaten waren im Vietnamkrieg kaum weniger zurückhaltend (Greiner 2004). Diese Zusammenstellung lässt sich nahezu beliebig mit Beispielen aus weiteren Kriegen und Konflikten aus nahezu allen Teilen der Welt bis in die Gegenwart hinein erweitern (vgl. etwa Schäfer 2008).

Anders als bei der Gratifikation erfordert eine auf *Organisationshygiene* hin orientierte Sexualitätspolitik der Streitkräfte eine aktivere Haltung und ein stärkeres eigenes Engagement von Seiten der militärischen Organisation und ihrer Führung. Die Streitkräfte bzw. ein Teil von ihr schlüpfen sozusagen in die Rolle eines Prostitutionsmanagers, der letzten Endes aus Sorge um den Gesundheitszustand des individuellen wie des kollektiven Soldatenkörpers eine kontrollierte, medizinisch überwachte Ausübung von Sexualität bereitstellt und anbietet. So haben die japanischen Streitkräfte bereits ab 1932 Vergewaltigungen von Chinesinnen systematisch organisiert und eigene Bordelle mit Zwangsprostituierten in Shanghai und in der Mandschurei betrieben. Dieses System wurde ab 1937 weiter ausgebaut, und die Zwangsprostituierten waren dann ganz überwiegend Frauen aus Korea, aber auch aus China, Taiwan, Vietnam, den Philippinen und Indonesien. Nach Schätzungen sollen bis zu 200.000 Frauen als sogenannte ,comfort women' (,Trostfrauen') in den ,comfort stations' (,Entspannungshäusern') der verschiedenen Länder des japanischen Einflussbereichs in die Prostitution gezwungen worden sein. (Hicks 1995; Yoshimi 2000; Drinck/Gross 2007: Part 2) Die deutsche Wehrmacht wiederum hat während des Zweiten Weltkrieges durchaus ähnlich agiert und die Prostitution und die Zwangsprostitution von Jüdinnen und osteuropäischen und französischen Frauen für die deutschen Soldaten organisiert, um Geschlechtskrankheiten unter deutschen Soldaten zu vermeiden und Homosexualität in der Wehrmacht zu unterbinden (Meinen 2002; Beck 2004). Zu erwähnen wären in diesem Kontext auch die Kindersoldaten beiderlei Geschlechts, die von regulären wie auch irregulären militärischen Einheiten (zwangs-)rekrutiert werden und nicht nur militärische Arbeiten verrichten müssen, sondern auch, und zwar als Angehörige der eigenen Truppe, ihren Kameraden und Vorgesetzten zu sexuellen Diensten zugeteilt werden (vgl. hierzu etwa Mischkowski 2007; Singer 2007).

Zu Akten sexueller Belästigung und erneut vor allem sexueller Gewalt kann es schließlich auch mit der Absicht ihres Einsatzes als *militärisch-strategisches Instrument* kommen. Geschlecht und Sexualität werden dabei im Sinne einer bewussten und systematisierten Kriegsstrategie instrumentalisiert. Es handelt sich hierbei um den bewussten, systematischen, angeordneten und befohlenen Vollzug von Akten sexueller Gewalt zumeist gegenüber Frauen zum Zwecke der Kriegsführung durch die militärische Leitung. Der Körper der Opfer wird zum „Schlachtfeld" (Zipfel 2004) und steht symbolisch und kulturell für das Territorium und den Volkskörper. Die Massenvergewaltigung der Frau ist somit nicht nur eine massive Verletzung und Demütigung dieser Frau und ihres männlichen Partners, der nicht imstande ist, sie vor dieser Erniedrigung zu schützen, und somit strategisch-bewusst einer omnipräsenten

Ohnmachtserfahrung unterworfen wird, sondern sie ist auch eine symbolische Malträtierung der Nation, des Volkskörpers, die den Sieg für die Sieger komplettiert (Seifert 1996). Diese Variante hat in der jüngeren Vergangenheit insbesondere unter dem Eindruck der kriegerischen Auseinandersetzungen auf dem Balkan und auf dem afrikanischen Kontinent eine stärkere Aufmerksamkeit sowohl von Seiten der Öffentlichkeit wie auch von Seiten des Völkerrechts und der Wissenschaft erfahren hat. In Ruanda wurden von 1990 bis 1994 zwischen 250.000 und 500.000 Mädchen und Frauen Opfer solcher sexuellen Gewaltakte (des Forges 2002; Greve 2008); in Kroatien und Herzegowina erlitten von 1992 bis 1995 zwischen 10.000 bis 60.000 Mädchen und Frauen das gleiche Schicksal (Stiglmayer 1993; Allen 1996; Greve 2008). Schließlich müssen in diesem Kontext auch die vielfältigen Formen der sexuellen Folterung von Kriegsgefangenen erwähnt werden, deren Ziel es ist, den Gefolterten militärische Geheimnisse zu entlocken, um damit einen militärischen Vorteil für die eigene Seite zu erringen. Wie man spätestens seit Abu Ghraib und Private Lynndie England weiß, kann der Folterer auch eine Frau sein wie umgekehrt der Gefolterte auch ein Mann sein kann (vgl. Harrasser/Macho/Wolf 2007; Feitz/Nagel 2008).

Die Logik der Negation von Geschlecht und Sexualität

Seitdem Frauen vermehrt als Soldatinnen in westlichen und vielen anderen Streitkräften dieser Welt tätig sind, werden Akte der sexuellen Belästigung und der sexuellen Gewalt sowohl von männlichen als auch von weiblichen Soldaten begangen und erfahren. Militärische Geschlechter- und Sexualitätspolitiken, die in Bezug auf diese Akte der Logik einer Unterdrückung und Negierung von Geschlecht und Sexualität folgen, werden von der Erwartung und/oder der Befürchtung getrieben, dass ein Nicht-Handeln bestraft und in Gestalt einer Beeinträchtigung des Ansehens und der Funktionalität der Organisation oder sogar in Gestalt organisatorischer Dysfunktionalität auftreten würde. Hierbei sind in Bezug auf das Opfer einer sexuellen Belästigung bzw. einer sexuellen Nötigung oder Vergewaltigung zwei Dimensionen voneinander zu unterscheiden, eine extra-organisationale und eine intra-organisationale.

In *extra-organisationaler Hinsicht* ist das Opfer kein/e Angehörige/r der eigenen militärischen Organisation. Dennoch können entsprechende Verhaltensweisen von Angehörigen der Streitkräfte außerhalb der Streitkräfte eine organisationsinterne Reaktion hervorrufen. Dies ist immer dann der Fall, wenn

223

diese Akte auch innerhalb der Streitkräfte als ein unerwünschtes Verhalten gelten und die Streitkräfte durch den konkreten Fall einen Ansehensverlust des Militärs in der Gesellschaft befürchten. Als Faustregel kann dabei gelten, dass die Intensität und Qualität dieser Reaktion in Abhängigkeit von der Schwere der Verhaltensweise zu sehen ist. Je gravierender also der Akt sexueller Belästigung außerhalb der Streitkräfte ist, desto heftiger fällt die Reaktion der Streitkräfte aus. Wenn es sich um strafrechtlich relevante Vergehen handelt und etwa eine sexuelle Nötigung und/oder eine Vergewaltigung vorliegt, die ein Mitglied der Organisation extra-organisational begeht, kann dies von der Organisation nicht unbeantwortet bleiben und etwa Verweise, Degradierungen und unehrenhafte Entlassungen aus dem militärischen Dienst nach sich ziehen. Die Bundeswehr beispielsweise verzeichnet in ihren Übersichten zu Besonderen Vorkommnissen auch die Fälle, in denen ein/e Angehörige/r der Bundeswehr in dem Verdacht steht, sich entsprechender Vergehen außerhalb der Bundeswehr schuldig gemacht zu haben.

In *intra-organisationaler Hinsicht* ist das Opfer von sexueller Belästigung und/oder sexueller Gewalt zugleich ein/e Angehörige/r der eigenen militärischen Organisation. Mittlerweile existieren dazu einige öffentlich zugängliche und instruktive Beschreibungen. So schreibt etwa die amerikanische Soldatin Kayla Williams (2006: 11): „Schlampe. Oder Zicke. Als Soldatin hast du bloß die Wahl zwischen diesen beiden. (...) [Wir] kämpfen gegen die Einschätzung, die sich in dem dämlichen Witz ausdrückt: ‚Was ist der Unterschied zwischen einer Zicke und einer Schlampe? Die Schlampe hat Sex mit jedem und die Zicke hat Sex mit jedem außer mit dir.' (...) Eine Soldatin muss sich abhärten. Nicht nur gegen den Feind, den Kampf oder den Tod. Sie muss sich innerlich darauf einstellen, dass sie sich monatelang in einer Horde rappeliger, übererregter Männer bewegt, die, wenn sie nicht gerade Angst haben umzukommen, immer nur an das eine denken. Sie starren dich die ganze Zeit an, glotzen auf deine Brüste, deinen Hintern, als ob es sonst nichts zu sehen gäbe, keine Sonne, keinen Fluss, keine Wüste oder keine nächtlichen Mörsergranaten." Und weiter: „Eines Nachts, nachdem ich aus Mossul zu unserem Posten im Gebirge zurückgekehrt bin, komme ich wieder einmal gegen zwei Uhr morgens von der Schicht, und ich bin überhaupt nicht schläfrig. (...) Rivers und ich machen Smalltalk. Dann geht es plötzlich ruckzuck. Es ist finster, aber nicht so finster, dass ich nicht irgendwann mitbekomme, dass Rivers' Hose offen steht. Dass er die eine Hand auf seinem Penis hat. Und dann hat er plötzlich auch eine Hand auf meinem Arm. Er zieht mich ziemlich kräftig an sich und steuert meine

Hand zwischen seine Beine. ‚Was, verdammt noch mal –‚ Ich weiche heftig zurück, aber Rivers ist stark. Er hält immer noch meinen Arm gefasst und hindert mich so, von ihm loszukommen. ‚Nein', sage ich. ‚Nein, nein, nein, nein. Lass mich los. *Lass mich, verdammt noch mal, los.*' ‚Was?' Er klingt ehrlich erstaunt. ‚Niemand muss es erfahren. Wir brauchen es ja *niemandem* zu sagen.' ‚Idiot', sage ich so ruhig, wie ich kann, während ich immer noch versuche, meinen Arm seinem Griff zu entreißen. ‚Ich bin *nicht* interessiert. Ich will das nicht.' (...) schließlich lockert Rivers seinen Griff um meinen Arm. Er lässt mich los." (Williams 2006: 224f.) Vor diesem Hintergrund kann es nicht wirklich überraschen, wenn die junge US-Soldatin Mickiela Montoya kommentiert, dass „[t]he knife wasn't for the Iraqis. It was for the guys on my own side." (Zit. in Benedict 2007)

Seit dem Tailhook-Skandal aus dem Jahr 1991, als 80 US-Soldatinnen sexuellen Übergriffen ihrer männlichen Kollegen ausgesetzt waren (vgl. Office of the Inspector General 1993; Vistica 1995), ist die Problematik der sexuellen Belästigung und der sexuellen Gewalt in den US-Streitkräften stärker in das Bewusstsein der amerikanischen Öffentlichkeit gerückt. Seither ist eine ganze Reihe von empirischen Studien durchgeführt worden, um das Problemfeld auszuleuchten. In einer frühen teilstreitkraftübergreifenden Studie des Pentagons aus dem Jahr 1988, in der 10.752 männliche Soldaten und 9.497 Soldatinnen befragt wurden, gaben rund 70 Prozent der weiblichen und fast 37 Prozent der männlichen US-Soldaten an, in den vergangenen zwölf Monaten ihres Dienstes Opfer von sexueller Belästigung geworden zu sein. 58 Prozent der Frauen berichteten von sexistischen Witzen, 43 Prozent von unerwünschten körperlichen Berührungen und 5 Prozent von versuchten oder vollendeten Vergewaltigungen. Dies bewog die Autoren zu der Aussage, es existiere „a pervasive pattern of sexual harassment of women that spanks rank and work site location" (Firestone/Harris 1994: 34).

Ganz ähnlich nennt auch eine weitere frühe Studie (Martindale 1990) die Zahl von 5 Prozent der befragten Soldatinnen, die eine versuchte oder eine vollendete Vergewaltigung in den vorangegangen 18 Monaten erlebt haben. 38 Prozent erklärten, dass sie unerwünschte körperliche Berührungen erfahren haben. Desgleichen ergab eine umfassende und streitkraftübergreifende Untersuchung des US-Verteidigungsministeriums aus dem Jahre 1995, dass 4 Prozent aller weiblichen Soldaten Opfer einer versuchten oder vollendeten Vergewaltigung und 61 Prozent aller Soldatinnen in der US-Armee verschiedenen Formen von sexueller Belästigung ausgesetzt waren (High 1997: 4).

Die Studie von Wolfe et al. (1993; Skinner et al. 2000) zu Veteraninnen des Golf-Krieges ergab hingegen, dass 8 Prozent der Befragten angaben, während ihres dreimonatigen Einsatzes am Golf Opfer einer versuchten oder vollendeten Vergewaltigung geworden zu sein. In einer weiteren Studie zu 160 weiblichen US-Soldaten des Golf-Krieges berichteten 13 Probandinnen von sexueller Gewalt; 52 sahen sich körperlicher und 105 verbaler sexueller Belästigung ausgesetzt (Wolfe et al. 1998). Auf der Basis von Face-to-Face-Interviews von 506 US-Veteraninnen (Vietnam, post-Vietnam und Golf-Krieg), die zwischen September 1996 und März 1997 durchgeführt wurden, gaben in der Untersuchung von Sadler et al. (2003) sogar 79 Prozent an, während ihrer Dienstzeit sexuell belästigt worden zu sein. Nicht weniger als 54 Prozent berichteten von unerwünschten sexuellen Kontakten und 30 Prozent von versuchten und vollendeten Vergewaltigungen, wobei 9 Prozent von versuchter Vergewaltigung allein, 8 Prozent von vollendeter Vergewaltigung allein und 13 Prozent von Erfahrungen versuchter wie auch vollendeter Vergewaltigung sprachen. Auch in einer weiteren Befragung von mehr als 3.600 weiblichen US-Veteranen berichteten 55 Prozent der Frauen von Erfahrungen mit sexueller Belästigung, und nicht weniger als 23 Prozent gaben sexuelle Gewalterfahrungen während ihres Dienstes an (Skinner et al. 2000).

Dem Sexual Harassment Survey des Defense Manpower Data Centers des amerikanischen Verteidigungsministeriums aus dem Jahr 2002 wiederum liegt ein Datensatz von knapp 20.000 Fragebögen zugrunde (Lipari/Lancaster 2004). Der Bericht nimmt einen Vergleich der dem Pentagon vorliegenden Daten von 1995 (Bastian/Lancaster/Reyst 1996) und 2002 vor und kommt insgesamt zu niedrigeren Zahlen in Bezug auf sexuelle Belästigungserfahrungen in den vorangegangenen 12 Monaten. So berichteten in 1995 noch 63 Prozent der Soldatinnen von Gesprächen mit sexuellem Inhalt, während es 2002 noch 45 Prozent waren.[2] In Bezug auf versuchte oder vollendete Vergewaltigung gaben 1995 noch 6 Prozent der Frauen entsprechende Erfahrungen an, 2002 hingegen noch 3 Prozent. Insgesamt reduzierte sich der Anteil von Frauen, die von sexuellen Belästigungserfahrungen insgesamt berichteten, in diesem Zeitraum von 46 auf 24 Prozent. 84 Prozent dieser Frauen erklärten, dass ihre Erlebnisse auf die Handlungen von Angehörigen der Streitkräfte zurückgehen, meist männliche Soldaten. Die Nachfolgebefragung aus dem Jahr 2012 nennt

---

2 Diese Form fällt in der Untersuchung in die Kategorie „Unprofessional, Gender-Related Behavior" und wird *nicht* in der Kategorie „Sexual Harassment" berücksichtigt.

indes wieder steigende Zahlen von Frauen, die Erfahrungen von sexueller Belästigung und sexueller Gewalt gemacht haben (Mulrine 2012).

Vereinzelt liegen auch Befunde zu sexueller Belästigung für die Streitkräfte anderer NATO-Partner vor. So ergab beispielsweise eine Umfrage unter Soldatinnen der belgischen Streitkräfte aus dem Jahr 1998, dass 35 Prozent der Frauen mit pornografischem Material konfrontiert wurden. Weitere 28 Prozent sprachen von offenen sexuellen Angeboten und 39 Prozent von unerwünschten Berührungen. 5 Prozent fühlten sich sexuellen Erpressungen ausgesetzt, und 3 Prozent gaben an, man habe sexuelle Gewalt gegen sie angewandt (Manigart 1999: 116). Für die niederländischen Streitkräfte kommt eine jüngere Untersuchung auf der Basis einer schriftlichen Befragung von 3.800 Soldatinnen und Soldaten zu dem Ergebnis, dass rund 4 Prozent der Frauen sexuelle Gewalt erfahren haben (Moelker/Bosch 2008).

Für die deutschen Streitkräfte, in denen derzeit rund 18.500 Soldatinnen tätig sind, was einem Anteil an den Zeit- und Berufssoldaten der Bundeswehr von etwa 10,2 Prozent entspricht, existieren ebenfalls empirische Daten zu sexueller Belästigung. So gaben in einer im Jahr 2005 durchgeführten Befragung 19 Prozent der Soldatinnen an, Zielscheibe von unerwünschten körperlichen Berührungen und Annäherungsversuchen geworden zu sein, und von versuchten oder vollzogenen sexuellen Übergriffen berichteten 4,6 Prozent der befragten Soldatinnen. Dabei sprachen 4,2 Prozent der Frauen von „Einzelfällen", und 0,4 Prozent wählten die Antwortvorgaben „manchmal" oder „häufig". (Kümmel 2008) Bei der Nachfolgeuntersuchung aus dem Jahr 2011 berichteten 25 Prozent der Soldatinnen und 8 Prozent der männlichen Soldaten, dass sie pornografischen Darstellungen ausgesetzt gewesen seien. In Bezug auf unerwünschte sexuell bestimmte körperliche Berührungen gaben 24 Prozent der Soldatinnen und 3 Prozent der Männer entsprechende Erfahrungen an. Schließlich bekundeten 3 Prozent der Soldatinnen und wenige männliche Soldaten, Ziel von Handlungen gegen die sexuelle Selbstbestimmung gewesen zu sein. (Kümmel 2014)

Die Daten für die Bundeswehr liegen somit in vergleichbaren Größenordnungen wie in anderen europäischen Streitkräften (Niederlande, Belgien) oder – teilweise erheblich – darunter (USA). Unabhängig von diesen unterschiedlichen Größenordnungen unternehmen aber die genannten Streitkräfte wie auch viele andere, nicht nur westliche Streitkräfte Anstrengungen, um das

Auftreten von sexueller Belästigung und sexueller Gewalt zu minimieren, zu unterdrücken und zu sanktionieren.

Schlussbemerkungen: Zur Notwendigkeit einer Null-Toleranz-Politik

Im Vorangegangenen wurde das Phänomen von sexueller Belästigung und sexueller Gewalt systematisch erfasst und in den Kontext militärischer Geschlechter- und Sexualitätspolitiken gestellt. Die konkreten Ausformungen der diesbezüglichen Politiken ließen sich anhand der ihnen unterliegenden unterschiedlichen Logiken kategorisieren. So folgen sie einmal einer Logik der Affirmation von Geschlecht und Sexualität und einmal einer Logik der Negation von Geschlecht und Sexualität.

Für viele westliche Streitkräfte wie auch für die Bundeswehr und für andere Armeen spielen bei dem Themenfeld von sexueller Belästigung und sexueller Gewalt Politiken der Affirmation von Geschlecht und Sexualität im Sinne von Gratifikation, Organisationshygiene und militärisch-strategischem Instrumentarium keine Rolle mehr. Gleichwohl können sie in der empirischen Realität nach wie vor bei einer ganzen Reihe von militärischen (und militärähnlichen) Organisationen beobachtet werden. Die genannten westlichen Streitkräfte und so auch die Bundeswehr engagieren sich indes, wenn auch in unterschiedlichem Maße, in Geschlechter- und Sexualitätspolitiken, die in der Frage von sexueller Belästigung und sexueller Gewalt einer Logik der Negation von Geschlecht und Sexualität folgen. Sexueller Belästigung und sexueller Gewalt stellen für diese Streitkräfte ein inakzeptables Verhalten dar.

Die Verfolgung dieser spezifischen Politik ist dadurch motiviert, die Effektivität, Effizienz, Leistungsfähigkeit und Einsatzbereitschaft der Streitkräfte als Organisation und ihrer Organisationsmitglieder zu erhalten und zu steigern. Hierbei spielen mehrere Gründe eine Rolle: Zum einen ist festzuhalten, dass die Folgen von sexueller Belästigung und sexueller Gewalt vielfältig, tiefgreifend und weitreichend sein können. So berichtet die einschlägige Literatur bei den Betroffenen von psychischen Nachfolgewirkungen und entsprechenden Einbußen in Bezug auf Einsatzfähigkeit und auch Motivation der betroffenen Personen. Sie sind häufiger krank, sind stärker mit ihrem Beruf unzufrieden, haben größere Probleme, Vertrauen zu Kameraden und Vorgesetzten zu entwickeln, entwickeln häufiger Angst-, Wut- und Hassgefühle und Depressionen, erkranken häufiger an posttraumatischer Belastungsstörung

(PTBS), konsumieren vermehrt Alkohol und Drogen und haben größere Schwierigkeiten, nach ihrem Militärdienst eine Beschäftigung zu finden (vgl. Wolfe et al. 1998; Skinner et al. 2000; Surís et al. 2007; Valente 2007; Zinzow et al. 2007; Surís 2008). Ihre negative Wirkung auf die militärische Leistungsfähigkeit ist evident. Zudem binden sie Ressourcen und kosten Geld, das anderweitig vielleicht fehlt. So haben Robert Faley und andere (1998) vor einiger Zeit einmal berechnet, dass den amerikanischen Streitkräften durch sexuelle Belästigung von Soldatinnen und Soldaten Kosten in Höhe von bis zu 200 Mio. US-Dollar pro Jahr in Form von ‚Produktionseinbußen‘, Krankheits- und Fehlzeiten, medizinisch-psychologischer Betreuung, Verwaltung und Kündigungen entstehen.

Sexuelle Belästigung und sexuelle Gewalt repräsentieren einen Verstoß gegen die Wertvorstellungen demokratischer Gesellschaften, eine Verletzung von der Leitidee von Gleichberechtigung und „immer auch einen Verstoß gegen die Menschenwürde, da sie eine Herabwürdigung des sozialen Wert- und Achtungsanspruchs der Betroffenen bedeutet, ihn zum bloßen Sexual- und/oder Lustobjekt erniedrigt. Eine Verletzung der Würde des Beschäftigten am Arbeitsplatz liegt dann vor, wenn der oder die Betroffene nicht mehr in seinen/ihren beruflichen Fähigkeiten und Fertigkeiten wahrgenommen, adressiert und respektiert wird, er/sie nicht mehr als Kamerad/Kameradin oder Kollege/Kollegin in seiner/ihrer umfassenden, individuellen Gesamtpersönlichkeit anerkannt wird, schlichtweg eine Reduzierung seines/ihres Menschseins auf das Geschlechtliche durch die Verhaltensweise impliziert ist." (Höges 2003: 228f.) Entsprechend gilt sexuelle Belästigung in der einschlägigen Literatur etwa auch als eine bewusst-unbewusste Strategie von Organisationsmitgliedern, die Integration von Frauen in die Streitkräfte (und auch in andere Organisationen) zu untergraben (vgl. etwa Miller 1997).

Darüber hinaus widersprechen sexueller Belästigung und sexuelle Gewalt aber auch den Verhaltenskodizes der vieler Streitkräfte. Die Bundeswehr beispielsweise hat sich mit ihrer Inneren Führung eng an die Normen des Grundgesetzes gebunden, so dass sexuelle Belästigung und sexueller Gewalt nicht nur den gesellschaftlichen Wertvorstellungen und der Orientierung an der Menschenwürde im Grundgesetz, sondern auch den Grundsätzen, Normen und Verhaltenskodizes der Inneren Führung zuwiderlaufen. Es gibt also viele Gründe, warum dem Problemfeld der sexuellen Belästigung auch weiterhin höchste Aufmerksamkeit zu widmen ist und warum militärische Organisationen zusehends dazu übergehen, sexuelle Belästigung und dabei vor allem ihre intensiveren Varianten der sexuellen Nötigung und Vergewaltigung zu sanktionieren, zu ahnden, unter Strafe zu stellen, (militär-)strafrechtlich zu verfolgen und ihnen mit adäquaten Aus-, Weiter- und Fortbildungsmaßnahmen zu begegnen, um sie einzudämmen und zu unterbinden. Die Streitkräfte und so auch die Bundeswehr wären gut beraten, wenn sie sich dabei dem Leitprinzip der Null-Toleranz verschrieben. Und die Gesellschaften wiederum, also auch die deutsche Gesellschaft, sind dazu angehalten, dieses Themenfeld mit Interesse und Aufmerksamkeit zu verfolgen, denn Organisationen wie die Streitkräfte sind sowohl vergeschlechtlichte als auch vergeschlechtlichende Entitäten, so dass ihnen eine wichtige Rolle für die je konkrete Ausgestaltung der Geschlechterordnung einer Gesellschaft zufällt (vgl. etwa Apelt 2006).

Literatur

Allen, Beverly (1996): Rape Warfare. The Hidden Genocide in Bosnia-Herzegovina and Croatia. Minneapolis – London: University of Minnesota Press.

Antidiskriminierungsgesetz (2006): Allgemeines Gleichbehandlungsgesetz vom 14. August 2006. Online unter: <http://www.gesetze-im-internet.de/agg/>; zuletzt abgerufen am 14.08.2014.

Apelt, Maja (2006): Geschlechterforschung und Militär. In: Brigitte Aulenbacher et al. (Hg.): FrauenMännerGeschlechterforschung. State of the Art. Münster: Westfälisches Dampfboot, S. 265-277.

Bastian, Lisa D./Lancaster, Anita R./Reyst, Heidi E. (1996): Department of Defense 1995 Sexual Harassment Report. Arlington, VA: Defense Manpower Data Center.

Beck, Birgit (2004):Wehrmacht und sexuelle Gewalt. Sexualverbrechen vor deutschen Militärgerichten 1939-1945. Paderborn et al.: Ferdinand Schöningh.

Benedict, Helen (2007): The Private War of Women Soldiers. Online: http://www.salon.com/news/feature/2007/03/07/women_in_military/print.html; zuletzt abgerufen am 12. August 2008.

Beschäftigtenschutzgesetz (1994): Gesetz zum Schutz der Beschäftigten vor sexueller Belästigung am Arbeitsplatz vom 24. Juni 1994. Online unter: <http://www.bmfsfj.de/RedaktionBMFSFJ/Abteilung4/Pdf-Anlagen/PRM-9370-Beschaftigtenschutzgesetz,property=pdf.pdf>; zuletzt abgerufen am 14.08.2014.

Chang, Iris (1997): The Rape of Nanking. The Forgotten Holocaust of World War II. New York: Penguin.

des Forges, Alison (2002): Kein Zeuge darf überleben. Der Genozid in Ruanda. Hamburg: Hamburger Edition.

Doblhofer, Georg (1994): Vergewaltigung in der Antike. Stuttgart – Leipzig: Vieweg & Teubner.

Drinck, Barbara/Gross, Chung-noh (Hg.) (2007): Forced Prostitution in Times of War and Peace. Sexual Violence against Women and Girls. Bielefeld: Kleine Verlag.

EP/REU (2002): Richtlinie 2002/73/EG des Europäischen Parlaments und des Rates vom 23. September 2002 zur Änderung der Richtlinie 76/207/EWG des Rates zur Verwirklichung des Grundsatzes der Gleichbehandlung von Männern und Frauen hinsichtlich des Zugangs zur Beschäftigung, zur Berufsbildung und zum beruflichen Aufstieg sowie in Bezug auf die Arbeitsbedingungen. In: Amtsblatt der Europäischen Gemeinschaften, 05. Oktober 2002, L 269/15 – L 269/20. Online unter: <http://eur-lex.europa.eu/legal-content/DE/TXT/PDF/?uri=CELEX:32002L0073&from=DE>; zuletzt abgerufen am 14.08.2014.

Faley, Robert H. et al. (1998): Estimating the Organizational Costs of Sexual Harassment: The Case of the U.S. Army. In: Journal of Business & Psychology, 13. Jg., Nr. 4, S. 461-484.

Feitz, Lindsey/Nagel, Joane (2008): The Militarization of Gender and Sexuality in the Iraq War. In: Carreiras, Helena/Kümmel, Gerhard (Hg.): Women in the Military and in Armed Conflict. Wiesbaden: VS Verlag für Sozialwissenschaften, S. 201-225.

Firestone, Juanita M./Harris, Richard J. (1994): Sexual Harassment in the U.S. Military: Individualized and Environmental Contexts. In: Armed Forces & Society, 21. Jg., Nr. 1, S. 25-43.

Greiner, Bernd (2004): Das alltägliche Verbrechen – Sexuelle Gewalt im Vietnamkrieg. In: Gleichmann, Peter/Kühne, Thomas (Hg.): Massenhaftes Töten. Kriege und Demozid im 20. Jahrhundert. Essen: Klartext, S. 224-243.

Greve, Kathrin (2008): Vergewaltigung als Völkermord. Aufklärung sexueller Gewalt gegen Frauen vor internationalen Strafgerichten. Baden-Baden: Nomos.

Grimmelshausen, Hans Jakob Christoffel von (2007 [1669]): Der abenteuerliche Simplicissimus. Husum: Hamburger Lesehefte Verlag.

Harrasser, Karin/Macho, Thomas/Wolf, Burkhardt (Hg.) (2007): Folter. Politik und Technik des Schmerzes. München: Wilhelm Fink.

Hicks, George (1995): The Comfort Women. Japan's Brutal Regime of Enforced Prostitution in the Second World War. New York: W.W. Norton & Co.

High, Gil (1997): Combating Sexual Harassment. In: Soldiers, 52. Jg., Nr. 2, S. 4–5.

Höges, Theodor (2003): Rechtsfragen der sexuellen Belästigung am Arbeitsplatz in den Streitkräften. In: Neue Zeitschrift für Wehrrecht, Heft 6, S. 221-243.

Jacobs, Ingeborg (2008): Freiwild: Das Schicksal deutscher Frauen 1945. Berlin: Propyläen.

Knödler, Julia (2005): Vergewaltigung und Krieg im Mittelalter. In: AKM Newsletter, 10. Jg., Nr. 2, S. 22-26.

Kramer, Alan (1993): ,Greueltaten'. Zum Problem der deutschen Kriegsverbrechen in Belgien und Frankreich 1914. In: Hirschfeld, Gerhard/Krumeich, Gerd/Renz, Irina (Hg.): Keiner fühlt sich hier mehr als Mensch ... Erlebnis und Wirkung des Ersten Weltkrieges. Essen: Klartext, S. 85-114.

Kümmel, Gerhard (2008): Truppenbild mit Dame. Eine sozialwissenschaftliche Begleituntersuchung zur Integration von Frauen in die Bundeswehr (SOWI-Forschungsbericht Nr. 82). Strausberg: SOWI.

Kümmel, Gerhard (2010): Sex in the Army. Militärische Organisationen und Sexualität. In: Apelt, Maja (Hg.): Forschungsthema: Militär. Militärische Organisationen im Spannungsfeld von Krieg, Gesellschaft und soldatischen Subjekten. Wiesbaden: VS Verlag für Sozialwissenschaften, S. 221-242.

Kümmel, Gerhard (2014): Truppenbild ohne Dame? Eine sozialwissenschaftliche Begleituntersuchung zum aktuellen Stand der Integration von Frauen in die Bundeswehr (Gutachten 1/2014). Potsdam: ZMSBw

Lipari, Rachel N./Lancaster, Anita R. (2004): Armed Forces 2002 Sexual Harassment Survey. Arlington, VA: Defense Manpower Data Center.

Manigart, Philippe (1999): Managing Diversity: Women and Ethnic Minorities in the Belgium Armed Forces. In: Soeters, Joseph/Meulen, Jan van der (Hg.): Managing Diversity in the Armed Forces. Experiences from Nine Countries. Tilburg: Tilburg University Press.: 105–125.

Meinen, Insa (2002): Wehrmacht und Prostitution im besetzten Frankreich. Bremen: Edition Temmen.

Miller, Laura L. (1997): Not Just Weapons of the Weak: Gender Harassment as a Form of Protest for Army Men. In: Social Psychology Quarterly, 60. Jg., Nr. 1, S. 32–51.

Mischkowski, Gabriela (2007): Abducted, Raped, Enslaved: The Situation of Girl Soldiers in the Case of Uganda. In: Drinck, Barbara/Gross, Chung-noh (Hg.): Forced Prostitution in Times of War and Peace. Sexual Violence against Women and Girls. Bielefeld: Kleine Verlag, S. 80-105.

Moelker, Rene/Bosch, Jolanda (2008): Women in the Netherlands Armed Forces. In: Carreiras, Helena/Kümmel, Gerhard (Hrsg.): Women in the Military and in Armed Conflict. Wiesbaden: VS Verlag für Sozialwissenschaften, S. 81-127.

Mulrine, Anna (2012): Pentagon Report: Sexual Assault in the Military up Dramatically. In: The Christian Science Monitor, 19 Januar 2012.

Office of the Inspector General, Department of Defense (1993): The Tailhook Report. The Official Inquiry into the Events of Tailhook '91. New York: Department of Defense.

Rastetter, Daniela (1995): Sexualität und Herrschaft in Organisationen. Opladen: Westdeutscher Verlag.

Rastetter, Daniela (1999): Die Entsexualisierung der Organisation. In: Soziale Welt, 50. Jg., Nr. 2, S. 169-185.

Sadler, Anne G. et al. (2003): Factors Associated with Women's Risk of Rape in the Military Environment. In: American Journal of Industrial Medicine, 43. Jg., S. 262-273.

Sander, Helke/Johr, Barbara (Hg.) (2005): BeFreier und Befreite. Krieg, Vergewaltigung, Kinder. Dritte Auflage. Frankfurt am Main: Fischer.

Schäfer, Rita (2008): Frauen und Kriege in Afrika. Ein Beitrag zur Gender-Forschung. Frankfurt am Main: Brandes & Apsel.

Seidler, Franz (1977): Prostitution, Homosexualität, Selbstverstümmelung. Probleme der deutschen Sanitätsführung 1938-1945. Neckargemünd: Vowinckel.

Seifert, Ruth (1996): Der weibliche Körper als Symbol und Zeichen. Geschlechtsspezifische Gewalt und die kulturelle Konstruktion des Krieges. In: Gestrich, Andreas (Hg.): Gewalt im Krieg. Ausübung, Erfahrung und Verweigerung von Gewalt in Kriegen des 20. Jahrhunderts. Münster: Lit, S. 13-33.

Singer, Peter W. (2007): Children at War. Zweite Auflage. Berkeley, Cal.: University of California Press.

Skinner, Katherine M. et al. (2000): The Prevalence of Military Sexual Assault among Female Veterans' Administration Outpatients. In: Journal of Interpersonal Violence, 15. Jg., Nr. 3, S. 291–310.

StGB (2014): Strafgesetzbuch in der Fassung der Bekanntmachung vom 13. November 1998 (BGBl. I S. 3322), das zuletzt durch Artikel 1 des Gesetzes vom 23. April 2014 (BGBl. I S. 410) geändert worden ist. Online unter: <http://www.gesetze-im-internet.de/stgb/>; zuletzt abgerufen am 14.08.2014.

Stiglmayer, Alexandra (Hg.) (1993): Massenvergewaltigung. Krieg gegen die Frauen. Freiburg: Kore.

Surís, Alina (2008): Military Sexual Trauma. A Review of Prevalence and Associated Health Consequences in Veterans. In: Trauma, Violence & Abuse, 9. Jg., Nr. 4, S. 250-269.

Surís, Alina et al. (2007): Mental Health, Quality of Life, and Health Functioning in Women Veterans. Differential Outcomes Associated with Military and Civilian Sexual Assault. In: Journal of Interpersonal Violence, 22. Jg., Nr. 2, S. 179-197.

Valente, Sharon (2007): Military Sexual Trauma: Violence and Sexual Abuse. In: Military Medicine, 172. Jg., Nr. 3, S. 259-265.

Vistica, Gregory L. (1995): Fall from Glory. The Men Who Sank the U.S. Navy. New York: Simon & Schuster.

Williams, Kayla mit Michael E. Staub (2006): Jung, weiblich, in der Army. Ich war Soldatin im Krieg. München: DVA.

Wilz, Sylvia M. (2002): Organisation und Geschlecht. Strukturelle Bindungen und kontingente Kopplungen. Opladen: Leske & Budrich.

Wolfe, Jessica et al. (1998): Sexual Harassment and Assault as Predictors of PTSD Symptomatology Among U.S. Female Persian Gulf War Military Personnel. In: Journal of Interpersonal Violence, 13. Jg., Nr. 1, S. 40–57.

Yoshimi, Yoshiaki (2000): Comfort Women. Sexual Slavery in the Japanese Military during World War II. New York: Columbia University Press.

Zinzow, Heidi M. et al. (2007): Trauma among Female Veterans. A Critical Review. In: Trauma, Violence & Abuse, 8. Jg., Nr. 4, S. 384-400.

Zipfel, Gaby (2004): Schlachtfeld Frauenkörper. In: Gleichmann, Peter/Kühne, Thomas (Hg.): Massenhaftes Töten. Kriege und Demozid im 20. Jahrhundert. Essen: Klartext, S. 244-264.

Zippel, Kathrin S. (2006): The Politics of Sexual Harassment. A Comparative Study of the United States, the European Union, and Germany. Cambridge et al.: Cambridge University Press.

Politische Bildung: 5.0?

Peter Buchner

Weisungswillen, Truppenalltag und soldatisches Lebensgefühl entblättern einen gut gemeinten Bildungsansatz

Wolf Graf von Baudissin, der Gründervater der Inneren Führung, war in den Jahren, bevor Hitler seinen Krieg vom Zaune brach, Regimentsadjutant, also mit heutiger Dienstpostenbezeichnung Chef des Stabes, im Infanterieregiment 9 in Potsdam. Als „Tischältester" im Kasino, so beschreibt er in seiner Abschiedsvorlesung an der Universität Hamburg (abgedruckt in Knoke 2001: 261), führte er damals die Montagsgespräche ein. Das Kasino ist zentrales Element im Leben der Offiziere. Er sagt: „Hier im eigenen Hause, konnte er sich mit seinen Freunden treffen und neue Bekanntschaften machen. Bei uns spielte die formale Hierarchie eine geringe Rolle. Die Vielfalt der Ansichten wurde bewusst kultiviert. So konnten sich hier [in Postdam: P.B.] selbst Schmundt, der Adjutant Hitlers, und Henning von Tresckow, der später zu den führenden Offizieren des Widerstandes gehörte, treffen, ohne dass es zum Eklat kam."

Die Montagsgespräche beschreibt Baudissin nicht ohne Verwunderung über die Freiheit des Wortes, die hier gepflegt werden konnte. „Auf der Basis von Referaten, die bekannte, zum Teil befreundete Experten aus Berlin hielten, wurden berufliche und politische Probleme mit erstaunlicher Offenheit diskutiert." Baudissin erschien es geradezu als ein Wunder, wie er selbst sagte, dass nie ein Wort über „das Treiben" der Gestapo zu Ohren gelangt ist.

Ursprung der Politischen Bildung in der Bundeswehr

Die guten Erfahrungen und die kritischen Diskussionen im überschaubaren Kameradenkreis inspirierten ihn 20 Jahre später, den politischen Unterricht, der heute als Politische Bildung bezeichnet wird, als Routinepflicht des Soldatengesetzes vorzuschlagen. Dabei ging es ihm, wie er sagt, nicht in erster Linie um den Unterricht für Mannschaften, sondern um den für Offiziere und Feldwebel. „Werden die Führer mit Konsequenz in Stoff und Methodik dieses Dienstzweiges eingewiesen, bereitet der Unterricht in den Einheiten keine Schwierigkeiten, während politisch ungebildete Vorgesetzte in politischen Krisen hilflos und unglaubwürdig reagieren."

236

Angesichts der Besonderheit der Neugründung westdeutscher Streitkräfte nach dem 2. Weltkrieg schien es Baudissin als Motivierungshilfe notwendig, „in einer gesellschaftskonformen, d.h. in einer rechtsstaatlich, freiheitlich und sozial strukturierten Ordnung die Grundwerte des Staates transparent werden zu lassen. Der Soldat soll im täglichen Leben erfahren, dass die Verfassung die Praxis in der Truppe bestimmt und auch ihm als Staatsbürger Lebenswichtiges bietet. Erst diese Erkenntnis führt zum politischen Engagement. [...] Diese *Erlebnistherapie* [Herv. P.B.] ist nur ein Teil der Politischen Bildung. Der Disziplinarvorgesetzte hat in einem gesetzlich vorgeschriebenen staatsbürgerlichen Unterricht [das ist bis heute der Terminus technicus der ZDv: P.B.] das in der Truppe Erlebte zu deuten und dazu beizutragen, es zu Erfahrungen zu verdichten. Zudem sollen hier die Streitkräfte und ihre Probleme in den größeren politischen Zusammenhang gestellt werden. [...] Politische Bildung besteht eben nicht nur in der Vermittlung von Kenntnissen und Einsichten; es müssen auch demokratische Einstellung und Befähigung gefördert werden" (Baudissin 1982:156). Dennoch scheint es in der Praxis dieses ambitionierten Programms der Politischen Bildung immer wieder Defizite zu geben. Davon künden viele Jahresberichte des Wehrbeauftragten, eine Mitte der Neunziger Jahre herausgegebene Weisung des Generalinspekteurs und viele Stimmen aus der Truppe. Darauf lässt auch die für dieses Jahr erstmals herausgegebene Weisung des BMVg schließen.

Seit den Zeiten Baudissins ist die Welt immer komplizierter geworden. Die Informationsflut des Internets erfordert neue Kompetenzen. WEB 2.0 stellt weitere Anforderungen. DEUTSCH 3.0 bietet Debatten über Sprache und ihre Zukunft. Es ist eine Initiative des Goethe-Instituts. Industrie 4.0 ist ein Zukunftsprojekt aus der Hightech-Strategie der Bundesregierung, mit dem die Informatisierung der klassischen Industrien vorangetrieben wird. Und wo steht die Politische Bildung?

Konzeptionelle Grundlagen der Politischen Bildung in der Bundeswehr

Was Politische Bildung sein soll und wie sie durchzuführen ist, gibt die ZDv 12/1 Politische Bildung in der Bundeswehr recht genau vor. Den Geist, der in Politischer Bildung steckt, und einige gestalterische Anregungen enthält darüber hinaus die ZDv 10/1 Innere Führung. Sie beschreibt Politische Bildung als hauptsächliches Gestaltungsfeld. Dabei geht es um weit mehr als nur allein

Politik. Es ist der sozialwissenschaftliche, ja sogar umfassender geisteswissenschaftliche Zugriff auf das Soldatsein, ja das Bürgersein schlechthin. Politische Bildung nimmt Anleihen aus allen Disziplinen von Soziologie bis Jurisprudenz und von der Philosophie bis zu den Technikwissenschaften. Reflektiert wird das Zusammenleben. Dazu reicht es überhaupt nicht aus, dass man sich auf Faktenvermittlung in der viel zu weit verbreiteten „Spiegelstrichakrobatik" beschränkt. Das didaktische Arrangement muss die Soldaten befähigen, Probleme zu identifizieren und zu antizipieren. Das regt deren selbständiges Lösen an. Am Ende des Lernprozesses steht die verantwortlich handelnde, sittlich gegründete und gewissensgeleitete Persönlichkeit. So führt der Bildungsweg zu Analyse und Reflexion statt der beliebten soldatentypischen Abstützung auf Praxis und Erfahrung (Kutz 1980: 224).

Aber, und das ist die Folgewirkung, dieses Verständnisses der Ziele Politischer Bildung, der Weg dorthin braucht Zeit. Die Ziele orientieren sich an Fähigkeiten als Kombinationen aller drei Lernzielbereiche, also Verknüpfungen kognitiver, affektiver und möglichst auch psychomotorischer Aspekte. Im Mittelpunkt steht kein multiple-choice-mäßig prüfbares Wissen, sondern der Denkprozess, der die Soldaten zur Analyse befähigt und von eigenen Meinungen zu tragfähigen, transparent begründeten Urteilen führt.

Dies beschreibt die didaktische Forschung so. Über die nominale Dimension des Kennens von Wörtern und Namen rsp. die funktionale Lernzielperspektive, die Bezüge zwischen beobachtbaren Phänomenen und korrekten Begriffe und Aussagen herstellt, hinaus muss Politische Bildung Kompetenzen wie Analyse- und Urteilsfähigkeit vermitteln, die einer konzeptuell-prozeduralen Dimension zuzuordnen sind. Hier werden Beziehungen zwischen Phänomenen und Fakten, Begriffen und Prinzipien hergestellt. Oft erreicht Politische Bildung sogar die multidimensionale Zielperspektive als Verständnis von der Besonderheit politischen Denkens mit der Fähigkeit zur Einordnung der Erkenntnisse in wirtschaftliche, soziale oder kulturelle und moralische Zusammenhänge (Weißeno u.a. 2010: 19).

Erstmals wurden die Regelungen zur Politischen Bildung in diesem Jahr mit einer Weisung des BMVg konkretisiert. Sie legt im Kern acht Themen fest.

- Politischer und religiöser Extremismus.
- Religionen und Weltanschauungen, Glaubensrichtungen und Glaubensgemeinschaften.

- Gemeinsame europäische Sicherheits- und Verteidigungspolitik vor dem Hintergrund der Europawahl 2014.

- Flüchtlingsprobleme und Migration als Folge der Globalisierung.

- 100 Jahre Kriegsbeginn des 1. Weltkrieges – Folgen und Bedeutung für Europa.

- Das Attentat des 20. Juli 1944 und seine Bedeutung nach 70 Jahren.

- 25 Jahre Mauerfall und seine Bedeutung für Deutschland und für die europäische Sicherheitspolitik.

- Social Media – Gefahr oder Chance für Aufklärung und eine objektive Meinungsbildung?

Die Themenfestlegung ist auf die nominale oder funktionale Lerndimension bezogen. Sie ist geeignet, eine Auswahl von Einzelfakten zur Vermittlung anzuweisen und Dienstaufsichtsführenden, Inspizienten und Kontrolleuren Einblicke in Inhalt-Zeit-Korrelationen zu ermöglichen. Speziell kann nach Ablauf der Gültigkeit überprüft werden, welche Zeitansätze tatsächlich und für welches Thema herangezogen wurden, und es könnten die zu vermittelten Fakten – wohl aber eher nur hypothetisch – abgefragt werden. Die prozedurale Ebene, die mit den Zielen der ZDv 12/1 (Nrn. 201, 202) eng korreliert, wird von der Weisung allerdings nicht angesprochen.

Defizite der Weisung zur Politischen Bildung

Man könnte sogar befürchten, dass die Weisung die sachgerechte Politische Bildung insgesamt nicht fördert, möglicherweise sogar untergräbt. Sie kann demotivierend weil einengend für die sowieso eher wenigen Bereiche wirken, in denen mit großem Ernst Politische Bildung vorschriftengerecht und engagiert durchgeführt wird. Sie hat handwerkliche, didaktische und methodische Defizite. Einzelne Formulierungen sollten verändert werden. Allerdings stellt sich davor noch die weit grundsätzlichere Frage nach dem zukünftigen Verständnis von Politischer Bildung in der Bundeswehr. Ein Konzept hierfür soll abschließend vorgeschlagen werden.

Handwerkliche Aspekte:

Der Zeitpunkt der späten Inkraftsetzung erst im November und die befohlenen Zeitfenster lassen kein wegweisendes Ergebnis erwarten. Ende November müssten die Unterlagen für ein Projekt beginnend ab Januar erstellt werden. Die Truppe, die ihre Jahresplanung wahrscheinlich längst abgeschlossen hat, wenn sie sachgerecht arbeitet und beispielsweise Haushaltmittel für Politische Bildung für Seminare, Exkursionen oder Fremdreferenten disponiert hat, müsste vieles umwerfen. Es sollte als bemerkenswert gelten, dass in einem gut besuchten Lehrgang „Politische Bildung gestalten" Mitte März von 24 Personen gerade ein Offizier die Weisung kannte. Dies macht deutlich, in der Truppe wirkt sie unzumutbar und ist geeignet, verantwortlich handelnde Vorgesetzte zu diskreditieren. Außerdem ist für die Festlegung von Zielen und Inhalten der Politischen Bildung eine Beteiligung von GVPA und HPR vorgesehen, die hier nicht erkennbar ist.

Didaktische Aspekte:

Eindrücke aus den Einheiten legen nahe, dass die Saat der befohlenen Themen auf trockenen Sand fällt. Insgesamt besteht das zugegebenermaßen nicht repräsentative Bild, dass die Truppe des Themas Extremismus – immer wieder in Zusammenhang mit rechtsextremistischen Vorfällen angeordnet – überdrüssig ist. Religion und Glaube sind Kulturphänomene, an die viele Soldaten die Anschlussfähigkeit verloren haben. ESVP ist ein Aspekt, bei dem das Europaparlament gerade ausgegrenzt ist. Historische Themen bereiten vielen Vorgesetzten große Schwierigkeiten. Außerdem sind kaum Projekte greifbar, wo der Beitrag im Sinne historisch-politischer Bildung, d.h. der Beitrag der Themen zu den Zielen der Politischen Bildung erkennbar wird. Der militärische Widerstand gegen Hitler ist angesichts negativer Assoziationen aus ermüdeten Wintervorträgen „verbrannt". Schließlich dürften die drei anspruchsvollen Phänomene Social Media, Aufklärung und Meinungsbildung kaum in drei Stunden unter den sprichwörtlichen gemeinsamen Hut gebracht werden können. Und um das naheliegende Gegenargument gleich von vornherein zu entkräften: Es handelt sich bei 24 Stunden Politischer Bildung im Jahr für Offiziere und Unteroffiziere um Mindestansätze. Angesichts Auftragslage und Nervosität in der Truppe aber gleichzeitig um Höchstsätze wenigstens unter verantwortungsbewussten Vorgesetzten. Zudem würde der Beutelsbacher Konsens die Berücksichtigung individueller Interessen verlangen (ZDv 12/1, Nr. 115). Und was sollte passieren, wenn Vertrauenspersonen andere Themen vorschlagen?

Vom beschworenen Geist aus, dem Verständnis einer homogenen Lerngruppe, die nach Aussetzung der Wehrpflicht endlich erreicht wird, kann eigentlich nur der Zeitansatz von drei Tagen (Nr. 417) die in planerischer Hinsicht konsequent einzuhaltende didaktische Perspektive sein. Die Truppe hat dazu wohl kaum mehr Zeit. Kommandeure zeigten zudem bei dichter Auftragslage mit engem Personalkorsett berechtigterweise kein Verständnis. Insofern muss ein tragfähiges Bildungskonzept für den vorschriftenmäßig festgelegten Zeitrahmen implementiert sein. Die Vielzahl der Themen führt angesichts dieser Zeitvorgabe von drei Tagen im Jahr (ca. 24 Std) zu einem Zeitansatz von etwa drei Std. je Thema. Die Vermittlung der Fähigkeiten, die sich aus den allgemeinen Zielen Politischer Bildung ergeben, scheidet dabei im Großen und Ganzen aus. Konzeptionell allerdings könnten allgemeinbildende Ziele den Themen übergeordnet werden. Nach der gültigen didaktischen Konzeption der Bundeswehr, dem didaktischen Achteck, wird diese Zielperspektive als Hauptachse (Portner 1987: 91) sowieso gegenüber der Info-, aber auch der personalen und organisatorischen Achse allein begrifflich ausgezeichnet. So entsteht eine Dissonanz zur Dienstvorschrift (ZDv 12/1, Nr. 504). Zudem wäre es aus didaktischer Sicht sogar über die ZDv 12/1 hinaus wünschenswert, die Regelungen[1] der ZDv 10/4 analog anzuwenden. Zur Erreichung der Ziele der Politischen Bildung sind längere Lernphasen wünschenswert, wie sie gerade durch ein-, besser mehrtägige Seminare gefördert werden. In der Politischen Bildung sollten sich die Soldaten konzentriert um ein Thema kümmern, um damit einerseits handlungsorientiert zu lernen, andererseits auch analytisch und methodologisch zu wirken. Die Themenbreite der Weisung wird sich kaum sinnvoll in einem Seminar, das einen gewissen Lernerfolg zeitigen könnte, zusammenfassen lassen. Schließlich geht es eigentlich in Politischer Bildung nicht um Faktenvermittlung. Ziel müsste ein begründetes Urteil im Gegensatz zur unvermittelten, häufig frei geäußerten Meinung sein. Neben den kognitiven Herausforderungen der Politischen Bildung ist also in affektiver Perspektive auch noch ein Mentalitätswandel zu fördern. Eine jüngst von Klaus Naumann angebrachte Kritik am intellektuellen Niveau der Soldaten könnte Anstoß sein, um gegenzusteuern. Wenn zukünftig ein breites polyvalentes Befähigungs-

---

[1] (204) Der Lebenskundliche Unterricht wird grundsätzlich in Form von ein- oder mehrtägigen Seminaren erteilt, die auch außerhalb von Bundeswehrliegenschaften stattfinden können. Er kann in Unterrichtsstunden innerhalb des Dienstbetriebs erteilt werden, sofern die Seminarform aus organisatorischen Gründen nicht möglich ist.

spektrum erforderlich ist (Naumann 2014: 162), weil Diplomatie und Empathie immer wichtiger werden, wenn Kooperation und Kommunikation gefragt sind und wenn innovatives und kreatives Handeln erwartet werden, um die Einsätze zum Erfolg zu bringen, dann sollten Theorie und Modell nicht mehr als wirklichkeitsferner Ballast gebrandmarkt werden. Vielmehr sollte der Kontingenz alles Politischen mit dem Anspruch begegnet werden, das Handeln mit Modellen und Methoden konsistent und transparent abzusichern. Zur Selbstvergewisserung, aber auch zur Absicherung, falls mal jemand fragt. Dafür wäre der Mentalitätswandel von „hau drauf!" mit der Lästerlichkeit über alle Theorie zum Drang nach Erklärungen förderlich. Von Bedeutung ist die Kommunikation im Modus des Argumentierens im Gegensatz zum Verhandeln (Jon Elster). Kognitive Probleme stehen im Vordergrund. Aber es fehlt Wissen, Prognosen sind unsicher, Problemlösungen sind mehrdeutig. Klare Urteile können selten gefällt werden, weil die heranzuziehenden normativen Maßstäbe und Evaluationskriterien oft unklar und umstritten sind (Saretzki 2012: 131).

Dies stützen einschlägige Ansätze wie die Veröffentlichung der bpb „Argumente gegen Stammtischparolen", das Argumentationstraining gegen Stammtischparolen von Klaus-Peter Hufer oder die jüngste Veröffentlichung von Wissenschaftlern der Universitäten Augsburg und Passau „Über dumme Bürger und feige Politiker". Nicht zu vergessen das Essay von Christian Ortner über Kevin und Jessica, mit Anregungen zur Überwindung der Prolokratie. Vorschläge, die nicht allein auf den hier zusammengestellten Sarkasmus beschränkt betrachtet werden dürfen, sondern durchaus Anknüpfungspunkte liefern an die wissenschaftliche Studie von Pierre Rosanvallon „Demokratische Legitimität". Ortners Sarkasmus und Rosanvallons Demokratie der Aneignung auf der Grundlage der Legitimitäten der Unparteilichkeit, Reflexivität und Nähe treffen sich im Kern der Hoffnung auf rein demokratieorientiert betrachtet bessere Zeiten.

Die aufgeworfenen Grundfragen werfen nicht nur ein Licht auf die Politik, sondern gleichzeitig Schatten auf Politische Bildung, zugegebenermaßen nicht nur in der Bundeswehr. Wie können wir niveauvolle Politiker erwarten, wenn wir selbst derart niveaulos über Politik sprechen? Wie können wir eine fundierte und differenzierte Berichterstattung in den Medien einfordern, wenn wir die personalisierte und skandalisierte Schlagzeile letztlich doch interessanter finden? Und wie können wir hoffen, von Politikern ernst genommen zu werden, wenn wir ihnen mit platter Feindseligkeit begegnen? Führt schließlich die ständige geistesarme Kritik der Politik nicht zu einem Zynismus des politischen

Systems und seiner Akteure? „Giert nicht nach Anerkennung" (de Maizière 2013), sondern lechzt nach stichhaltigen, fundierten Urteilen, nach einer treffsicheren Problemanalyse, die dann kein Politiker, kein Journalist oder Vorgesetzter einfach beiseite schieben kann. Sonst vergrößert das letztlich die Kluft zwischen Politik und Gesellschaft in (post-)modernen Demokratien, resümieren Christian Boeser und Karin Schnabel.

Diese Diagnose ist verbunden mit der Behauptung, dass das Niveau der Alltagsgespräche oftmals weitaus niedriger ist, als es dem Niveau der Diskutanten entsprechen würde und dass dies ein Problem darstellt für die Qualität der Politik, die Qualität der Demokratie und mithin für die Qualität des Zusammenhalts unserer Gesellschaft. Dies wirkt sich notwendigerweise auch auf Streitkräfte in der Demokratie aus; es trifft die Bundeswehr ins Mark. Der Sinn, für den die Bundeswehr aufgestellt ist, wird von den Soldaten, aber auch den Bürgern nicht mehr erkannt, weil sich das Wertefundament verflüchtigt hat. Die Soldaten können insofern keine Legitimität für ihren Auftrag empfinden, weil sie den legitimitätsstiftenden Rahmen – bei Werner Patzelt ist dies das parlamentarische Regierungssystem – nicht verstehen können oder wollen. Patzelts Forderung an die Politischen Bildner wäre strenger umzusetzen: „Doch Politische Bildner dürften dann nicht mehr politikerscheltend den Leuten nach dem Munde reden, sondern sie müssten ganz Anderes behaupten: Unsere politischen Institutionen sind gut, unsere Politiker brauchbar – doch Schwachpunkt unserer Demokratie ist die Bürgerschaft mit ihren fossilisierten Vorurteilen, durch Halbbildung überwucherten Wissenslücken und einem bloß aufgesetzten Begehren nach politischem Engagement, bei dem man sie – bitte! - nicht über die Spaßgrenze hinaus fordern soll." Stammtischparolen werden dem auf alle Fälle nicht gerecht. Die Aussagen sind platt, rechthaberisch, undifferenziert und selbstgerecht. Platte Sprüche, aggressive Rechthaberei, kategorisches Entweder-Oder und dezidierte Selbstgerechtigkeit (Hufer 2005: 12). Zudem – so Werner Patzelt – viele Deutsche verachten Politik und Politiker.

Demoskopische Befunde geben Anlass zu Besorgnis: Mangelndes Interesse, unzureichende Befähigung der Durchdringung komplexer Zusammenhänge mit der Konsequenz der Personalisierung, Dramatisierung und Skandalisierung sowie nicht zuletzt die Unkenntnis der besonderen Thematisierungs- und Darstellungszwänge der Medien, die eigentlich korrigierend in der eigenen Urteilsbildung bedacht werden müssten. „Folge all dessen sind Verständnismängel der Bürger zumal dort, wo es nicht um aktuelle Entwicklungen, sondern um die langfristig gleichbleibende Maschinerie der Demokratie, um Strukturen und Funktionslogik demokratieverträglicher Institutionen geht" (Patzelt 2009: 13). Für die Soldaten der Bundeswehr ist dies die konkrete Frage nach den Mandatierungen von Auslandseinsätzen. Wie etwa ist es erklärbar, dass der Bundestag die Mandate des Afghanistan-Einsatzes trotz der gleichbleibend hoch eingeschätzten Ablehnungsquoten von rund 70% Jahr für Jahr verlängert? An dieser Stelle wird man gut beraten sein, ganz genau hinzusehen. Sonst verleitet die Weisung zum Zündeln an der Inneren Führung; dann wird sie gefährlich, ist möglicherweise ein Spiel mit dem Feuer.

In dem der Weisung zugrunde liegenden Ausbildungskonzept werden die Lernprozesse in Einzelfacetten zersplittert. Sie vermitteln damit kein Gefühl gewinnbringend aufgewendeter Zeit. Und zuletzt wäre aus didaktischer Sicht zu fragen, welche Ziele der Politischen Bildung gerade mit diesen Themen erreicht werden sollen und warum. Hier ist der Eindruck nicht entkräftet, es handelt sich um ein Feigenblatt; aber, es kostet 3 Tage Dienstzeit: „Zu teuer!", werden viele sagen. Erfahrungsgemäß bleibt in den hier zugrundeliegenden Zeitansätzen so gut wie nichts hängen. Vieles ist zwar gehört; fast alles ist auch schon wieder vergessen!

Methodische Aspekte:

Politische Bildung in der Bundeswehr ist Erwachsenenbildung, deren Aufgabe besonders die Förderung der Handlungsfähigkeit in politisch relevanten Situationen ist. Sie muss sich so weit wie möglich im Dialog vollziehen, weil sie die SoldatInnen immer unbeschadet aller möglichen Bildungsunterschiede als mündige StaatsbürgerInnen zu respektieren hat. Im Regelfall ist für die Erwachsenenbildung das Prinzip der freiwilligen Teilnahme an den Bildungsangeboten, die sich aus Bildungsbedürfnissen ergeben, kennzeichnend. Die Attraktivität, aber auch die Wirksamkeit der Politischen Bildung ist nicht zuletzt eine Frage der Methodenanwendung, und zwar sowohl der Lern- als auch der sozialwissenschaftlichen Methoden stringenter Analyse und Urteilsbildung. Handlungsorientiertes Vorgehen und praktisches Arbeiten, also forschendes, Problem lösendes, soziales, kommunikatives, kreatives, interaktives oder projektartiges Lernen, bieten Abwechslung und fördern das Interesse sowie die Sach-, Urteils- und Handlungskompetenz der Auszubildenden. Vorzugsweise sind solche Lehr- und Lernmethoden zu wählen, die zur Mitarbeit und Mitwirkung anregen. Dazu gehören u. a. Gruppen- oder Partnerarbeit, Rollen- und Planspiel, Entscheidungsspiel, Diskussion, Debatte, Erkundung und Exkursion, Projektarbeit, Interview sowie produktives Gestalten von Flugblättern,

Plakaten, Wandzeitungen, Hörspielen, Videos, Collagen, Diareihen oder Fotodokumentationen. (ZDv 12/1 Nrn. 506, 507). Diese methodische Vorgabe wird mit der Vielzahl der zu behandelnden Themen in der Kürze der Zeit untergraben. Die Defizite der Weisung sind insofern geeignet, das Kernanliegen Politischer Bildung in der Bundeswehr in Frage zu stellen.

Außerdem sollten verschiedene Formulierungen der Weisung überarbeitet werden.

Neben- und Randbemerkungen

Wenn Politische Bildung wesentliche Voraussetzung ist für Motivation und Einsatzbereitschaft, dann ist die auch von den Gegenständen her – wie auch den Zielen – nicht weiter begründete Auswahl geeignet, dies erheblich einzuschränken. Es regt so weder Aktivität an, noch ist es attraktiv. Vielmehr scheinen hier politische Ursachen, Hintergründe, Bedingungen und Folgen des soldatischen Handelns beim „Kennen" (kognitive Feinzielstufe K1) stehen zu bleiben, statt zum „Bewerten" (K6) vorzudringen, erweitert um psychomotorische und vor allem affektive Lernziele. Letztlich sind politische, strukturelle und wertgebundene Zusammenhänge nicht realistisch im sich ergebenden engen Zeitkorsett erreichbar.

Zur gewissenhaften Planung der Politischen Bildung wäre es erforderlich, den Output der Unterstützungsleistungen konkret zu benennen. „Ausbildungsangebote" oder „Durchführungshilfen" geben der Truppe keine hinreichende Vorstellung über die Bewältigung der anstehenden Aufgaben. Glaubhaft könnten lediglich durchführungsreife Unterrichtsunterlagen wirkungsvoll Hilfe leisten. Wie das aussehen kann, verdeutlichen Beispiele der Bundeszentrale für Politische Bildung wie die Reihe Themen oder Entscheidung im Unterricht oder die Zeitschrift Politik & Unterricht mit Unterrichtsvorschlägen der Landeszentrale Baden-Württemberg. Dort könnte man wahrscheinlich auch Hinweise erhalten auf einen zugrunde zu legenden „Frau-„stundenansatz.

Dass aber mit den Themenfestlegungen, wie die Weisung an einer Stelle nahelegt, Gestaltungsspielräume Vorgesetzter nicht eingeschränkt würden, wirkt unglaubwürdig. Wenn darauf nicht verzichtet wird, dann wären für die Nutzung der Aktivitäten im Netzwerk Politische Bildung in der Bundeswehr in der Truppe konsequenterweise Haushaltsmittel zuzuweisen. Hier scheint es bereits in der Vergangenheit an vielen Stellen erhebliche Defizite gegeben zu haben. Oft war der Mittelabfluss für Maßnahmen der Politischen Bildung erheblich beeinträchtigt. Klagen über fehlende Haushaltsmittel aus der Truppe sind die Folge und fast auf der Tagesordnung. Hier würden zentrale Themenvorgaben und korrespondierende automatische Mittelzuweisungen endlich Abhilfe schaffen können.

Zukunftsvision für die Politische Bildung

Für die Zukunft der Politischen Bildung angesichts der komplexen Situation im Einsatz besteht Handlungsbedarf. Wahrscheinlich ist er sogar drängend. Angesichts der Stimmungen in der Truppe sollte der Freiraum, den die ZDv 12/1 ausdrücklich einräumt, nicht ohne triftigen Grund eingeschränkt werden. Ziel müsste es sein, auf subtilen Wegen durch lukrative Angebote Neugier und Tatendrang zu wecken.

Die würde nachdrücklich eine Reduzierung der Themen auf das Machbare erfordern. Mit höchstens zwei Vorgaben könnte zieladäquat ausgebildet werden. Daneben bleiben weiterhin interessengeleitet zu füllende Freiräume bestehen.

Unverzichtbar wäre die Entwicklung eines bildungsbasierten Ausbildungskonzeptes, in dem Analyse und Urteil im Mittelpunkt stehen und anhand konkreter Sachverhalte didaktisch strukturiert eingeübt werden. Dass dabei einzelne Fakten, die sonst nach allgemein akzeptierter didaktischer Auffassung sowieso vergessen werden, mit vermittelt werden, ist keineswegs ausgeschlossen. Das bedeutet, dass die Ziele Politischer Bildung als Ausgangspunkt heranzuziehen sind und die Themen eher nebensächlich in der Zielperspektive, nicht jedoch in Bezug auf die Motivation der Lernenden erscheinen. Im wissenschaftstheoretischen Sinn geht es also weit mehr um die methodisch transparente Zugangsweise, d.h. mehr um das Formal-, denn um das Materialobjekt. Wissenschaft – das steht hier für die treffende Gegenstandsbeschreibung, Analyse, Methodenauswahl und -anwendung sowie Erkenntnis- und Urteilsgewinnung – ist insofern nicht durch den Gegenstand (Materialobjekt), sondern durch die methodisch geleistete Zugangsweise (Formalobjekt) gekennzeichnet (Weißeno u.a. 2010: 32).

Hierzu bietet sich angesichts beständiger Lerngruppen der Ansatz mit Basis- und zugeordneten Fachkonzepten an. Dies könnte als theoretisches Modell zur Darstellung domänespezifischer Kompetenzen Anleitung geben bzw. Grundlage sein zur Entscheidung, über welche inhaltsbezogenen kognitiven Fähigkeiten die Lernenden verfügen müssen, um politisch partizipationsfähig zu sein, d. h. politische Probleme lösen können. Dieses Konzept ist geeignet, den Zugriff auf das Fachwissen in der Politischen Bildung zu strukturieren und Themen zu sequenzieren, indem politische Phänomene, Ereignisse und Prozesse in einem vernetzten Geflecht von Begriffen, Beziehungen und Zusammenhängen mit Phänomenen, verknüpft mit Maßstäben, Prinzipien und normativen Setzungen beschrieben, analysiert und reflektiert werden.

Diese Kompetenzen werden anhand von Basis und Fachkonzepten exempliert, die an die Präkonzepte der Lernenden, also an deren vorunterrichtliche Vorstellungen zu einem Thema, anschließen.

Basiskonzepte bezeichnen die zentralen Prinzipien und Paradigmen der Politischen Bildung. Sie repräsentieren Grundvorstellungen des Faches und charakterisieren insofern das Spezifische, was Politische Bildung von Ökonomie oder Moral unterscheidet. Die Basiskonzepte entstehen durch didaktische Setzungen als strukturierte Vernetzung aufeinander bezogener Begriffe, Theorien und [erklärender] Modellvorstellungen. Basiskonzepte sind die Grundlage für den systematischen Wissensaufbau und dienen der systematischen horizontalen und vertikalen Vernetzung des Wissens. Sie sind das Gerüst. Insofern haben sie Werkzeugcharakter weniger in operativer – handwerklich betrachteter – als in intellektueller Perspektive: Sie sind die Werkzeuge des Denkens!

Politikdidaktisch bedeutet das, dass man das Politische nicht verstehen kann, wenn man – der Operationalisierung des hier ausgewählten Modells folgend – keine Vorstellungen von Ordnung, politischer Entscheidung und Gemeinwohl hat. Gleichzeitig sind damit Konzepte benannt, die wenigstens in Sonntagsreden breiten Umfang beanspruchen dürfen und damit reflexiv den Zugang zum Verständnis eröffnen. Dies wird mit Beispielen anhand verschiedener Themen konkretisiert und in unterschiedlichen Kontexten situiert, so dass das Erlernte eingeordnet werden kann und anschlussfähig wird. Exemplarität als methodische Grundlage ermöglicht lebenslange kumulative Lernprozesse, da bestimmte Betrachtungs- und Deutungsweisen bei verschiedenen Inhalten und über die Zeit hinweg immer wieder erkenntniswirksam und lernmächtig aufgegriffen, explizit thematisiert und mithin erweitert werden. Insofern begründen sie die Perspektive, unter der Fachkonzepte vorrangig betrachtet werden.

Fachkonzepte repräsentieren die Auswahl des Fachwissens auf der Grundlage politischer Theorien mit Blick auf die Politische Bildung und dessen Zuordnung zu den Basiskonzepten. Sie übernehmen damit eine Ordnungsfunktion für die inhaltliche Aufbereitung des Unterrichts und eine Integrationsfunktion für das Lernen.

Damit wird die didaktische Auseinandersetzung mit den Lernprozessen auf Kompetenzen fokussiert verstanden als Fähigkeiten, d.h. Erfahrung und Motivation, Können und Handeln sowie Wissen und Verstehen (Weinert). Ihr Erwerb kann dem Lernenden zur Bewältigung von Handlungsproblemen in einer durch Pluralität und ständigen Wandel geprägten Gesellschaft befähigen.

Dabei entsteht ein Analyserahmen, der zwar nicht die direkte Vermittlung der Basis- und Fachkonzepte verfolgt, jedoch bei der Behandlung der Themen als subtiler Lernprozess auf ihre bewusste Verwendung achtet und damit ein gemeinsames Band durch die gesamte Politische Bildung spannt. Wünschenswert wäre aus dieser fachdidaktischen Perspektive darüber hinaus auch noch die strikte Einbeziehung Politisch-Historischer Bildung, des Lebenskundlichen Unterrichts (LKU) und der Aspekte der Interkulturellen Kompetenz (IkK). Damit wird Politik i. w. S. analytisch mit Hilfe von Kategorien erfasst. Als mentale Herausforderung wäre die wünschenswert wirkungsvolle Ergänzung auf weitere Sicht eine konsequente Integration des didaktischen Konzeptes aus Basis- und Fachkonzepten in die Unteroffizier-, vor allem jedoch in die Offizierausbildung. Vor allem da müssten Wesen und Charakter des Bildungsmodells vermittelt werden. Daraus wächst die Befähigung, die eigene Politische Bildung nach diesem didaktischen Modell zu strukturieren. Dies wäre wichtig neben Taktik, Luftmacht und Navigation: „PolBil" muss wirklich jeder Offizier ausbilden!

Um ein Missverständnis auszuschließen und um Vorwürfen von vornherein entgegenzutreten, sei noch betont, dass das zugrunde liegende Gerüst aus Basis- und Fachkonzepten als subtiles Lernen keine Erwähnung in der Politischen Bildung der Truppe findet. Die Begriffe erscheinen in der Politischen Bildung selbst nicht. Sie sind lediglich die Denkstruktur, das didaktische Netz, in dem der Ausbilder seinen Unterricht arrangiert. Nebenbei, und nur dort treten sie expressis verbis in der Politischen Bildung auf, sind sie der Inhalt Politischer Bildung an den Unteroffizier-, v.a. jedoch an den Offizierschulen, wenn Ernst gemacht wird mit dem Anspruch, jeden Offizier zum Moderator in der Politischen Bildung auszubilden. Denn soweit besteht kaum Zweifel: Weit mehr als „der Kampf" ist die Durchführung der Politischen Bildung eine Aufgabe, die das gemeinsame Band für alle Offiziere der Bundeswehr knüpft.

Literatur

Baudissin, Wolf (1982): Nie wieder Sieg. München: Piper.

Boeser, Christian; Schnabel, Karin B. (2013): Über „dumme Bürger" und „feige Politiker". Streitschrift für mehr Niveau in politischen Alltagsgesprächen. Wiesbaden: Springer VS.

Hufer, Klaus-Peter (2005): Argumentationstraining gegen Stammtischparolen. Materialien und Anleitungen für Bildungsarbeit und Selbstlernen. Schwalbach: Wochenschau.

Hufer, Klaus-Peter (2006): Argumente gegen Stammtischparolen. Erfolgreich gegen Parolen, Palaver, Populismus. Schriftenreihe der Bundeszentrale für politische Bildung, Band 545. Bonn: bpb.

Knoke, Elfriede (Hg.) (2001): … als wären wir nie getrennt gewesen. Briefe 1941 – 1947. Bonn: Bouvier.

Kutz, Martin (1980). Tradition und soldatische Erziehung. Zu den gegenwärtigen historischen Leitbildern der Offizierausbildung der Bundeswehr. In: Schulz (Hg): Streitkräfte im gesellschaftlichen Wandel. Osang: Bonn, 219-234.

Maizière, Thomas de (2013): Giert nicht nach Anerkennung. In: FAZ vom 24.02.2013.

Ortner, Christian (2012): Prolokratie. Demokratisch in die Pleite. Wien: edition.

Patzelt, Werner J. (2009): Politikfern sind die Ahnungslosen. In: kursiv – Journal für Politische Bildung 1, 1, 12-17.

Portner, Dieter; Kissel, Dieter (1987): Militärische Ausbildungspraxis. Lern- und Arbeitsbuch für den Ausbilder. Herausgegeben von Hans H. Driftmann. Regensburg: Walhalla.

Rosanvallon, Pierre (2013): Demokratische Legitimität. Unparteilichkeit – Reflexivität – Nähe. Bonn: Lizenzausgabe der Bundeszentrale für politische Bildung.

Saretzki, Thomas (2012): Argumentieren und Verhandeln: Begriffe, Theorien und ein analytischer Bezugsrahmen. In: Weißeno, Georg; Buchstein, Hubertus (Hg.): Politisch Handeln. Modelle, Möglichkeiten, Kompetenzen. Schriftenreihe der Bundeszentrale für politische Bildung, Band 1191. Bonn: bpb.

Weißeno, Georg; Detjen, Joachim; Juchler, Ingo; Massing, Peter; Richter, Dagmar (2010): Konzepte der Politik – ein Kompetenzmodell. Schriftenreihe der Bundeszentrale für Politische Bildung, Band 106. Bonn: bpb.

Schnurstracks in die Sinnkrise? Die Funktionen der Parlamentsbeteiligung aus der Perspektive der Organisationskultur Innere Führung.[1]

Peter Buchner

Parlamente, genau genommen der Deutsche Bundestag, sind in den Augen vieler Bürger das politische Organ, das einfach die Gesetze macht. Genauso viele glauben wahrscheinlich, dass die Abgeordneten faul sind. Unter diesen Voraussetzungen sollte man eigentlich erwarten, dass das Interesse an der parlamentarischen Beratung von bewaffneten Auslandseinsätzen der Bundeswehr gering ist. Es geht dabei nicht um Gesetze, sondern – dem Volk auf Maul geschaut - eher um Gelaber. Abgeordnete winken einen Regierungsantrag sowieso einfach durch, glaubt man gern. Außen- und ganz besonders Sicherheitspolitik rügt sogar der Bundespräsident sind keine Politikfelder, mit denen man sich beim Wähler profilieren könnte. Und außerdem ist das traditionell Regierungsmetier, im Terminus Technicus der Kernbereich exekutiver Eigenverantwortung (Schnabel 2012). Ja man hört sogar, dass mit einem allzu großen Parlamentseinfluss die Gewaltenteilung in Gefahr gerät. Carl Schmitt fände heutzutage wahrscheinlich lauthals Zustimmung zu seiner Parlamentarismuskritik als schlechte Fassade von der Herrschaft von Parteien und wirtschaftlichen Interessen (Schmitt 1926: 29). Kurzum, Parlamentsbeteiligung bei Einsätzen der Bundeswehr scheint kein Thema, das den Bürger interessieren müsste.

Aus dieser Perspektive könnte man denken, ist mit dem Bonmot „Parlamentsarmee" keine Diskurshoheit zu erringen. Eine Veränderung des Parlamentsbeteiligungsgesetzes sollte eigentlich lautlos über die Bühne gehen. Reden eher zu Protokoll (Kornmeier) genommen als ans Volk gerichtet sein. Die Zuschauerrolle wäre treffend mit Begriffen wie „Gähnen" erfasst, aber nicht mit dem Wort „Argusaugen". Folglich wäre die Beteiligung des Bundestages an der Entscheidung über die bewaffneten Auslandseinsätze der Bundeswehr ein Gegenstand, der gerade einmal in nostalgisch wirkenden Blicken der kleinen Community eine Pupillenreaktion hervorrufen kann, die sich für Bundeswehr

---

[1] Mein Dank gilt dem Mitherausgeber für die wertvollen Anregungen inhaltlich wie auch zur verständlicheren Lesbarkeit.

im Allgemeinen und ihre Führungsphilosophie Innere Führung im Besonderen interessiert.

Außerdem kommen noch wissenschaftliche Stimmen dazu, die - Schlagwort "decline of legislatures" in einer postparlamentaristischen Perspektive sowieso den Niedergang herbeiforschen.

"Der Verlauf der politischen Willensbildung und Entscheidungsfindung sei zunehmend von der Exekutive dominiert, die ihre Informationsüberlegenheit geschickt ausgenutzt hat, um die parlamentarischen Einflusschancen zurückzudrängen. So seien Parlamente im Zuge dessen besonders im Gesetzgebungsprozess durch den Ausbau der Verwaltungsapparate auf Seiten der Exekutive schrittweise marginalisiert und letzten Endes zu Vollzugsorganen herabgestuft worden" (Jungbauer 2012: 42).

Nichtsdestotrotz wird man die immerhin im Jahre 1926 formulierte Frage von James Bryce nicht bedenkenlos beiseite schieben können, "ob sich demokratische Prozesse für die Behandlung auswärtiger Angelegenheiten eigneten, weil dadurch in aller Öffentlichkeit Themen erörtert werden, die nicht zur Bekanntgabe geeignet seien" (Jungbauer 2012: 43).

Trotz all der, teilweise sicherlich berechtigten Kritikpunkte, bleibt das tiefere Verständnis, die Erklärung des Zwecks parlamentarischer Verfasstheit, im Dunkeln.

Im Folgenden wird die Bedeutung der Parlamentsbeteiligung aus dem Blickwinkel der Inneren Führung diskutiert. Aus dieser Perspektive ist die konstitutive Zustimmung des Bundestages eine conditio sine qua non für die Einsatzarmee Bundeswehr. Damit werden sowohl der Sinnanspruch der Führungsphilosophie eingelöst, als auch die Integration der Streitkräfte in den Staat und der Soldaten in die Gesellschaft gefördert. Beide Sphären treffen sich im parlamentarischen Prozess. Erst damit kann Innere Führung in ihren beiden Dimensionen vollumfänglich implementiert werden. Sie wirkt einerseits als Wertschätzung der Soldaten aus ihrer unveräußerlichen Menschenwürde heraus. Andererseits darf man aber auch nicht vergessen, dass sie Soldaten als politische Wesen in ihrer Bürgerlichkeit abbilden muss, die sich über politische Fragen definiert. Die schicksalhafte Entscheidung über Krieg und Frieden gehört da sicherlich dazu, die dank der konstitutiven Zustimmung des Bundestages vor und hinter den Kulissen mit der Öffentlichkeit verhandelt wird. Dazu wird zunächst beschrieben, wie die parlamentarischen Prozesse ablaufen und was sie bewirken. Dann folgen Vorschläge aus der Perspektive der Inneren Führung, wie zukünftig eine stärkere Wirkung möglich wäre.

Funktionslogik im parlamentarischen Regierungssystem

Gerade beim parlamentarischen Regierungssystem - häufig als parlamentarische Demokratie bezeichnet - ist die Analyse schwieriger als beim auf Checks & Balances beruhenden, aber gattungsgeschichtlich weitaus älteren präsidentiellen System (Patzelt 2009: 15) beispielsweise in den USA. Dass allerdings gerade Carl Schmitt bei seiner Parlamentarismuskritik Diskussion und Öffentlichkeit als Prinzipien an erster Stelle nennt (Schmitt 1923: 25), dürfte eher überraschen. Die Schwäche dabei benennt Jürgen Habermas. Ausgehend vom Wandel des Bürgers vom Subjekt zum Objekt der öffentlichen Meinung kritisiert er, dass die Kraft des diskursiven Prozesses verloren gegangen ist. Die Herrschaft ist von Vernunft wie Wahrheit befreit worden. Das Parlament - davon interessiert hier die erste Kammer, der Bundestag – degeneriert zur Show-Bühne parteispezifischer Interessen; das Wesen des eigentlichen Parlamentarismus ist entkräftet (Habermas 1990: 305). Diese Entwicklung ist nicht nur aus der engeren Perspektive des Gestaltungsfeldes Politische Bildung bedauerlich, sondern aus Sicht der gesamten Inneren Führung: Das Sinndefizit bei Auslandseinsätzen wird befördert.

Gerade hat der Bundestag eine Kommission eingesetzt „zur Überprüfung, Sicherung und Stärkung der Parlamentsrechte bei der Mandatierung von Auslandseinsätzen der Bundeswehr". Was hier geradezu verantwortungsvoll wirkt und durchaus technokratisch klingt, hat wenigstens in den Augen der parlamentarischen Opposition die Funktion, die konstitutive Zustimmung des Bundestages zu den bewaffneten Einsätzen der Bundeswehr im Ausland aufzuweichen.

„Die Linke widersetzt sich diesem Abbau des Parlamentsvorbehaltes und fordert stattdessen seine Ausweitung" forderte Alexander Neu (Neu 2014b: 1856 – 23. Sitzung).

Und weiter argumentiert die Opposition: „Um kein Missverständnis aufkommen zu lassen: Bislang hat das *Parlamentsbeteiligungsgesetz noch keinen Krieg und noch keinen Auslandseinsatz verhindert.* Selbst der völkerrechtswidrige Angriffskrieg gegen Jugoslawien wurde nicht verhindert. Worin besteht also der Wert des Parlamentsbeteiligungsgesetzes, wenn schon nicht darin, Einsätze zu verhindern? Er besteht in der namentlichen Abstimmung. Keiner der Volksvertreter hier im Haus kann anonym bleiben und sich vor den Wählerinnen und Wählern verstecken. Jeder läuft Gefahr, in seinem Wahlkreis und seinem Kreisverband *Rede und Antwort stehen zu müssen,* und das ist eine Errungenschaft.

Genau dieses Recht der Kontrolle der Volksvertreter durch den Bürger geht einigen in diesem Hause zu weit. Die Bundesregierung soll wohl die Entscheidungshoheit über Auslandseinsätze komplett zurückgewinnen und diese gegebenenfalls an EU- und NATO-Technokraten delegieren, ganz nach dem Motto: Wenn die Gesellschaft zu friedlich ist und nicht kapieren will, wie wichtig eine militärisch abgesicherte Interessenpolitik ist, dann werden wir das Recht der parlamentarischen Beteiligung einschränken.

Wir, die Linke, sagen Nein zu diesem Demokratieabbau. Wir brauchen nicht weniger Demokratie, sondern *mehr Demokratie, auch und vor allem in der Außen- und Sicherheitspolitik*. Das heißt übersetzt: nicht weniger Parlamentsvorbehalt, sondern mehr Parlamentsvorbehalt.

Die zweite Lücke [neben dem Einsatz von Spezialkräften: P.B.] wird uns demnächst zunehmend polarisieren. Dabei geht es um den *Einsatz unbemannter Kampfsysteme, also Drohnen*. Es ist doch ein offenes Geheimnis, dass es auch in diesem Hause durchaus Stimmen gibt, die die Beschaffung von bewaffneten Drohnen begrüßen. Es muss also die Frage gestellt werden – auch in der Kommission –, wie der Einsatz von Kampfdrohnen, sofern kein Soldat in einen entsprechenden Auslandseinsatz geht, parlamentarisch entschieden und kontrolliert werden kann. Das ist eine ganz wesentliche Frage, die Gegenstand der Arbeit der Kommission sein müsste" (Neu 2014a: 1630 21. Sitzung) [Herv. P.B.].

Dass die konstitutive Zustimmung des Bundestages bisher keinen Einsatz verhindert hat, liegt auf der Hand. Es ist nicht zu erwarten, dass die vom Bundestag getragene Regierung einen Antrag einbringt, bei dem sie sich der Unterstützung nicht sicher ist. Also muss über den besten Weg verhandelt werden. Dass die demokratische Erdung gerade im Bereich der Außen- und Sicherheitspolitik immer wieder als dysfunktional betrachtet wird, kann deshalb höchstens für Diplomatie überzeugen. James Bryce hat vielleicht für Außenpolitik im allgemeinen recht, nicht jedoch für existentielle Entscheidungen, die zum organisierten Gewalteinsatz führen, also jene über Krieg und Frieden. Hier zählen die Vergewisserung über die Tragfähigkeit und Legitimität durch die Öffentlichkeit mehr. Beides entsteht u.a. aus der namentlichen Abstimmung. Die eigene Position zu erklären stiftet Sinn; die Öffentlichkeit mit ins Boot zu holen fördert Integration. Das macht den Mehrwert der konstitutiven Zustimmung des Bundestages zu bewaffneten Einsätzen mit der Brille Innerer Führung aus. Ein Rückblick auf die Operation PEGASUS mahnt zur Wachsamkeit. Wenn dort die Beteiligung unterbleibt, weil nicht geschossen wurde, dann liegt es nahe zukünftig zu argumentieren, dass nur solche Einsätze der Zustimmung unterliegen müssen, bei denen Soldaten in Gefahr geraten: Drohneneinsatz erfolgt dann hinter verschlossenen Türen?

Vorstöße zur Änderung des Parlamentsbeteiligungsgesetzes sind nicht neu. Sie haben sie von Anfang an begleitet, sind im Laufe des langwierigen Gesetzgebungsprozesses immer wieder hochgepoppt. Nach Inkrafttreten des Gesetzes formulierte die FDP-Fraktion bereits im November 2006 einen Änderungsvorschlag (Ds. 16/3342). Nahezu in Jahresfrist folgten Anträge der Fraktion die Grünen und immer wieder brachte die Linke Entschließungsanträge ein. Letztlich nahm das Thema vor der letzten Bundestagswahl Fahrt auf mit einem Papier der Fachpolitiker Andreas Schockenhoff und Roderich Kiesewetter, einem Vorstoß des damaligen Verteidigungsministers de Maizière und einer SWP-Studie des abgeordneten AA-Mannes Ekkehard Brose. Die Bundestagskommission bildet insofern einen konsequenten Schritt zum Abschluss der Diskussion auf dem Fundament der breiten Mehrheit als Große Koalition.

Inhaltlich geht es bei allen Vorstößen zur Veränderung der geübten Praxis stets um die Frage von Bündnisfähigkeit, d.h. der Wahrnehmung internationaler Verpflichtungen. Von der Inneren Führung aus provozieren diese Entwicklungen die Frage nach dem ideellen Mehrwert einer Parlamentsarmee.

Parlamentarische Praxis zum Streitkräfteeinsatz im Ausland

Ein Blick ins Ausland regt zum Nachdenken an. Während in Deutschland die Parlamentsbeteiligung fest etabliert ist, aber scheinbar aufgeweicht werden soll, hat der NATO-Partner Spanien nach dem Irak-Debakel ohne jeden verfassungsgerichtlichen Druck rein als politische Maßnahme eine Parlamentsbeteiligung eingeführt. Sogar im präsidentiellen Regierungssystem der USA sucht der Oberbefehlshaber Obama parlamentarische Unterstützung genauso wie der französische Präsident. Zu Guter Letzt hat der britische Premierminister David Cameron im August 2013 eine Abstimmung zum Syrieneinsatz verloren. Ohne rechtliche Verpflichtung im Archetyp der Westminster-Demokratie hat er sich allein aus politischer Erwägung heraus ans Unterhaus gewandt und dabei eine systemwidrig erscheinende, schmerzliche Niederlage erlitten. Das regt die Frage an: Wofür eigentlich? Welchen Mehrwert hat er sich erhofft?

Konstatierte Gareis noch, "dass es als äußerst unwahrscheinlich gelten muss, dass der Bundestag sein Rückholrecht je ausübt", weil "die jeweils verantwortliche Regierung in einer wichtigen Frage keine Mehrheit hätte und eine schwere Regierungskrise die wohl unausweichliche Folge wäre. Angesichts dieser Konsequenzen sowie der Tatsache, dass die Bunderegierung von den Mehrheitsfraktionen im Parlament getragen werden muss" (Gareis 2007: 225).

Im Lichte der Syrienentscheidung in Großbritannien muss dies relativiert werden. Parlamentarismus kann als Korrektiv verstanden werden. Parlamentarische Prozesse sind – gerade im parlamentarischen Regierungssystem – geeignet, eine tragfähige –umgangssprachlich verkürzend könnte man sagen die richtige – Entscheidung zu generieren.

Funktionen des parlamentarischen Regierungssystems

Dazu kommt eine politikwissenschaftliche Erwägung, die im parlamentarischen Regierungssystem besonders deutlich zutage tritt.

"Traditionelle Regierungssysteme wie die konstitutionelle Monarchie, die es in Deutschland bis 1918 gab, oder wie das über 200jährige amerikanische Regierungssystem, zeichnen sich durch eine klare Trennung von Parlament und Regierung aus. In ihnen wird die Exekutive durch das Parlament "von außen" kontrolliert. Ganz anders im parlamentarischen Regierungssystem: Hier geht die Regierung aus dem Parlament hervor. Die gesamte Konstruktion ist darauf angelegt, eine identifizierbare Parlamentsmehrheit zur Übernahme der Verantwortung für die Regierungsarbeit zu zwingen.

(…)

Die Bürger verkennen weiterhin, dass es die zentrale Aufgabe der regierungstragenden Fraktionen ist, die Regierung gemäß parlamentarischem Mehrheitswillen auf Kurs und insgesamt im Amt zu halten. Ganze 30 Prozent kennen diese Parlamentsaufgabe. Und während der Opposition in Wirklichkeit keineswegs die Pflicht zukommt, der gegnerischen (!) Regierung bei der Arbeit zu helfen, meinen genau das seit Jahrzehnten zwei Drittel der Deutschen." (Patzelt 2001)

Der Bundestag hat also zunächst einmal für eine stabile Regierungsmehrheit zu sorgen (Patzelt 2009: 14). Die konstitutive Zustimmung des Bundestages zu bewaffneten Auslandseinsätzen ist eine solche Mehrheit. Ihr Zustandekommen zeigt sich jedoch erst nach genauerem Hinsehen.

Die Parlamentarismusforschung knüpft an den englischen Ökonomen Walter Bagehot und dessen Studie "The English Constitution" an. Dort werden Parlamenten die Funktionen zuordnet (Gellner; Glatzmeier 2004: 180):

256

1.   Wahl der Regierung,

2.   Diskussion der politischen Entscheidungen, d.h. Artikulation nach innen und außen,

3.   politische Belehrung & Erziehung: Dies bedeutet, dass die parlamentarischen Prozesse und Entscheidungen transparent und öffentlich gemacht werden. Damit wird einerseits die Nachvollziehbarkeit der Entscheidung gewährleistet; andererseits trägt es zur Willensbildung der Wähler – Bagehot: Lehrfunktion – bei, weil nur der informierte Bürger am rationalen Diskurs teilnehmen kann. I.S. Innerer Führung werden hier Akzeptanz und Legitimation aufgrund rationaler Begründung verbessert.

4.   Information des Volkes,

5.   Mitwirkung bei der Gesetzgebung.

Die neuere Forschung der Dresdener Schule baut dies mit ihrem systemanalytischen Blick neben der juristischen, rein verfassungsrechtlichen Analyse aus. Patzelt (2003: 16-40) erarbeitet u.a. eine repräsentationstheoretische Typologie und differenziert instrumentelle Parlamentsfunktionen.

In repräsentationstheoretischer Perspektive ist es wichtig, dass die Repräsentanten im Interesse der Repräsentierten handeln und dabei responsiv entscheiden, d.h. deren Motivlagen einbeziehen. Durch die Brille der Inneren Führung betrachtet ergibt sich als Konsequenz, politische Verpflichtungen, die sich einerseits aus der Mitgliedschaft in überstaatlichen Organisationen wie UN, EU und NATO ergeben, andererseits aber auch aus politischen Prozessen selbst heraus wie z.B. die Afghanistan-Konferenzen, neben den nationalen Interessen zu diskutieren. Dies führt zur "richtigen" Entscheidung auf der Grundlage einer umfassenden Betrachtung.

Außerdem müssen Repräsentanten und Repräsentierte im Sinne einer funktionalen Differenzierung moderner Gesellschaften unabhängig voneinander handeln, so dass es jederzeit zu Konflikten zwischen ihnen kommen kann. Das Konfliktpotential bedarf einer Institutionalisierung. Nur dann wird es den Repräsentanten gelingen, dieses Konfliktpotential befriedet zu halten. In Deutschland dienen dafür die Kommunikations- und Interaktionsnetze, die um den Bundestag herum Meinungsbildung betreiben.

In instrumenteller Perspektive erfüllen Parlamente die folgenden Funktionen:

- Repräsentationsfunktion in Form von Vernetzung, Responsivität, Darstellung & Erklärung sowie kommunikativer Führung als Kernfunktion in Bezug auf einen Bundeswehreinsatz.

- Regierungsbezogene Parlamentsfunktionen durch Regierungsbildung, Regierungskontrolle, Gesetzgebung und institutionelle Selbsterhaltung eher als Nebeneffekte.

Aus diesen politikwissenschaftlich fundierten Zugängen wird deutlich, dass das parlamentarische Regierungssystem seine Stärke gerade darin entfaltet, dass es schwierigen Entscheidungen – und dazu gehört mit Sicherheit die Frage des bewaffneten Einsatzes der Bundeswehr im Ausland, also die Entscheidung über Krieg und Frieden – einen höchst funktionalen Entscheidungsprozess voranstellt. In repräsentativer Dimension entsteht ein hohes Maß an Legitimität. Dies ist gerade angesichts der Einsätze als Instrument der Politik, also in "wars of choice" von hohem Wert.

Parlamentarismus und Innere Führung

Je politischer die Einsätze, umso kontingenter die Entscheidungen. Darüber hinaus fehlt die Gewissheit, dass dies das Richtige ist. Dies muss sowohl in gründlicher Abwägung als auch in breiter Einbeziehung vieler Stimmen kompensiert werden. Insofern liefert die konstitutive Zustimmung des Bundestages in Entscheidungsperspektive eine Art Versicherungspolice trotz aller Ungewissheit.

Dabei ist auch noch zu berücksichtigen, dass dieser Regelmechanismus im parlamentarischen Regierungssystem weit subtiler erfolgt als es Bundestagsdebatten allein suggerieren und viele Bürger und Soldaten wahrnehmen. Diese Abstimmungsprozesse treten selten offen zutage. Vielmehr erfolgen sie leise, hinter den Kulissen. Da sind zunächst die Einflüsse der Lobbygruppen, die von außen auf den Bundestag wirken. Darüber hinaus finden innerhalb der Fraktionen Ausgleichsprozesse in Richtung "richtige Lösung" statt. Dies konnte der Zuschauer bei den Beratungen um den Euro-Rettungsschirm beobachten, als es keineswegs galt, ein Regierungsprärogativ einfach mit der Koalitionsmehrheit durchzuwinken. Deutlich artikulierte sich innerhalb der Unionsfraktion ein Widerstand. Wer mit gespitzten Ohren die Nachrichten verfolgt, kann solche Mechanismen daran erkennen, dass die Kanzlerin in der Fraktion – der sie im parlamentarischen Regierungssystem ja gewöhnlich angehört! –

Rede und Antwort steht. Die Tagesschau vom 14. Januar 2014 meldete, dass im Zusammenhang mit Verhandlungen über das No-Spy-Abkommen quer durch die Parteien mehr Druck auf die USA gefordert wird. Der Moderator beschreibt wachsenden Unmut vor der Fraktionssitzung der Union. Er sagte: "Die Kanzlerin griff diese Stimmung in der Sitzung auf. Die USA müssten auf deutschem Boden deutsches Recht einhalten." Georg Link von der ARD Berlin erklärt: "Dass die Kanzlerin in der Fraktionssitzung den amerikanischen Partner ermahnte, zeigt, wie groß nicht nur der Druck von der Opposition, sondern auch aus den eigenen Reihen ist." Die Politikwissenschaft nennt diesen Prozess Mitregieren als lautlose Funktion der Koalitionsfraktionen im Gegensatz zur meist wortgewaltigen Kontrolle der Regierung durch die Opposition.

Gleiches galt für die Entscheidung über die Frauenquote in Aufsichtsräten. "Die Welt" zitiert am 11.4.2013 den Fraktionsvorsitzenden Volker Kauder, der unter Hinweis auf die Arbeitsordnung der Fraktion erwirkte, dass einige Abgeordnete notfalls auch gegen die eigene Überzeugung die Koalitionslinie stützen. Dort ist vereinbart, "dass wir in der Fraktion diskutieren und abstimmen. Dann sollten sich nach dieser Vereinbarung alle zu der Mehrheitsmeinung bekennen. Wenn wir dieses Prinzip nicht durchhalten, sind wir nicht mehr handlungsfähig." Das machen auch Äußerungen von Politikern selbst deutlich. Ein Gespräch mit dem SPD-Abgeordneten Bernhard Brinkmann steht unter der Überschrift "Wir sind kein Abnickverein der Exekutive" (loyal 09/13) und selbst wenn sie letztlich abgelehnt wurden, so generierten die Anträge der Fraktionen der SPD und Grünen (Ds. 17/11002 und 110055) zur Russlandpolitik der Bundesregierung angesichts eines bevorstehenden Besuchs der Bundeskanzlerin immerhin eine insgesamt einstündige Aussprache, in der sowohl mitregierend als auch kontrollierend Einfluss genommen wurde. Und man kann eigentlich sicher sein, dass dies der russische Botschafter verfolgte.

Hierzu mit Griff zur durchaus prekär anmutenden Politikerschelte zu unterstellen, dass dies seltene Einzelfälle sind, in denen derart tiefgründige Sachüberlegungen angestellt werden, erscheint naiv. Selbstbewusste Abgeordnete, Vorder- wie Hinterbänkler, wollen und können es sich kaum leisten "die Klappe zu halten". Schließlich müssen sie sich in ihren Wahlkreisen vor dem Souverän rechtfertigen! Und dazu kommt noch, dass es als ständige Vergewisserung sicherlich nicht nur hilfreich, sondern erforderlich ist, sich der einmal getroffenen Entscheidung immer wieder zu versichern und deren Gültigkeit und Tragfähigkeit regelmäßig zu überprüfen. Dafür sind die regelmäßigen

Mandatsverlängerungen wichtig und weit weniger eine Last, der mit einem häufig unterstellten, ritualisierten Durchwinken begegnet wird. Schließlich geht es in letzter Konsequenz um Leben und Tod!

In Legitimitätsperspektive erlaubt die Bundestagsbefassung in formaler Betrachtung an das Ideal der Zustimmung der Bürger zum Krieg, wie es Kant formulierte, heranzukommen. Wenn Viele dafür sind, dann ist das allemal ein schwacher Trost, in schwieriger Lage das Richtige zu versuchen. Dazu kommt, dass die parlamentarische Befassung selbst Sinn konstituiert. Der Bundestag fungiert als Forum der sozialen Konstruktion politischer Wirklichkeit. Debatten nennen Argumente, Vorstellungen, Werte, Überzeugungen, die weithin akzeptiert werden. Wichtig ist dabei gerade in konstruktivistischer Perspektive, dass die Regierung sich in Parlamentsdebatten für ihre Politik rechtfertigen muss. Dafür greift sie auf weithin akzeptierte Vorstellungen zurück, das können Werte und Normen sein oder Argumente und politische Programme, die letztlich politische Ziele dokumentieren, von denen sie eine weite Akzeptanz unter Abgeordneten und Bevölkerung annimmt (Wagner 2006: 175). Solche Vorstellungen sind einerseits die häufig bemühten nationalen Interessen, die beispielsweise im Weißbuch beschrieben sind, andererseits aber auch Bedrohungen, wie sie programmatisch die Europäische Sicherheitsstrategie auflistet. Und gerade mit Blick auf die derzeit im Fokus der Kritik an der Parlamentsbeteiligung stehenden Bündnisverpflichtungen sind diese als weiterer Deutungshintergrund zu konstituieren. Erscheint es doch für Deutschland vor seiner jüngsten Geschichte im Kalten Krieg abwegig, in der die Alliierten sich an der Sicherheit wie Perlen auf der Schnur beteiligt hatten, zu glauben, Bündnisverpflichtungen seien keine Begründung. Vielmehr wäre die logische Konsequenz, weitaus bewusster diesen institutionalistischen Aspekt in die Analyse mit einzubeziehen (Buchner 2014: 25), d.h. diese Frage im parlamentarischen Prozess expressis verbis mit zu berücksichtigen. Die Deutung der Entscheidung vor dem Hintergrund der nationalen Interessen, der politischen Verpflichtungen und der Bedrohungen kann dann mit Fug und Recht als Sinn eines Auslandseinsatzes bezeichnet werden. Angesichts der Bündnisverpflichtungen auf die konstitutive Zustimmung des Bundestages zu verzichten hieße aber, den Sinn nicht öffentlich zu ergründen.

Selbst der häufig zu hörenden Kritik der Unvollständigkeit als Beschränkung der Mandatierung auf die militärischen Anteile eines Einsatzes kann beim genaueren Blick auf die Bundestagspraxis z. T. begegnet werden. So haben es die Parlamentarier gelernt, die Entscheidungen in einen weiteren

Kontext einzubauen. Neben der Verlängerung des ISAF-Einsatzes wurden in der 219. Sitzung des 17. Bundestages die Themen Rüstungsexportpolitik direkt im Anschluss beraten und im weiteren Verlauf der Sitzung eine „Aktuelle Stunde zur Ausrüstung der Bundeswehr mit bewaffneten Drohnen" durchgeführt. Eine Konstellation, die keineswegs singulär, sondern bei genauerem Hinsehen auch im Kontext anderer Mandatierungen erkennbar ist.

Damit tritt das bereits von Max Weber analysierte, aber heutzutage scheinbar in Vergessenheit geratene Verständnis von Parlamentarismus zutage.

"Reden, die ein Abgeordneter hält, sind heute keine persönlichen Bekenntnisse mehr, noch viel weniger Versuche, den Gegner umzustimmen. Sondern sie sind amtliche Erklärungen der Partei, welche dem Lande `zum Fenster´ hinaus abgegeben werden" (zitiert nach Gellner; Glatzmeier 2004: 182).

Mit Blick gerade auf das Gestaltungsfeld Politische Bildung bedeutet das: "Eine durchgängige Argumentation in der Öffentlichkeit besteht darin, die eigenen Interessen am Gemeinwohl ["nie wieder Krieg", Sicherheit, Verteidigung etc.: P.B.] und an allgemein akzeptierten Werten [Humanitäre Intervention, "nie wieder Auschwitz": P.B.] zu legitimieren." (Massing 1993: 17).

Damit wird deutlich, dass die Beteiligung des Bundestages an der Entscheidung über die bewaffneten Auslandseinsätze der Bundeswehr eine conditio sine qua non der Inneren Führung wird. Erst dort wird der Sinn konstituiert, der im Legitimationsanspruch für die Auslandseinsätze gefordert wird: "Die Ziele der Inneren Führung bestehen [u.a.] darin, die Frage nach der Sinnhaftigkeit des Dienens zu beantworten, d.h. ethische, rechtliche, politische und gesellschaftliche Begründungen für soldatisches Handeln zu vermitteln und dabei den *Sinn des militärischen Auftrages, insbesondere bei Auslandseinsätzen* [Herv. P.B.], einsichtig und verständlich zu machen (Legitimation)."

Darüber hinaus liefert die Beteiligung des Bundestages einen Beitrag zum Ziel der Integration als "die Einbindung der Bundeswehr in Staat und Gesellschaft zu erhalten und zu fördern, Verständnis für den Auftrag der Bundeswehr im Rahmen der deutschen Sicherheits- und Verteidigungspolitik bei den Bürgerinnen und Bürgern zu gewinnen sowie die Soldatinnen und Soldaten aktiv in die durch ständigen Wandel geprägten Streitkräfte einzubeziehen (Integration)."

Aus Sicht der Inneren Führung ist die konstitutive Zustimmung des Bundestages zu den bewaffneten Einsätzen der Bundeswehr ein Instrument, das in der Gesamtheit aller Mechanismen, die den parlamentarischen Prozess ausmachen, für ihre Ziele essentiell ist. Gleichwohl sind Verbesserungen vorstellbar.

Weiterentwicklung des Parlamentsbeteiligungsgesetzes

Sowohl die Opposition im Bundestag als auch die Wissenschaftler der Kommission "Europäische Sicherheit und Zukunft der Bundeswehr" am Institut für Friedensforschung und Sicherheitspolitik der Uni Hamburg haben bereits auf Defizite hingewiesen.

Da sind Drohnen und Cyberwar, die zukünftig dafür sorgen könnten, dass gar kein Personal in fremden Ländern im Einsatz steht. Dann ist die Frage der Mandatierung von Einsätzen von Spezialkräften als undurchsichtig in der Kritik. Die derzeit beim Bundesverfassungsgericht anhängige Klage für die nachträgliche Mandatierung der Operation PEGASUS macht die Reichweite deutlich. Sie kann aber auch als Ausdruck eines Bemühens der Regierung verstanden werden, sich aus den Fängen des Bundestages und damit der Öffentlichkeit zu lösen. Es macht den Ernst der Frage deutlich, die in der Bundestagskommission analysiert werden muss. Berührt sie doch die Funktionslogik des parlamentarischen Regierungssystems und aus militärischer Sicht die Funktionsfähigkeit der Inneren Führung.

Drei Wünsche an die gute Fee

Eine gute Fee, die im Umfeld der Bundestagskommission Wünsche erfüllt, könnte sich aus dieser Perspektive heraus für drei weitere Verbesserungen der parlamentarischen Absicherung von Auslandseinsätzen der Bundeswehr, ja für eine stärkere Anbindung der Öffentlichkeit an die Außen- und Sicherheitspolitik insgesamt engagieren.

Selten geht es bei den derzeitigen Einsätzen um militärische Ziele. Streitkräfte als Instrumente der Politik, als "sicherheitspolitisches Kapital eines Staates", ja als "Spielgeld der internationalen Politik" (Biehl) erfüllen eine Teilaufgabe in einem Konzert vielfältiger Akteure. Im Einsatz sind Soldaten neben Polizisten, Entwicklungshelfern, Richtern und Staatsanwälten etc., die als Kern Governancestrukturen aufbauen. Die konkludente Sinnstiftung müsste alle diese Bereiche umfassen. Insofern wäre es wünschenswert, über die Mandatierung der militärischen Aufgaben hinaus den Gesamteinsatz nicht nur im Nebeneinander parlamentarischer Beratungen, sondern mit einem gemeinsamen

Antrag der Bundesregierung zu fundieren und später auch zu evaluieren. Dafür reichen die derzeit im Bereich der Polizei beobachtbaren Aktivitäten zu Entsendegesetzen auf Länderebene, die in Hessen und Niedersachsen recht weit fortgeschritten sind, nicht aus. Einerseits wird damit die Sinnkonstitution institutionell zerstückelt, andererseits sind außenpolitische Maßnahmen Bundesangelegenheiten. Insofern wäre eher der Bundesrat gefragt als die verschiedenen Länderparlamente. Eine vergleichbare Konstruktion gibt es ja schon in Artikel 115a des Grundgesetzes.

Die Zweifel an der Funktionalität der deutschen Bundestagsbeteiligung entzünden sich gerade an internationalen Strukturen wie integrierte Hauptquartiere oder AWACS und bei internationalen Verbänden wie EUBG und NRF. Wenn es beim Einsatz gerade im Bereich der ESVP um europäische Interessen geht, wie die Verteidigungsministerin jüngst im Spiegelinterview anmerkte, dann erweitert sich der nationale Fokus. Der Deutungshintergrund wird breiter und auf die europäische Ebene gehoben. Dann sollte auch die Sinnkonstitution dort erfolgen, wo der Sinn liegt. Die Mandatierung der Einsätze gemeinsamer europäischer Streitkräfteelemente könnte also konsequenterweise im Europäischen Parlament vor dem Deutungshintergrund des dann europäischen Interesses erfolgen. Die Legitimität schöpft das europäische Parlament mit geringen Abstrichen genauso wie der Bundestag direkt aus dem Wählervotum. Die beschriebenen Entscheidungsbildungsprozesse hinter den Kulissen funktionieren dort auch. Dabei können die nationalen Regierungen ihre Positionen und Argumente im Rat als Zweiter Kammer mit einbringen.

Schwieriger scheint die parlamentarische Erdung bei NATO-Missionen. Sie ist ihrem Charakter nach ein Verteidigungsbündnis. Diese Art des Streitkräfteeinsatzes – war of necessity – geht von der existenziellen Bedrohung aus, die besondere Maßnahmen rechtfertigen kann. Legitimität erhält der Einsatz mit der Notwehranalogie ohne weitere diskursive Verhandlungen im Gegensatz zu den "wars of choice" als kontingent politische Entscheidungen. Dafür war selbst im Fall existentieller Entscheidungen im Kalten Krieg vorgesehen, dass die Beistandsverpflichtung autonom national in der sprichwörtlichen Bandbreite von Babynahrung bis Atombomben erfolgt wäre. Da ist es heute schwer vorstellbar, dass damit nicht auch eine wirkungsvolle Lösung bei politischen Entscheidungen möglich ist, die sich laufend ihrer Tragfähigkeit vergewissern müssen, gerade wenn in einer Präventionslogik die starke Legitimationskraft des Ereignisses selbst wegfällt. Auf alle Fälle wird deutlich, dass aus der Perspektive Innere Führung die in der EU angelegten parlamentarischen Strukturen den günstigeren Rahmen für die heutigen Streitkräfteeinsätze bieten.

Nachdem bekanntlich aller guten Dinge drei sind, bleibt der letzte und zugleich schwierigste Aspekt. Bereits der Bundespräsident wünschte sich eine höhere Reputation der Außen- und Sicherheitspolitik.

"Ist es nicht an der Zeit, dass die Universitäten mehr aufbieten als eine Handvoll Lehrstühle für die Analyse deutscher Außenpolitik? Muss nicht auch die Sicherheitsforschung gestärkt werden, einschließlich der Abwehr von Cyberangriffen durch Kriminelle oder Nachrichtendienste? Es ist kein gutes Zeichen, wenn jüngere Mitglieder des Bundestages das Gefühl haben, die Beschäftigung mit Außen- und Sicherheitspolitik sei nicht karrierefördernd" (Gauck 2014).

Und dazu käme noch, dass sich die Bürger mehr für die Fragen und vor allem die Antworten der Politiker interessieren und engagiert mitdiskutieren. Das wäre die Krönung jeder parlamentarischen Demokratie und das i-Tüpfelchen der Inneren Führung.

Die Führungsphilosophie beansprucht, die Soldaten vom Sinn ihres Tuns zu überzeugen. Dabei ist die Sinnkonstitution weder eine Leistung, die die Streitkräfte selbst erbringen können noch ist es die Innere Führung selbst, die den Sinn konstituiert. Er entspringt dem Politischen und kann den Soldaten vermittelt werden. Die demokratische Basis dafür ist der parlamentarische Prozess. Insofern ist der Blick von der Inneren Führung aus auf die derzeit betriebenen Aktivitäten nicht sorgenfrei. Besteht doch die Gefahr, aufgrund politischen Kalküls schnurstracks in die Sinnkrise zu marschieren.

Bleibt aus Sicht Innere Führung nur der Wunsch an die Bundestagskommission, der sich fast wie eine Drohung anhört: Finger weg!

Literatur

Bagehot, Walter (1867): The English Constitution. (deutsch 1971). Neuwied/Berlin: Luchterhand.

Buchner, Peter (2014): Baudissins Legitimationsvorstellungen und die gegenwärtigen Einsätze der Bundeswehr. In: Staack, Michael (Hg.): Staack, Michael (Hg.): Im Ziel? Zur Aktualität der Ziele der Inneren Führung. Baudissin Memorial Lecture. WIFIS-aktuell, Band 49. Opladen: Budrich, 15-30.

Gellner, Winand; Glatzmeier, Armin (2004): Macht und Gegenmacht. Einführung in die Regierungslehre. Baden-Baden: Nomos.

Jungbauer, Stefan (2012): Parlamentarisierung der deutschen Sicherheits- und Verteidigungspolitik? Die Rolle des Bundestages bei Auslandseinsätzen deutscher Streitkräfte. Münster: LIT.

Kommission Europäische Sicherheit und Zukunft der Bundeswehr am ISFH (2014): Für eine Stärkung des Parlamentsbeteiligungsgesetzes. [zuletzt aufgerufen: 27.02.2014].

Kornmeier, Claudia (2010): Rede zu Protokoll. Der Bundestag formalisiert ein lange praktiziertes Verfahren. In: DÖV 63, 16, 676-682.

Massing, Peter (1993): Interesse – ein Schlüsselbegriff der Politikwissenschaft. In: Politische Bildung, 26, 2, 5-21.

Patzelt, Werner J. (2001): Verdrossen sind die Ahnungslosen. In: Zeit-online. [letzter Zugriff: 20.10.2013]

Patzelt, Werner J. (2003): Parlamente und ihre Funktionen. In: Ders. (Hg.): Parlamente und ihre Funktionen. Institutionelle Mechanismen und institutionelles Lernen im Vergleich. Wiesbaden: Westdeutscher Verlag, 13-49.

Patzelt, Werner J. (2009): Politikfern sind die Ahnungslosen. In: kursiv – Journal für Politische Bildung Jg., 1, 12-17.

Schmitt, Carl (1923[8]): Die geistesgeschichtliche Lage des heutigen Parlamentarismus. Berlin: Duncker & Humblot.

Schnabel, Christoph (2012): Der Kernbereich exekutiver Eigenverantwortung als Schranke der Informationsfreiheit. In: DÖV, 65, 5, 192-197.

Wagner, Wolfgang (2006): Qualitative Inhaltsanalyse: Die soziale Konstruktion sicherheitspolitischer Interessen in Deutschland und Großbritannien. In: Siedschlag, Alexander (Hg.): Methoden der sicherheitspolitischen Analyse. Wiesbaden: VS-Verlag für Sozialwissenschaften , 169-188.

Der Nachfolger des Staatsbürgers in Uniform. Annäherung an einen Soldaten jenseits bürgerlicher Funktionalität

Jochen Bohn

Homunkulus

Staatsbürger in Uniform und inneres Gefüge der Bundeswehr folgen einer politischen Anweisung und spiegeln ein gesellschaftliches Trauma. Schon wenige Jahre nach Kriegsende erwarten die Siegermächte von der jungen Bundesrepublik einen effektiven, in die westliche Weltanschauungs- und Verteidigungsgemeinschaft integrierten Wehrbeitrag gegen die sowjetische Bedrohung. Doch das deutsche Volk ist machtverdrossen, kriegsmüde und wehrunwillig. Die militaristische Vergangenheit soll endgültig überwunden und vergessen sein. Wiederaufbau und Wohlstand – dies und nichts anderes wollen die bundesdeutschen Bürger künftig leisten. Eine Wiederbewaffnung lehnen sie mehrheitlich ab. Die Aufgabe der im Oktober 1950 eingerichteten ‚Dienststelle des Bevollmächtigten des Bundeskanzlers für die mit der Vermehrung der alliierten Truppen zusammenhängenden Fragen' ist daher heikel: Einerseits haben die Planer dieser Dienststelle Streitkräfte aufzustellen, die den durchaus vielschichtigen Anforderungen der Westalliierten zu entsprechen vermögen. Andererseits ist ein neues Soldatentum so zu entwerfen, dass es von der traumatisierten deutschen Gesellschaft als möglichst ungefährlich, unauffällig und wenig störend akzeptiert wird. Den Kampf um eine geeignete Idee gewinnt schon bald das im Umfeld von Wolf Graf von Baudissin entworfene Konzept einer Wehrpflichtarmee aus Staatsbürgern in Uniform. In dieser Armee werden Militarismus und Kommissgeist gründlich aus-, das innere Gefüge wird dem heranwachsenden bürgerlichen Umfeld weitgehend gleichgeschaltet.[1]

Der unverkennbar einseitig hinkende Bürgersoldat und die um ihn herum angeordneten Streitkräfte bleiben nicht unwidersprochen. Werner Picht ist in der Gründungsphase der Bundeswehr einer ihrer profiliertesten Kritiker. Baudissins Staatsbürger in Uniform sei „in seiner Mischung von gedanklicher Konstruktion, idealistischem Impuls, Paragraphengläubigkeit und politischem

---

[1] Ausführlich präsentiert wird der neue Bürgersoldat erstmals in BMVg (Hrsg.): Vom künftigen deutschen Soldaten. Gedanken und Planungen der Dienststelle Blank, Bonn 1955.

Opportunismus auf eine bezeichnende und von der Welt nicht ohne Ironie zur Kenntnis genommene Weise deutsch."[2] Seine komplexe Struktur diene nicht etwa der „Schaffung eines vorbildlichen Kampfinstruments", sondern vorrangig der Verdrängung des Vergangenen. Es gehe um „Ausschaltung des Militärs aus der politischen Einflußsphäre (Parlamentarische Kontrolle der Armee); Gleichschaltung des Soldatentums mit dem Geist der Zeit (Zeitgemäßes Soldatentum); Beseitigung der soldatischen Eigenständigkeit durch ‚Einbürgerung' (Staatsbürger in Uniform, soldatischer Etatismus); Anpassung der soldatischen Welt an die Lebensordnung der egalitären Demokratie (Demokratische Armee); Rationalisierung des soldatischen Lebensstils (Soldatischer Funktionalismus); Wahrung der Menschenwürde und Pflege des persönlichen Lebens (Soldatischer Humanismus); Rechtfertigung des soldatischen Daseins aus einer verteidigungswerten Sozialordnung und Begründung des Wehrwillens auf deren Spiegelung in der soldatischen Existenz (Soldatischer ‚Existenzialismus')."[3] Ein Tiefenpsychologe, so Picht, „hätte es nicht schwer, das Bild der Störungen zu entwerfen, deren Symptome hier zutage treten."[4] Der Reformsoldat der neuen deutschen Armee, so das Nachrichtenmagazin ‚Der Spiegel' in Anlehnung an Picht, sei „ein ideologisch-politisch-militärischer Homunkulus". Er sei schlechtweg „widernatürlich", ein künstlicher Versuch, „die Eigenschaften und Fähigkeiten eines ‚in Gott integrierten' liberalen Freigeistes, eines perfekten Staatsbürgers und eines ausgekochten Feldsoldaten in einer Person synthetisch zu legieren."[5]

Die ersten Widersacher des Staatsbürgers in Uniform stellen sich nicht notwendig gegen eine bürgerlich-demokratische Lebensordnung. Sie hegen vor allem Zweifel daran, ob sich freiheitlich organisierte Gesellschaften tatsächlich durch freiheitlich arrangierte Streitkräfte verteidigen lassen. Mit guten Gründen tragen zumindest die Gebildeten unter den Verächtern des Bürgersoldaten ihre Sorge um die Widerstands- und Kampfkraft der neuen deutschen Armee vor.[6]

---

[2] Picht, Werner: Wiederbewaffnung, Pfullingen 1954, S. 56.

[3] Picht: Wiederbewaffnung, S. 58.

[4] Picht: Wiederbewaffnung, S. 59.

[5] N.N.: Bürger in Uniform, in: Der Spiegel 51/1954, 15. Dezember 1954, S. 8.

[6] Öffentlich wird die Debatte um ein neues Verständnis deutscher Streitkräfte durch eine bemerkenswerte Komposition von Stimmen ehemaliger Wehrmachtsoffiziere. Siehe Weinstein, Adelbert: Armee ohne Pathos. Die deutsche Wiederbewaffnung im Urteil ehemaliger Soldaten, Bonn 1951. Erste Einwände gegen das sich hier abzeichnende Soldatenbild sind noch wenig

Dabei rechnen sie gerade auch mit dem Umstand, dass diese Armee gestellt und getragen werden soll von einem wenig kampfwillig erscheinenden Volk.[7] Aller Einwände ungeachtet hat sich der von den Reformern um Baudissin konstruierte Homunkulus durchsetzen und bis heute behaupten können. Langfristig, spätestens nach den Auseinandersetzungen um die sogenannte ‚Schnez-Studie' Ende der 1960er Jahre,[8] befördert auch durch die ideologischen und strukturellen Klärungen des von Verteidigungsminister Helmut Schmidt verantworteten Weißbuches 1970[9], gelingt es den Vätern, Söhnen und Enkeln des Staatsbürgers in Uniform, dessen Gegner als schlichte Nur-Militärs, als Traditionalisten oder gar als Feinde der offenen Gesellschaft zu diskreditieren. Inner- wie außermilitärisch verfestigt sich in Deutschland über die Jahrzehnte ein ideologischer Reflex: Wer den Bürgersoldaten ablehnt, gilt als nationalistisch, konservativ und reaktionär. Wer sich dagegen zu ihm bekennt, der hat sich progressiv und weltoffen der Zukunft in einer übernationalen Völkergemeinschaft zugewandt. Der hat die helle Seite der Macht gewählt.[10]

---

ergiebig. Sie greifen vor allem auf archaische oder religiöse Motive zurück. Siehe etwa Sodenstern, Georg v.: Bürgersoldaten?, in: Wehrwissenschaftliche Rundschau 2 (1952) 6, S. 241–254. Hildebrand, Erich: Wandelbare und unwandelbare Werte in der Welt des Soldaten, in: Wehrwissenschaftliche Rundschau 2 (1952) 7, S. 305–327.

[7] Das „Stimmungs- und Meinungsdilemma der westdeutschen Bevölkerung" bewegt Picht dazu, „eine kleine, technisch bestens ausgerüstete und trainierte Armee" nach dem Vorbild der französischen Fremdenlegion zu fordern, „die sich aus länger dienenden Freiwilligen" rekrutieren soll. N.N.: Bürger in Uniform, S. 10. Ähnliches fordert Bogislaw von Bonin, zunächst hoch geschätzter Leiter der Unterabteilung ‚Militärische Planung' im ‚Amt Blank'. Bonin warnt zudem davor, eine vollständig in westliche Streitkräfte integrierte Wehrpflichtarmee könne eine rasche Wiedervereinigung Deutschlands verhindern. Er entwirft daher Anfang 1955 eine der Regierungsdoktrin widersprechende Wehrplanung. Der ‚Spiegel' macht wesentliche Teile öffentlich. Siehe Bonin, Bogislaw v.: Wiedervereinigung und Wiederbewaffnung – kein Gegensatz, in: Der Spiegel 14/1955, 30. März 1955, S. 8/9. Wenige Monate später wird Bonin wegen illoyalen Verhaltens entlassen.

[8] Eine Dokumentation der relevanten Texte bietet Heßler, Klaus: Militär – Gehorsam – Meinung. Dokumente zur Diskussion in der Bundeswehr (= Aktuelle Dokumente), Berlin u.a. 1971.

[9] Online verfügbar unter http://dipbt.bundestag.de/doc/btd/06/007/0600765.pdf (Stand: 30. Juni 2014).

[10] Einen guten und durchaus problembewussten Abriss des Streits zwischen Reformern und Traditionalisten in Gründungsphase und Geschichte der Bundeswehr bietet Kutz, Martin: Deutsche Soldaten. Eine Kultur- und Mentalitätsgeschichte, Darmstadt 2006, S. 147–219.

Wofür?

Das bürgerlich-demokratische Soldatentum wird hineingeboren in eine Zeit der politischen und gesellschaftlichen Unbestimmtheit. Worauf die eingeleitete Westbindung, die beginnende Konfrontation der Blöcke und insbesondere das Projekt Bundesrepublik Deutschland hinauslaufen werden, ist kaum absehbar. In der bundesdeutschen Gesellschaft einen verlässlichen Verteidigungswillen auf der Grundlage eines motivations- und bindungsstarken ‚Wofür' zu verankern, scheint daher nur schwer möglich – zumal die heraufziehende Individualisierung und die Konzentration auf das wirtschaftliche Wohlergehen einen spürbaren Verlust des Gemeinsinns mit sich führen. In dieser Lage setzen die Reformer um Baudissin auf einen radikalen Idealismus: Sie gehen davon aus, dass sich der neue deutsche Bundesstaat einfügen wird in eine wachsende und zunehmend stabile Ordnung demokratisch eingerichteter Nationalstaaten. Gerade auch unter den neuen waffentechnischen Bedingungen halten sie das Ende herkömmlicher Kriege für gekommen. Streitkräfte verlieren ihre Kriegführungsaufgabe und dienen zunehmend allein noch der Absicherung eines andauernden Friedenszustandes. Unter diesen freiheitlich-friedlichen Bedingungen wird sich das republikanische Postulat einer sittlichen Gemeinschaftsordnung verwirklichen lassen. Wesentliche Beiträge dazu können Bildung und Erziehung leisten.

Auf die Realität, die dieser Idealismus verheißt, sind Staatsbürger in Uniform und inneres Gefüge der Streitkräfte umfassend abgestimmt. Die Bundeswehr wird entworfen als Schutzmacht des Friedens in Freiheit im westlichen Staatenverbund. Zugleich wird sie als zwar uniformierter, aber doch wesentlich integrierter Teil der deutschen Bürgergemeinschaft begriffen. Im Prozess, der diese Gemeinschaft als Wirklichkeit hervorbringen soll, wird der Bundeswehr eine hervorragende Rolle zugeschrieben: An die Stelle der alten ‚Schule der Nation' im militaristischen Sinne wird eine Armee gesetzt, die sich als Quellgrund begreift für eine breite staatsbürgerliche Solidarisierungsbewegung. Durch ihre äußere und innere Verfassung hindurch sollen die nichtuniformierten Bürger ein uneingeschränktes und einigendes ‚Ja' finden zur neuen freiheitlichen Ordnung. Ausgerechnet den Streitkräften, so die spöttische Anmerkung des ‚Spiegel', fällt damit „die Mission zu, wie eine überdimensionale Volkshochschule alles das nachzuholen, was Eltern, Schule, Kirche, Parlamente, Parteien und Verbände vorher nicht fertiggebracht haben, mit dem erstrebten Erfolg, daß sich die Soldaten […] nach anderthalb Jahren Kasernenhof und Exerzierplatz als ‚freie und selbstbewußte Persönlichkeiten, die in eigener Verantwortung stehen‘, und als politisch sorgfältig getrimmte Staatsbürger in die Gesellschaft einfügen"[11]. Im Strudel ideologisch-politischer Offenheit wird die Bundeswehr als eine Art Umerziehungsanstalt eingerichtet. Der weitgehende Verzicht auf den konventionellen Soldaten und die Abbildung einer staatsbürgerlichen Erfahrungswelt in den Streitkräften zielen darauf ab, die deutsche Gesellschaft vom Wert und der Verteidigungswürdigkeit der westlichen Lebensform zu überzeugen. Der Widerstand gegen weltanschauliche und sittliche Alternativen soll so zu einer gesamtgesellschaftlichen Veranstaltung werden.

Das Umerziehungsideal der Bundeswehr-Architekten stützt sich, wie alle Ideale, auf eine quasi-religiöse Hoffnung: auf die Annahme der Ankunft des Verheißenen, auf den Glauben an ein spürbar sich näherndes ‚Ende der Geschichte‘. Hinter dem Damm der bipolaren Welt, im behüteten und wohlständigen Gewässer der militärisch beschäftigungslosen Bonner Republik, kann diese Hoffnung ihren Kopf tatsächlich eine Weile hochhalten.[12] Doch 1989 bricht das Wehr der Weltanschauungen und Lebensformen auf. Die bürgerlich-demokratische Flutwelle ergießt sich über den Globus. Dabei bereitet und verbreitet sie allerdings kein seliges Ende. Sie zerstückt vielmehr alle kulturell gewachsenen Identitäten und hinterlässt eine „vielfältige, vermischte, unregelmäßige, wandelbare und diskontinuierliche Welt"[13], die alles andere als „wohlgegliedert" ist und die kaum noch Anhaltspunkte bietet für eine heranreifende, „wie immer geartete transzendente Einheit"[14]. Die einschlägigen wissenschaftlichen Diskurse der Gegenwart nehmen die sich zerstückende Welt aufmerk-

---

[11] N.N.: Bürger in Uniform, S. 9.

[12] Führende Offiziere sehen das Ideal der neuen deutschen Armee bereits in den Verwirrungen der 1960er Jahre untergehen. Öffentliche Stimme dieser Einschätzung ist Heinz Karst. Zunächst enger Mitarbeiter Wolf Graf von Baudissins, wendet er sich ernüchtert von der ersten Konzeption des Staatsbürgers in Uniform ab und stellt ihr seine eigene Interpretation entgegen. Siehe Karst, Heinz: Das Bild des Soldaten. Versuch eines Umrisses, Boppard a.Rh. ³1969 (Erstauflage: 1964). Karst gilt als wesentlicher Mit-Autor der ‚Schnez-Studie‘. Als General des Erziehungs- und Bildungswesens im Heer bittet er unter Helmut Schmidt wegen Differenzen mit der politischen Führung um Versetzung in den Ruhestand.

[13] Geertz, Clifford: Welt in Stücken. Kultur und Politik am Ende des 20. Jahrhunderts (= IWM-Vorlesungen zur modernen Philosophie, Bd. 1995), a. d. Englischen v. Herwig Engelmann, hrsg. v. Peter Engelmann, 2. überarb. Aufl., Wien 2007, S. 29.

[14] Geertz: Welt in Stücken, S. 69.

sam zur Kenntnis. Völlig offen scheint jedoch, ob und wie sich diese Welt noch einmal zusammenfügen ließe.

In ihr lösen sich die herkömmlichen Souveränitätskonstrukte und deren institutionelle Absicherungen auf. Politische Grenzen werden durchlässig und instabil, ohne dass absehbar wäre, worauf dieser Prozess hinauslaufen könnte. Einerseits etablieren sich globale über- und nichtstaatliche Regime, andererseits lassen sich religiös, national oder ethnisch motivierte Zersplitterungs- und Konzentrationsbewegungen beobachten. Beide Tendenzen setzen unberechenbare und unkontrollierbare Mächte frei. Diese Mächte greifen zur Wirklichkeitsgestaltung nach wie vor und wieder neu auch auf militärische Mittel zurück. Krieg wird jenseits der atomaren Lähmung des Ost-West-Konfliktes erneut zu einer selbstverständlich erscheinenden politischen Option – nicht nur in den Kämpfen innerhalb zerstrittener oder zerfallender Staaten, sondern gerade auch im Ringen um die globale Ausbreitung der bürgerlich-demokratischen Flut unter dem Banner des Menschenrechts. Die Fronten der neuen Kriege sind selten klar und beständig. Nicht zuletzt der Druck des weltweiten Terrorismus nötigt zum bewaffneten Streit in einem zunehmend unübersichtlichen Frontenchaos. Das durchaus bedrohlich anmutende Szenario, das sich hier aufzubauen beginnt, lässt die offenen bürgerlichen Gesellschaften des Westens aber nicht etwa zusammenrücken. Vielmehr gewinnen Individualisierung und Pluralisierung weiter an Fahrt. Die Quellen von Moral und Solidarität versiegen, das ökonomische Diktat dominiert alle Bereiche der Lebensführung. Was eine sittliche Gemeinschaftsordnung überhaupt meinen könnte, ist kaum noch vorstellbar, schon gar nicht in weltbürgerlicher Hinsicht.

Mittlerweile ist es nicht mehr zu übersehen: Das Wirklichkeitsversprechen, in dem die Bundeswehr gründet und ihren ideologischen Halt findet, hat getrogen. Nach 1989 ist dem geschlossenen bürgerlichen Ideal eine unerwartet offene, zerstückte Welt entwachsen. Der weitere politische und soziale Gang dieser Welt ist ungewisser denn je. Worauf jetzt zu hoffen wäre, lässt sich nur schwer allgemein bestimmen. Ebenso schwer lassen sich Wert und Verteidigungswürdigkeit dessen, was da kommt, überzeugend vermitteln. Ein Bewusstsein von dem, was nun immer drängender fehlt, ist in den vergangenen Jahren auch in den Diskurs um den Staatsbürger in Uniform eingesickert. Martin Kutz hält es inzwischen für notwendig, so, wie die Väter der Bundeswehr, nach einem „*neuen deutschen Soldaten*"[15] zu suchen. Die Entwürfe, die er und andere im

---

[15] Kutz: Deutsche Soldaten, S. 289.

Anschluss an diese Diagnose reflektieren, verbleiben jedoch zumeist im Raum des überkommenen staatsbürgerlichen ‚Wofür‘. Sie oszillieren um die bekannte Frontlinie, die Reformer und Nur-Militärs bereits vor Jahrzehnten gezogen haben. Manche fordern angesichts veränderter Realitäten einen zum Kosmopoliten aufgeblasenen Bürgersoldaten, andere ziehen sich angesichts eskalierender Erwartungen zurück auf die klassische Kompetenz des Kampfes.[16] Die ideologische Leerstelle, die sich dem deutschen Soldaten insbesondere in den vergangenen zwei Jahrzehnten aufgetan hat, wird in dieser aufgewärmten Konfrontation nicht gefüllt. Die Aufgabe, einen neuen Soldaten zu finden, bleibt unerledigt. Wer diese Aufgabe tatsächlich in Angriff nehmen will, der wird heute, im Angesicht entzauberter Verheißungen, bei einer deutlichen Kritik des staatsbürgerlichen Ideals und des mit ihm gegebenen ‚Wofür‘ einsetzen müssen.[17] Ein neuer deutscher Soldat wird nur möglich, wenn es zunächst gelingt, den alten Soldaten aus der fragwürdigen und inzwischen gefährlichen bürgerlichen Umklammerung herauszulösen.

Gewaltfunktionär

Die Gefahr dieser Umklammerung ist bereits bei Werner Picht angedeutet. Picht selbst nimmt endgültig Abschied vom alten deutschen Soldaten. Wehrgeschichtlich ordnet er ihn einer vergangenen Epoche zu.[18] Der im Vaterlandsverteidiger des konstitutionellen Nationalstaates sich herausbildende spezifisch deutsche Bürgersoldat kommt im totalen Soldatentum des nationalsozialistischen Volksheeres an sein Ende.[19] Eine Wiederherstellung dieses Soldaten hält Picht für wenig wünschenswert. Der deutsche Soldat braucht vielmehr einen

---

[16] Besonders deutlich wahrzunehmen ist der neue Streit im alten Schema in Elmar Wiesendahls Gegenüberstellung von ‚miles protector‘ und ‚miles bellicus‘. Siehe Wiesendahl, Elmar: Zurück zum Krieger? Soldatische Berufsleitbilder der Bundeswehr zwischen Athen und Sparta, in: Bayer, Stefan/Gillner, Matthias (Hrsg.): Soldaten im Einsatz. Sozialwissenschaftliche und ethische Reflexionen (= Sozialwissenschaftliche Schriften, Bd. 49), Berlin 2011, S. 237–256.

[17] Siehe dazu Bohn, Jochen: Kernbestand unveränderbar? Die Ewigkeitsklausel der Inneren Führung im Spiegel der jüngeren politischen Philosophie, in: Hartmann, Uwe/Rosen, Claus v./Walther, Christian (Hrsg.): Jahrbuch Innere Führung 2012: Der Soldatenberuf im Spagat zwischen gesellschaftlicher Integration und sui generis-Ansprüchen, Berlin 2012, S. 222–238.

[18] Picht, Werner: Vom Wesen des Krieges und vom Kriegswesen der Deutschen, Stuttgart 1952.

[19] Siehe die Übersicht bei Picht: Vom Wesen des Krieges, S. 236.

geeigneten „Nachfolger"[20], der „einer veränderten Form des Kampfes und einer veränderten Ordnung der Welt"[21] entspricht. Diesen Nachfolger entdeckt Picht aber gerade nicht im Staatsbürger in Uniform. Der von Baudissin und anderen erneuerte Bürgersoldat hält sich an abgestandene Ideologien des 18. Jahrhunderts und ist nicht Antwort auf die Forderungen der Zeit.[22] Er ist Produkt einer Restauration, nicht einer Reform. Als radikales „Gegenbild seines Vorgängers"[23] und seines aktuellen Gegners entworfen, verbleibt er gerade dadurch in deren Schema. „Der politische Soldat wie der kämpfende Bürger sind Requisiten totalitärer Ordnungen."[24] Ins totalitäre Muster eingewoben, wird der neue Bürgersoldat nun einer weiteren weltanschaulich normierten Lebensordnung dienstbar gemacht. Noch einmal wird er vollständig in die Mechanik eines politischen und gesellschaftlichen Ideals eingefügt. Damit wird er zugleich willenloser Funktionär dieses Ideals – wiederum ohne sagen zu können, ob sich nach einer völlig offenen „Epoche des Übergangs"[25] dessen Verheißungen tatsächlich erfüllen werden.

Eine Reanimation des totalen Soldatentums hält Picht gerade in der eigentümlichen Erscheinungsform des Staatsbürgers in Uniform für bedrohlich: Durch die attraktiv anmutende Reduktion der soldatischen Absonderung und die weitgehende Integration der militärischen in die bürgerliche Lebenswelt verliert der deutsche Soldat jede Widerstandskraft gegen den Gang seiner Zeit. Er wird dem bürgerlich-demokratischen Mechanismus weitgehend überantwortet. Mit besonderer Unruhe blickt Picht auf das kommende Verhältnis des Soldaten zur Waffe. „Ein Soldatentum, das sich als wesensgleicher Bestandteil der Arbeitswelt mit der Technik auf Du und Du steht und keine andere Vorstellung kennt, als daß eine Maschine da sei, um sich ihrer mit einem Maximum an Nutzeffekt zu bedienen, sieht sich zwangsläufig zum Massenmord als einer Selbstverständlichkeit veranlaßt."[26] Der eingebürgerte Soldat droht gerade im technisch hochgezüchteten Krieg die Kontrolle über sein Kampfinstrument zu verlieren. „Gelingt ihm nicht die Bändigung der Waffe, so ist er hinfort Hand-

---

[20] Picht: Wiederbewaffnung, S. 55.

[21] Picht: Wiederbewaffnung, S. 178 (Anm. 10).

[22] Siehe Picht: Wiederbewaffnung, S. 171.

[23] Picht: Wiederbewaffnung, S. 56.

[24] Picht: Wiederbewaffnung, S. 131.

[25] Picht: Wiederbewaffnung, S. 142.

[26] Picht: Wiederbewaffnung, S. 167.

langer einer universalen Vernichtung, vor der sich die Fronten verwischen.“[27] Picht sieht im Staatsbürger in Uniform letztlich die Gefahr angelegt, dass „die geplante Demokratisierung des Militärs sich gegen die Demokratie, die Entmilitarisierung des Soldatischen gegen den Soldaten, die liberalistische Humanisierung des Dienstes gegen den Menschen“[28] wendet.

Erste Konturen dieser unheilvollen Wendung zeichnen sich derzeit ab. Nach 1989 sieht Deutschland sich genötigt, der „geschichtslosen Einkehrzeit“ endgültig abzusagen und die auch militärisch folgenschwere „Wandlung vom Objekt zum Subjekt der Geschichte“ zu vollziehen. Doch wie bereits in den Gründerjahren der Bundeswehr, so folgt der „Entscheidung für die Waffe“ auch jetzt „keine Entscheidung für den Soldaten.“[29] Nach wie vor wird am Staatsbürger in Uniform festgehalten. Dieser hat nun nicht mehr den Auftrag, auf Truppenübungsplätzen den Frieden zu sichern, sondern jederzeit und überall auf der Welt tatsächlich auszuführen, wozu er ausgebildet ist. Dabei ist er allerdings nicht eingebettet in eine gewachsene solidarische Bürgergemeinschaft, die unter einer sittlichen Ordnung vereinigt wäre. Der global agierende uniformierte Staatsbürger ist mittlerweile Auswurf einer hoch differenzierten und heterogenen Zivilgesellschaft, in der unendlich viele Interessen anzutreffen sind – nur nicht jenes, gemeinschaftlich-gewalttätiges Subjekt zu sein. Nicht von ungefähr verdrängt die deutsche Zivilgesellschaft daher den weltweiten Einsatz der Bundeswehr zunehmend aus ihrer Mitte und verweist ihn an die politischen Institutionen. Die Anwendung militärischer Gewalt wird Aufgabe allein des Staates. Als repräsentative gesamtgesellschaftliche Veranstaltung wird sie undenkbar. Plötzlich sieht sich der Staatsbürger in Uniform aus der Zivilgesellschaft ausgeschlossen. Symbol seiner Ausweisung ist die Aussetzung der allgemeinen Wehrpflicht im Jahr 2011.

Der Bürgersoldat ist damit einerseits entwurzelt, andererseits ist er den politischen Institutionen schutzlos ausgeliefert. Die Politik dieser Institutionen ist nun aber nicht, im Sinne Max Webers, ein „starkes langsames Bohren von harten Brettern“[30]. Politik ist heute eine sich beschleunigende bürokratische

---

[27] Picht: Wiederbewaffnung, S. 170/171.

[28] Picht: Wiederbewaffnung, S. 10.

[29] Picht: Wiederbewaffnung, S. 34.

[30] Siehe Weber, Max: Politik als Beruf, in: Weber Max: Gesammelte politische Schriften (= UTB für Wissenschaft. Uni-Taschenbücher, Nr. 1491), hrsg. v. Johannes Winckelmann, Tübingen ⁵1988, S. 560.

Maschine, in der die Zahnräder moralischer, rechtlicher, sozialer, ökonomischer, medialer und anderer Ansprüche aggressiv ineinander greifen. Gegenwärtig dehnt sich die bürgerlich-demokratische Maschine global aus und zeigt darin ihr wahres, totalitäres Gesicht.[31] Rücksichtslos bedient sie sich inzwischen auch des deutschen Soldaten. Er wird radikal funktionalisiert, wandelt sich vom ‚Staatsbürger in Uniform' zum ‚Staatsdiener in Uniform'[32]. Als solcher ist er nicht Instrument verantwortlicher Politik, sondern Gewaltfunktionär einer als Politik auftretenden Apparatur. Erzeugnis dieser Apparatur ist ein weltweit sich ausbreitender Nihilismus.[33] In diesem wendet sich der bürgerlich-demokratische Gang der Dinge allmählich gegen den Menschen selbst. Zunächst gegen den Soldaten: Überlastet und zerrissen von den Ansprüchen des sich aufblähenden politischen Mechanismus ist er fortwährend bedroht, zwischen dessen Zahnräder zu geraten und dort zerrieben zu werden. Der ‚Fall Oberst Klein' steht in der deutschen Öffentlichkeit lediglich stellvertretend für ähnliche ‚Fälle'. Dann aber auch und vor allem gegen die Opfer des Soldaten: Nicht allein, dass der Staatsdiener in Uniform mit anderen ein verheerendes globales Experiment vorantreibt, „das auf dem ganzen Planeten Traditionen und Bekenntnisse, Ideologien und Religionen, Identitäten und Gemeinschaften zerstückt und entleert"[34]. Es lassen sich noch andere erschreckende Bilder stellen: Schon bald könnten auch in der Bundeswehr militärische ‚Nerds' und ‚Geeks' die Kriegführung übernehmen. Im Kampf der Drohnen und Roboter würden sich dann die Restbestände innerer Widerständigkeit auflösen, die soldatische Kontrolle über das Kampfinstrument wäre verloren.[35] Denkbar ist aber auch, dass in nicht allzu ferner Zukunft deutsche Soldaten wieder Lager organisieren und bewachen – dann jene, die zur Absicherung der totalitären bürgerlichen Maschine eingerichtet werden. Ohne jeden Zweifel an dieser

---

[31] Dazu eindringlich Agamben, Giorgio: Mittel ohne Zweck. Noten zur Politik, a. d. Italienischen v. Sabine Schulz, Zürich/Berlin ²2006.

[32] Siehe Bohn, Jochen: Staatsdiener in Uniform. „Wir. Dienen. Deutschland.": Abgesang auf den Bürgersoldaten, in: zur sache bw Nr. 24 (2013) S. 25–27.

[33] Siehe Bohn, Jochen: Soldatentum im Rechtsstaat. Eine weltanschauliche Lagefeststellung in politischer Absicht, in: Böcker, Martin/Kempf, Larsen/Springer, Felix (Hrsg.): Soldatentum. Auf der Suche nach Identität und Berufung der Bundeswehr heute, München 2013, S. 13–26.

[34] Agamben: Mittel ohne Zweck, S. 75.

[35] Siehe dazu jüngst Schneider, Wolf: Der Soldat – Ein Nachruf. Eine Weltgeschichte von Helden, Opfern und Bestien, Hamburg 2014.

Funktion. In der festen Überzeugung, nach wie vor im Dienst der hellen Seite der Macht zu stehen.

Heimatlosigkeit

Der deutsche Soldat als Gewaltfunktionär des bürgerlich-demokratischen Apparates wird sich künftig kaum noch bändigen können. Die Geister, die ihn innerlich treiben und denen er äußerlich dienstbar ist, werden übermächtig. In dieser Lage nützen ihm keine religiösen oder moralischen Belehrungen. Durch Religion und Moral versichert sich jedes System immer nur seiner selbst. Auch hilft es dem Soldaten nicht, wenn er sich neu vor die alte Wahl zwischen Reformern und Nur-Militärs gestellt sieht. Ob er sich als Kosmopolit oder bloß als Kämpfer begreift: so oder so bleibt er Sklave des bürgerlichen ‚Wofür‘ und dessen zwingender Mechanik. Was dem deutschen Soldaten nun allein noch helfen kann, ist die Öffnung eines Schutzraumes, in dem die bürgerlichen Geister ihre Macht verlieren. Dieser Raum muss so beschaffen sein, dass in ihm ein neuer soldatischer Geist heranwachsen kann, der dazu befähigt, den bürgerlichen Geistern zu widerstehen und ihnen nicht mehr willenlos dienstbar zu sein.

Ein neuer soldatischer Geist darf nicht, wie einst der Geist des staatsbürgerlichen Homunkulus, am Schreibtisch entworfen werden. Er wird als ‚Innungsgeist‘ (Clausewitz) einer sich absondernden Gemeinschaft hervorgehen müssen aus der sensiblen Wahrnehmung jener Kriege, die eine zerstückte Welt zunehmend bedrängen und quälen. In diese eigentümlich irritierenden Weltkriege hineingeworfen, müssen deutsche Streitkräfte ihren künftigen Geist „aus sich selbst erzeugen, wobei es kein Schaden sein wird, wenn er auf lange hinaus unartikuliert bleibt, eine innere Haltung und kein Credo.“[36] Der neue soldatische Geist wird kein allgemeiner mehr sein können. Er wird dem kommenden Nachfolger des deutschen Soldaten eine entschiedene „geistige Heimatlosigkeit“[37] abverlangen. Ist der zunächst so menschlich erscheinende Bürgersoldat durch die Einordnung ins Allgemeine letztlich jenen „inhumanen Mächten ausgeliefert“, die „in dieser Epoche und ihrer Kriegführung die herrschenden sind“, so muss der neue soldatische Geist, will er sich diesen Mächten entziehen, deutlich „in Opposition“ treten „gegen die Tendenzen der Zeit,

---

[36] Picht: Wiederbewaffnung, S. 92.
[37] Picht: Wiederbewaffnung, S. 92.

wenn auch in Harmonie mit deren tieferer Notwendigkeit."[38] Die Überwindung der totalitären bürgerlichen Maschine kann innerhalb der Streitkräfte nur gelingen, wenn diese einen neuen Geist gebären, der sie heimatlos macht in ihrer Welt, der sie damit aber zugleich herauslöst aus der bürgerlichen Ideologie, aus ihren politischen und gesellschaftlichen Anordnungen und aus ihren nichtigen Verheißungen.

Mit der geistigen Heimatlosigkeit eines neuen deutschen Soldaten wäre dessen Bindung an das derzeit leitende ‚Wofür‘ der bürgerlich-demokratischen Weltbesserungsdynamik überwunden. Das Rechtfertigungs- und Motivationspotential dieses ‚Wofür‘, das ohnehin durch kein Gefecht hindurch tragen kann, das, wie alle ideologischen Potentiale, spätestens im Kampf auf Leben und Tod zugunsten der menschlichen Bindung an den Kameraden aufgegeben wird,[39] wäre erschöpft. Schon damit wäre viel gewonnen. Der neue Soldat verlöre die Ehrfurcht vor den gängigen Weltbesserungsideologien und ihrer Rhetorik. Er würde unabhängig von ihren Versuchen, ihn innerlich zu vereinnahmen und äußerlich zu funktionalisieren. Selten war die ideologische Unabhängigkeit des Soldaten so dringend geboten wie heute. In der werdenden Wirklichkeit nach 1989 entsteigen die „alten vielen Götter, entzaubert und daher in Gestalt unpersönlicher Mächte", vollends „ihren Gräbern". Sie „beginnen untereinander wieder ihren ewigen Kampf" und streben nun gänzlich enthemmt „nach Gewalt über unser Leben"[40]. Die politischen und gesellschaftlichen Götter der bürgerlich-demokratischen Ideologie heißen ‚Freiheit‘ und ‚Gleichheit‘, ‚Frieden‘ und ‚Gerechtigkeit‘. Gegenwärtig streiten diese Götter um den Globus. Dass sich dabei auch Soldaten von ihnen gebrauchen lassen, ist Symptom ihrer Teilhabe an der Schwäche des modernen Menschen. „Denn Schwäche ist es: dem Schicksal der Zeit nicht in sein ernstes Antlitz blicken zu können." In diesem Antlitz lässt sich mittlerweile immer deutlicher lesen, dass gerade auch

---

[38] Picht: Wiederbewaffnung, S. 171.

[39] Siehe dazu das eindrückliche Bild, das Franz Pöschl, zunächst Offizier der Wehrmacht und später General der Bundeswehr, 1953 in einem Vortrag an der Evangelischen Akademie Tutzing entwirft: Pöschl, Franz: Das Rätsel der Standhaftigkeit, in: Evangelisches Kirchenamt für die Bundeswehr (Hrsg.): Von der Verantwortung des Offiziers (= Beiträge aus der evangelischen Militärseelsorge, H. 30), Bonn 1979, S. 33–47.

[40] Weber, Max: Wissenschaft als Beruf, in: Weber, Max: Gesammelte Aufsätze zur Wissenschaftslehre (= UTB für Wissenschaft. Uni-Taschenbücher, Nr. 1492), hrsg. v. Johannes Winckelmann, Tübingen [7]1988, S. 605.

Soldaten einen Weg finden müssen, den unheilvollen bürgerlichen Polytheis-mus zu überwinden – „zugunsten des ‚Einen, das not tut‘‘‘[41].

Mit dem Einen, das not tut, ist vom Soldaten gefordert, was Dietrich Bonhoeffer im Rückblick auf die Jahre des Widerstandes gegen den NS-Apparat gerade beim Deutschen vermisst: das Wagnis der „freien, verantwort-lichen Tat auch gegen Beruf und Auftrag.‘‘[42] Die soldatische Tat, die not tut, lässt sich nicht finden und tun im Gehorsam gegenüber den politischen, gesell-schaftlichen, moralischen, ethischen, rechtlichen oder ökonomischen Geboten der Zeit. Wer sich darauf verlässt, der hat „die Welt verkannt“. Der rechnet nicht damit, „daß seine Bereitschaft zur Unterordnung, zum Lebenseinsatz für den Auftrag mißbraucht werden könnte zum Bösen.‘‘[43] Der vergisst vor allem, dass „das Böse“ auch „in der Gestalt des Lichts, der Wohltat, des geschichtlich Notwendigen, des sozial Gerechten erscheint“[44]. Das Eine, das not tut, kann der Soldat allein finden und wagen in Freiheit von den Lichtern seiner Zeit, in Freiheit von der Freiheit, die seine Zeit verheißt. Im bedrückenden Bewusst-sein des gescheiterten Tyrannenmordes am 20. Juli 1944 ruft Bonhoeffer sich wenige Tage später im Gefängnis in Erinnerung, welche Stationen auf dem Weg zu dieser Freiheit abzuschreiten sind: „Zucht. Ziehst du aus, die Freiheit zu suchen, so lerne vor allem Zucht der Sinne und deiner Seele, dass die Be-gierden und deine Glieder dich nicht bald hierhin, bald dorthin führen. Keusch sei dein Geist und dein Leib, gänzlich dir selbst unterworfen, und gehorsam, das Ziel zu suchen, das ihm gesetzt ist. Niemand erfährt das Geheimnis der Freiheit, es sei denn durch Zucht. Tat. Nicht das Beliebige, sondern das Rechte tun und wagen, nicht im Möglichen schweben, das Wirkliche tapfer ergreifen, nicht in der Flucht der Gedanken, allein in der Tat ist die Freiheit. Tritt aus ängstlichem Zögern heraus in den Sturm des Geschehens, nur von Gottes Ge-bot und deinem Glauben getragen, und die Freiheit wird deinen Geist jauch-zend umfangen. Leiden. Wunderbare Verwandlung. Die starken, tätigen Hände sind dir gebunden. Ohnmächtig, einsam siehst du das Ende deiner Tat. Doch atmest du auf und legst das Rechte still und getrost in stärkere Hand und gibst

---

[41] Weber: Wissenschaft als Beruf, S. 605.

[42] Bonhoeffer, Dietrich: Widerstand und Ergebung. Briefe und Aufzeichnungen aus der Haft (= Dietrich Bonhoeffer Werke, Bd. 8), hrsg. v. Christian Gremmels u. a., Gütersloh 1998, S. 24.

[43] Bonhoeffer: Widerstand und Ergebung, S. 24.

[44] Bonhoeffer: Widerstand und Ergebung, S. 20.

dich zufrieden. Nur einen Augenblick berührtest du selig die Freiheit, dann übergabst du sie Gott, damit er sie herrlich vollende. Tod. Komm nun, höchstes Fest auf dem Wege zur ewigen Freiheit, Tod, leg nieder beschwerliche Ketten und Mauern unsres vergänglichen Leibes und unsrer verblendeten Seele, dass wir endlich erblicken, was hier uns zu sehen mißgönnt ist. Freiheit, dich suchten wir lange in Zucht und in Tat und in Leiden. Sterbend erkennen wir nun im Angesicht Gottes dich selbst."[45]

Der soldatische Geist, der über Zucht, Tat und Leiden in den Tod hineingetreten ist, wird fähig, dem Sog aller Weltbesserungsgötter zu widerstehen. Sein Stand in der Welt und sein ‚Wofür‘ wenden sich. Dieser Geist ist genügsam und elastisch, zugleich aber wachsam, stets zur Abwehr bereit. Er zeugt eine innere Haltung der duldsamen Standhaftigkeit, die sich schon einmal im deutschen Soldaten angedeutet hat: im Soldaten des militärischen Widerstandes gegen den Nationalsozialismus, aber auch in jenem Wehrmachtssoldaten der letzten Kriegsjahre, der im Gefecht eine zunehmende Abhärtung erfahren hat gegenüber der totalitären Propaganda. Dieser Soldat ist nicht mehr Gewaltfunktionär einer Ideologie. Ihn erfüllt zuletzt allein „die unpathetische, leidenschaftslose Entschlossenheit, den Feind zu vernichten, wo er ihn treffen konnte, und, wenn unumgänglich, das eigene Leben so teuer wie möglich zu verkaufen."[46] Wofür er noch steht, ist „einfach das freie natürliche Leben"[47]. Der Soldat jenseits ideologischer Funktionalität sichert bloß „das Wesentliche der eigenen Existenz"[48]. Sein ‚Wofür‘ ist reduziert auf eine defensive „Selbstbehauptung"[49]. In die nihilistische Offenheit der gegenwärtigen Übergangsepoche hinein lässt sich dieses gewendete ‚Wofür‘ vielleicht so fassen: Immer und überall können Ansprüche geltend gemacht werden, die es um des Wesentlichen der eigenen Existenz willen gewaltsam zurückzuweisen gilt. Dafür und für nichts anderes wird der kommende Soldat zur Verfügung stehen: Als Instrument „physischer Gewaltsamkeit"[50] wird er sich von der Politik allein noch gebrauchen lassen, um existenzbedrohende Ansprüche abzuwehren. Wann, wo und in welcher Weise dies zu geschehen hat, muss entschieden werden. Und

[45] Bonhoeffer: Widerstand und Ergebung, S. 570–572.
[46] Weinstein: Armee ohne Pathos, S. 87.
[47] Weinstein: Armee ohne Pathos, S. 90.
[48] Picht: Wiederbewaffnung, S. 152.
[49] Picht: Wiederbewaffnung, S. 148.
[50] Weber: Politik als Beruf, S. 506.

politisch-soldatische Entscheidung ist gerade in globaler Offenheit immer ein Wagnis freier, verantwortlicher Tat – die bisweilen zu wagen ist auch gegen Beruf und Auftrag, auch gegen die Mechanismen der Zeit.[51]

Schutzraum

Soll das politisch-soldatische Wagnis möglich werden, soll der deutsche Soldat in naher Zukunft nicht mehr Funktionär einer ideologischen Apparatur, sondern taugliches Gewaltinstrument einer freien, verantwortlichen Politik sein, dann darf der notwendige Umbruch nicht allein dem in den Gefechten der Weltzerstückungskriege geprägten Soldaten und seinem beschwerlichen Gang durch die Institutionen der Bürgerarmee aufgebürdet werden. Diesem Soldaten gilt es unter den derzeit gegebenen Bedingungen und mit den derzeit verfügbaren Mitteln einen Schutzraum einzurichten, in dem er sich der staatsbürgerlichen Umklammerung entwinden kann. In diesem Raum müssen ihm wirksame Mittel zur Verfügung stehen, die ihn gegen die zwingende Indienstnahme durch den politischen Apparat absichern und die die Politik zugleich dazu nötigen, ebenfalls aus dem Getriebe der bürgerlichen Anspruchsmechanik herauszutreten. Wie der Schutzraum für den kommenden Soldaten anzulegen, wie das äußere und innere Gefüge der Streitkräfte, aber auch das Verhältnis von Politik und Militär in Deutschland abzuändern wäre, dazu lassen sich an dieser Stelle lediglich erste Hinweise geben:

a)   *Umbruch im äußeren Gefüge der Streitkräfte*
- Änderung der Wehrverfassung:
  + Abschaffung der allgemeinen Wehrpflicht
  + Klärung des Auftrages der Streitkräfte: Konzentration auf die gewaltsame Abwehr existenzbedrohender Ansprüche im In- und Ausland
- Freistellung der Streitkräfte als Instrument ‚physischer Gewaltsamkeit':

---

[51] Den neuen Soldaten, dessen Geist und Tat hier angedeutet ist, habe ich in einer ersten Annäherung als ‚Aufhalter' zu beschreiben versucht. Ob sich dieser Begriff ausreichend scharf von Carl Schmitts ‚Katechon' abgrenzen ließe und sich, zumindest im Übergang, als hilfreich erweisen könnte, steht dahin. Siehe Bohn, Jochen: Pflichterfüllung nach dem Ende der Ideen, in: Bohn, Jochen/Bohrmann, Thomas/Küenzlen, Gottfried (Hrsg.): Die Bundeswehr heute. Berufsethische Perspektiven für eine Armee im Einsatz (= Beiträge zur Friedensethik, Bd. 44), Stuttgart 2011, S. 43–58.

+ Abbau ziviler Fähigkeiten
+ bundesweiter Aufbau eines nicht-militärischen Zivil- und Katastrophenschutzes unter Führung eines eigenständigen Ministeriums mit entsprechendem Pflichtdienst für alle Bürger ohne Verweigerungsrecht
- Weiterentwicklung der Streitkräfte zu einer schlagkräftigen Berufsarmee:
+ Öffnung für internationale Bewerber bei gleichzeitiger Anhebung der psychischen und physischen Anforderungen
+ Anhebung der Bezüge in allen Dienstgradgruppen und der Standards für Ausrüstung, Bewaffnung und Gerät

b) *Umbruch im inneren Gefüge der Streitkräfte*
- Auflösung der staatsbürgerlichen Erfahrungswelt:
+ Abbau der Kompromisskonstruktionen in den ‚Gestaltungsfeldern‘ der ‚Inneren Führung‘, insbesondere in den Bereichen Menschenführung, politische Bildung sowie Recht und soldatische Ordnung
+ vollständige Neufassung des inneren Gefüges unter der Maßgabe einer professionsgemäßen ‚Heimatlosigkeit‘ und Fokussierung des Soldaten
+ Aufbau einer eigenständigen Militärgerichtsbarkeit
- Neuansatz in der Führerbildung:
+ Auflösung der Offizierschulen sowie der Forschungs- und Bildungsinstitutionen, die in ihrer Ausgestaltung wesentlich der staatsbürgerlichen Idee geschuldet sind (insbesondere UniBw, FüAkBw, ZInFü, ZMSBw)
+ nach internationalem Vorbild Gründung einer strikt auf den Auftrag konzentrierten Militärhochschule als weltanschaulicher, politischer und militärwissenschaftlicher ‚Think Tank‘ der Streitkräfte und als ‚Alma Mater‘ der Offiziere
+ Einrichtung analoger Strukturen für die Unterführerbildung

c) *Umbruch im Verhältnis von Politik und Militär*
- Öffnung des Prinzips der Parlamentsarmee:

- + Erleichterung und Flexibilisierung des Gebrauchs der Streitkräfte durch die Regierung
- + zugleich Lockerung von Bündnisverpflichtungen sowie Erleichterung und Flexibilisierung des Streitkräfteeinsatzes abseits übernationaler Mandatierungen und kollektiver Sicherheitssysteme
- Öffnung des Primats der Politik:
  - + Einrichtung eines Generalstabes als oberste Führung der Streitkräfte (Generalstabchef, Chefs der Generalstäbe der Teilstreitkräfte), Berufung auf Zeit durch das Parlament
  - + Kontrollrecht, in einer ‚Epoche des Übergangs‘ erweitert zum Vetorecht des Generalstabes gegenüber Einsatzentscheidungen der Regierung

In einem so oder ähnlich eingerichteten Schutzraum könnte der Nachfolger des Staatsbürgers in Uniform geboren werden. Ein neues deutsches Soldatentum jenseits bürgerlicher Funktionalität könnte aufwachsen – ein abwehrbereites und widerständiges Soldatentum, fähig, das Eine, das not tut, tatsächlich zu tun, aber alles zurückweisend, was über das Eine hinausgeht. Zweifellos wäre dieses Soldatentum ein Anachronismus. Es ließe sich allerdings so begreifen, als stünde es „auf einem Vorposten der Zeit.“[52] Unter seiner defensiven Obhut wäre der gefährliche Weg durch den global heraufziehenden Nihilismus hindurch wenigstens halbwegs gesichert.

---

[52] Picht: Widerbewaffnung, S. 122.

Literatur

Agamben, Giorgio: Mittel ohne Zweck. Noten zur Politik, a. d. Italienischen v. Sabine Schulz, Zürich/Berlin ²2006.

BMVg (Hrsg.): Vom künftigen deutschen Soldaten. Gedanken und Planungen der Dienststelle Blank, Bonn 1955.

Bohn, Jochen: Pflichterfüllung nach dem Ende der Ideen, in: Bohn, Jochen/Bohrmann, Thomas/Küenzlen, Gottfried (Hrsg.): Die Bundeswehr heute. Berufsethische Perspektiven für eine Armee im Einsatz (= Beiträge zur Friedensethik, Bd. 44), Stuttgart 2011, S. 43–58.

Bohn, Jochen: Kernbestand unveränderbar? Die Ewigkeitsklausel der Inneren Führung im Spiegel der jüngeren politischen Philosophie, in: Hartmann, Uwe/Rosen, Claus v./Walther, Christian (Hrsg.): Jahrbuch Innere Führung 2012: Der Soldatenberuf im Spagat zwischen gesellschaftlicher Integration und sui generis-Ansprüchen, Berlin 2012, S. 222–238.

Bohn, Jochen: Soldatentum im Rechtsstaat. Eine weltanschauliche Lagefeststellung in politischer Absicht, in: Böcker, Martin/Kempf, Larsen/Springer, Felix (Hrsg.): Soldatentum. Auf der Suche nach Identität und Berufung der Bundeswehr heute, München 2013, S. 13–26.

Bohn, Jochen: Staatsdiener in Uniform. „Wir. Dienen. Deutschland.": Abgesang auf den Bürgersoldaten, in: zur sache bw Nr. 24 (2013) S. 25–27.

Bonhoeffer, Dietrich: Widerstand und Ergebung. Briefe und Aufzeichnungen aus der Haft (= Dietrich Bonhoeffer Werke, Bd. 8), hrsg. v. Christian Gremmels u. a., Gütersloh 1998.

Bonin, Bogislaw v.: Wiedervereinigung und Wiederbewaffnung – kein Gegensatz, in: Der Spiegel 14/1955, 30. März 1955, S. 8/9.

Geertz, Clifford: Welt in Stücken. Kultur und Politik am Ende des 20. Jahrhunderts (= IWM-Vorlesungen zur modernen Philosophie, Bd. 1995), a. d. Englischen v. Herwig Engelmann, hrsg. v. Peter Engelmann, 2. überarb. Aufl., Wien 2007.

Heßler, Klaus: Militär – Gehorsam – Meinung. Dokumente zur Diskussion in der Bundeswehr (= Aktuelle Dokumente), Berlin u.a. 1971.

Hildebrand, Erich: Wandelbare und unwandelbare Werte in der Welt des Soldaten, in: Wehrwissenschaftliche Rundschau 2 (1952) 7, S. 305–327.

Karst, Heinz: Das Bild des Soldaten. Versuch eines Umrisses, Boppard a.Rh. ³1969.

Kutz, Martin: Deutsche Soldaten. Eine Kultur- und Mentalitätsgeschichte, Darmstadt 2006.

N.N.: Bürger in Uniform, in: Der Spiegel 51/1954, 15. Dezember 1954, S. 7–10.

Picht, Werner: Vom Wesen des Krieges und vom Kriegswesen der Deutschen, Stuttgart 1952.

Picht, Werner: Wiederbewaffnung, Pfullingen 1954.

Pöschl, Franz: Das Rätsel der Standhaftigkeit, in: Evangelisches Kirchenamt für die Bundeswehr (Hrsg.): Von der Verantwortung des Offiziers (= Beiträge aus der evangelischen Militärseelsorge, H. 30), Bonn 1979, S. 33–47.

Schneider, Wolf: Der Soldat – Ein Nachruf. Eine Weltgeschichte von Helden, Opfern und Bestien, Hamburg 2014.

Sodenstern, Georg v.: Bürgersoldaten?, in: Wehrwissenschaftliche Rundschau 2 (1952) 6, S. 241–254.

Weber, Max: Wissenschaft als Beruf, in: Weber, Max: Gesammelte Aufsätze zur Wissenschaftslehre (= UTB für Wissenschaft. Uni-Taschenbücher, Nr. 1492), hrsg. v. Johannes Winckelmann, Tübingen ⁷1988, S. 582–613.

Weber, Max: Politik als Beruf, in: Weber Max: Gesammelte politische Schriften (= UTB für Wissenschaft. Uni-Taschenbücher, Nr. 1491), hrsg. v. Johannes Winckelmann, Tübingen ⁵1988, S. 505–560.

Weinstein, Adelbert: Armee ohne Pathos. Die deutsche Wiederbewaffnung im Urteil ehemaliger Soldaten, Bonn 1951.

Wiesendahl, Elmar: Zurück zum Krieger? Soldatische Berufsleitbilder der Bundeswehr zwischen Athen und Sparta, in: Bayer, Stefan/Gillner, Matthias (Hrsg.): Soldaten im Einsatz. Sozialwissenschaftliche und ethische Reflexionen (= Sozialwissenschaftliche Schriften, Bd. 49), Berlin 2011, S. 237–256.

Effective Team Leadership: A Competitive Advantage

Stephen J. Gerras and Murf Clark

Leading and team leadership are related, but distinct. In today's environment, senior leaders must master both competencies. In what follows, we argue Army leaders need to develop—in more rigorous and deliberate ways—team leadership skills that go beyond the basic leadership competencies. Leaders of highly successful teams embody the leadership traits already familiar to us, but in even greater measures and at more sophisticated levels. Given the need for 21st-century Army leaders versed in full-spectrum operations, we assert that specific team leadership skills can provide competitive advantage for senior field-grade officers. The team leadership model we offer addresses some concepts not currently discussed in professional military education.

A team consists of two or more people who interrelate within defined roles to accomplish a common goal. While writing for military professionals, we intentionally limit discussion to hierarchical teams with an appointed leader. We distinguish a team from a work group, whose members often use additive processes to achieve their goals. In a battalion personnel section, for example, soldiers accomplish their duties (e.g., awards, personnel management, finance), independently. In contrast, a team nearly always uses integrative and interactive processes. A joint and combined strategic planning section in Afghanistan, where everyone's work depends on the other members of the cell, better exemplifies a team.

Why focus on team leadership? Because change and unpredictability color history, and because leadership models developed during the industrial era may not sufficiently address 21st-century needs. A long list chronicles "what's different"--from the challenges of full spectrum operations to advances in technology, from the impact of mass media and communications to less hierarchical organizational protocols. We argue that analytical thinking and decision-making requirements in the future will outpace and overwhelm the capabilities of an individual leader unless he or she knows how to leverage the power and synergy of the collective intellect of a team. In the coming decades, senior field grade officers and their teams will face greater uncertainty and be forced to apply hedging strategies to account for inevitable errors of foresight. Together, they will need to apply a broad range of skills through dialogue and productive debate in order to synthesize ideas and develop creative plans.

Unlike their civilian counterparts, military leaders will not often pick their own team members. Team members will usually be assigned to their positions by a highly bureaucratic personnel-management system—the pale cousin of "talent management." This places an additional burden on the military team leader and therefore implies a greater need for team leadership skills.

Today's leaders must cultivate skills that differ in some ways from those of their predecessors. These differences answer the needs of flatter organizations and less submissive team members. 21st-century team leaders must display self-awareness, humility, and selflessness. Selflessness here means more than "not selfish" or altruistic, but also having the ability to see, understand, and accept the opinions of others—to the point of letting them overrule your ideas even when you prefer your own. Team leaders must let their subordinates lead and may need to allow mistakes, even at some personal cost. They must develop communication skills that go beyond clear and directive to rhetorically savvy. They must give reasons, not just orders. Because their teams will include other highly critical thinkers, leaders must consider other perceptions and perspectives, and formulate convincing arguments. The team leader must focus on developing a sense of trust among all members to enable constructive candor, honest feedback, and team resiliency. They must "lead from within" by collaborating as a peer while maintaining some autonomous leader authority.

The above description of team leadership differs significantly from the current norm, but we believe the Army will lose competitive advantage if it does not begin now to adopt a new model. High motivation, a "can-do" culture, strong discipline, and incredibly advanced technologies will only take the Army so far in the coming century. Clearly, many Army leaders already understand the importance of team leadership and practice it on a daily basis. This examination targets leaders who seek a basic foundation in these concepts, and offers enough new information to warrant the attention of experienced team leaders. If you belong in either of those categories, you may find the following model for team leadership helpful.

Team Leadership Model

Organizational theorists offer various models for team leadership; many reflect the underlying notion that teams are complex, dynamic systems that exist in larger systemic contexts of people, cultures, technologies, and structures.[1]

Figure 1. Team Leadership Model

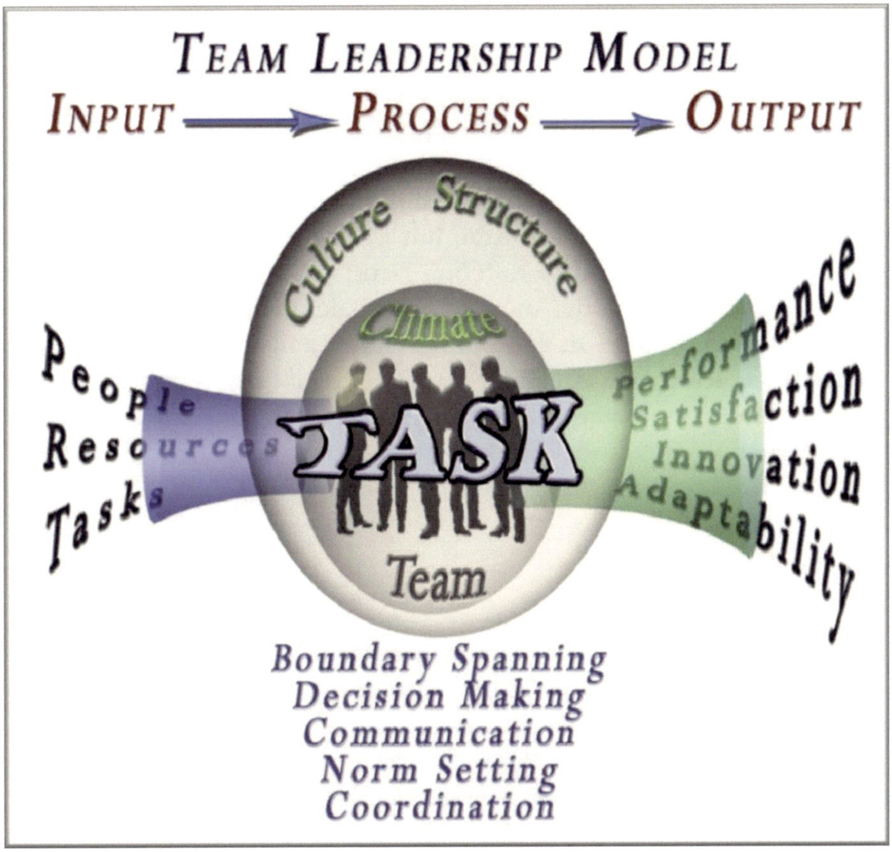

---

[1]Daniel R. Ilgen, John R. Hollenbeck, Michael Johnson, and Dustin Jundt, "Teams in Organizations: From Input-Process-Output Models to IMOI Models," *Annual Review of Psychology* 56 (2005):519.

Most models invoke the input-processes-output (IPO) model. Figure 1 portrays a model of team leadership we think applies well to military teams.

Though we emphasize the need for leaders to cultivate collaboration and create synergy, our depiction focuses attention on "the task" as a driving force that carries through the model. The task aligns activities in a hierarchical organization such as the Army, whose main competitive advantage is consistent high performance/mission accomplishment. It grounds the model to a practical activity more likely to satisfy a "task-oriented" and mission-focused culture. The model captures this by portraying the task flowing from inputs, through processes, and to outputs. It posits five important inputs that influence team leadership. In addition to the three factors entering from the left as inputs—people (team composition), resources, and task—culture and structure, which circumscribe the team, are also inputs. In the process area, the actions of the leader remain central, but additional whole-team factors have a significant impact on process outcomes and team success. They include the level of boundary spanning, the decision-making style of the team, the level and type of communication and coordination, and the team's norms. Finally, in addition to team performance, team member satisfaction and the level of innovation and adaptability of the team are also important and relevant outcomes. To apply the model, leaders must gain a more detailed understanding of each of the factors in this IPO team leadership model.

INPUTS

People—Team Composition

Readers may question why a team leadership article for military professionals would bother to address team composition; most may assume the assignment process provides little leeway for leaders to select their team members. Two factors undermine this assumption. First, as leaders move up the organizational hierarchy and the team structure and purpose require and allow more flexibility, leaders have more authority to determine and control team membership. A division commander, for example, may leverage greater authority to choose and "hire" team members than a battalion commander. As well, the higher up in the organizational hierarchy a leader serves, the more opportunities he or she may have to create ad hoc teams such as limited-duration task forces or councils of colonels to address pressing short- or long-term issues. Second, by understanding the considerations of team composition, leaders can influence whom they bring onto their team and whom they may attempt to remove. This becomes even more important with ad hoc teams. As leaders think about the composition of their teams they should explicitly address three concerns.

First: team size. In contrast to a prevalent Army cultural assumption that big teams get easier "buy-in" and produce a better product, most researchers argue teams be as small as possible. Leaders need to determine what skills are required and then limit the size of the team to those who have the requisite talents to meet the requirement, regardless of their organizational position.[2] For example, a brigade commander may assign an *assistant* S-3 to a high visibility, commander-led project, and not the brigade S-3. Typically, Army leaders assume if you assign talented people three levels down, you must also include the intermediate members one and two levels down. This practice, though culturally logical, creates inefficiency. Although violating existing protocols, research shows that small, talent-based teams perform better and have a greater chance of producing a first-class product.[3]

Second: diversity matters. In complex environments, teams with more diversity tend to perform better and produce more innovation.[4] Several caveats inform this assertion. First, although most organizations focus on demographic diversity (e.g., race, gender, and nationality) the real focus should be on psychological or cognitive diversity. A team of four white males—if one is conservative, one is liberal, one is linear-thinking, and one is more intuitive— may be more diverse than a racially or otherwise demographically varied team. When considering team membership, leaders should strive for psychological diversity, but also understand that this typically presents additional leadership challenges. A multicultural team in a Joint, Interagency, Intergovernmental, and Multinational (JIIM) environment, while probably providing more innovation and less groupthink, may also encounter more coordination and communication difficulties in an already complex environment.[5] Team leaders must anticipate and compensate for these foreseeable challenges.

---

[2] Paul S. Goodman and Associates, *Designing Effective Work Groups* (San Francisco: Jossey-Bass, 1986), 83.

[3] Ibid, 83.

[4] Ibid, 15.

[5] Eduardo Salas, Gerald F. Goodwin, and C. Shawn Burke, *Team Effectiveness in Complex Organizations* (New York: Psychology Press, 2009), 233.

Third: other team-member characteristics. Team leaders ignore the research in this area at their own peril. Especially at the strategic level, team leaders must seek members who are strong conceptual thinkers, have empathy for others' perspectives, think at the enterprise level (i.e., they are able to see across stovepipes in the organization), and act with integrity.[6] At any level, the research generally reveals that teams composed of members higher in cognitive ability, conscientiousness, agreeableness, extraversion, and emotional stability perform better.[7] Finally, to whatever extent possible, team leaders must identify and eliminate derailers. Derailers, by deficiency of personality, mood, and influence, disproportionately weaken the emotional disposition of the team.[8] If leaders must choose between a derailer with overwhelming talent, and a more agreeable person with sufficient talent, they should choose the latter.

Resources

Not surprisingly, even the most motivated soldiers, on the best teams, with the clearest tasks, will still struggle if they have no money, facilities, or time. A philosophy of "doing more with less" quickly leads to a logical limit. Team leaders need to advocate for resources. As expected, research shows teams able to acquire organizational resources perform better than those in resource-poor environments.[9] Additionally, if organizations ask teams to tackle difficult assignments, only commensurate rewards may ensure team motivation on future projects. Organizations should reward teams as a whole with recognition, future resources, money, or opportunities for other desirable work.

Tasks

The task is the foundation for all team activities. The specified task dictates the suitability of all inputs; it acts as the central driver of the process, and defines key effectiveness criteria of the outputs. Teams may receive tasks or gen-

---

[6] Ruth Wageman, Debra A. Nunes, James A. Burruss, and J. Richard Hackman, *Senior Leadership Teams* (Boston: Harvard Business School Press, 2008), 84.

[7] Murray R. Barrick, Greg L. Stewart, Mitchell J. Neubert, and Michael K. Mount, "Relating Member Ability and Personality to Work-Team Processes and Team Effectiveness," *Journal of Applied Psychology* 83 (1998):377.

[8] Stephen J. Zaccaro, Andrea L. Rittman, and Michelle A. Marks, "Team Leadership," *The Leadership Quarterly* 12 (2001): 473

[9] Goodman, 54.

erate their own. Proactive team leaders scan the environment for relevant tasks their organization might overlook. They must also understand their obligation as gatekeeper for the team's tasks. This role takes on special importance in an Army whose culture encourages the acceptance of almost any mission with a "can-do" attitude. Finally, leaders must prioritize tasks and allocate resources in a deliberate manner. Anyone who has performed a "high priority" task without "high-priority" resources knows the negative effect of such misalignment.

Culture

The organization's culture circumscribes all the team's processes and, most importantly, its underlying decision-making logic. One prominent theorist defines "culture" as the shared pattern of underlying assumptions that drives how organization members think, feel, and act.[10] Team leaders should carefully assess the culture and weigh any proposed initiatives or decisions against the likely cultural response. Power distance and performance orientation most likely top the list of factors that drive Army culture.[11] The concept of power distance helps explain the hierarchical expectations in the Army. Unlike Google, for example, it would be countercultural and risky for a team leader to show up on his first day and say, "Okay, I know I'm a colonel, but I want everyone to call me Harry." Although we argue successful team leaders need to empower their subordinates, they cannot disregard cultural norms. Performance orientation closely relates to the Army's "can-do" attitude. Again, we believe team leaders need to collate all the knowledge within the team to inform decision making. However, leaders should also balance the cultural expectation for rapid decision making (i.e., performance orientation expectations) against the time it may take to gather additional information or perspectives. Finally, leaders must remember culture typically takes many years to change. Team leaders should usually adapt to existing culture, rather than try to change it.

---

[10] Edgar H. Schein, *Organizational Culture and Leadership* (San Francisco: Jossey-Bass, 2004), 17.

[11] Stephen J. Gerras, Leonard Wong, Charles D. Allen, "Organizational Culture: Applying a Hybrid Model to the U.S. Army," *USAWC Strategic Leadership Selected Readings* (2009), 226.

Structure

Like culture, the structure of the organization and the team constitutes both an input and a permanent factor that influences team processes. While leaders must accept responsibility for understanding how the organization's larger structure influences group processes, they must simultaneously bear the responsibility to ensure their team's structure enables success. Most leaders lack the authority to reorganize the broader organization. Unfortunately, this fact often encourages a social construction of reality (as opposed to an objective assessment of reality) whereby team leaders incorrectly assume they also may not change their smaller team's structure. Organizational constructs, such as Officer Efficiency Report (OER) relationships and hierarchical office-space arrangements may reinforce this misconception. Adaptable team leaders in the 21st-century will not hesitate to change both the lines of authority in their teams' structures and the strength of these reporting relationships. In the Information Age, logic demands a reconsideration of team structures designed to address Industrial-Age problems. Virtual and ad hoc teams further amplify this new reality. Ultimately, the team leader should foster productive team interaction leading to task completion. Quickly reorganizing team structures to fit specific tasks requires imaginative leaders and flexible team members. The most successful leaders will develop the ability to envision alternative structures and mold the right members into a cohesive team.

PROCESSES

A National Football League (NFL) team recently fired its head coach ten games into the season and replaced him with their top-ranking assistant coach. The team, which had lost most of its games to that point, turned its season around and won many of the remaining six games. What explains the improvement? The players remained the same. The rules of the game did not change. The owners did not build a new stadium or pay the players more money. The team ran basically the same offensive and same defensive schemes. Most would agree that new leadership drove the improvement. In terms of our team leadership framework, the new leader shaped the predetermined inputs by creating and implementing processes that led to the desired outputs. This anecdote isolates a single variable to reveal team leadership as the most crucial component of success.

How do leaders do this? Credible research supports the conclusion that effective leaders excel at both task-focused behaviors and people-focused behaviors.[12] In addition to mastering these behaviors, leaders and their team members scan outside team and organizational boundaries for signs of change that may influence the team. They understand the importance of their decision-making style on team outcomes and ensure the coordination efforts and communication patterns of the team align with the task requirements. Further, effective team leaders and team members understand the importance of team norms and know how to influence them. They maintain self-awareness and remain cognizant of the harmful effects of toxic behaviors. Finally, successful team leaders in the 21ˢᵗ century acquire a comprehensive understanding of power and appreciate how the exercise of power and influence affects many internal team dynamics.

Students of team leadership should keep in mind that the relationship between any group process and team effectiveness may vary with the nature of the task.[13] For example, we might associate a flexible team communication pattern with high-performing teams, but only when the task is uncertain. In terms of team processes, the literature clearly concurs on several points. First, leaders need to intentionally socialize new members into the team with deliberate on-boarding rituals. All members need to inculcate team norms, communication modes, and coordination expectations. Second, though not specifically listed as a variable in the framework, team cohesion is a desired team characteristic. Research shows that highly cohesive teams will persist on difficult tasks long after less cohesive teams relent.[14]

A Discussion of Power

For our purposes, "power" simply means the ability to influence others. As mentioned in the discussion of culture, the Army has a high power-distance culture. Additionally, in the Army, team members know almost immediately who wields the most formal power; visible rank and organizational hierarchies leave little doubt in anyone's mind. Organizational theory considers two broad categories of power: position power and personal power. Position power may derive from one or more of three bases: rewards, coercion, and legitimacy.

---

[12] C. Shawn Burke et al., "What type of leadership behaviors are functional in teams? A meta-analysis," *The Leadership Quarterly* 17 (2006): 291.

[13] Deborah L. Gladstein, "Groups in Context: A Model of Task Group Effectiveness," *Administrative Science Quarterly* 29 (1984): 501.

[14] Zaccaro, 466.

Personal power has two bases: expert and referent power.[15] Reward power is the power accrued because of the ability to influence someone by providing things he or she desires, such as a glowing efficiency report or a preferred assignment. Coercive power usually involves negative reinforcement whereby the leader compels action or compliance by threatening an undesirable outcome for the subordinate. A subordinate altering behavior to prevent a poor efficiency report, adverse judicial action, or even a simple butt-chewing exemplifies the result of coercive power. Legitimate power springs from one's role or position. Often, subordinates will follow a team leader simply because the formal structure of the organization has placed them in that relationship. In most organizations, especially in the military, members default to this norm. People respond to expert power, which clearly relates to task competence, because they trust experts to do and say the right things. Referent power accrues to some people because others admire them, identify with them, or even see them as role models.

Senior-level team leaders should understand the bases of power they can effectively use, and more importantly, understand the likely outcomes. Team members usually acquiesce to a leader's use of position power. Though acquiescence may appear identical to willing compliance, the overuse of position power on a near-peer team may occasionally lead to resistance. Regardless the outcome, the continued reliance on position power will not likely produce sustained high performance levels. Unlike position power, the use of personal power often results in identification or internalization—the arguably more desired outcome. For instance, a brigade commander, by virtue of his position, clearly has legitimate, reward, and coercive power over a battalion commander; hopefully, he also has expert and referent power.

In contrast, an American colonel leading a NATO team will have much less position power and must rely on expert and referent power to effectively influence a team of foreign near-peers. An Army colonel serving on the Joint Staff at the Pentagon, for instance, will have a power base much more akin to the NATO colonel than the brigade commander, especially with civilian GS-15-level subordinates. In essence, senior field grade team leaders are much more likely to find themselves leading teams in which personal power is more

---

[15] John R.P. French and Bertram Raven, "The Bases of Social Power," in Group Dynamics: Research and Theory, ed. Dorwin Cartwright and Alvin Zander, 3rd Edition (New York: Harper & Row, 1968), 259-269.

effective than position power. This assertion implies that team leaders need verifiable expertise and credibility. Even more importantly, they must cultivate genuine relationships that engender empathy in team members. Leaders who effectively build productive relationships can address any problem. Leaders who fail to build relationships should expect all tasks to be more difficult, if not impossible. A poor understanding and application of power at this level will likely lead to undesirable outcomes.

Task-Focused Behaviors

As mentioned earlier, research on teams reveals that successful team leaders typically focus on two types of behavior: task-focused and people-focused. Task-focused behaviors include goal setting, work apportionment, process structuring, adapting to changes, standard setting, information seeking, and feedback. Empirical studies routinely demonstrate that task-focused behaviors directly relate to team effectiveness.[16] Of all task-focused leader behaviors, goal setting is arguably the most important and most effective. Specific and ambitious goals lead to higher performance than goals that implore people simply to do their best.[17] Team leaders at the senior level must articulate goals that are consequential, challenging, and clear.[18] Teams that routinely achieve excellence begin with clear objectives and expectations, receive timely and candid feedback, and garner recognition for goal accomplishment. The "can-do" American Army considers task accomplishment a sine qua non for effective team leadership. Additionally, to be most effective in complex environments, senior field grade officers must exercise task-focused behavior with an emphasis on personal power as opposed to position power.

Task-focused leader behavior requires a concomitant ability to know when to monitor a situation and when to take action. History offers countless examples of generals and CEOs who waited too long to remove someone for poor performance, thus failing to prevent negative long-term and/or unintended consequences for their organizations. Usually, high-performing teams have high-performing individual members, and most teams cannot continue to perform at high levels when one or more members fail to match the high indi-

---

[16] Burke, 297.

[17] See Edwin A. Locke and Gary P. Latham, *A Theory of Goal Setting and Task Performance* (Englewood Cliffs, NJ: Prentice-Hall, 1990).

[18] Wageman 59.

vidual performance of the rest. Leaders should work hard to overcome the common tendency to carry poor performers as this almost always erodes the performance of the team.

People-Focused Behaviors

In addition to sorting through how best to accomplish tasks, effective team leaders exercise people-focused behaviors. These include developing a positive climate, facilitating team member participation in the group, harmonizing interpersonal problems, setting standards of behavior, and being friendly and supportive. Military readers may be surprised to learn that some studies show people-focused behaviors have twice the effect on team performance as task-focused behaviors.[19] This does not mean that team leaders should focus all their energy on climate and cohesion at the expense of task-focused behaviors, but it probably implies that a task-oriented team will be more productive if the leader properly manages climate[20] concerns and sets conditions that enable healthy relationships among team members. Additionally, teams with leaders who participate in the group generate more problem solutions than directive leaders who remain aloof.[21]

Leadership studies rarely discuss the management of egos, though this skill often becomes important to team leadership at higher levels. Ironically, ego itself may lead to denial that such a skill would be necessary; their egos may not allow leaders to admit that egos get in the way of team performance. Consider this example. Unlike the battalion commander who leads company commanders ten years junior in age and rank, senior team leaders typically lead near peers who already have highly successful careers. They may even achieve leadership positions that place them in charge of team members older than them or who are more accomplished or more experienced in some areas. Almost inevitably, senior military officers find themselves leading experts in the diverse concerns of national security. Even for a brigade commander, team leadership involves a great deal of ego management. The effects increase at each higher level. Much like Eisenhower when leading Patton, Bradley, and Clark—not to mention Montgomery and other British officers—senior leaders

---

[19] Burke, 299.

[20] The importance of climate to team leadership drove our decision to include it in the depiction of the model, but a thorough discussion is beyond the scope of this paper.

[21] Zaccaro, 464.

need to remain constantly cognizant of the bases of power they choose to use. In each instance, with each talented subordinate, leaders must consider perceptions of equity that may arise from their decisions. As leaders progress to higher levels, people-focused behaviors become much more complex than simply saying "good morning" and "thank you." They involve a complex skill set requiring high emotional and social intelligence along with a high degree of humility. The ability to balance the opposing traits of humility and self-confidence—though possibly the most difficult skill required of senior leaders—may determine success or failure.[22]

In addition to managing egos, team leaders must manage the composition of in-groups. Like all human beings, leaders naturally prefer to work with a specific subset of their subordinates while tending to avoid others. If indulged in even the least visible way, this inclination leads to a perception of "in-groups" and "out-groups." The large body of literature addressing this topic exceeds the scope of this paper,[23] but we may summarize: effective leaders should work hard to bring as many subordinates as possible into their in-group.

At the negative extreme of people-focused behaviors we find toxic leadership. Toxic leaders typically display abusive, authoritarian, narcissistic, and self-promoting behaviors. In a Center for Army Leadership Annual Survey, 84% of Army leaders reported having worked for a toxic leader at some point in their careers.[24] Interestingly, in a study of toxic leaders in the military, researchers found that the leader quality most closely associated with poor team outcomes was unpredictability.[25] Apparently, military subordinates will tolerate a self-promoting jerk as long as they can rely on consistent behavior.[26]

---

[22] Ulmer, W.F., et al., *Leadership Lessons at Division Command Level—2004* (Carlisle Barracks: U.S. Army War College, 2004).

[23] See Peter G. Northouse, "Leader-Member Exchange Theory," in *Leadership: Theory and Practice* (Thousand Oaks: Sage, 2004), 147-167.

[24] Center for Army Leadership, Special Report 2010-1, CAL Annual Survey of Army Leadership: Army Leaders' Perceptions of Army Leaders and Army Leadership Practices (Fort Leavenworth, KS: Center for Army Leadership, August 2010).

[25] Andrew A.Schmidt, "Development and Validation of the Toxic Leadership Scale" (Master's Thesis, University of Maryland, 2008).

[26] Readers may question the use of the term "jerk" in an academic article. Consider the appropriateness of one of its definitions: "an unlikable person; *especially* one who is cruel, rude, or small-minded." Few terms more accurately describe a toxic leader.

However, when the leader is a jerk on Monday and supportive on Tuesday, subordinates become dissatisfied and eventually desire to leave the unit and military.

In summary, successful team leaders expertly perform both task- and people-focused behaviors. Empirical studies have shown that goal-oriented teams, with high standards of excellence and leaders who also attend to the climate and interpersonal needs of team members, perform at higher levels. As our team leadership model portrays, however, there are other components and considerations in the Process portion of the model. Although some of these considerations clearly overlap with task- and people-focused behaviors, we feel they are important enough in terms of predicting the performance of teams to warrant separate discussion. Also, unlike task- and people-focused behaviors, which are leader-centric, these are strongly dependent on subordinate involvement and interaction.

Boundary Spanning

Many team leaders serve in other roles as members of teams at the next higher echelon. Most prefer to spend their time with "their team," but at the levels where most senior field grade officers serve, they should dedicate more time to boundary spanning. Boundary spanning involves collaborating with others outside the team, scanning the environment, and negotiating resources for the team.[27] These activities often define the difference between the lower field grade ranks and senior leadership—literally between being a major and being a colonel. Senior team leaders are the nexus between the demands of the external environment and the internal workings of the team. Senior team leadership emphasizes linking teams across boundaries to their broader environment. Thus, leaders not only manage the vast quantity of outside information relevant to the team, they also interpret and define this outside environment for team members. Studies have found boundary spanning behaviors explain large amounts of variance in perceived team effectiveness—explaining 24% of the respective variance.[28] Beyond acting as boundary spanners, leaders need to create a team climate that encourages all team members to interact appropriately with the outside environment.

---

[27] Burke, 292.

[28] Ibid, 300.

Regardless of their natural inclinations, senior leaders must accept the need to network. Though we often assume leadership—not to mention networking—requires an extroverted personality, many successful military leaders are introverts. The boundary spanning requirement for senior leader teams dictates that introverted military leaders stretch their personal limits to develop a wide-range of relationships with potential stakeholders for the team and the organization. By doing so, these leaders will increase their access to information, gather valuable resources, and better insulate the team from undesired demands. These outside interactions highlight the importance of mastering personal power-related competencies. Networking rarely requires exercising legitimate, reward, or coercive power. It hinges on the leader's credibility as an expert in the team's core competency and his or her ability to develop constructive relationships beyond the boundary of the team (i.e., referent power). The effective team leader understands that the personal relationships he or she builds today often become a key resource for problem solving tomorrow.

Decision Making

Senior team leaders must involve their subordinates in the decision-making process as much as possible. Additionally, they need to empower those beneath them to make decisions their expertise and organizational authority allow. Leaders must also balance the benefits of developing subordinate "buy-in" and access to more information against time available. In the Information Age in which "analysis paralysis" occasionally grips all of us, timely decision making demands that leaders decide when to *quit* gathering and analyzing data and when to *stop* taking inputs from the team. This function requires more art than science. At a minimum, senior team leaders need to recognize that decision making at the strategic level differs from the tactical level. Decision quality also suffers when a leader defaults to position power. Though position power usually evokes compliance from subordinates, it may also stifle their willingness to offer candid opinions during the decision-making process. Leaders should establish a team climate that encourages maximum candor, regardless of the potential for disagreement.

This potential for disagreement—or even conflict—deserves further comment. Often senior leaders prefer harmony to the conflict that may result from in-depth discussion that considers a broad range of options. With large egos and big rice bowls at stake, leaders too often make decisions that least threaten egos or allocated resources. Actually, team leaders need to foster a climate in which members openly acknowledge and discuss their disagreements about team strategies and goals. Cognitive conflict results from judgmental differences about how best to achieve common objectives; it places ideas—but not people—in opposition. This type of conflict improves team decision quality because it allows multiple perspectives while not degrading team processes. In contrast, affective conflict tends to illicit emotional responses and may highlight personal incompatibilities or disputes. It therefore inhibits decision consensus, reduces decision quality, and makes the team less effective. Thus, for leaders to improve the effectiveness of their teams, they need to optimize the climate to encourage cognitive conflict while precluding affective conflict.[29]

Communication

Not surprisingly, high-performing teams communicate effectively. Their exchanges—both written and spoken—are concise and clear. Team leaders must go beyond their Leader Books (notebooks containing items for meetings) to communicate effectively about complex topics. Inspiring and motivating high-level teams demand sophisticated and compelling communication. Unlike work groups that depend less on intra-team communication, teams depend on clear and complete information, accurately described surface observations about the external environment, and a common understanding of goals, processes, and norms. Team leaders must create a climate of psychological safety for all team members. Psychological safety exists when all team members believe interpersonal risk taking has low stakes.[30] Psychological safety is a prerequisite of trust, a critical component for a high performing team in a complex environment. Team members who trust each other assume only good intentions on the part of their peers, thus allowing all to let down their guards and open up. This openness eventually reveals multiple, and sometimes controversial, proposed solutions to the teams' difficult challenges. Members on teams without trust sometimes hold or hide information that would benefit the team, even when withholding the information might cost them something. Without trust, healthy risk taking becomes much less likely.

Team leaders must closely monitor the extent of information sharing among team members and also explicitly gauge how well team members un-

---

[29] Zaccaro, 472.

[30] Amy C. Edmondson, "Psychological Safety and Learning Behavior in Work Teams," Administration Science Quarterly 44 (1999): 354.

derstand organizational and team objectives and strategies. Often, team leaders assume once they have communicated the organization's and team's purposes, team members understand the underlying logic. Leaders forget their team members did not attend the meetings during which accompanying rationale came to light or became common knowledge. Therefore, leaders must also recount the dialogue and logic from which these strategies sprang. Given this additional background information, the team has a much better chance of achieving vertical and horizontal alignment with the rest of the organization.

Norm Setting

You have just received orders to lead a six-month, joint service task force in the Pentagon. "Norm setting" may be the last thing on your mind; perhaps it should be the first. More than anything else, norms influence member behaviors. Norms define appropriate and inappropriate behaviors for the team.[31] They tend to form in three ways; they are imported, evolve gradually, or are deliberately created. Effective team leaders recognize that once established, norms persist. Therefore, savvy leaders determine how to get the most productive norms accepted from the outset. Simultaneous with norm setting, leaders should deliberately enact people-focused leader behaviors to build the cohesion that serves as the principal mechanism of norm enforcement. Norms strongly influence the collective efficacy and effort level of team members. Once established, norms are enforced by the members themselves; they will confront nonconforming peers when their behavior deviates from expectations. Finally, strong norms help limit the negative effects of social loafing. "Social loafing" describes a group phenomenon in which individual effort decreases with group size. A cohesive team with strong norms deters social loafing by creating a high performance expectation from all team members.

Coordination

How well team members coordinate their activities largely determines their effectiveness.[32] Team leaders should help develop the interaction patterns among team members that will lead to success. Leaders must consciously analyze the processes team members use to acquire and exchange information, which members get specific assignments, the pace of task completion, and the

---

[31] Goodman, 195.

[32] Zaccaro, 473.

establishment and monitoring of performance standards. A key ingredient in team coordination is shared mental models. Team members consciously or unconsciously develop mental models from the beliefs, thoughts, and verbal descriptions they experience. These models then guide subsequent thoughts and actions.[33] Well-coordinated teams share mental models about team purposes, their connections to each other, roles, and behavior patterns. These team-based mental models form a fundamental requisite for effective coordination. They develop over time, but team leaders may shape certain elements—roles and interaction patterns—of such models toward more efficient team coordination.[34] Many Army officers have been part of an effective battle staff. When the staff received a tasking, each officer knew his or her role, the expected performance standards and timelines, and all coordination requirements. This type of effectiveness springs from shared mental models. They know what the boss expects and how to work together. As team composition and tasks get increasingly vague and complex, the leader must deliberately act to ensure the development of these shared mental models.

Failure to develop shared mental models can lead to uncoordinated—and thus inefficient or unproductive—efforts. Uncoordinated team members expend their energies in different directions, or fail to synchronize their work on time-critical tasks.[35] At worst, duplication of tasks or even counterproductive efforts result, and some sub-processes may go completely undone.

OUTPUTS

At the end of the day, the Army's culture evaluates performance based on the successful accomplishment of specified and implied tasks. Team leaders accept and shape the inputs to their teams, including people, resources, and culture, then enact team-leader processes to produce desired outputs. As the model portrays, these outputs include task performance, member satisfaction, innovation, and adaptability. Of these four, most would pick task performance as most important. However, failure to value member satisfaction as an important team output can lead to decreased motivation and, more importantly—as the Army experienced in the late 1990s—significant attrition of talent. Fi-

---

[33] Ibid, 459.

[34] Ibid,476.

[35] Frank J. Landy and Jeffrey M. Conte, "Teams in Organizations," in *Work in the 21st Century*, 2nd Ed. (Malden, MA: Blackwell Publishing, 2007),556.

nally, adaptability and innovation have become increasingly important outputs for the Army. The dynamic conditions of the contemporary operating environment mandate an adaptive and innovative force. Adaptability and innovation stem from selecting the right people for a team, giving them the leadership to develop norms that encourage prudent risk taking and creativity, and rewarding these specific behaviors. Innovative solutions, that embed adaptable capabilities for the changing security environment, increase competitive advantage.

Correspondingly, team leaders must develop metrics to determine how well their teams perform tasks or achieve other outputs. Typically, how quickly, efficiently, and effectively a team achieves a desired outcome indicates team performance. The challenge for team leaders in determining *what* to measure resides in meeting each of the two basic requirements for an effective metric. First, some characteristic of the relevant outcome or incremental progress toward task completion must be subject to accurate and objective measurement. Second, that chosen characteristic or increment must relate directly to successful achievement of the final outcome. Useful or meaningful metrics provide critical feedback to signal adjustments to both the inputs and processes. The leader embodies one critical link in the feedback mechanism, but the Input-Process-Output model makes clear that the leader may not or cannot control all the means to achieve desired outputs. The organization may provide weak team members, the strength of its culture might overwhelm the team leader's attempts to re-orient the team's objectives, or the entrenched norms of an established team may impede the efforts of a newly assigned leader to propel change.

CONCLUSION

This model of team inputs, processes, and outputs illustrates many important concepts and relationships senior field grade officers must understand to lead effective teams in the 21st century operating environment. These principles apply to non-virtual teams; questions remain in determining how best to adjust this model to accommodate virtual teams. For example, absent the face-to-face rituals of traditional teams, will virtual substitutes allow the same level of bonding so critical to the speed and accuracy of team interaction? The cumulative evidence to date suggests virtual teams are both slower and less accurate than successful face-to-face teams.[36] However, the latest technology, including unified-communications that combine high-definition, high-fidelity voice, video, and data in real time holds the promise that many of the same leadership principles may transfer to virtual teaming. This and similar questions beg further observation and experimentation to develop more effective virtual substitutes or to determine how virtual teams might compensate for these whatever disadvantages remain. In the meantime, we offer this incomplete prescription for leading from within to gain competitive advantage.

---

[36] See Boris B. Baltes et al., "Computer-Mediated Communication and Group Decision Making: A Meta-Analysis," *Organizational Behavior and Human Decision Processes* 87, Issue 1 (January 2002): 156-179.

Gewerkschaften und Bundeswehr

Klaus Beck und Uwe Hartmann

In Deutschland waren Militär und Gewerkschaften über weite Phasen des 19. und 20. Jahrhunderts „Gegenkulturen". Historiker sprechen sogar von einem „feindseligen Verhältnis".[1] Vor allem die militärische Seite tradierte stark ideologisierte Feindbilder über die gewerkschaftlich organisierte Arbeiterschaft. Die Ursachen für diese konfliktreiche Beziehung sind vor allem politischer und soziologischer Natur. Das Militär als dem König bzw. Kaiser verpflichtetes Instrument und wichtigste Stütze des Machtapparates sollte auch für innenpolitische Zwecke, d.h. ggf. gegen die Arbeiterschaft, eingesetzt werden; und die Offiziere stammten vorwiegend aus dem Adel, während Gewerkschaftler dem Intellektuellen- und Arbeitermilieu nahestanden[2]. Unter diesem über Jahrzehnte verfestigten konfrontativen Verhältnis litt auch die erste Demokratie auf deutschem Boden, die Weimarer Republik.[3]

Das Ende der Feindschaft in den 60er Jahren

In der jungen Bundesrepublik Deutschland behielten die Gewerkschaften ihre militärkritischen Auffassungen zunächst bei. Sie beurteilten den Aufbau neuer deutscher Streitkräfte als Gefahr für die demokratische Entwicklung sowie als Hemmschuh für die Wiedervereinigung Deutschlands. Im Jahre 1954 fasste der dritte Kongress des Deutschen Gewerkschaftsbundes (DGB) und der vierte Bundeskongress 1956 den Entschluss, die deutsche Wiederbewaffnung abzulehnen.[4] Als im April 1957 18 deutsche Atomwissenschaftler das „Göttinger Manifest" veröffentlichten, in dem sie jede Mitwirkung an der Herstellung,

---

[1] Trottenberg, Wilhelm, Bundeswehr und Gewerkschaften (1945-1966). Ende einer hundertjährigen Feindschaft, Münster 1995, S. 384.

[2] Berndt, Helmut, Gewerkschaften und Bundeswehr. In: Wehrkunde, XXIII. Jg. (1974), S. 20: „Eine Identifikation beider ist unmöglich, weil Zielsetzungen und Vorstellungswelt unterschiedlich sind und der Gewerkschaftler im allgemeinen aus einem anderen gesellschaftlichen Milieu stammt als der Berufsoffizier."

[3] Wette, Wolfram, Gewerkschaften und Bundeswehr – ein schwieriges Verhältnis. Abrufbar unter: (http://library.fes.de/gmh/main/pdf-files/gmh/2002/2002-02-a-090.pdf) (Stand: 09.09.2014).

[4] Im Einzelnen siehe Götz, Christian, Gewerkschaften und Bundeswehr. In: Gewerkschaftliche Monatshefte, 10/1965, S. 592-599.

dem Einsatz und der Erprobung von Atomwaffen verweigerten, schloss sich der DGB-Bundesvorstand dieser Initiative an. In der Kampagne „Kampf dem Atomtod" übernahmen die Gewerkschaften sogar eine tragende Rolle.[5]

In den 60er Jahren wurde das Verhältnis von Gewerkschaften und Bundeswehr auf eine neue Grundlage gestellt. In seiner Dissertation aus dem Jahre 1995 markiert Wilhelm Trottenberg das Ende des traditionell feindseligen Verhältnisses von Gewerkschaften und Militär auf das 1966[6]. Dies ist das Jahr, in dem der damalige Bundesminister der Verteidigung, Kai-Uwe von Hassel, den „Gewerkschaftserlass" unterzeichnete, der es der Gewerkschaft Öffentliche Dienste, Transport und Verkehr (ÖTV) ermöglichte, auch innerhalb von militärischen Einrichtungen tätig zu werden.[7]

Wie war dieser radikale Wandel von Konfrontation und Feindschaft zu Annäherung und Zusammenarbeit möglich? Zwei Faktoren könnten dafür ausschlaggebend gewesen sein: Trotz der Ablehnung der Wiederbewaffnung Deutschlands akzeptierten die Gewerkschaften die politische Entscheidung für den Aufbau neuer deutscher Streitkräfte. Trottenberg schreibt dazu: „Für die Gewerkschaften stand zweifelsfrei fest, dass die neuen Streitkräfte im Interesse von Staat und Gesellschaft nicht ins Abseits gedrängt werden durften."[8] Dementsprechend engagierten sich die Gewerkschaften bei der Ausgestaltung der Wehrgesetzgebung[9] sowie im 1956 gegründeten Beirat für Fragen der Inneren Führung, einem noch heute existierenden Beratungsgremium für den Bundesminister der Verteidigung.[10] Darüber hinaus forderten die vom DGB-Bundesvorstand am 15. April 1958 beschlossenen „Richtlinien betr. Bundeswehr und Mitgliedschaft in den Gewerkschaften" eine Intensivierung der Kon-

---

[5] Schulte, Dieter, Friedenspolitik aus gewerkschaftlicher Sicht. In: Wissenschaft & Frieden, 2/1995; Wette, a.a.O., S. 94.

[6] Trottenberg, a.a.O.

[7] Siehe Wette, a.a.O., S. 95. Nach einem Erlass des Bundesministers der Verteidigung vom 1.8.1966 waren aber gewerkschaftliche Veranstaltungen in militärischen Unterkünften grundsätzlich verboten.

[8] Trottenberg, a.a.O., S. 385. Siehe auch Schaaf, Peter, Demokratie, Streitkräfte, Gewerkschaften. Ein Anstoß. In: Gewerkschaftliche Monatshefte 2002, H. 2-3, S. 65.

[9] Wette, a.a.O., S. 93.

[10] Zum Beirat Innere Führung siehe Pommerin, Reiner, Bischof, Gerd Jürgen (Hrsg.), Einsatz für den Soldaten. Die Arbeit des 10. Beirats für Fragen der Inneren Führung, Baden-Baden 2003.

takte zum Verteidigungsministerium.[11] Zum zweiten diente das Reformkonzept der Inneren Führung, das den Soldaten grundsätzlich die gleichen Rechte wie jedem anderen Staatsbürger zusicherte, als Brücke zur Annäherung zwischen Streitkräften und Gewerkschaften. So ermöglichte die Innere Führung die Gründung des Deutschen Bundesverbandes (DBwV)[12], der – obwohl bewusst als Berufsverband und nicht als Gewerkschaft gegründet – den Aufbau von Kooperationsbeziehungen ermöglichte. Damit waren früh erste institutionalisierte Formen der Zusammenarbeit zwischen Bundeswehr und Gewerkschaften geschaffen. Zudem war es dem Soldaten grundsätzlich freigestellt, Mitglied in Gewerkschaften zu werden. Es dauerte allerdings noch bis 1964, dass Soldaten mit Gewerkschaftsvertretern der ÖTV die Fachgruppe Soldaten gründeten.[13] Im Erlass „Koalitionsrecht" vom 1. August 1966 wurde – trotz bundeswehrinterner Kontroversen, die zum Rücktritt von Generalen[14] führte – den Soldaten die Mitgliedschaft in Gewerkschaften ausdrücklich erlaubt. Die Weitergabe von Informationen und die Durchführung gewerkschaftlicher Versammlungen innerhalb von Kasernen wurden allerdings erst 1971 durch Entscheidung des damaligen Bundesministers der Verteidigung, Helmut Schmidt, offiziell ermöglicht.[15]

---

[11] Götz, a.a.O., S. 599. Die Richtlinien lagen bereits zur Bundesvorstandsstitzung

[12] Der DBwV wurde bereits im Jahre 1955 gegründet. Siehe dazu: Deutscher Bundeswehrverband (Hrsg.), 50 Jahre Deutscher Bundeswehrverband, Berlin 2005.

[13] Berndt, a.a.O., S. 20; siehe auch Wette, a.a.O., S. 94f. Siehe auch den Geschäftsbericht der ÖTV 1964-1967, S. 368: „Der Beirat hatte im September 1964 seinen Beschluß von 1957 aufgehoben. Das bedeutete, dass die ÖTV bei den Soldaten genauso organisatorisch tätig werden konnte, wie in den anderen Mitgliedsbereichen. Die Fachgruppe Soldaten erhielt dadurch innerhalb unserer Organisation einen entsprechenden Auftrieb." Das BMVg bestritt die Zuständigkeit der ÖTV für die gewerkschaftliche Interessenvertretung und verwies auf den deutschen Bundeswehrverband. Zudem dürften, wie es in einem Erlass im März 1965 hieß, keine Kontaktgespräche mit der ÖTV geführt werden. Nach Unterredungen zwischen Heinz Klunker und Minister von Hassel wurde der Erlass aufgehoben und durch den vom 1.8.1966 ersetzt. Im Jahr 1970 war rund jeder zweite Berufs- und Zeitsoldat Mitglied im DBwV (rund 130.000), allerdings nur 2.000 in der ÖTV.

[14] Wette, a.a.O., S. 95. Siehe auch das Rücktrittsgesuch von General Heinz Trettner vom 13.8.1966 wegen des Erlasses. Der Wortlaut seines Entlassungsschreibens ist abgedruckt in Wehrkunde 1271975, S. 641.

[15] Siehe „Zusammenarbeit der Bundeswehr mit dem Deutschen Bundeswehr-Verband und der Gewerkschaft Öffentliche Dienste, Transport und Verkehr – Abteilung Soldaten" vom 24.11.1971.

Auch das durch die Innere Führung auf eine neue Grundlage gestellte Traditionsverständnis der Bundeswehr bot sich als ein Feld für die Entwicklung gemeinsamer Zielsetzungen an. Dies kommt beispielsweise in der Rede von Waldemar Reuter, Bundesvorstandsmitglied des DGB, am 20. Juli 1965 deutlich zum Ausdruck: „Es gibt im heutigen Staat zwei potenziell gleich starke Kräfte, die Bundeswehr und die Gewerkschaftsbewegung. Sorgen wir dafür, dass sie nicht in Gegensatz zueinander gebracht werden, wie er für die Weimarer Zeit typisch war. Sorgen wir im Sinne des Vermächtnisses der Toten des 20. Juli 1944 dafür, dass Bundeswehr und Gewerkschaften im demokratischen Staat ihre gemeinsamen Aufgaben erkennen und erfüllen. Beide haben sie unsere freiheitlich-demokratische Grundordnung zu festigen und zu verteidigen, die einen nach innen, die anderen nach außen."[16]

In der Rückschau aus dem Jahre 2001 kam auch der damalige DGB-Vorsitzende Dieter Schulte zu dem Schluss: „Erst in den sechziger Jahren fanden Gewerkschaften und Bundeswehr zu wechselseitiger Akzeptanz und einem geregelten Miteinander. Der Deutsche Gewerkschaftsbund akzeptierte die Rolle der Bundeswehr in der militärischen Landesverteidigung und bezeugte den Soldaten Respekt für ihren Dienst."[17]

Dieser Pfad hin zu Annäherung, Kooperation und Anerkennung wurde unter der sozialdemokratisch-liberalen Regierung ab 1969 weiter ausgebaut. Der damalige Bundesminister der Verteidigung, Helmut Schmidt, hatte bereits früh gefordert, die Gewerkschafter sollten sich um die Soldaten kümmern, die Aufgabe der Bundeswehr als eine notwendige gesellschaftliche Funktion anerkennen und die Soldaten der Bundeswehr nicht nur theoretisch, sondern auch praktisch aufnehmen.[18] Die politische Zielsetzung, so schreibt Helmut Berndt in der Rückschau, war offensichtlich: „Der Graben zwischen Arbeiterschaft und Streitmacht, der lange Zeit in der deutschen Geschichte bestanden hatte, sollte zugeschüttet werden. Es ging um eine möglichst breite Basis der Bundeswehr, um ihre Einbettung in die Gesellschaft."[19]

---

[16] Reuter, Waldemar, Bundeswehr und Gewerkschaften – Stützen des demokratischen Staates. In: Gedenkstätte Deutscher Widerstand (http://www.20-juli-44.de/pdf/1965_reuterw.pdf.) (Stand: 09.09.2014), S. 5f.

[17] Schulte, a.a.O., S. 4.

[18] Schmidt, Helmut, Beiträge, Stuttgart 1967, S. 405-411 (gekürzt abgedruckt in Militärpolitik Dokumentation, Heft 23/24: Gewerkschaften und Bundeswehr, S. 34-36).

[19] Berndt, a.a.O., S. 22.

Die durch die Innere Führung gebildete Brücke wurde sowohl von Politik und Militär als auch von den Gewerkschaften symbolkräftig beschritten. Es war ein wichtiges politisches Signal, dass im Jahr 1972 mit Georg Leber ein langjähriger Gewerkschaftsvorsitzender[20] zu Helmut Schmidts Nachfolger als Bundesminister der Verteidigung ausgewählt wurde. Der DGB-Vorsitzende Heinz O. Vetter war schließlich der erste Gewerkschaftsführer, der einen Truppenteil der Bundeswehr besuchte. Am 30.06.1976 hielt er eine Rede an der Führungsakademie der Bundeswehr in Hamburg, in der er sagte: „Wenn hier und da noch Missverständnisse auftauchen, so beruhen sie auf mangelnder gegenseitiger Information und nicht auf prinzipieller Gegnerschaft." Er unterstrich, dass die Arbeitnehmer einen Anspruch darauf hätten zu erfahren, wie die Gewerkschaft es mit der Bundeswehr hält. Er schloss seine Rede mit den Worten: „Ich wäre froh, wenn diese Begegnungen in der Zukunft zum Normalfall und wir so miteinander sprechen würden, wie wir dies mit Parteien, Kirchen und Verbänden bereits tun."[21]

Auch aktive Generale der Bundeswehr bewegten sich auf die Gewerkschaften zu. Der Militärreformer Generalleutnant Wolf von Baudissin wurde 1967 Mitglied in der ÖTV.[22] In Anlehnung an eine Aussage, die der Gewerkschaftler Hans Böckler auf dem Gründungskongress des DGB 1949 machte („Wenn dieser Staat wieder in Gefahr kommt, werden wir für ihn auf die Barrikaden gehen"), sprach 1977 der damalige Generalinspekteur der Bundeswehr, Admiral Zimmermann, zu Eugen Loderer, dem Vorsitzenden der Industriegewerkschaft Metall: „Wenn Sie jemals auf die Barrikaden gehen müssten, dann würden Sie dort nicht alleine stehen, sondern ich würde neben Ihnen stehen".[23]

Wie sehr eine Annäherung von Gewerkschaften und Bundeswehr von der Politik gewünscht war, brachte Bundeskanzler Helmut Schmidt bei seinem Abschied von der Bundeswehr am 1. Oktober 1982 zum Ausdruck: „Ich

---

[20] Georg Leber war von 1957 bis 1966 Vorsitzender der Gewerkschaft IG Bau-Steine-Erden. Von 1972 bis 1978 war er Bundesminister der Verteidigung.

[21] „Organisierte Arbeitnehmerschaft und bewaffnete Macht." Referat des Vorsitzenden des Deutschen Gewerkschaftsbundes Heinz O. Vetter vor der Führungsakademie der Bundeswehr in Hamburg am 30.06.1976. In: Militärpolitik Dokumentation, Heft 23/24: Gewerkschaften und Bundeswehr, S. 25. Wenig später, am 23. Mai 1977, hielt Vetter eine Rede bei der Kommandeurstagung in Sindelfingen. Die Rede ist abgedruckt in Militärpolitik Dokumentation, Heft 23/24: Gewerkschaften und Bundeswehr, S. 31-33.

[22] Wette, a.a.O., S. 95.

[23] Zitiert nach Trottenberg, a.a.O.

möchte in diesem Zusammenhang meine tiefe Befriedigung darüber ausdrücken, dass Bundeswehr und Gewerkschaften Verständnis füreinander gefunden haben. (…) Zum ersten Mal seit mehr als ein hundert Jahren sind deutsche Streitkräfte völlig frei davon, ein Faktor im innenpolitischen Kräftespiel sein zu wollen. Jeder Deutsche, der geschichtlich denken kann, muss dies als einen unschätzbaren demokratischen Fortschritt bewerten."[24]

Das Verhältnis von Militär und Gewerkschaften wurde auch Gegenstand sozialwissenschaftlicher Forschung.[25] Dabei wurden die Grenzen einer tieferen Zusammenarbeit herausgearbeitet. Diese bestünden darin, dass die Gewerkschaften systembedingt Interessen der Soldaten nicht so wirksam vertreten könnten wie der Deutsche Bundeswehrverband als spezifische Berufsorganisation; dass die Gewerkschaften eine gewisse „Vorrangstellung" gegenüber den Streitkräften beanspruchten, da sie sich als Element der zivilen Kontrolle der Bundeswehr verstünden; und dass Gewerkschaften kaum Identifikationsmöglichkeiten für die Soldaten böten.[26]

Im Zuge der sicherheitspolitischen Kontroversen der 80er Jahre gerieten Bundeswehr und Gewerkschaften erneut in eine Konfrontation. Die öffentlichen Auseinandersetzungen um die atomare Nachrüstung (NATO-Doppelbeschluss) sowie die Traditionspflege der Bundeswehr führten zu deutlichen Spannungen zwischen Gewerkschaften und Soldaten. Viele Gewerkschafter ergriffen Partei für die Ziele der Friedensbewegung („Frieden schaffen ohne Waffen") und stellten erneut die fundamentalkritische Frage nach der Demokratieverträglichkeit des Militärs, die an den Grundfesten des Selbstverständnisses der Bundeswehr als Armee in der Demokratie rüttelte. Unter den Soldaten, darauf weist der Politikwissenschaftler Wilfrid von Bredow hin, machte sich damals „eine gewisse Empfindlichkeit gegenüber öffentlicher Kritik breit…".[27]

---

[24] Bulletin vom 5. Oktober 1982, Nr. 90, S. 828f.

[25] Schössler, Dietmar, Der organisierte Soldat. Berufsproblematik und Interessenartikulation des Soldaten in der entfalteten Industriegesellschaft, Bonn 1968.

[26] Schössler, a.a.O., S. 87. Siehe auch Wette, a.a.O., S. 95: Die Funktionäre des Bundeswehrverbandes verfügten über enge Verbindungen zu allen wichtigen Stellen im militärischen Apparat, fühlten sich den militärischen Interessen auf das Engste verbunden und kamen insoweit der Mentalität der Berufs- und Zeitsoldaten weit mehr entgegen als eine Gewerkschaft dies konnte und wollte."

[27] Bredow, Wilfried von, Demokratie und Streitkräfte in der Bundesrepublik Deutschland. In: Gewerkschaftliche Monatshefte 2002, H. 2-3, S. 88.

Auch innerhalb der Gewerkschaften gab es Streit über sicherheitspolitische Themen, wie Dieter Schulte am Beispiel des NATO-Doppelbeschlusses darstellte: „Wie die Gesellschaft stellte der Streit um den NATO-Doppelbeschluss auch die Gewerkschaften vor eine Zerreißprobe; an der ersten Großdemonstration der neu entstandenen Friedensbewegung am 10. Oktober 1991 im Bonner Hofgarten nahmen trotz eines gegenteiligen Votums des DGB-Vorstandes Tausende Gewerkschafter unter den Fahnen ihrer Organisation teil.“[28] Mehrfach war es dem DGB in sicherheitspolitischen Fragen nicht gelungen, einen breiten innergewerkschaftlichen Konsens zu erreichen.[29]

Vor dem Hintergrund zunehmender Spannungen unternahmen die Spitzen von Gewerkschaften und Bundeswehr 1981 erneut den Versuch, den Dialog zu fördern.[30] Dazu wurde eine „Gemeinsame Erklärung des DGB und der Bundeswehr für die künftige Zusammenarbeit" vereinbart, um „… Kontakte – soweit noch nicht geschehen – untereinander aufzunehmen, bereits bestehende zu festigen, gegenseitige Kenntnis und Achtung zu fördern und gemeinsame Interessen zu pflegen".[31] Eine fünf Jahre später durchgeführte Evaluierung der Auswirkungen dieser Initiative brachte allerdings zum Vorschein, dass der Dialog nur auf höchster Ebene geführt wurde und sich auf repräsentative Kontakte beschränkte. Besonders schwach ausgeprägt wären die Kontakte der DGB-Jugend mit den Streitkräften.[32] Das, was Helmut Schmidt

---

[28] Schulte, a.a.O., S. 5. Einen Hinweis auf kontroverse innergewerkschaftliche Diskussionen zum Krieg in Afghanistan im Jahre 2001 gibt Schmitthenner, Horst, Ein politischer Mehltau legt sich über das Land. In:
http://www.uni-kassel.de/fb5/frieden/themen/Gewerkschaften/stopp.html
(Stand: 09.09.2014).

[29] Siehe dazu Krasemann, Peter, Vorbemerkungen des Bearbeiters. In: Militärpolitik Dokumentation, Heft 23/24: Gewerkschaften und Bundeswehr, S. 3.

[30] Siehe Information für die Truppe 5/88. Zu den Gemeinsamkeiten in der Politischen Bildung siehe Information für die Truppe, Bundeswehr, Gewerkschaften und Politische Bildung. In: IfdT 7/80, S. 75. siehe auch die gemeinsame 7-Punkte-Erklärung vom August 1981, mit der nach dem Willen der Spitzenvertreter von DGB und Bundeswehr gegenseitige Vorbehalte überwunden werden sollten.

[31] Siehe dazu den Artikel „Bundeswehr und Gewerkschaften. In: Information für die Truppe, 5/1988, S. 61ff.; siehe auch Neumann, Paul, Das Ende einer unseligen Tradition. In: Sozialdemokratischer Pressedienst, 36. Jg, Nr. 144 vom 3. August 1981, S. 4.
(http://library.fes.de/spdpd/1981/810803.pdf) (Stand: 05.09.2014).

[32] Siehe dazu den Artikel Bundeswehr und Gewerkschaften. In: Information für die Truppe, 5/1988, S. 62.

1968 als „praktische Aufnahme der Soldaten bezeichnete", war auch knapp 20 Jahre später nicht erreicht.

Neue sicherheitspolitische Fronten

Mit dem Ende des Kalten Krieges und der Beteiligung der Bundeswehr an Auslandseinsätzen sahen sich auch die Gewerkschaften aufgefordert, sicherheitspolitische Antworten auf die Herausforderungen der Zukunft zu erarbeiten. Erneut tat sich ein tiefer Graben auf zwischen den Auffassungen der Gewerkschaften und der offiziellen Sicherheitspolitik der Bundesregierung, insbesondere des Bundesministeriums der Verteidigung (BMVg). Zwar bestand noch Einigkeit über die Notwendigkeit eines „weiten Sicherheitsbegriffs", für dessen konzeptionelle Ausarbeitung die Gewerkschaften einen nicht unwichtigen Beitrag leisteten. Sie legten den Schwerpunkt dabei jedoch auf die zivile Krisenprävention und zivilgesellschaftliche Konfliktbearbeitung und -nachsorge. Vor diesem Hintergrund fallen die Stellungnahmen der Gewerkschaften zu den Einsätzen der Bundeswehr insgesamt kritisch aus.

Mit ihren Stellungnahmen zu den Kriegen und Einsätzen seit 1999 haben die Gewerkschaften die sicherheitspolitische Debatte in Deutschland belebt. In den Reden zum 1. Mai sowie zum sogenannten „Antikriegstag" am 1. September haben die Gewerkschaften klar Stellung bezogen zu den Kriegen auf dem Balkan, im Irak und in Afghanistan. Beispielsweise begann Dieter Schulte seine Rede auf der Mai-Kundgebung des DGB am 1. Mai 1999 mit einem Appell an Serbien, den Massenmord zu beenden, und an die NATO, jede Chance zu nutzen, an den Verhandlungstisch zurückzukehren.[33]

Der Kosovo-Krieg 1999 erhöhte die Teilnehmerzahl bei den traditionellen Mai-Kundgebungen und schaffte den Gewerkschaften mehr Gehör. Andererseits erwarteten die Mitglieder von ihren Gewerkschaftsführern klare Stellungnahmen, die sich bisweilen auch gegen die Politik der damaligen rotgrünen Bundesregierung richteten. So hatte das geschäftsführende Vorstandsmitglied der Industriegewerkschaft Metall, Horst Schmitthenner, den Kosovo-Krieg als „inhumane, völkerrechtswidrige und verhängnisvolle Aggression"[34]

---

[33] Schulte, Dieter, Rede auf der Mai-Kundgebung des DGB am 1. Mai 1999 in Dortmund (www.dgb.de/themen/themen a z/abisz.../mai-schulte.../view?) (Stand: 05.10.2009).

[34] Zitiert nach Frankfurter Rundschau vom 3.05.2009 „Bundesregierung soll eine Reformoffensive einleiten. Gewerkschafter kritisieren bei Maikundgebung rot-grünen Schlingerkurs / Protest gegen Kosovo-Krieg", S. 8.

bezeichnet. Besonders kritisiert wurde das Fehlen eines Mandats durch die Vereinten Nationen (VN). Öffentlich wurde der Verdacht geäußert, dass die NATO sich unter Führung der USA über die VN hinwegsetzten und unter dem Deckmantel der humanitären Intervention machtpolitische Interessen verfolgten.

Ähnlich kritisch äußerten sich die Gewerkschaften auch zum Konflikt in Afghanistan, der im September 2001 mit flächendeckenden Bombardements begann. Früh wurde eine sofortige Einstellung der Bombardierung verlangt.[35] Afghanistan war seitdem Dauerthema. Zuletzt veröffentlichte der DGB zum Antikriegstag am 1. September 2009 folgende Erklärung: „In Afghanistan herrscht Krieg. Die Bundeswehr ist immer tiefer in ihn verstrickt. Der Krieg ist mit militärischen Mitteln nicht zu gewinnen. Wir fordern, den Bundeswehreinsatz schnellstmöglich zu beenden und Afghanistan beim Aufbau einer nachhaltigen Zivilgesellschaft zu unterstützen."[36]

Besonders intensiv war das Engagement der Gewerkschaften gegen den Irakkrieg im Jahre 2003. Mahnminuten und Menschenketten setzten ein öffentliches Zeichen gegen diesen Krieg.[37] Gleichzeitig forderten Gewerkschaftsführer die Politik auf, keine logistische Hilfe zu leisten und Überflugrechte zu verweigern.[38]

Vor dem Hintergrund des sich verschärfenden Konflikts mit dem Iran fasste der DGB-Kongress im Jahre 2006 den Entschluss gegen eine militäri-

---

[35] Presseerklärung des Vorstands der IG Metall vom 31.10.2001 (http://www.uni-kassel.de/fb5/frieden/themen/Gewerkschaften/stopp.html) (Stand: 05.10.2009).

[36] „Kriege vermeiden – Krisen bekämpfen – die Weltwirtschaft neu ordnen". Erklärung des Deutschen Gewerkschaftsbundes zum Antikriegstag, 1. September 2009 in: DGB-Pressemeldung PM 139 vom 25.08.2009.

[37] Zu der 10-minütigen Aktion, die am 14. März 2003 erfolgte, siehe (http://www.einblick.dgb.de/hintergrund/2003/06/text02/.) (Stand: 06.10.2009) sowie die Presseerklärung „Arbeitsunterbrechungen gegen den Krieg" (http://www.uni-kassel.de/fb5/frieden/themen/Gewerkschaften/egb-baf.html) (Stand: 05.10.2009). Weitere Details gibt auch der DGB, "Gegen den Irak-Krieg: Proteste der Gewerkschaften in Europa", (http://www.einblick.dgb.de/hintergrund/2003/06/text02/) (Stand: 07.10.2009).

[38] Zu der von Deutschland geleisteten logistischen Hilfe siehe Dieterich, Sandra, Hummel, Hartwig, Marshall, Stefan, Zusammenhänge zwischen parlamentarischer Macht in der militärischen Sicherheitspolitik und der Beteiligung am Irakkrieg 2003 in 25 europäischen Staaten, paks working paper 10, 2007.

sche Intervention im Iran.[39] Dies würde zu einer weiteren Eskalation der sicherheitspolitischen Lage in der Golfregion führen. Erneut forderte der DGB die Bundesregierung auf, sich nicht an einer militärischen Lösung – auch nicht mit logistischen Mitteln – zu beteiligen.

Seine kritische Haltung zu den USA und zur NATO könnte den DGB im Jahre 2007 veranlasst haben, „… vor allem die Europäische Union aufzufordern, ihre friedenspolitische Verantwortung wahrzunehmen und den Aufbau friedlicher, zivilgesellschaftlicher Strukturen in Konfliktgebieten – wie dem Irak, Afghanistan, Palästina oder dem Sudan – verstärkt zu unterstützen. Die Entsendung zusätzlicher Truppen in diese Krisenregionen ist nicht zukunftsweisend und hilft nicht weiter. Die Erfahrung zeigt: Weder in Afghanistan noch im Nahen Osten kann Frieden mit Soldaten erzwungen werden."[40]

Stellung bezogen haben die Gewerkschaften auch zum Einsatz der Bundeswehr im Innern sowie zu einzelnen Aspekten der Transformation der Bundeswehr. So äußerte sich der DGB insgesamt kritisch zum Umbau der Bundeswehr zu einer Armee im Einsatz und lehnte die Einrichtung eines Generalstabs ab.[41]

Neben den sicherheitspolitischen Verlautbarungen engagieren sich die Gewerkschaften, vor allem ver.di, für die Wahrung der Interessen ihrer Mitglieder im Zuge der Transformation der Bundeswehr, beispielsweise bei den Verhandlungen über Tarifverträge sowie in der Ausgestaltung der Kooperation mit der Wirtschaft. Daneben kam es aber immer wieder zu Verlautbarungen gegen die Bundeswehr und ihre Soldaten. So hatte z.B. ver.di zu einer Demonstration gegen ein Feierliches Gelöbnis in München 2009 aufgerufen, um gegen „Faschismus, Krieg und Militarismus" zu protestieren.[42]

---

[39] Initiativantrag des DGB-Kongresses vom 26. Mai 2006, „Die Bundesregierung wird aufgefordert, sich nicht an einer militärischen Lösung zu beteiligen." (http://www.uni-kassel.de/fb5/frieden/regionen/Iran/stimmen/dgb.html) (Stand: 05.10.2009).

[40] Siehe DGB Bundesvorstand, Bereich Gesellschaftspolitik/Grundsatzfragen (http://www.dgb.de/themen/themen_a_z/abiszdb/abisz_search?searchtype=vtext&kwd=soldaten&x=0&y=0) (Stand: 05.10.2009).

[41] Siehe dazu ÖTV-Gewerkschaftstag 2000: Den nächsten Krieg verhindern! http://www.uni-kassel.de/fb5/frieden/themen/Gewerkschaften/oetv-2000.html (Stand: 05.10.2009).

[42] Jungholt, Thorsten, „Wir müssen mit den Soldaten bangen – und uns mit ihnen freuen". Verfassungsgerichtspräsident Hans-Jürgen Papier mahnt die Deutschen, engagierter an der Seite der Bundeswehr zu stehen. In: Die Welt vom 8. August 2009, S. 2.

Ein Paradigmenwandel?

Im Jahre 2011 hielt der damalige langjährige DGB-Vorsitzende Michael Sommer eine Rede an der Helmut-Schmidt-Universität/Universität der Bundeswehr Hamburg, die auf das zurückgriff, was Helmut Schmidt vier Jahrzehnte zuvor gefordert hatte: dass die Gewerkschaften die Soldaten und Soldatinnen nicht alleine lassen dürften und ihnen auch praktisch helfen müssten. Obwohl seine Rede keine größere öffentliche Wirkung erzielte und auch die Bundeswehr das Potential des Kooperationsangebotes von Michael Sommer zunächst nicht erkannte, wies sie den Weg in die Zukunft des Verhältnisses zwischen Gewerkschaften und Bundeswehr. Das neue, gewissermaßen Revolutionäre dieser frei gehaltenen Rede von Michael Sommer sei hier in Auszügen wiedergegeben:

Zur fehlenden sicherheitspolitischen Debatte: „Ich halte es nahezu für einen Skandal, dass die Debatte über die Zukunft der Bundeswehr, der Wehrpflicht, der Sicherheitsarchitektur dieses Landes, dass unser Verständnis der Bundeswehr - als Verteidigungsstreitkräfte oder als Interventionsstreitkräfte -, dass diese Debatte faktisch nicht geführt wird in der Gesellschaft. Es wird über Afghanistan geredet, übrigens verlogen von den meisten Seiten aus. Aber über die Frage, welche Zukunft eine so wichtige Institution dieses Landes haben soll, wird im Hauruckverfahren entschieden und die Diskussion fällt aus."[43]

Zur Landesverteidigung: „Ich glaube, dass die vornehmste Aufgabe der Bundeswehr immer noch die Landesverteidigung ist. Jetzt können Sie mir natürlich entgegenhalten: 'Gegen wen sollen wir uns jetzt verteidigen?' Wir sind umgeben von Freunden, ein Angriff von außen ist derzeit faktisch ausgeschlossen. Aber wer weiß denn, wie die politische Situation in zehn bis zwanzig Jahren aussieht und ob die Sicherheitspolitik dann noch geprägt ist durch den Kampf gegen den Terrorismus? Ob wir dann nicht völlig andere Formen von politischen, gesellschaftlichen und ökonomischen Konflikten haben? Wir wissen nicht, welche Entwicklung Russland nehmen wird, ob die Pax Americana hält oder ob der Raketenabwehrschirm der Amerikaner halten wird in der 'Gründerkammer der Interventionspolitik'. Wer sagt Ihnen denn, in welcher Art und Weise wir in der Zukunft, möglicherweise multilateral, die Handelswege dieser Welt schützen müssen? Multilateral, nicht alleine!"[44]

---

[43] Beck, Klaus, Mertsching, Klaus (Hrsg.), Arbeit. Gerechtigkeit. Solidarität. Ausgewählte Reden von Michael Sommer, Friedrich-Ebert-stiftung, Bonn 2014, S. 204.
[44] Ebenda., 205.

Zum Verhältnis Gewerkschaften und Bundeswehrverband: „Wir pflegen mit dem Bundeswehrverband eine freundschaftliche Beziehung, ab und zu auch mal eine Kooperation. Es ist kein Gegeneinander, aber auch kein Miteinander, sondern, wenn man so will, ein freundliches Nebeneinander. Aber das ist meines Erachtens nicht genug."[45]

Zur Verantwortung des Parlaments: „Wir haben aus guten Gründen eine Parlamentsarmee, und ich halte das für richtig. Aber das heißt auch, dass der Bundestag mit in die Verantwortung genommen wird. Und eines geht nicht - unabhängig davon, wie ich persönlich zum Afghanistan-Einsatz stehe - wenn ein Parlament als Vertretung des deutschen Volkes Soldaten ins Ausland schickt, dann hat es gefälligst dafür zu sorgen, dass diese Soldaten anständig ausgerüstet und so gut wie möglich geschützt werden. Nicht mehr und nicht weniger."[46]

Zu den Soldaten und Soldatinnen: „Soldaten sind natürlich in irgendeiner Form 'Arbeitnehmer der besonderen Art', aber sie sind am Ende Arbeitnehmerinnen und Arbeitnehmer, die eine Familie haben, die die Vereinbarkeit von Familie und Beruf sichern wollen, die einen Anspruch auf ordentlichen Bezahlung und Aufstiegsmöglichkeiten haben. Bedenkt man die enormen physischen und seelischen Belastungen, denen gerade die Soldaten im Auslandseinsatz ausgesetzt sind, brauchen wir meines Erachtens einen intensiven Dialog der Bundeswehrführung mit den Sozialverbänden und den Sozialpartnern. Themen gibt es genug, ich nenne an dieser Stelle nur die öffentliche Gesundheitsversorgung oder die soziale Sicherung. Was ist denn mit dem Soldaten, der drei bis vier Jahre nach seinem Einsatz an posttraumatischen Belastungsstörungen erkrankt, die Bundeswehr aber längst verlassen hat. Was machen wir mit dem? Wie sorgen wir dafür, dass diejenigen, die zurückkommen, nicht im Zweifelsfall in Hartz IV landen?"[47]

Die Rede löste konstruktive Diskussionen am damaligen Veranstaltungsort in Hamburg aus. Es dauerte einige Zeit, bis erste, oftmals kritische Reaktionen vor allem im Internet auftauchten. Dabei wurden auch die tiefen Gegensätze zwischen der Führung des DGB und der Basis herausgestellt.[48]

---

[45] Ebenda., 206.

[46] Ebenda., 207.

[47] Ebenda., 207.

[48] Siehe beispielsweise GewerkschaftlerInnen und Antifas gemeinsam gegen die Bundeswehr und ihre Kumpane in den Gewerkschaften.

Rund zwei Jahre nach seiner Rede startete Michael Sommer erneut eine Initiative. Er lud den damaligen Bundesminister der Verteidigung, Thomas de Maizière, ein und kündigte mit diesem eine Vereinbarung über eine engere Zusammenarbeit zwischen Gewerkschaften und Bundeswehr an.[49] Während diese Ankündigung in der Bundeswehr kaum Resonanz auslöste, regte sich innerhalb der Gewerkschaften schnell lautstarker Widerspruch. So wurde etwa von einer Unterordnung der Gewerkschaftspolitik unter die Belange der Bundeswehr gesprochen.[50] Die während des 20. Parlaments der Arbeit auf dem DGB-Bundeskongress vom 11. bis zum 16. Mai 2014 in Berlin geführten Debatten untersteichen den Versuch, traditionelle Grundsätze der deutschen Gewerkschaftsbewegung stärker zu betonen und den Vorstand des DGB auf diese zu verpflichten. Im Mittelpunkt stand dabei die Forderung: „Krieg kann und darf niemals ein Mittel der Politik sein - Nie wieder Krieg!". Die daraus abgeleiteten Forderungen zur Rüstungs- und Bildungspolitik („Bildung statt Rüstung") und zu einem stärkeren friedenspolitischen Engagement der Gewerkschaften wurden mehrheitlich angenommen. Allerdings waren auch Stimmen zu hören, die eine grundsätzliche Debatte über tradierte Positionen zur Friedenspolitik und -pädagogik gerade vor dem Hintergrund aktueller sicherheitspolitischer Herausforderungen wie in der Ukraine forderten.

Michael Sommers Rede in Hamburg und sein Zugehen auf die Bundeswehr lösten keinen Paradigmenwechsel in den Gewerkschaften aus. Es dominiert weiterhin eine rhetorisch beschworene Verortung in der Friedensbewegung, die eine Zusammenarbeit mit der Bundeswehr und eine Anerkennung der Leistungen und Belastungen ihrer Angehörigen, die über deren gewerkschaftliche Interessenvertretung hinausgeht, stark begrenzt.

(http://gewantifa.blogsport.eu/files/2012/06/bro-bundeswehr-dgb.pdf) (abgerufen 06.09.2014)

[49] Siehe Kahl, Christian, Lange zeit des Schweigens scheint beendet. (http://www.bundeswehr-journal.de/2013/lange-phase-des-schweigens-scheint-beendet/) (abgerufen 06.09.2014)

[50] Siehe Witt-Stahl, Susann, Rekrut DGB angetreten! Der Gewerkschaftsbund übt den Schulterschluss mit der Bundeswehr.
http://www.hintergrund.de/201302082439/politik/inland/rekrut-dgb-angetreten-der-gewerkschaftsbund-uebt-den-schulterschluss-mit-der-bundeswehr.html
(abberufen 06.09.2014).

Zusammenfassung

Die überlieferte Feindschaft zwischen Gewerkschaften und Bundeswehr scheint überwunden zu sein. Dennoch bleibt das Verhältnis insgesamt wenig konstruktiv. Die traditionellen friedenspolitischen Forderungen der Gewerkschaften lassen angesichts ihrer Grundsätzlichkeit kaum Raum für Gespräche und gemeinsame Positionen mit der Bundeswehr in sicherheitspolitischen Fragen.

Zudem dürfte die Wichtigkeit und Dringlichkeit eines Dialogs mit der Bundeswehr aus Sicht der Gewerkschaften bei weitem nicht mehr so akut zu sein wie in den 60er und 70er Jahren des letzten Jahrhunderts. Damals ging es den Gewerkschaften auch darum zu verhindern, dass die Streitkräfte erneut zu einer Gefahr für die Demokratie würden. Daraus resultierte bei den Gewerkschaften wie auch in anderen gesellschaftlichen Bereichen ein kritisches Interesse an den Streitkräften.[51] Nach weit verbreitetem Urteil besteht diese Gefahr einer Gefährdung der Demokratie heute nicht mehr. Bereits 1982 hatte Helmut Schmidt festgestellt, dass die Bundeswehr kein Faktor mehr im innenpolitischen Kräftespiel sei. Hinzu kommt, dass viele Bürger und Bürgerinnen die Übernahme von mehr Verantwortung in der Welt und ein stärkeres militärisches Engagement Deutschlands ablehnen. Das Desinteresse an den Streitkräften könnte insgesamt also auf innenpolitische (abnehmende Relevanz der demokratischen Kontrollfunktion) und außenpolitische (Ablehnung von Auslandseinsätzen) Gründe zurückzuführen sein.

In der strategischen Ausrichtung der Gewerkschaften dürften Faktoren wie „Respekt vor den Aufgaben der Soldaten" sowie „Anerkennung ihres Dienstes für Staat und Gesellschaft" kaum eine Rolle spielen. Zumindest finden sich in den von den Gewerkschaften verantworteten Medien dazu kaum Stellungnahmen. Ein aktives „Sich-um-die-Soldaten-kümmern", wie es Helmut Schmidt einst und Michael Sommer kürzlich von den Gewerkschaften gefordert hatten, geht derzeit kaum über die Interessenvertretung im Zuge der Transformation bzw. Neuausrichtung der Bundeswehr hinaus.

Dabei hätten die Gewerkschaften vielfältige Möglichkeiten, hier Zeichen zu setzen und meinungsbildend zu wirken.[52] Zum einen verfügen sie über

---

[51] Siehe Bredow, a.a.O., S. 88.

[52] Siehe Beck, Klaus, Hartmann, Uwe, Die Köpfe und Herzen gewinnen – Vernetzung an der „Heimatfront". In: Hartmann, Uwe, Rosen, Claus von (Hrsg.), Jahrbuch Innere Führung 2010.

eine relativ weitverzweigte Bildungs- und Öffentlichkeitsarbeit mit zahlreichen Publikationen[53]. Besonders am 1. Mai und am 1. September genießen sie eine hohe öffentlich-mediale Aufmerksamkeit. Zudem sind sie landesweit organisiert; ihre Dienststellen könnten „auf Arbeitsebene" Kontakte zu den militärischen Dienststellen herstellen. Es böten sich beispielsweise innerhalb des für die Familienbetreuung geschaffenen „Netzwerks der Hilfe" vielfältige Möglichkeiten für die Gewerkschaften, sich mit den Soldaten und ihren Familien solidarisch zu zeigen, ohne damit ihre Kritik an der offiziellen Sicherheitspolitik auszublenden. In der Zusammenarbeit mit Arbeitgebern könnten Vereinbarungen für die Unterstützung beispielsweise von Familienangehörigen von Soldaten im Einsatz getroffen (z.B. Urlaubsregelungen, Kindergarten- und Krippenplätze) oder die Teilnahme an einem Auslandseinsatz bei Einstellungen positiv berücksichtigt werden. Eine Beschränkung auf die Interessenvertretung in den Einzelfragen der Ausgestaltung der Transformation bzw. Neuausrichtung, beispielweise in der Kooperation mit der Wirtschaft und in der Ausarbeitung der Tarifverträge, liegt unterhalb dessen, was die Gewerkschaften als „gesellschaftliche Kraft" leisten könnten.

Allerdings stehen die Führungsgremien der Gewerkschaften vor der Herausforderung, ihr Engagement als gesellschaftliche Kraft in sicherheitspolitischen Fragen nicht in eine Politisierung ihrer Mitglieder ausufern zu lassen. Dies hatte die für ihre Interessenvertretung entscheidende interne Geschlossenheit in den 80er Jahren mehrfach beeinträchtigt. Andererseits könnte die gegenwärtige mehrheitliche Ablehnung militärischer Einsätze durch die deutsche Bevölkerung die Gewerkschaftsführung ermutigen, diesem Trend durch offizielle Verlautbarungen zu folgen – nicht zuletzt, um die Attraktivität und Geschlossenheit ihrer Organisationen zu stärken. Michael Sommer gebührt Respekt, dass er seine Initiative mit anderen Intentionen und im vollen Bewusstsein des zu erwartenden Widerspruchs gestartet hatte.

Die Bundeswehr scheint an einer Förderung des sicherheitspolitischen, über Detailfragen der Transformation hinausgehenden Dialogs mit den Gewerkschaften kaum interessiert zu sein. Auch dies hat Tradition. Theo Sommer, der in der sog. „Weizsäcker-Kommission" mitarbeitete, kritisierte schon

---

Der Soldatenberuf im Spagat zwischen gesellschaftlicher Integration und sui generis-Ansprüchen, Berlin 2012, S. 210-220.

[53] Wie z.B. die Gewerkschaftlichen Monatshefte, die von 1950 bis 2004 als Diskussionsorgan des DGB dienten.

früh die Öffentlichkeitsarbeit der Bundeswehr und warf ihr vor, dass die Transformation der Bundeswehr „im Rücken der Zivilgesellschaft" verliefe.[54] Es gibt Anzeichen dafür, dass die Bundeswehr es in den letzten Jahren versäumt hat, sich gesamtgesellschaftlich zu vernetzen oder, wie der damalige Generalinspekteur der Bundeswehr, General Schneiderhan, es einmal in einer Rede an der Führungsakademie der Bundeswehr ausdrückte, „die Herzen und Köpfe der Menschen in Deutschland" zu gewinnen. Vor allem das Kommunikationspotenzial der Gewerkschaften als nach dem ADAC mitgliederstärkste Organisation wurde bisher nicht genutzt. Kontakte auf Arbeitsebene zwischen Dienst- bzw. Geschäftsstellen bestehen kaum.

Empirische Untersuchungen über die Einstellungen von Soldaten der Bundeswehr zu den Gewerkschaften liegen nicht vor. Es ist davon auszugehen, dass Soldaten ein unverkrampftes, historisch unbelastetes Verhältnis zu den Gewerkschaften haben und ihren Appell nach mehr gesellschaftlicher Anerkennung wie selbstverständlich auch an die Gewerkschaften richten. Dies unterstreicht, dass die Innere Führung als eine Führungsphilosophie, welche die Integration des Soldaten in die Gesellschaft fördert, bei den Soldaten der Bundeswehr fest verankert ist. Andererseits scheint das Thema „Bundeswehr und Gewerkschaften" kaum relevant zu sein. Es ist nicht erkennbar, dass das von Minister de Maizière angenommene Kooperationsangebot des DGB zu Impulsen beispielsweise in der Aus- und Weiterbildung innerhalb der Bundeswehr geführt hätte.

Michael Sommers Initiative traf erwartungsgemäß auf starken internen Widerspruch, der mit dem Selbstverständnis der Gewerkschaften zusammenhängt. Er hat jedoch zumindest Debatten ausgelöst, in denen auch kritische Stimmen zu den fundamentalen friedenspolitischen und -pädagogischen Positionen zu hören waren. Verwunderlich ist allerdings, dass die Bundeswehr weithin teilnahmslos bleibt. Irgendwie ist dies auch ein Versagen der Inneren Führung, die doch eigentlich die Integration der Soldaten und Soldatinnen in die Gesellschaft und ihre Beteiligung an den gesellschaftlichen Debatten fordert. Heute ist die Führungsphilosophie der Bundeswehr sehr auf das Innenleben der Streitkräfte und deren Einsätze fokussiert. Die in Bundeswehrkreisen weit verbreitete Forderung nach mehr Anerkennung für den soldatischen Dienst und einer intensiveren sicherheitspolitischen Debatte ist nicht überzeu-

---

[54] Sommer, Theo, Eine Reform der Bundeswehr an Haupt und Gliedern ist unumgänglich. In: Gewerkschaftliche Monatshefte 2002, H. 2-3, S. 75.

gend, wenn Debatten und Kooperationsangebote von wichtigen gesellschaftlichen Institutionen nicht wahr- und angenommen werden.[55]

---

[55] Die Autoren danken Herrn Klaus Mertsching, bis 2013 Leiter des DGB-Archivs bei der Friedrich-Ebert-Stiftung, für seine hilfreichen Anmerkungen und Quellenhinweise.

IV Zur Diskussion gestellt

„Sauberer Krieg durch Drohnen?" Anmerkungen zur Anschaffung und zum Einsatz von bewaffneten unbemannten Flugkörpern

Dirck Ackermann

Im letzten Jahr wurde in verschiedenen Foren über die Anschaffung und den Einsatz sogenannter bewaffneter Drohnen kontrovers diskutiert. In den Koalitionsverhandlungen hatte man noch den Eindruck, dass es darüber keine kurzfristige Entscheidung geben werde. "Wir werden vermutlich nach meiner Einschätzung in dieser Legislaturperiode nicht so weit kommen, dass über die Beschaffung bewaffneter Systeme entschieden wird", sagte Frank Walter Steinmeier. Der damalige Verteidigungsminister Thomas de Maizière (CDU) konnte nach eigenen Angaben „nicht vorhersagen", ob eine Entscheidung innerhalb der nun laufenden Legislaturperiode kommt. Der Diskurs in diesem Sommer 2014 hat gezeigt, dass die politische Leitung des BMVg sich für die Anschaffung aussprechen wird.

Im Folgenden möchte ich einige Anmerkungen machen, was vor der Anschaffung von bewaffneten unbemannten Flugzeugen und vor ihrem Einsatz zu bedenken ist.

Grundlegendes

Über was reden wir, wenn wir von bewaffneten Drohnen sprechen? Bewaffnete Drohnen sind unbemannte Kampfflugzeuge mit Präzisionswaffen und Aufklärungssystemen. Eine Kampfdrohne ist also keine Waffe, sondern ein Waffensystem, das verschiedene Elemente umfängt:

1. Es enthält ein optimiertes Aufklärungssystem,
2. ist bestückt mit Präzisionswaffen,
3. ist vernetzt mit anderen Waffensystemen.

Zur Zeit gibt es zwei Anbieter solcher Waffensysteme: US General Atomics stellt den MQ 1 Predator und den MQ 9 Reaper her, Israel Aerospace Industries den Heron 1 und Heron TP.

Die Anschaffung und der Einsatz von Drohnen sind die konsequente Fortsetzung der westlichen „Revolution in Military Affairs" (RMA), die schon während des Kalten Krieges begann. Die RMA besteht aus vier Elementen:

1. Schutz der eigenen Truppen vor feindlicher Entdeckung und Bekämpfung durch moderne Technologie.
2. Optimierte Aufklärung: Hochwertige Ziele werden präzise aufgeklärt. Ein genaueres und zeitnäheres Lagebild kann gewonnen werden.
3. Präzisionswaffen treffen zielgenauer.
4. Die Vernetzung der verschiedenen Elemente in einem System der Systeme. Dadurch sind schnellere Aktions- und Reaktionszeiten möglich. Das sog. Sensor-to-shooter-gap hat sich von Tagen und Stunden auf wenige Minuten reduziert.

Damit gehen einher Tendenzen zur „Robotisierung" militärischer Gewalt:

- Es gibt eine Tendenz zur Miniaturisierung bei Komponenten und Systemen.
- Waffenplattformen werden automatisiert und zu ggf. autonomen bzw. semiautonomen Waffensystemen entwickelt.
- Die technische Sensorik nimmt zu. Die Fülle der Daten muss technisch verarbeitet werden, um für den Menschen verständlich zu werden (Sensordatenverarbeitung).

Kampfdrohnen sind also ein Teil moderner Waffentechnik und moderner Kriegführung. Sie stellen kein Waffensystem völlig neuer Qualität dar.

Die Fragen angesichts der Anschaffung und des Einsatzes von Kampfdrohnen sind daher solche, die sich grundsätzlich in Bezug auf moderne Kriegführung und moderne Waffentechnik stellen.

Letzten Endes stellt sich die Frage, ob Kriege human sein können, oder zumindest humanitär geführt werden können. Ist militärische Gewalt begrenzbar, sind Kriege schonend zu führen, dienen sie guten Zwecken? Oder: Haben militärische Gewalt und der Krieg in sich eine Tendenz zur Entgrenzung und zum Missbrauch? Je nach Grundhaltung kommt man zu einer mehr kritischen bzw. ablehnenden Haltung oder zu einer positiv abwägenden bzw. befürwortenden Haltung.

Grundlegende Aussagen der Evangelischen Friedensethik

In diesem Zusammenhang ist daher an einige grundlegenden Aussagen christlicher Friedensethik zu erinnern.[1] Zwar kann die Androhung und Ausübung rechtserhaltender Gewalt ethisch erlaubt sein, wenn sie der Durchsetzung des Rechts und der Wahrung des Friedens dient. Der Einsatz militärischer Gewalt hat aber seine Grenzen. Er muss eingebettet sein in ein umfassendes friedens- und sicherheitspolitisches Konzept.

„Bei der Androhung und Ausübung von Gewalt sind Soldatinnen und Soldaten an das humanitäre Völkerrecht als Mindeststandard und an die nationalen Einsatzregeln gebunden. Die Moralität einzelner gewaltförmiger Handlungen muss unter den Kriterien des ius in bello beurteilt werden. Dabei muss der Gewalteinsatz auf ein notwendiges Minimum reduziert werden. ...

Dabei sind folgende Grundsätze maßgeblich:

(1.)   Zur Durchsetzung, Ermöglichung bzw. Wiederherstellung des Rechts kann Gewalt nur entsprechend der rechtsstaatlichen Grundsätze ausgeübt werden. Die Nichtachtung dieser Normen und Regeln würde die Ausübung rechtserhaltender Gewalt selbst kompromittieren.

(2.)   Die Kriterien der Geeignetheit und der Erforderlichkeit, das Diskriminationsprinzip (das generelle Verbot der absichtlichen Tötung eines unbeteiligten Menschen) und der Grundsatz der Proportionalität sind maßgeblich für die einzelne gewaltförmige Handlung eines Soldaten.

(3.)   Bzgl. des Kriteriums der Verhältnismäßigkeit ist darauf zu achten, dass der Gewalteinsatz auf ein notwendiges Minimum reduziert wird. Schließlich geht es um den Schutz der Bevölkerung und nicht um den Sieg über einen Staat und dessen Regierung."[2]

Auf diesem Hintergrund sind folgende Anmerkungen zur Anschaffung und den Einsatz von bewaffneten Drohnen zu machen.

---

[1] Vgl. Evangelische Seelsorge in der Bundeswehr, Soldatinnen und Soldaten in christlicher Perspektive. 20 Thesen im Anschluss an das Leitbild des Gerechten Friedens, Berlin 2014.

[2] A. a. O. S. 21f.

Unblutiger Krieg durch Drohnen?

Einerseits gibt es Argumente, die für die Anschaffung von bewaffneten Drohnen angeführt werden. Sie geben den Anschein, dass Krieg schonender, unblutiger (und billiger?) möglich ist.

1. Sie verweisen auf den verbesserten und dauerhaften Schutz der eigenen Truppe:
    -   Drohnen fliegen länger,
    -   die Piloten sind nicht gefährdet,
    -   Drohnen ermöglichen eine klarere Lageanalyse,
    -   Sie lassen eine Überwachung weiter Räume und reaktionsschnelle Feuerunterstützung zu.
2. Durch die genaue Zielerfassung und hohe Treffgenauigkeit kann der Diskrimationsgrundsatz leichter eingehalten werden. Kollateralschäden werden vermieden.
3. Der emotionale Druck bei der Entscheidung für bzw. gegen einen Waffeneinsatz wird vermindert. Dadurch wird ermöglicht, dass die Entscheidung der Lage angemessen erfolgt.
4. Menschen könnten weder physisch wie psychisch vergleichbaren Anforderungen standhalten wie die ausdauernden und stressresistenten Drohnen.
5. Eine hohe Treue zu den (einprogrammierten) Rules of Engagements ist gewährleistet.
6. Durch kürzere und leichtere Ausbildung der Piloten und (geringere?) Anschaffungskosten werden die Kosten gedrückt.

Sind diese Argumente auch nachvollziehbar, müssen gleichwohl die Bedenken klar zur Sprache gebracht werden.

Die rechtlichen Grundsätze zum Waffengebrauch und dem Einsatz militärischer Gewalt dürfen durch neue Waffensysteme nicht verändert werden.

Der Rechtsrahmen zum Waffengebrauch in Deutschland ist durch drei Elemente markiert:

1. Deutschen Geheimdiensten sind eigenständige (militärische) Einsätze nicht erlaubt. Sie verfügen auch nicht über entsprechende militärische Fähigkeiten.
2. Die Einsätze der Bundeswehr unterliegen dem Primat der Politik.

3. Militärische Einsätze sind gebunden an die Verfassung, das Völkerrecht und die Einsatzregeln (rules of engagement). Jeder Einsatz wird von der politischen Führung, dem Parlament und der Justiz überwacht.

Dieser Rechtsrahmen darf durch neue Waffensysteme nicht verändert werden. Vielmehr muss der Einsatz neuer Waffensysteme auf ihn bezogen sein.

N. B.: Die Diskussion um die Anschaffung von bewaffneten Drohnen läuft fehl, wenn sie sich um gezieltes Töten oder um die Entwicklung zu autonomen Waffensystemen dreht. Beides widerspricht Art. 1 GG und nach deutscher Rechtsauffassung dem humanitären Völkerrecht.

An die Anschaffung von bewaffneten Drohnen sind grundlegende Anfragen zu stellen. Letztlich muss auch gefragt werden, ob und in welcher Weise die Anschaffungsentscheidung in einem langfristig strategischen Denken verankert ist.

Im Einzelnen:

1. Die Anschaffung von Kampdrohnen kann die konventionelle Rüstungskontrolle unterlaufen. Kampfdrohnen werden z. B. nicht im Rahmen des KSE-Vertrags (Vertrag über konventionelle Streitkräfte in Europa (1990/92)) gemeldet, gezählt und verifiziert. Gleiches gilt für das VN-Waffenregister. Es besteht daher die Gefahr des Vertrauensverlustes beim Vertragspartner und damit die Gefahr eines erneuten Wettrüstens. Gleichzeitig könnte die Bedeutung der taktischen Nuklearwaffen wiederaufgewertet werden.

2. Es bleibt unklar, welche präzisen Szenarienanalysen der Anschaffung zugrunde liegen. Es mag sogar zugestanden sein, dass der Diskriminationsgrundsatz und das Proportionalitätsgebot mit bewaffneten Drohnen eher eingehalten werden können. Doch für welche Szenarien sollen sie eingesetzt werden? Lösen sich die Grenzen des Kampfgebiets auf? Welche Kriterien werden bei der Zielauswahl angewandt? Kann ein Sensor einen kämpfenden Kämpfer von einem verwundeten Kämpfer unterscheiden? Diskrimination und Proportionalität können eingehalten werden, aber die Asymmetrie der Konflikte verschärft sich. Es bleibt die Gefahr von Kollateralschäden.

3. Sind bei der Anschaffung mögliche Gegenmaßnahmen bedacht?
    -      Die Gegner ziehen sich in den urbanen Häuserkampf zurück.

- Es werden weitere Abstandwaffen zur Abwehr entwickelt.
- Luftabwehr und elektronische Störsender werden ausgebaut.
- Angriffe auf einheimische Gefechtsstände und auf weiche Ziele sind zu erwarten.

4. Welche Folgen könnte eine Drohnenproliferation haben? Was machen wir, wenn solche Waffensysteme in die Hände von Kriminellen geraten? Verfügt die Bundeswehr über geeignete Abwehrmaßnahmen, wenn gegen sie Drohnen eingesetzt werden sollten.

5. Ist das System beherrschbar und kontrollierbar?
- Wer kontrolliert die Systeme?
- Wer trifft die Entscheidung, unter welchen Bedingungen auf Grund welcher Informationen und auf Grund welcher Kriterien? Es fallen so viele Daten an, dass ein Mensch sie nicht in Echtzeit verarbeiten kann. Deshalb steht der Mensch am Ende einer maschinell selektierten Handlungsoption, deren Entstehung er nicht mehr durchdringen kann.
- Wird die mentale Schwelle zum Kampfeinsatz herabgesetzt durch die Distanzierung?
- Wie fehlerfrei sind die Systeme?
- Kann das Waffensystem unter fremde Kontrolle kommen?
- Ist die Absage an eine Automatisierung realistisch?

6. Welchen Einfluss hat die neue Technik auf die politische Ebene? Kann der Anschein des höheren Selbstschutzes eine größere Einsatzfreude zur Folge haben (Herabsetzung der politischen Hemmschwelle)? Auch die rechtlichen Schwellen zum Militäreinsatz werden gesenkt, wenn Art. 51 VN-Charta (Recht auf Selbstverteidigung) auch gegen nichtstaatliche Akteure angewandt wird.

Diese grundlegenden Anfragen sind zu beantworten, bevor (!) man sich für eine Anschaffung von bewaffneten Drohnen ausspricht. Vor der Anschaffung sollten bestimmte Bedingungen erfüllt sein.

Das Friedensgutachten von 2013[3] spricht sich für eine weltweite Ächtung von Kampfdrohnen aus. Ob eine solche Ächtung völkerrechtlich über-

---

[3] Vgl.
http://www.friedensgutachten.de/tl_files/friedensgutachten/pdf/fga2013_Stellungnahme.pdf

haupt möglich ist, bleibt umstritten. Ob sie politisch durchsetzbar ist, steht zu bezweifeln an. Wenn sich dies nicht als realisierbar erweisen sollte, so sollten doch bestimmte Bedingungen erfüllt sein, bevor über eine Anschaffung entschieden wird:

1. Kampfdrohnen müssen in die konventionelle Rüstungskontrolle einbezogen werden. Ein KSE-Nachfolgeregime und das VN-Waffenregister müssen diese Waffenplattformen berücksichtigen.

2. Es bedarf klarer Regelungen bzgl. der Proliferation von Kampfdrohnen.

3. Vor der Entscheidung für die Anschaffung muss zunächst ein Gesamtkonzept vorliegen: Welche Fähigkeiten brauchen wir für welche Einsätze?

4. Vor dem Einsatz müssen klare Einsatzregeln formuliert werden. Hier sollte der Verzicht auf targeted killing und signature strikes explizit gemacht werden. Die Bindung an das humanitäre Völkerrecht muss konkretisiert werden: Das betrifft den Unterscheidungsgrundsatz, das Gebot der Verhältnismäßigkeit sowie die Benennung der Kriterien einer legitimen Zielauswahl.

5. Autonome bzw. semiautonome Waffensysteme und Fernlenkwaffen gibt es schon. Es ist bei allen diesen Systemen darauf zu achten, dass die Systeme ständig übersteuert werden können und die Verantwortung beim Kommandeur bzw. in politischen Händen bleibt. Menschen müssen verantwortlich bleiben für die Zielauswahl, das Einhalten des humanitären Völkerrechts und die Folgen des Waffeneinsatzes (Prinzipien: Verhältnismäßigkeit; Gewaltminimierung; Diskriminationsgebot und Zurechenbarkeit der Gewaltanwendung)

Selbst wenn die Fragen beantwortet und die Bedingungen erfüllt sein sollten, bleibt festzuhalten: Die Anschaffung von Drohnen wird den Einsatz militärischer Gewalt nicht „sauberer" und unblutiger machen. Der Einsatz militärischer Gewalt muss immer ultima ratio bleiben.

Schon der Blick auf die möglichen Gegenmaßnahmen und die technischen Schwierigkeiten bei der Kontrolle der Systeme macht deutlich, dass der „saubere", unblutige Krieg eine Illusion bleibt. Krieg bleibt, was er ist: ein gewaltsames Aufeinanderprallen. Dabei bleiben alle Seiten nicht passiv, sondern erfindungsreich, reaktiv und aktiv zugleich. Das macht es unendlich schwer, selbst mit modernsten militärischen Mitteln. Afghanistan und der Irak geben dafür beredte Beispiele. Der Einsatz militärischer Mittel wird immer der risiko-reiche Einsatz bleiben - mit Risiken für die eigenen Soldaten und die zivile Bevölkerung. Daher muss er immer ultima ratio bleiben.

V Rezensionen

Clausewitz im Spiegel der heutigen Wissenschaften

Claus Freiherr von Rosen

Auch wenn Clausewitz seine Arbeiten zum Thema Krieg in seinem umfangreichen Gesamtwerk – und nicht nur im Buch „Vom Kriege" – eher als Philosophie denn als Wissenschaft bezeichnete und Kriegführen als Kunst verstand – von Können her gesehen –, ist es doch längst Allgemeingut, dass seit dem bahnbrechenden Werk „Vom Kriege" die geistige Beschäftigung mit Krieg in den Bereich von Wissenschaft gehört.

Die wissenschaftliche Clausewitz-Forschung nach dem Zweiten Weltkrieg ist dank der Arbeiten von Werner Hahlweg, dem langjährigen Nestor der Clausewitz-Forschung, wesentlich von einer interdisziplinären Vielfalt gekennzeichnet. Dadurch lässt sich ein ganz anderes Verständnis für Clausewitz's Theorie und Lehren gewinnen sowie diese im Hinblick auf die heutigen Fragen von Politik und deren militärischer Macht prüfen und beurteilen. Wie Hahlweg im Nachwort zur 19. Auflage von Clausewitz' „Vom Kriege" nicht unberechtigt mit Stolz für sich reklamiert, hat die Beschäftigung mit Clausewitz dadurch eine neue Stufe erreicht:

„In diesem Sinne darf wohl die nahezu universale, weiterführende Hinwendung zu Clausewitz und seinem Werk, die Intensivierung der Auseinandersetzung mit seinen Gedanken namentlich in den letzten beiden Jahrzehnten als Clausewitz-"Renaissance" gewertet werden; man gewinnt den Eindruck, jetzt erst wird Clausewitz in seiner eigentlichen Bedeutung gerade im Lichte der heutigen Bedingtheiten von Gesellschaft, Politik, bewaffnetem Kampf, Ökonomie und Friedensordnung begriffen."

Hahlweg legte damit eine hohe Messlatte für alle, die sich heute an „Clausewitz" wagen.

Im Laufe der Jahre bildete sich eine mehr oder weniger direkt mit Hahlweg verbundene Clausewitz-„Schule", die sich mit Veröffentlichungen aller Art und besonders auch in Dissertationen aus sehr unterschiedlichen neuen Perspektiven hervorgetan hat. Drei generelle Ansätze sind dabei festzustellen:

1. Die Suche nach einem besseren Verständnis von Clausewitz' Werk, um es möglichst praktikabel für Militär und Politik, sozusagen 1 zu 1 für Politik und Strategie umsetzen zu können.

2. Die Untermauerung bzw. Ergänzung der Clausewitzschen Lehre durch Erkenntnisse, die sich aus den heutigen wissenschaftlichen Disziplinen und Teildisziplinen ergeben.

3. Eine Art wissenschaftlicher Weiterschreibung „Vom Kriege" im Rahmen und Licht von komplexen Theorien, um die Veränderungen des Phänomens Krieg in der Zeit nach Clausewitz, jetzt auch besonders durch den Umbruch des Kriegsbildes zu den sogenannt „Neuen Kriegen", mit aufnehmen zu können.

Dem ersten Ansatz folgt *Souchon, Lennart: Carl von Clausewitz. Strategie im 21. Jahrhundert. Hamburg, Berlin, Bonn 2012.*

Das Vorwort zur Einführung in dieses ambitionierte Buch beginnt mit dem Hinweis, dass das kopernikanische Weltbild erst 450 Jahren nach der Entdeckung von der Römischen Curie förmlich anerkannt wurde. Daran werde deutlich, „wie schwierig es ist, eingefahrene Denkstrukturen und Handlungsweisen von Grund auf zu verändern, selbst wenn neue Erkenntnisse dieses erzwingen". Eine derartige Situation bestehe nun am Beginn des 21. Jahrhunderts auch für den Bereich von Politik und Strategie: Mit vordergründigem „Durchwursteln" und „rückwärtsgewandten Denkschemata" – so der Autor –, seien die strategischen Herausforderungen von „apokalyptischer Dimension" und „tektonischer Gefährlichkeit" nicht mehr „zu begreifen und einzuhegen". Das bedeute, Strategie sei „zu einer vielfach genutzten Worthülse verkümmert" und kennzeichne ein „Defizit an strategischer Kultur", besonders in Deutschland. Eine erneute Aufklärung wird daher gefordert. Dazu bietet sich der Verfasser in seinem Selbstverständnis als ehemaliger Admiralstabsoffizier und Dozent für Sicherheitspolitik an der Führungsakademie der Bundeswehr sowie nach seiner Pensionierung als Lehrbeauftragter für Strategie und Leiter des Internationalen Clausewitz-Zentrums bei der Führungsakademie nun als besonders geeignet an.

Er macht dazu den „entscheidenden „Schritt weiter" mit einer "realitätszentrierten Herangehensweise zur Nutzung der Clausewitz-Theorie" „erstmalig aus holistischer oder gegenwartsbezogener Sicht". Damit – so die Zielrichtung dieses Buches – wolle er zu einer kompetenten Beratung der Entscheidungsträger in der Politik sowie zur Schulung der heranwachsenden Führungspersönlichkeiten in strategischem Denken und Handeln beitragen – und zwar nicht nur im sicherheitspolitischen-militärischen Gebiet, sondern auch in „Wirtschaft und weiteren gesellschaftlichen Bereichen". Spätestens an dieser Stelle möchte der Leser Einhalt gebieten: Die Übertragbarkeit von militärischen Strukturen und Prozessen auf andere „gesellschaftliche Bereiche" ist nicht nur aufgrund der Deutschen Geschichte ein no-go, sondern auch aus funktionalen Gründen für die durch wissenschaftliche Disziplinen begründeten und erklärbaren höchst unterschiedlichen Teilbereiche von Gesellschaft: Wer Schule, Universität, Psychiatrie, Medizin, Kunst, Wertbeziehung, Kirche /Glaube oder Freizeit über einen militärischen Leisten schlagen will, hat Clausewitz nicht verstanden, der den Code für Krieg richtigerweise und erstmalig idealtypisch auf „Gewalt" hin abstrahierte, während er in seinen „Architektonischen Rapsodien" z.B. für Kunst das Element des Schönen und der Ästhetik als Code nennt, das sich ausschließlich in der Anschauung ergebe und „in keine Regel bannen" lasse.

Nach diesem gewaltigen Programm-Aufriss wendet der Autor sich mit einer grundlegenden Feststellung zu Clausewitz' Werk „Vom Kriege" zu: „Sein Buch enthält keine militärspezifische Einsatzlehre, ist kein Feldhandbuch oder dogmatisches Regelwerk für Oberbefehlshaber. Eine solche Klassifikation ist grundfalsch." Und weiter heißt es: Das Buch sei zwar „ein logisches Ganzes", aber nicht „abschließend geordnet" und auch nicht widerspruchsfrei. Daraus folge, dass man erst über viele Schwierigkeiten hinweg Clausewitz' Kernaussagen offenlegen muss, um darüber zeitlos gültige Folgerungen formulieren zu können. Damit stellt der Autor sich quasi die Aufgabe, für eine Neuordnung des Buches zu sorgen.

Auf diesem Weg stößt der Autor unvermittelt auf Clausewitz' Beschreibung für Krieg durch die „Wunderliche [sic!] Dreifaltigkeit". Diese sei „als geistiger Raum für strategisches Denken und Handeln von einzigartiger Qualität". Sie soll das Analyseschema für strategisches Denken abgeben: „Die logische Schrittfolge, von der Theorie zur praktischen Anwendung, kann zu wesentlichen Einsichten führen, um die zukünftige Sicherheitspolitik zu gestalten." Jedoch: Für Clausewitz ist dieser Ausdruck eine Umschreibung, eine Metapher (aus dem ihm persönlich sehr vertrauten Feld der christlichen Religion und wohl weniger von Hegel kommend), mit der er neben anderen – z.B. Nebel oder Friktion – „Krieg" verständlich machen will. Aufgabe der Theorie sei es, so Clausewitz zum Ende des 1. Kapitels im ersten Buch, dass sie sich „zwischen diesen drei Tendenzen wie zwischen drei Anziehungspunkten schwebend erhalte". Von einer „logischen Schrittfolge" ist das weit entfernt. Weiter heißt es bei Clausewitz nämlich: „Auf welchem Wege dieser schwierigen Aufgabe *noch am ersten genügt werden könnte …*" – d.h. „Vom Kriege" enthält eben kein derartiges „dogmatisches Regelwerk", wie der Autor gerade vorher noch richtigerweise festgestellt hatte, nun aber Clausewitz überstülpen will.

In sechs umfangreichen und stark differenzierten Kapiteln wird der Leser dann zum „Clausewitz-Verstehen" geführt.

Nach einer ausgiebigen historischen Einordnung von Clausewitz in seine Zeit im 1. Kapitel und in das geistige Preußen seiner Zeit geht es im 2. Kapitel im wesentlichen weiter um wissenschaftliche Möglichkeiten der Betrachtung und Interpretation von Clausewitz. Hier vermisst man die Auseinandersetzung des Autors mit prominenten Autoren über Clausewitz' eigenen Denkansatz zum Verstehen von Krieg und Führung zwischen Hermeneutik und Dialektik einerseits sowie Konstruktivismus und exakten Naturwissenschaften andererseits. Stattdessen steuert der Autor direkt auf das Kernstück seiner eigenen Arbeit, die „holistische oder gegenwartsbezogene Betrachtungsweise". Dazu heißt es auf den letzten beiden Seiten des Kapitels in einer Begriffsbestimmung: „Die holistische oder gegenwartsbezogene Betrachtungsweise ist eine vom historischen Kontext weitgehend abgelöste Analyse des Phänomens *Krieg*, in dem weder das Handeln noch die Handelnden in ihrer Zeit im Zentrum stehen. Sie nutzt ganzheitliche, strukturierte und tiefgründige Erkenntnisse der Vergangenheit für die Beurteilung heutiger Ereignisse und zur Vorbereitung strategischer Entscheidungen zur Bewältigung zukünftiger Herausforderungen." Wie dieser a-historische Ansatz konkret aussehen soll, erfährt man jedoch nicht. Zudem ist solchem ahistorischen Vorgehen entgegenzuhalten, dass Clausewitz z.B. mit dem Bild vom kriegerischen Genius und den Moralischen Hauptpotenzen eindeutig den Zugang zu den konkreten historischen Bezügen für das Kriegsgeschehen herausgearbeitet hatte. Der Ansatz des Autors steht aber auch im Gegensatz zu seiner etwas späteren Aussage selber: „Eine Erforschung der kriegerischen Ereignisse der Gegenwart als Resultat historischer Prozesse und aktueller Entwicklungen ist von erheblicher Bedeutung für ein tiefes Verständnis der Realität. In Kombination mit der Gegenwartsanalyse kann sie wesentlich zur Urteilsfähigkeit des Strategen beitragen." Das versprochene „Neuland" bleibt dem Leser hier verschlossen.

Im dritten Kapitel werden dann zunächst ausgewählte, „bekannte und meist zitierte" „Wesensmerkmale und Kernaussagen des Werkes Vom Kriege" aus der Perspektive der Strategie „tiefschürfend und ganzheitlich exegetisiert".

Hier steht „die Wunderliche Dreifaltigkeit" an vorderster Stelle; dem folgen allgemein wissenschaftliche Kategorien wie die Zweck-Mittel-Relation sowie verschiedene Kriterien wie das Maß der Mittel, die Friktionen, Wahrscheinlichkeiten und Zufälle als auch die moralischen Größen und die kriegerische Tugend, die er dann auf kaum mehr als einer Seite unter „holistischer Sichtung" zusammenfasst. Dabei erfährt der Leser, dass es sich bei der Wunderlichen Dreifaltigkeit um ein „erkenntnistheoretisches Analyseverfahren" handeln soll, um eine „Tour d'Horizon der Variablen und deren Interrelationen auf theoretischer Ebene" – begrifflich wie sprachlich etwas dubios und, mit Blick auf den Anspruch der „Realitätsbezogenheit", kaum nachvollziehbar. Zusammen mit den anderen vier „Prinzipien" soll dies ein „vollständiges Gedankengebäude zum geistigen Durchdringen und Erfassen von Kriegen" bilden. Die Vorstellung von einem „vollständigen Gedankengebäude" würde Clausewitz arg schmerzen: Nicht nur weil er sich doch immer wieder betont von den Systememachern distanzierte („Das erste Übel, worauf wir häufig stoßen, ist eine unbehilfliche, ganz unzulässige Anwendung gewisser einseitiger Systeme als eine förmliche Gesetzgebung." heißt es z.B. im 2. Buch Vom Kriege, 5. Kap.) , sondern auch weil er eine „positive Lehre", d.h. eine „Theorie" des Krieges im strengen Sinne, stets ausgeschlossen hatte. Im vierten Kapitel wird dann eine weitere Auswahl „elementarer Begriffe" unterschiedlicher wissenschaftlicher Bedeutung von „Form und Inhalt" u.a. über „Theorie und Praxis" bis zum „Kriegsplan" betrachtet, die z.T. bereits in der Einleitung unter der Überschrift „Terminologie" ausgiebiger behandelt worden waren. Hier nun fehlt eine Zusammenschau aus „holistischer" Sicht, die der Leser wohl erwarten dürfte.

Die Bewährung der „neuen" Vorgehensweise des Autors mit Clausewitz folgt in den beiden letzten Kapiteln. Zunächst geht es um das Kriegsbild des 21. Jahrhunderts und damit zusammenhängend um das Bild von der Bundeswehr im Rahmen einer kollektiven Sicherheitsstrategie, um zu verstehen, welches die künftigen Herausforderungen an Politik und Militär sein werden. – Dann verkündet der Autor im sechsten Kapitel, dass ihm in der Lehre in „Exzellenzclusters im Clausewitz-Netzwerk für Strategische Studien" mit Erfolg die Übertragung seiner Lehre auf die heutige politische und militärische Praxis bereits gelungen sei: „Die Clausewitz-Theorie ermöglicht hybride Kriege methodisch in ihren Wesensmerkmalen tiefgründig zu erfassen. Große Erschwernisse liegen in der Vielschichtigkeit seiner Erkenntnisse, der philosophischen Synthese in der Wunderlichen Dreifaltigkeit und der dichotomischen Argumentation." Einen Absatz weiter heißt es aber auch: „Demgegenüber obliegt es der Transferleistung der handelnden Personen, wie eine Strategieberatung inhaltlich und organisatorisch zu strukturieren ist." Beide Bereiche, auf die der Autor mit seinem Werk abzielt, die Ausbildung zur strategischen Analyse und zur Politikberatung, bleiben aber auch hier weiter unbestimmt. Erst nach vier Beispielen anhand von Kriegsgeschehen aus den letzten fünfundzwanzig Jahren werden einige Aussagen zur „Methodik" und zum Verhalten im „Strategiekollegium" nachgeliefert. Dabei stellt der Autor seine „Agenda" zur Beratung kurz gefasst in Form von fünf Schritten vor.

Die vielen Redundanzen einerseits und die widersprüchlichen Aussagen andererseits sowie auffällige stilistische Brüche, die sich wie ein roter Faden durch diese sechs Kapitel ziehen, legen die Vermutung nahe, dass hier lediglich an der Universität Potsdam vergebene Seminararbeiten unkoordiniert zwischen zwei Buchdeckel geklemmt wurden. Erschwerend kommt hinzu, dass die aktuelle Forschungslage großzügig ignoriert worden ist. Der mit viel Aplomb angekündigte holistische Ansatz entpuppt sich daher, bei Licht besehen, als ein Reader unter dem Motto „Clausewitz nach Hausfrauen Art".

Im Epilog versucht der Autor noch einmal mit all seiner Beredsamkeit, den Leser auf das eingangs beschriebene Strategie-Dilemma in Deutschland einzuschwören sowie ihm sein Clausewitz-Verständnis, den „erstmals" vollzogenen „fundamentalen Perspektivwechsel" mit den drei Clausewitzschen „zeitlosen Wirkungselementen": die Wunderliche Dreifaltigkeit, das Maß der Mittel und die Zweck-Ziel-Mittel-Relation, zur Lösung all der besagten Probleme zu Beginn des 21. Jahrhunderts schmackhaft zu machen. Was dabei herauskommt, ist – man möchte fast sagen: schulmäßig – ein schlagwortartiges schlichtes achtschrittiges Modell, gemacht z.B. für eine Einführung in „theoriegeleitete Strategieberatung": Von der analytischen Durchdringung eines komplexen politisch-militärischen Ereignisses über diverse Pläne o.ä. bis zur Beschlussfassung für ein konkretes Sicherheitspolitisches Ereignis – ungeachtet dessen, dass diese Schrittfolge deutlich von dem kurz vorher eingeführten Fünf-Schrittmodell der „Agenda" abweicht. Die Zuschreibung „holistisch" für so ein eindimensionales Modell, ohne jeden Hinweis auf Vernetzungen o.ä. für Denken und Handeln, ist wohl erheblich zu hoch gegriffen.

So reiht Souchon sich ein in die Zahl vermeintlicher oder selbst ernannter Clausewitz-Experten, die unermüdlich den Wust an Sekundärliteratur erweitern, ohne den Erkenntnisstand zu vertiefen. Was hätte Clausewitz wohl zu diesem Machwerk gesagt? Vermutlich hätte er sich bestätigt gesehen, hatte er doch schon bei der Konzeption seines Buches „Vom Kriege" versucht, mögliche Missverständnisse und Fehlinterpretationen zu antizipieren. Oder würde er wieder so offen und ehrlich wie in seiner Vorrede zur Rezension „Über die Strategie des Herrn von Bülow" sein? Knapp 200 Jahre später zumindest erscheint Clausewitz noch immer unzeitgemäß.

Ein Beispiel für den zweiten Ansatz bietet *Müller, Holger: Clausewitz' Verständnis von Strategie im Spiegel der Spieltheorie. Diss. Hamburg 2012. Berlin 2012.*

Dem Autor geht es um Fragen der Entscheidungstheorie, speziell der „Entscheidungsfindung in Situationen interdependenter Handlungskonsequenzen". Dazu verbindet er zwei große Themen aus den Disziplinen der Politikwissenschaft (Strategie) sowie der Wirtschaftswissenschaft (Spieltheorie) und stellt dies unter einen Ausspruch von Friedrich Schiller zum <homo ludens> aus dessen Abhandlung „Über die ästhetische Erziehung des Menschen", der zu einem Leitgedanke der Erziehungswissenschaft geworden ist. Diese spannende Dreiheit lässt sich aus Müllers beruflichem Werdegang als ehemaliger Generalstabsoffizier der Bundeswehr, Diplom-Kaufmann sowie Dozent an der Führungsakademie und langjähriger Kommandeur einer Heeres-Schule für den Offizier- und Unteroffizier-Nachwuchs erklären.

Der Ausgangspunkt für die breit angelegte Arbeit ist das Thema Spieltheorie. Sie ist im wirtschaftswissenschaftlichen Bereich im Laufe des 20. Jahrhunderts als Analyseinstrumentarium für Entscheidungsprobleme entwickelt und dann besonders in den Zeiten des Kalten Krieges weiterentwickelt und auf politisch-strategische Probleme bis hin zu Fragen der Rüstungssteuerungspolitik übertragen worden. Die Darstellung geht schrittweise vom einfachen „Gefangenendilemma" und Nullsummenspiel bis hin zu dynamischen Spielen mit asymmetrischen Informationsständen und zum Bayesianischen Nash-Gleichgewicht mit komplizierteren Spielbäumen, die der komplexen Realität immer näher kommen. Ziel der Theorie sei es, dass „alle überhaupt denkbaren Spielsituationen – auch solche von kontrafaktischem Charakter" in dem „Denkschema" enthalten sind und für jede dieser Situationen von vornherein eine Reaktion vorbereitet ist. Der daraus entstehende „vollständige Plan" ergibt – spieltheoretisch definiert – die Strategie. Anhand einiger politisch-kriegsgeschichtlicher Beispiele vor allem aus der 2. Hälfte des 20. Jahrhunderts werden in einem weiteren Kapitel die Theorieüberlegungen noch einmal plastischer dargestellt und diskutiert. Die Modelle und Beispiele werden – und das könnte für den ersten Blick vielleicht erschrecken – anhand von sehr vereinfachten mathematischen Gleichungen in Verbindung mit entsprechenden gut verständlichen Abbildungen der Beziehungen in Matrixform bzw. der Spiel-bäume vorgestellt.

Dabei gelte es zum einen zu erkennen, dass bzw. wann die strenge Rationalität der Spieltheorie in der Realität nicht erwartet werden kann, in der nämlich zusätzliche Triebkräfte etwa in Form Kulturkreis-abhängigen oder intuitiv ausgelösten Verhaltens wirken, die von mathematischen Modellen (bisher) nicht erfasst werden können. Und zum anderen seien auch ernstzunehmende Einwände wegen der stark vereinfachenden Modelle mit der generellen Frage nach der Praxisrelevanz der Theorie zu beachten. Ob und in wieweit künftig dafür neueste Ansätze wie die Behavioral Game Theory bzw. die Evolutionäre Spieltheorie Lösungskonzepte anbieten, müsse sich noch zeigen.

Dem wird im zweiten Schritt das Thema Strategie gegenüber gestellt. Sehr schnell geht es vom allgemeinen Verständnis und dem in den Wirtschaftswissenschaften über zu der Entwicklung des Begriffes Strategie in dessen Ursprungsgebiet, der Sicherheitspolitik und dem Militärwesen. Dabei spiegeln sich für den Leser fast unbewusst diese Ansichten von Strategie im bereits entwickelten spieltheoretischen Verständnis von Strategie als „vollständiger Plan". – Der Überblick, im wesentlichen über die letzten 250 Jahre, mag zwar allgemein bekannt und in anderen Abhandlungen ebenfalls zu finden sein, in dieser Prägnanz und Schlüssigkeit ist er jedoch vorzüglich zu lesen und wäre einen eigenen Artikel wert. – Von dort kommt der Autor dann zur eingehenden Betrachtung von Clausewitz' Strategie-Verständnis. Dabei greift er – im Gegensatz zu vielen anderen Autoren zu diesem Thema – sinnvollerweise auch auf die frühen Schriften aus der Zeit zurück, als Clausewitz Scharnhorst' Schüler war. Denn dort finden sich bereits Grundgedanken zur Strategie in nucleo, die Clausewitz im opus magnum „Vom Kriege" später ausgearbeitet hat. Präzise strukturiert und von verständlichen Schaubildern begleitet, entwickelt der Autor Clausewitz' Ausführungen über Strategie, den Kriegsplan, in dem alle strategischen Überlegungen zusammenfließen, sowie Takt des Urteils, mit dem die strategische Denk-Leistung letztlich nur möglich ist. Auch dieser Teil der Arbeit ist in manch anderer Sekundärliteratur zu finden. Dennoch: Diese einleuchtende und gut nachvollziehbare Systematisierung des Clausewitzschen Ansatzes wäre ebenfalls einen eigenen Artikel in einer Fachzeitschrift wert. Die benutzten Denk-Strukturen verführen den Autor jedoch nicht, Clausewitz' Auffassung von Strategie selber zu einem konsistenten Entscheidungsmodell zu machen. Mit Clausewitz weist er immer wieder ausdrücklich darauf hin, „dass er lediglich Analyseinstrumente für eine ‚Betrachtung' des Gegenstandes

<Krieg> liefert – also nur Werkzeuge für die Schulung des Verstandes und zur Schärfung des strategischen Blickes –, nicht aber ein „Lehrgebäude" für denselben."

Auf dieser Grundlage wird nun anhand einiger kriegsgeschichtlicher Beispiele aus Zeiten von Friedrich II. von Preußen sowie von Napoleon, die Clausewitz mit seinen damaligen Mitteln analysiert hatte, mit Hilfe der spieltheoretischen Betrachtungsschemata nachgezeichnet und damit belegt, dass und inwieweit die heutigen spieltheoretischen Modelle auf konkrete strategische Überlegungen anwendbar sind. Interessant wird es dabei, wenn der Autor Clausewitz' Argumentationen zum Verhalten von Friedrich II. bei der Schlacht von Kolin 1757 aufgrund spieltheoretischer Überlegungen als „nicht zweifelsfrei" beurteilt. Wichtig für weitere Forschungen werden dann auch die Überlegungen zu Clausewitz' Ausführungen, „den Krieg und im Kriege den einzelnen Feldzug als eine Kette zu betrachten, die aus lauter Gefechten zusammengesetzt ist, …". Der Autor sieht darin richtigerweise die Analogie zur extensiven Spielform (Spielbaum). Allerdings weist er an späterer Stelle nach, dass das spieltheoretische Modell ‚wiederholter Spiele' kein geeignetes Instrument ist, um in diesem strategischen Kontext Anwendung finden zu können. (Hingegen kann das von Selten entwickelte Verfahren der ‚Teilspielperfektheit' sehr wohl einen Lösungsansatz bieten.)

An dieser Stelle wird der Blick für mögliche Weiterentwicklungen von Spieltheorie nach dem Modell der Behavioral Game Theory geöffnet. Ausgangspunkt dabei ist, dass dieser Ansatz bisher in Laborversuchen vielfach und signifikant zu Abweichungen von der Prognose geführt hat, weil die rationalen Verhaltensweisen von sozialen Präferenzen überlagert werden. Derartig anders gelagerte Motivationsstrukturen – wie sie von Clausewitz im Genie des Feldherrn gezeichnet sind, müssten daher künftig auch – z.B. in Form einer Variable „persönliche *Friktion*" in das Spielmodell aufgenommen werden. Dazu schlägt der Autor vor, „den <Typus> in das Strategiekalkül einzubeziehen." Unabhängig davon lautet sein sehr vorsichtiges Fazit: „Es hat den Anschein, dass Clausewitz auch ohne experimentelle wissenschaftliche Studien bereits eine höchst zutreffende Vorstellung vom menschlichen Denk- und Entscheidungsvermögen besaß."

Damit wird in zwei kurzen Kapiteln der pädagogische Gedanke aus dem einleitenden Schillerzitat mit dem Hinweis aufgenommen, dass Clausewitz in der Lehre der künftigen Generalstabsoffiziere an der höchstrangigen militärischen Ausbildungsstätte der Bundeswehr nur einen „bescheidenen Platz" einnimmt. Die Realität in der militärischen Praxis, sei es in den Führungsvorschriften der Bundeswehr, seien es die Führungs- und Analyseverfahren im Rahmen der NATO, bieten keinen Anhalt für den Einsatz von Spieltheorie. Und das, obwohl sich diese Modelle als brauchbare Instrumente zur ex-post-Analyse z.B. bei der Kuba-Krise gezeigt hatten. So seien auch heute im Rahmen der Auswertungen von Übungen aller Art sowie von realen Operationen mit Hilfe dieser Modelle wertvolle Beiträge zu erwarten. Dazu aber bedürfe es der entsprechenden Schulung des Geistes mit diesen Modellen. Spieltheorie gehöre daher zum geistigen Rüstzeug von Befehlshabern/Kommandeuren und deren Führungsgehilfen. Denn: „Das Instrumentarium der Spieltheorie dient dem Zweck, eine systematische Vorgehensweise mit dem Denken in Handlungssequenzen und in reziproken Wirkungen zu verbinden."

Hier treffen sich die Gedankengänge von Souchon und Müller – aber nur scheinbar:

Clausewitz' Anspruch an sich und sein Werk für die politisch-militärische Praxis lautete: "Nicht was wir gedacht haben, halten wir für einen Verdienst um die Theorie, sondern die Art, wie wir es gedacht haben." Dieser Anspruch durchzieht Müllers Arbeit dreifach: In der Art wie er selber die beiden Themen Clausewitz und Spieltheorie bearbeitet, darstellt und miteinander verbindet, im Inhalt von Strategie und Entscheidungsfindung per Spieltheorie, wobei die Spielbäume und deren Entwicklung bereits einen erheblichen Zugewinn für das Verständnis von Entscheidungen und deren Findung abgeben, sowie in der mehr impliziten message an Verantwortliche in Politik und Militär. Diese Arbeit ist ein Lehrbuch in Strategie-Beratung und Entscheidungslehre. Es gehört daher zur Pflichtlektüre der Teilnehmer an der Generalstabsausbildung.

Zum dritten Ansatz gehören die beiden Arbeiten von *Matuszek, Krzysztof C.: Der Krieg als autopoietisches System. Die Kriege der Gegenwart und Niklas Luhmanns Systemtheorie. Mit einem Geleitwort von Prof. Dr. Herfried Münkler und Dr. habil. Miłowit Kuniński. Diss. Berlin 2006. Wiesbaden 2007* und *Beckmann, Rasmus: Clausewitz trifft Luhmann. Eine Systemtheoretische Interpretation von Clausewitz' Handlungstheorie. Diss.Wiesbaden 2011.*

Beide Arbeiten dürften für so manchen Leser heute ein ähnliches Ärgernis bedeuten, wie es „Vom Kriege" 1832-1835 für die Zeitgenossen von

Clausewitz war. Die Luhmannsche funktionale Systemtheorie erschließt sich dem Lesen nicht so einfach.

Davon ausgehend, dass das wissenschaftstheoretische Fundament in Clausewitz' Kriegstheorie häufig von dessen Interpreten vernachlässigt oder zumindest nicht deutlich genug herausgearbeitet wird, stellt sich für *Beckmann* die Frage, welche theoretischen und methodischen Vorteile die systemtheoretische Analyse von Clausewitz' allgemeiner Kriegstheorie bietet. Dazu bedient er sich der Einsichten und Erkenntnisse aus Luhmanns ursprünglicher handlungstheoretischer funktionaler Systemtheorie. Sein Ziel ist es – und damit kommt er neben dem dritten Ansatz für derzeitige Clausewitz-Forschungen zugleich auch dem ersten nahe – dessen Theorie auf die heutigen, die neuen Kriege und strategischen Probleme übertragen zu können. Trotz dieses anspruchsvollen Ansatzes versteht der Autor es, den Leser, ob mehr oder weniger Clausewitz-Kenner sowie Luhmann-Kenner, stufenweise und in stetem Vergleich zwischen Clausewitz und Luhmann gedanklich voranzuführen, sprich: dabei „die allgemeinen Begriffe der Theorie von Clausewitz herauszuarbeiten und sie durch Heranziehen der sozialwissenschaftlichen Systemtheorie von Luhmann rückwirkend zu schärfen".

Er stellt kurz und gekonnt die für seine weitere Arbeit wesentlichen Clausewitzschen Ausführungen aus dessen Theorie der Kriegsführung, seiner Wissenschaftstheorie sowie, handlungsbezogen, der Ausführungen zu Taktik und Strategie vor. Und im zweiten Schritt breitet er Luhmanns Handlungstheorie und dabei speziell das neuzeitlichen Zweck/Mittel-Denken mit Kausalschema aus Ursache und Wirkung sowie Wertentscheidung als eine Möglichkeit für „differenziertere Betrachtung des Handelns" aus. Das Handeln wird dabei gleichermaßen von Zwecktechnik sowie Konditionaltechnik (Routinen) bestimmt. Daran wird deutlich: „Die Kausalauslegung des Handelns ist mithin ein heuristisches Denkschema." Hier wird das Clausewitzsche „Wie ich gedacht habe …" aufgenommen und dabei deutlich, was es heißt, das Handeln eines Handlungssystems wie dem der Strategie unter dem Aspekt „Zweckprogrammierung" zu rationalisieren. – Hier fallen einem manche gern zitierten Sätze von Clausewitz ein und speziell sein Bericht als Direktor der Kriegsschule an den Kriegsminister: Er hatte nämlich festgestellt, dass die Taktikausbildung reine Zeitverschwendung sei, zumal sie von den Schülern in der gebotenen Form rundweg abgelehnt wurde. Er schlug stattdessen vor, diese Stunden zu streichen und dafür die Fächer wie z.B. Logik beim Kant-Schüler Kiesewetter stärker im Stundenplan zu berücksichtigen, die „geeignet sind Licht und Ordnung in das Denken zu bringen". –

Einen Schritt weiter tut der Autor dann, wenn er mit Luhmann Clausewitz' Grund-Linien neu verortet und – für manchen Clausewitz-Kenner erstaunlich – neu definiert. Sei es bereits den doppelten Kriegsbegriff als theoreticum, als „Reagenzglas-Krieg" sowie als „politischer Krieg", stets nebeneinander zu stellen und zu betrachten; hiermit öffnet der Autor den Blick auf die „neuen" Kriege bis hin zu deren Formen der Verselbständigung z.B. in Form von Kriegsökonomien, aber zugleich auch auf die COIN-Strategie der letzten Jahre in Afghanistan. Sei es der doppelte Politik-Begriff, Politik in ihrer subjektiven und in ihrer objektiven Bedeutung. Sei es die Differenzierung des Zweck-Ziel-Mittelschemas in ein Zweck-Ziel-Schema und ein Ziel-Mittel-Schema, wodurch eine doppelte Bindung von Handeln auf welcher Ebene auch an die militärischen Ziele wie die Politischen Zwecke erklärbar wird. Sei es die scheinbar definitorische Einheit von Strategie und Taktik, die vor dem Hintergrund der Zweckrationalität und des Unterschieds von Zweckprogrammen und Konditionalprogrammen (nach Luhmann) aus systemtheoretischer Sicht aufzulösen ist.

Ohne diese vorangehenden Ausführungen und Gegenüberstellungen ist das in den Kapiteln 4 und 5 ausführlich beschriebene und schrittweise entwickelte Analysemodell als Handlungs- sowie als Interaktionssystem wohl nur schwer zu verstehen. Dabei gewinnen Begriffe wie Rahmenbedingungen oder Nebenfolgen des Mitteleinsatzes unvermutet eine bisher eher ungeahnte praktische Bedeutung für die Theorie. Unter den beiden differenzierten Variablen für Systemstruktur: Kopplung und Interaktionskomplexität (Clausewitz: Wechselwirkung) entwickelt der Autor dann ein bildliches Einordnungs-Schema der verschiedenen Kriegstypen. Anhand der systemtheoretischen Bedingungen diskutiert er dann deren Erscheinungsformen und Strategie-Bedingungen, angefangen mit den beiden theoretischen Formen „Reagenzglas-Krieg" und Politischer Krieg", jetzt bezeichnet als Kriege erster und zweiter Art. Dies wird dann (im 5. Kapitel) fortgesetzt, besonders unter dem Aspekt des Gegenhandelns und der Asymmetrie als Ausdruck für Kriege mit „kleinen" Zwecken, mit den beiden Clausewitz'schen Formen Kleiner Krieg und Volksbewaffnung. Sie werden Kriege dritter Art genannt. – Hier betritt der Autor für die bisherige Clausewitz-Schule Neuland, die diese „Low Intensity Conflicts" häufig nur als Beiwerk in Clausewitz' „Vom Kriege" dulden oder gar negieren möchte. Die damit angestoßene Diskussion über die „Strategie" der Volksbewaffnung und auch wohl des Kleinen Krieges wird sich unter systemtheoretischer Betrachtung nicht mehr zurückdrängen lassen. – Aber auch die Allianzkriege, die von Clausewitz immer schon als Eigenheit betrachtet worden waren, finden in dem Einordnungsschema ihren bestimmenden Ort.

Der Autor lässt es sich schließlich nicht nehmen, „die empirische Ergiebigkeit" seines Modells als „Theorieanwendung" am Beispiel des neueren Afghanistan-Krieges zu demonstrieren, d.h. ihn zunächst zu beschreiben und zu erklären und dann dessen Strategie zu evaluieren: Das Bild der Kriegstypen erweist sich für die heutigen Herausforderungen differenziert und gleichermaßen griffig. Spätestens an dieser Stelle wird deutlich, was der Autor zu Beginn von Kapitel 4 schreibt: „Die Überführung von Clausewitz' Kriegstheorie in ein Analysemodell, das den Anforderungen moderner sozialwissenschaftlicher Theoriebildung genügt, stellt bisher eine Forschungslücke dar." Man kann und muss daher diesen Satz nun auch auf die Lehre zum Verständnis von Politik und Krieg schlechthin und speziell für das Handeln in Politik und Strategie übertragen. Möge das Buch schnell in die entsprechenden Hände sowie Forschungs- und Lehr-Institute gelangen.

Matuszek betrachtet den Krieg aus Sicht von Luhmanns jüngerem Ansatz der autopoietischen Systeme. Er streift dabei Clausewitz nur gelegentlich, fast zufällig. Seine zentrale Frage gilt – dem Ansatz von Clausewitz quasi vorgeschaltet – der Entwicklung von Krieg, bevor er ein solcher ist. D.h. „unter welchen Bedingungen aus gesellschaftlichen Konflikten autopoietische Systeme [wie Krieg] werden". Speziell geht es dabei um die sogenannten ausdifferenzierten (neuen) Kriege, wie sie z.Z. hauptsächlich in den Ländern der dritten Welt geführt werden, weitgehend losgelöst von Bindungen an das politische und gesellschaftliche System und dessen Werte.

Dass hier die Gedanken von Luhmann und Clausewitz sehr nahe sein können, wird schon zu Beginn des 1. Kapitels deutlich, wenn es bei der Reduzierung von Konflikten auf Krieg durch Eigendynamik und Konfliktspiralen zur Unterscheidung von „Feind und Freund" kommt und dies nach Luhmann als „Code des Kriegssystems" konstitutive Bedeutung erhält. Dabei wird gegenüber Clausewitz' Vom Kriege bereits deutlich: „Es sind nicht Menschen im direkten Dialog, sondern Strukturen wie die Codes, die Kommunikationssequenzen herstellen. Und diese Strukturen werden im System „Krieg" erzeugt, sie werden weder aus der Umwelt in das Kriegssystem importiert noch umgekehrt dorthin exportiert. Dies hat Konsequenzen für das Verständnis vom existentiellen Krieg, bei dem die politischen Subjekte erst durch die bewaffnete

Auseinandersetzung geformt werden. Der „Warlord" ist dafür eine Symbolfigur, der Krieg bedarf keiner externen Begründung und wird durch den Aufbau einer eigenen Kriegs- oder Gewaltökonomie begleitet, die Erwartungsstrukturen lösen sich sukzessive auf. Dieser „Naturzustand" von Krieg ist eine Fortentwicklung des Kriegsbegriffes bei Clausewitz, der „nur" vom „Äußersten der Gewalt" spricht. Autopoietisch heißt bei dieser Art Krieg, dass er die Bedingungen seines Erfolgs selber reproduziert. Das bedeutet aber: „Es genügt nicht durch eine militärische Intervention von außen einen Waffenstillstand herbeizuführen. Auch der Frieden muss, ähnlich wie der Krieg, eigendynamische Mechanismen entwickeln." All dies hat erhebliche Konsequenzen für das Verhältnis von Krieg zu seiner „Umwelt" im Luhmannschen Sinne: Kriegssysteme fühlen sich sogar durch politische Friedensinitiativen „in ihrer Existenz bedroht" und Politik instrumentalisiert Krieg, statt an einer Beilegung des Konfliktes im Sinne von Clausewitz interessiert zu sein, das bedeutet, sie fördert die Ausdifferenzierung des Kriegssystem.

Der andere gedankliche Schwerpunkt (mit Luhmann) ist die Frage nach der Funktion des Krieges – oder ob Krieg dysfunktional sei. Da Widersprüche und Konflikte nach Luhmann eine Funktion haben, d.h. nützlich sind, stellt sich die Frage: „Wozu nützlich?" Die Antwort liegt im der Erhalt des aktuellen Komplexitätsniveaus zur Sicherung sozialer Autopoiese. Der frappierende Vorschlag des Autors ist es nun, dazu „die konfliktregelnden Mechanismen, nicht aber die Konflikte selbst als funktional" zu begreifen. Dies nun kennzeichnet den Krieg, als autopoietisches System verstanden, dass er nicht im Rahmen von gewaltbeschränkenden Strukturen operiert. – Hier wird ein Unterschied von Krieg nach Clausewitz mit Hilfe des Luhmannschen Ansatzes herausgearbeitet, da Clausewitz die Politik stets als das kriegs-hegende Supersystem und den Krieg daher nicht als real-autonom sieht. Das Bild des absoluten oder autonomen oder „rein militärischen" Krieges lässt er nur im Rahmen der idealtypischen Begriffsdefinition zu und betrachtet dies für die Praxis der Strategie als „widersinnige" Gedankenspielerei.

Gesellschaftliche Subsysteme sind nun nicht nur dadurch „funktional, dass sie gesellschaftlich wichtige Aufgaben erfüllen", sondern *weil* sie es aufgrund ihrer speziellen Ausdifferenzierung tun. Genau hierin unterscheidet sich Krieg als soziales Phänomen von anderen sozialen Systemen wie Politik, Recht, Wirtschaft, Wissenschaft oder von Technik: Krieg hat, so der Autor, „keine rekursive, komplexitätssteigernde Evolution durchgemacht." D.h. dass Krieg „nur" „Nebenerscheinung, gleichsam Abfallprodukt der politischen und wirtschaftlichen Evolution" ist. Anders gesagt, erscheinen Kriegssysteme auf dem Hintergrund von „Weltgesellschaft" als „Nebenprodukte global agierender Funktionssysteme". Oder: sie sind keine „Fremdkörper", eher aber als „Kollateralschäden der Weltgesellschaft [zu verstehen], die außer Kontrolle geraten sind." So gesehen, kann man den militärischen evolutionären Lernprozess also nur als „Komplexitätssteigerung der Strategie" oder anderer funktionaler Systeme wie z.B. die Ausbildung begreifen.

Damit tut sich für den Kriegstheoretiker ein weites Feld bisher unbeantworteter Fragen auf: Sei es z.B. dass Kriege durch Ausdifferenzierung und Selbstorganisation, also nicht aufgrund ihrer Funktion, sondern durch ihren binären Code Freund/Feind auf der Ebene einzelner Elemente konstituiert sind, d.h. auch eine Eigenständigkeit und Eigendynamik entwickeln und sich dadurch einer direkten Kontrolle anderer Funktionssysteme entziehen; sei es dass man nicht davon ausgehen kann, dass alle Konflikte sich bewältigen lassen, ohne Rückschläge im evolutionären Sinne hinnehmen zu müssen; sei es nach der paradoxen Logik des Krieges, dass erfolgreiche Strategien leicht zum Verhängnis werden, weil der Gegner Gegenmaßnahmen suchen wird – wie ja auch Clausewitz schon das Nachäffen der Schiefen Schlachtordnung aus der Schlacht bei Leuthen durch die preußischen Generalen bei der Schlacht von Jena und Auerstedt nicht nur als überholte Manier, sondern als „entschiedenste Geistesarmut" verurteilt hatte.

Eine ganz besondere Frage stellt sich an Clausewitz' berühmte Definition von Strategie und Taktik, die gern wie eine Monstranz als Einheitsaussage vorangetragen wird: Clausewitz hat in seinem Hauptwerk zwei Bücher der Strategie widmet (das dritte „Von der Strategie überhaupt" und das achte „Kriegsplan", der, so Clausewitz, „die eigentlichste Strategie" sei); andererseits aber schenkt er dem „Fechten", der Taktik und dem „Führen im Gefecht" (höchstens im vierten Buch „Das Gefecht") nur gelegentlich und geringe Beachtung – Hahlwegs Stichwortregister macht das recht deutlich: ¾ Seite zu Strategie gegenüber 5 Zeilen zu Führung plus 5 Zeilen zu Taktik. Das scheint auch Sinn zu machen, da Strategie als das Höhere das Führen in der Taktik dominiert. Aus systemtheoretischer Sicht wird nun jedoch deutlich, dass es sich um zwei verschiedene Systemarten handelt: „Fechten" und „Gefecht" konstituieren sich als autopoietisches System nur durch ihren binären Code Freund/Feind auf der Ebene einzelner Elemente, während das funktionale gesellschaftliche Subsystem „Strategie" sich aufgrund seiner gesellschaftlichen Funktion ausdifferenziert und evolutionär weiter entwickelt. Liest man nun Clausewitz etwas genauer, so deutet sich dieses systemtheoretische Unterscheidung bereits in dessen berühmter dualen Definition an: Taktik als Gebrauch der Streitkräfte im Gefecht gegenüber Strategie als Gebrauch der Gefechte *zum Zweck des Krieges,* wobei dieser Zweck für Clausewitz ein politischer und daher gegebenenfalls auch mit anderen Mitteln und Strategien zu erreichen ist als mit militärischen.

Nicht nur das üblicherweise nach hierarchischen Ebenen geordnete Schema für Denken und Führung von Kampf, Taktik – und Operation – Militärstrategie sowie Politik wird unter systemtheoretischem Blickwinkel neu zu definieren sein; die kriegstheoretische Diskussion schlechthin wird sich auf Neuland begeben müssen – für „alte" wie für „neue" Kriege gleichermaßen. Auch das bisherige Verständnis von Clausewitz' Werk Vom Kriege wird sich dabei wandeln können und aktuell müssen.

Sascha Brinkmann; Joachim Hoppe; Wolfgang Schröder (Hrsg.): Feindkontakt: Gefechtsberichte aus Afghanistan. Mit einem Geleitwort des Befehlshabers des Einsatzführungskommandos der Bundeswehr, Generalleutnant Hans-Werner Fritz. Mittler & Sohn: Hamburg, Berlin, Bonn.: 2013. 224 Seiten.

Peter Buchner[1]

Am geistigen Anfang des Buches stehen die Gefechte in Isa Khel am Karfreitag 2010. Dabei sind von den Seedorfer Fallschirmjägern die Kameraden Nils Bruns, Robert Hartert und Martin Kadir Augustyniak gefallen. Am 7. Oktober 2010 fällt auch noch Oberfeldwebel Florian Pauli. Er stieg in Baghlan als Einziger aus dem Auto, um einem offensichtlich verletzten Bauern zu helfen. Der Mann sprengte sich in die Luft und riss Florian Pauli in den Tod. Er, von dem die Berliner Zeitung berichtet, dass bereits im Erstklässler-Zeugnis vermerkt ist: "Wenn es Streit gibt, kommt Florian um zu schlichten", fällt genau dabei, wofür ihn der Deutsche Bundestag und damit der deutsche Souverän nach Afghanistan geschickt hat. Die deutsche Entwicklungshilfeministerin, Heidemarie Wieczorek-Zeul, hatte dies mit dem Bild von einem kleinen Kind illustriert: "Der Frieden in Afghanistan ist in Deutschland geboren worden. Jetzt müssen wir gemeinsam dafür sorgen, dass das neugeborene Kind groß und stark wird. So hat es der neue Innenminister Quanuni mir gegenüber ausgedrückt". Ein Selbstmordattentäter passt jedenfalls nicht in dieses Bild. Florian Pauli fällt durch einen hinterhältigen Angriff eines fiesen Verbrechers als er genau das getan hat, was man von ihm erwartet hat und wofür er persönlich stand. Den vier gefallenen Kameraden ist das Buch gewidmet.

Die Herausgeber haben sich zum Ziel gesetzt herauszuarbeiten, wie die Männer und Frauen im Jahr 2010 dachten und fühlten. In jenem Jahr, das wie kein anderes von einem verbissen um jeden Meter Boden kämpfenden Gegner geprägt war, der das Duell mit ISAF-Truppen nicht scheute. Die Beiträge sollen den Leser in Innen- und Außenperspektive durch das Afghanistan des Jah-

---

[1] Bewertungen spiegeln die Auffassungen des Autors wider.

res 2010 führen und ihm dabei begreifbar machen, was Krieg für den Menschen im 21. Jahrhundert bedeutet.

Und was das konkret bedeutet, wird im ersten dem Geleitwort von Generalleutnant Hans-Werner Fritz folgenden Beitrag unmissverständlich klar. Eigentlich zwei Gefechtsberichte, nämlich vor dem Spiegel der kämpfende Kompaniechef Hauptmann S. und dahinter der später entsetzende Kamerad im Feldlager, Andreas Trenzinger. Sie liefern einen Eindruck aus erster Hand über die fordernde Aufgabe, das komplexe Umfeld und die damit verbundenen Belastungen. Sie reflektieren ihr Handeln, lassen ihr Ethos zutage treten und geben Ihre Gedanken im und um das Gefecht wieder: ein Seelenstriptease. Zwei Kompaniechef lassen sprichwörtlich die Hose runter: der Leser kann ihre Gefühle in jeder Zeile mitleben. Über die kurzweilig zu lesenden Schilderungen hinaus wird dabei eine Abhängigkeit spürbar, die eine wertvolle Diskussionsgrundlage liefern kann, zum Verständnis militärischer Maßnahmen aus der Feder S. einerseits, und zwar als organisierte Gewaltanwendung, sowie andererseits vom politischen bis hinunter zum operativen Kontext aus der Feder des Kameraden Trenzinger zunächst im Lager und dann vor Ort.

Der folgende Beitrag "Drei Jahreszeiten in Kunduz" reflektiert die Wirkung von Auslandseinsätzen im Längsschnitt. Hauptmann W. lässt den Leser in seine Gefühlswelt blicken und beschreibt authentisch die Gefechtssituationen. Mit der Brille InFü gelesen werden die Herausforderungen deutlich, die sonst steril im Hörsaal diskutiert werden. Da sind die Gefechtseindrücke der Unsicherheit und heimtückische Kampfweisen wie mittels Sprengfallen oder lebenden Schutzschilden aus afghanischen Kindern. Da wachsen Rachegefühle. Auf der anderen Seite zollen die Soldaten dem Gegner sogar beinahe Respekt für durchdachte Hinterhalte: Gefechte als Wettkampf. Und es wird das Zwischenmenschliche deutlich, das jede Zusammenarbeit sowohl mit Alliierten, aber vor allem mit afghanischen Sicherheitskräften begleitet. Dabei wird allzu deutlich, wie lange es dauert, bis das gegenseitige Vertrauen gewachsen ist und wieviel Pflege das zarte Pflänzchen braucht. W. gibt seine Gedanken preis, wie er immer wieder den Erfolg des Einsatzes und die Entschlossenheit der Auftragserfüllung gegen den Schutz seiner Männer abwägen muss. Und er sucht Antworten zu Erfolgsaussichten, die wenn überhaupt in 6 Monaten erkennbar, von den Nachfolgern weitergetragen werden müssen. In diesem Gedankenstriptease spielt auch die Wahrnehmung des Einsatzes in der deutschen Öffentlichkeit eine große Rolle. Und es wird deutlich, wie die lange Einsatzdauer an jedem einzelnen Soldaten nagt, wenn im Gefecht unpassende Bemerkungen über den Äther gehen, wenn die Feuerzucht nachlässt, kurzum wenn die Nerven blank liegen und die Unzufriedenheit sogar bei den Unterführern angesichts von Ausfällen und fehlender Infrastruktur in ungastlichem Winterwetter den Auftrag bedroht.

Dies zeigt deutlich, wie weit die Ziele der Inneren Führung, nämlich Legitimation, Motivation und Integration, in den Einsatz hinein bis in die Gefechte in den Soldaten verankert sind. Und zum Nachdenken über die Wehrmotivation der lokalen afghanischen Sicherheitskräfte dient die Denkfigur der Inneren Inneren Führung in einer Formulierung, wie sie aus der Feder des Grafen Baudissin stammen könnte.

Deutlich wird, wieviel einfacher die Idee von "Heim&Herd" zu begreifen wäre als die abstrakten Ideale Menschenrechte, Demokratie und Rechtsstaatlichkeit. Alles in allem wird deutlich: Innere Führung ist in den Köpfen der Bundeswehrsoldaten – allen Unkenrufen gerade in Bezug auf Fallschirmjäger zum Trotz - verankert!

Vieles spricht trotz der geringen Theorieaffinität vieler Soldaten dafür, dass Aufgaben dann besser zu bewältigen sind, wenn man sie wenigstens gedanklich vorweggenommen hat. Wahrscheinlich gilt das auch für Verwundungen. Tim Focken jedenfalls war darauf nicht vorbereitet. Diese Lücke der Ausbildung könnte die Lektüre und vor allem aber eine anschließende Diskussion seines Aufsatzes wenigstens teilweise füllen. Wie sich Tim Focken in diesem Moment gefühlt hat, rekapituliert er detailgetreu. Deutlich wird, wie er trotz aller Anstrengungen immer wieder von Filmrissen zur Hilflosigkeit verdammt wird und sich als Last seiner Kameraden fühlt. Darüber hinaus werden quasi als Hintergrundgeräusche Kernfragen unserer Organisationskultur angesprochen. Da ist das Spannungsfeld zwischen Drinnies und Draußies, das Focken scharf, aber treffend im Begriff "Mallorca-e Sharif" anspricht. Oder der interessenlos empfundene Besuch eines Politikers im Revier. Es ist das Gefühl von Sicherheit angesichts der gerade 17-stündigen Verlegung von Afghanistan ins BwZK: Gestaltungsfeld sanitätsdienstliche Versorgung. Und Focken drückt sowas wie "Soldatenglück" aus, wenn er sich implizit für den Mut und die Tapferkeit dessen bedankt, der ihm wahrscheinlich das Leben gerettet hat. Dies ist US-Staff Sgt. Peter Woken, Rettungssanitäter der Hubschrauberbesatzung. Sicherlich war das die einzige Möglichkeit, den Verletzten unter Beschuss aus dem Gefecht herauszuholen. Woken wurde dafür später explizit gedankt: Er wurde vom deutschen Botschafter mit der Gefechtsmedaille ausgezeichnet: "In combat, it doesn't make a difference what language your allies speak - every Soldier who fights alongside you is like a brother."

Aus der Perspektive als Kommandeur beschreibt danach Christian von Blumröder die Operation Halmazag, zu Deutsch: Blitz. Der Leser kann in diesem Aufsatz die Schranken erkennen, die die Durchführung häufig von der Planung trennen. Mit einem entschlossenen Blick in die Augen und den Worten "Treue um Treue" entlässt der Kommandeur seinen Kompaniechef ins bevorstehende Gefecht. Ganz im Sinne des Führens mit Auftrag kann er jetzt nur noch bedingt eingreifen, er muss loslassen. Was das für einen Vorgesetzten bedeutet, kann der Leser mitleben. Deutlich wird außerdem, wie althergebrachte Soldatenbilder scheinbar gut zu gebrauchen sind, um Gewissheit zu transportieren und ein Gefühl von Sicherheit. Jedenfalls, so das Resümee, war die Operation ein wichtiger Baustein für die Befriedung der Region Chahar Darrah und glücklicherweise der Anfang einer nachhaltigen Entwicklung.

Aus der Sicht des Kompaniechefs wird anschließend die Operation Freies Tal über Weihnachten bei -27°C Kälte beschrieben. Immer wieder blitzt die Verantwortung auf, die ein Vorgesetzter mit jeder Entscheidung erneut auf sich lädt. Trotz des Spruchs "ein Fallschirmjägerauftrag wie er im Buche steht" aus dem Mund des Uffz Oleg wird die Auswahl der Soldaten schnell zur Entscheidung über Leben und Tod. Genauso gilt dies bei der Abwägung zwischen Beweglichkeit und Schutz. Oder als klar war, dass die Einheit an der falschen Stelle abgesetzt wurde und der Chef zwischen Rückholung oder Durchschlagen zu Fuß dank Überraschungseffekt und Nachtüberlegenheit zu entscheiden hatte, ist die Verantwortung mit Händen greifbar. Darüber kann die Einschätzung nicht hinwegtäuschen, dass die Beteiligten einen Auftrag erhalten hatten, den sich viele insgeheim gewünscht hätten. Der persönliche Gewinn schließlich ist der nie so intensiv erlebte Stolz einer von ihnen zu sein. Lohn aller gemeinsam ist, wenn sich nach 6-monatiger Anstrengung eine friedliche Lage in Chahar Darrah einstellt und die Aufständischen dank "freies Tal" im Zweistromland in die Defensive gedrängt sind.

Die Perspektive eines Zugführers schildert Martin Müller unter der Überschrift Selbstmordattentäter. Darin werden zunächst die in der Ausbildung oft als quälend wahrgenommenen militärischen Routinen mit Bedeutung versehen. Was im Frieden als fast krankhafte Akribie erscheint, erweist sich im Gefecht als Lebensversicherung. Nachdrücklich deutlich wird jedoch, dass das flapsige Versprechen, alle heil zurück zu bringen, zwar gut gemeint, jedoch mit dem Charakter des Soldatenberufs unvereinbar scheint. Dies greift Thomas

Sikorsky im zweiten Teil erneut auf, wenn er die Abläufe beschreibt, die der Spieß erfüllen muss, der gewöhnlich als Versorgungsbasis im Lager zurück bleibt: Wenn nämlich doch einer zurück bleibt, obliegt es ihm, den Leichnam zu identifizieren. Darüber hinaus muss er sich aber auch noch um das Seelenheil seiner Soldaten kümmern, wenn sie ins Lager zurückkehren.

Viele Gedanken sind bereits draußen, häufig auf dem Feldbett vor dem geistigen Auge abgelaufen. Was konkret, dazu erlaubt Martin Müller den Blick in seinen Gefühlskosmos, wenn er feststellt, dass mit dem routinemäßigen Tausch im Schichtplan unbewusst über Leben und Tod entschieden wird. Oberfeldwebel Florian Pauli ist bei einem Selbstmordanschlag gefallen. Die Fragen, die sich Martin Müller dann nach dem Gefecht stellt, machen deutlich, was Innere Führung den gewissensgeleiteten Soldaten zumutet. "Auch wenn kein Arzt der Welt Flo hätte retten können", stellt Martin Müller fest, "fühlt man sich als militärischer Führer für seine Männer verantwortlich und sucht die Schuld immer zuerst bei sich selbst!" Und wenn er dem Leser offenbart, dass fast kein Tag vergeht, an dem er nicht beim Drehen seines Memory-Armbandes am rechten Handgelenk an Flo denkt, dann könnten sich die Konzeptionäre daheim bei der Lektüre die Frage stellen, ob das heute gültige Verbot der Armbänder den gefechtserprobten Kameraden gerecht wird.

Der folgende Teil 2 befasst sich mit Planung und Analyse. Soviel vorweg: Aus der InFü-Perspektive fehlt die Sicht der Politik, die die Ziele vorgibt, die dann über Strategie und Operation mit der Taktik umgesetzt werden. Die Rolle, die dem Primat der Politik zukommt, wäre sicherlich lohnenswert gewesen noch zu eruieren.

Den Auftakt macht Karsten Goy mit seinem Blick auf den Gegner mit der Brille Nachrichtenwesen. Dabei wird deutlich, dass im asymmetrischen Konflikt nicht nur ein heimtückischer, sondern auch ein in sich rivalisierender Gegner gegenüber steht. Zudem erfolgt eine Einordnung in der Spannbreite von Kombattant bis Krimineller. Er füllt das Machtvakuum überall dort, wo die Regierung Schutz, Gerichtsbarkeit und Bildung nicht liefern kann. Deutlich wird aber auch, wie positiv ein charismatischer Führer wie General Kehl die Lage beeinflussen kann.

Aus der Feder des Planers Oliver Henkel folgt die Darstellung operativer Konfliktkonstellationen. Da ist das Dilemma zwischen wirtschaftlicher Prosperität und Sicherheit, die sich gegenseitig bedingen. Eine enttäuschte Bevölkerung verschließt sich dem Ziel. Dann weiß man nie genau, inwieweit afghanische Verbündete wirklich Partner sind. Bevor die Entwicklung der operativen Lage beschrieben wird und die Operationen "Weißer Reiter" neu und die bereits bekannten Halmazag und Freies Tal nun mit der operativen Brille betrachtet werden, lässt aus InFü-Sicht eine eher Randbemerkung aufhorchen: "Im Einsatz fand eine sog. helfende Dienstaufsicht statt." Die Bemerkung an sich lässt darauf schließen, dass es der Autor so noch nicht erlebt hat. Hier könnte man gerade angesichts der derzeit laufenden Attraktivitätsinitiative neue Impulse für einen scheinbar vergessenen Anspruch an alle Vorgesetzter setzen.

Gerhard Stöhr betrachtet das Einsatzgeschehen durch die juristische Brille. Ausgehend von der Charakterisierung als nichtinternationaler bewaffneter Konflikt beschreibt er den Verfassungsrahmen, der das militärische Handeln determiniert. Weiterhin beeinflusst das Völkerrecht die Reichweite der Gewaltanwendung. Dem folgen die binnenorganisatorischen Vorgaben aus den ROE.

Durch die Brille der Inneren Führung betrachtet stechen dem Leser zwei Bilder ins Auge, die den Diskurs um die Einsätze der Bundeswehr mitbestimmen. Im Prozess der Konstabulisierung kommt einerseits eine Gewaltbegrenzung zum Ausdruck, die der völkerrechtliche Rahmen als Spielregel militärischer Handlungslogik so nicht vorsieht. Andererseits erscheint der Gegner im Bild des Verbrechers, der einen Schutz genießt, solange er die Polizisten nicht angreift. Das gilt, und hierüber sollte die deutsche Öffentlichkeit besser informiert sein, für die Aufständischen als Kombattanten aber gerade nicht.

Und mit der Reichweite der Verteidigungsidee ist der Übergang vorgezeichnet von der ereignisbasierten Repressions- zur agendagesteuerten und daher zutiefst politischen Präventionslogik. Und wo die volle Kontingenz des Politischen zuschlägt, da erfordern die Fragen nach Leben und Tod glaubwürdige Antworten sowohl bezüglich des Tötens als auch des Sterbens. Dies ermöglicht dann die Pflichterfüllung aus tiefster Überzeugung. Das ist aber nicht mehr als eins der vier Ziele Innerer Führung.

Am Schluss und vom Charakter her wie eine Zusammenfassung wirkend, fragt Sascha Brinkmann unter dem Titel "Dulce et decorum est" was die Soldaten zum Auslandseinsatz motiviert. Zunächst, so könnte man glauben, zeichnet er damit ein Gegenbild zur Inneren Führung, erzählt Horaz doch eher eine Krieger- als eine Bürgergeschichte. Die jedoch adressiert er mit der Frage: "Was könnte es sein, das das Sterben und Töten für das Vaterland so ehrenvoll macht?" Ehre wie auch Vaterland sind zwar Ideen, die helfen können, die wahre Legitimation erhält soldatisches Handeln erst mit dem, was dahinter steckt. Das muss sicherlich auch mehr sein als nur die Abhängigkeit des Kameraden vom eigenen Handeln. Dies wäre allerhöchstens eine Randbemerkung zur Sinnstiftung. Die liegt im Politischen, also in der Sphäre, in der von der Regierung vorgeschlagen, vom Bundestag öffentlich gemacht und im Idealfall von der Öffentlichkeit, also den Bürgern, beraten wird. Dort entstehen die Sinnzusammenhänge, die trotz aller Unwägbarkeiten und Unsicherheiten aus der Vielzahl betrachteter Argumente und angesichts einer Breite der Zustimmung ihre Glaubwürdigkeit entwickeln. Dann ist es trotz hoher Irrtumswahrscheinlichkeit allemal beruhigend, dass man gründlich darüber nachgedacht hat, dass es viele Gute Gründe gibt und dass Viele es genauso gemacht hätten. Geht es doch letztlich schließlich um Leben und Tod.

Mit der InFü-Brille betrachtet, bedeutet dies, dass es nicht ausreicht, den Sinn in Begriffsfassaden zu verpacken wie eben Ehre oder Vaterland. Auch Verteidigung ist zunächst nur ein Wort. Was erforderlich ist, ist die glaubhafte Verknüpfung der konkreten Entscheidung mit der dahinter steckenden legitimierenden Idee. Und das wiederum ist Innere Führung in Reinform: Dumm nur, dass heutzutage der Weg von den abstrakten Ideen wie Menschenwürde, Demokratie und Rechtsstaatlichkeit so weit geworden ist, bis daraus greifbare handlungsleitende Motive für die Soldaten ausgehandelt sind.

Das vorliegende Buch gibt - gelesen mit der Brille Innere Führung - einen Eindruck, was sich wie auf Motivation und Verhalten von Soldaten im Einsatz auswirkt. Insofern ist es weit mehr als Gefechtsbericht oder Schilderung von Erlebnissen der Vergangenheit. Durchgearbeitet ist es ein Denkanstoß besser noch eine Diskussionsgrundlage, die die Wirkung des Mittels Militär erklärt, vor allem aber auch in der Öffentlichkeit verhandelt.

Mit Blick auf die Binnenaspekte der Bundeswehr kann man erkennen, dass viele Denkfiguren der Inneren Führung in der Truppe und sogar im Einsatz präsent sind. Ich glaube, das ist ganz beruhigend zu erkennen.

Johannes Clair, Vier Tage im November, Econ Verlag, Berlin 2012, ISBN 978-3-430-20138-4, 410 Seiten

Joachim Hoppe

„Krieg wird von wenigen beschlossen und auf den Schultern vieler ausgetragen" - dieses Motto hat Johannes Clair seinem vor zwei Jahren erschienenen Buch „Vier Tage im November" voran gestellt. Der Autor schildert darin seinen Kampfeinsatz von Juni 2010 bis Januar 2011 im nordafghanischen Kunduz. Tatsächlich geht es nicht nur um Einsatzerfahrungen, wie sie in Afghanistan seit über 12 Jahren von Bundeswehrsoldaten gemacht und des öfteren publiziert werden. Bei Clair geht es wirklich ums Ganze, um Töten und Getötet werden, um existentielle Kriegserfahrung im Hier und Heute. Der Krieg, von dem der Autor packend, sehr persönlich und ungeschminkt berichtet, ist hierzulande seit 1945 eine weit entfernte, unbekannte Größe gewesen, weshalb die „ZEIT" ihren Artikel vom 20. März dieses Jahres über Johannes Clair und drei seiner Fallschirmjäger-Kameraden auch „Krieg im Frieden" betitelte. In Afghanistan wurde dieser Krieg bekanntermaßen lange im Verborgenen geführt und faktisch - da ist Clairs voran gestelltes Motto zu korrigieren - auf den Schultern von nur wenigen deutschen Soldaten ausgetragen.

Zu diesen wenigen gehört der heute 28-jährige Student der Sozialökonomie und frühere Stabsgefreite Johannes Clair. Nach dem Abitur verpflichtete er sich für vier Jahre im Seedorfer Fallschirmjägerbataillon 313, bildete zunächst Rekruten in der Grundausbildungskompanie aus, wechselte dann auf eigenen Wunsch in die 2. Kompanie, um zu erproben, was es wirklich heißt, kämpfen zu müssen.

In Johannes Clair begegnet uns ein intelligenter und sympathischer junger Mann, dem man den robusten Fallschirmjäger auf den ersten Blick keineswegs ansieht. In ihm begegnet uns ein Idealist, ja ein Überzeugungstäter, der seinen Worten auch Taten folgen lässt. Seine Taten und die seiner Kameraden und Vorgesetzten, seine Gedanken und Gefühle, die Untaten und Attentate der Taliban schildert der Autor in 17 fesselnden, atmosphärisch dichten und chronologisch aufeinander folgenden Kapiteln, die den Einsatz seiner Kompanie in der zweiten Jahreshälfte 2010 beschreiben.

Nach dem verlustreichen Gefecht bei Isa Khel unweit von Kunduz am Karfreitag des Jahres 2010 ist Clair als Angehöriger des „Ausbildungs- und

Schutzbataillons Kunduz", kurz „Taskforce Kunduz" genannt, an den ersten offensiven Operationen in der Geschichte der Bundeswehr beteiligt; auch die der Truppe viel zu spät in Afghanistan zugestandenen Panzerhaubitzen 2000 z.B. kommen zuerst bei seiner Kompanie zum Einsatz. Der Autor, seine Kameraden und Vorgesetzten stellen sich diesem Einsatz kompromisslos, professionell, nicht ohne Angst und - auch das wird nicht verschwiegen - mit dem Willen, wieder nach Isa Khel vorzurücken und die Taliban zu treffen, die für die drei gefallenen Seedorfer Kameraden vom Karfreitag 2010 verantwortlich waren.

Johannes Clair schreibt so wie er gekämpft hat und das, dank eines offensichtlich guten Lektorats, in einem durchgängigen, sehr lesbaren Stil. Seine Sprache ist klar, ungekünstelt, direkt, Sprache der Jugend genauso wie mitunter gewöhnungsbedürftiges militärisches „Fachchinesisch" und oftmals ungeschminkter „Landserjargon" des 21. Jahrhunderts. Flüche, Schreie und Gefechtslärm dieses realen „Kriegskrimis" sind unterlegt durch einen basso continuo aus Authentizität und Ehrlichkeit: der Wille, ein tapferer Fallschirmjäger zu sein, Hoffnung auf einen nicht zu langen Einsatz, Probleme mit der Freundin daheim, Konflikte mit Vorgesetzten und Kameraden, lähmende Angst, Freundschaft mit Amerikanern und Afghanen, Freude über getötete Taliban, Trauer um den gefallenen Kameraden Florian Pauly, der als Oberfeldwebel in Clairs Nachbarkompanie am 7. Oktober 2010 bei einem Selbstmordattentat fällt. Auch ihm hat der Autor sein Buch gewidmet, dessen Schlusskapitel von der Operation „Halmazag" handelt - dem größten und längsten offensiven, erfolgreichen Gefecht deutscher Soldaten seit dem Zweiten Weltkrieg. Vier Tage, von denen wir bis zu diesem Buch nichts gehört haben: „Aber es sind diese vier Tage im November, die den Unterschied bedeuten."

Neben dem 2013 im Mittler-Verlag erschienenen Sammelband „Feindkontakt. Gefechtsberichte aus Afghanistan" ist Johannes Clairs Buch das erste und einzige, in dem Bundeswehrsoldaten von eigenen Gefechtserfahrungen berichten. „Vier Tage im November" ist deshalb zu Recht ein SPIEGEL-Bestseller geworden. Sein Autor ringt darin und seitdem bei Lesungen und Vorträgen um Respekt für seine und die Leistungen seiner Kameraden, er kommt in zahlreichen Medien zu Wort und engagiert sich im Vorstand des „Bundes Deutscher Veteranen". Es lohnt sich, ihm zuzuhören. Als sein früherer Bataillonskommandeur bin ich stolz auf Johannes Clair und seine Seedorfer Kameraden und empfehle dankbar dieses Ausnahmebuch.

Autoren

Ackermann, Dirck, Dr., Leitender Militärdekan im Evangelischen Kirchenamt für die Bundeswehr in Berlin.

Beck, Klaus, Dipl. Päd., Bundesvorstandssekretär des DGB, Vertreter des DGB im Beirat Innere Führung seit 1998, Hauptmann d.R.

Bohn, Jochen, Dr. rer.pol. habil., Oberstleutnant d.R., Privatdozent für Politische Philosophie und Sozialethik an der Fakultät für Staats- und Sozialwissenschaftler der Universität der Bundeswehr München.

Bohnert, Marcel, Hauptmann, Dipl.-Päd., Leiter einer Studentenfachbereichsgruppe der Helmut-Schmidt-Universität/Universität der Bundeswehr Hamburg, ehemals Kompaniechef Infanteriekompanie in der Task Force Kunduz III, Afghanistan, ab 2015 nationale Generalstabsausbildung an der Führungsakademie der Bundeswehr in Hamburg.

Buchner, Peter, Fregattenkapitän, Dozent Politische Bildung am Zentrum Innere Führung, Koblenz.

Clark, Murf, U.S. Army War College in Carlisle/Pennsylvania.

AlDailami, Said, Dr., Fakultät für Staats- und Sozialwissenschaften der Universität der Bundeswehr München.

Dörfler-Dierken, Angelika, Dr., Sozialwissenschaftliches Institut der Bundeswehr in Strausberg, apl. Prof. für Evangelische Theologie an der Universität Heidelberg und Lehrbeauftragte an der Helmut-Schmidt-Universität / Universität der Bundeswehr Hamburg.

Gerras, Stephen J., Dr., U.S. Army War College in Carlisle/Pennsylvania.

Hartmann, Uwe, Dr., Oberst i.G., Referatsleiter im Kommando Heer in Strausberg.

Haase, Kristin, ist seit Februar 2007 als wissenschaftliche Mitarbeitern im Dezernat Zukunftsanalyse des Planungsamtes der Bundeswehr und für den Themenbereich Gesellschaft verantwortlich. Sie studierte Soziologie, Betriebswirtschaftslehre und Psychologie an der Technischen Universität in Chemnitz.

Hellmann, Kai-Uwe, Dr. habil., Privatdozent am Institut für Soziologie der TU Berlin, Fachvertretung der Professur für Soziologie an der HSU/UniBwH.

Hertwig, Jana, Dr., ist Wissenschaftliche Mitarbeiterin am Institut für Friedenssicherungsrecht und Humanitäres Völkerrecht (IFHV) und Habilitandin an der Juristischen Fakultät der Ruhr-Universität Bochum.

Kümmel, Gerhard, Dr., Jahrgang 1964, ist Wissenschaftlicher Direktor am Zentrum der Bundeswehr für Militärgeschichte und Sozialwissenschaften in Potsdam. Dort leitet er das Projekt „Die Integration von Frauen in die Bundeswehr". Er ist Associate Editor der Zeitschrift „Armed Forces and Society" und unterrichtet im Masterstudiengang „Military Studies" an der Universität Potsdam.

Neuneck, Götz, Dr., ist Physiker und arbeitet als Wissenschaftlicher Referent am Institut für Friedensforschung und Sicherheitspolitik an der Universität Hamburg. Er ist Leiter der Interdisziplinären Forschungsgruppe Abrüstung, Rüstungskontrolle und Risikotechnologien.

Reeb, Hans-Joachim, Dr., Oberstleutnant a.D., Lehrbeauftragter an der Helmut-Schmidt-Universität/Universität der Bundeswehr Hamburg.

Rosen, Claus von, Prof. Dr., Oberstleutnant a.D., Leiter des Baudissin Dokumentation Zentrum bei der Führungsakademie der Bundeswehr, Lehrbeauftragter für Wehr-Pädagogik am Estonian National Defence College in Tartu.

Spreen, Dierck, PD Dr. phil., ist Soziologe und Politikwissenschaftler. Derzeit vertritt er die Professur für Kommunikationswissenschaft an der Leuphana Universität Lüneburg.

Ulrich, Uwe, Dr. Dipl. Päd., war von Dezember 2008 bis März 2013 verantwortlich für den Aufbau und Betrieb der Zentralen Koordinierungsstelle Interkulturelle Kompetenz am Zentrum Innere Führung. Er ist derzeit als Dozent für Innere Führung an der Führungsakademie der Bundeswehr insbesondere mit der Thematik Diversity Management befasst.

Vergin, Annika, Dr., ist seit Dezember 2007 als wissenschaftliche Mitarbeiterin im Dezernat Zukunftsanalyse des Planungsamtes der Bundeswehr tätig und für den Themenbereich Umwelt verantwortlich. Sie studierte Biologie mit Schwerpunkt Physiologie und Immunologie an der Universität Potsdam und promovierte am Max-Planck-Institut für Kolloid- und Grenzflächenforschung Potsdam in physikalischer Chemie.

Warburg, Jens, Dr., Publizist und Sozialwissenschaftler.

Wellbrink, Jörg, Dr., Oberstleutnant i.G., hat 1985 an der Bundeswehruniversität München einen Abschluss als Dipl.-Ing. Elektrotechnik absolviert. 1998 hat er an der Naval Postgraduate School in Monterey, Kalifornien, Operations Research (M.Sc. OR) studiert und dort 2003 am MOVES-Institute promoviert. 2011 war er ein Jahr als „Visiting Scientist für OR" an der Bundeswehruniversität München in Forschung und Lehre eingesetzt. Von März 2012 bis März 2014 war er kommissarisch als Dezernatsleiter Zukunftsanalyse des Planungsamtes der Bundeswehr eingesetzt.

Sach- und Personen-register

Carola Hartmann Miles-Verlag

Politik, Gesellschaft, Militär

Rüdiger Schönrade, *General Joachim von Stülpnagel und die Politik,* Berlin 2007.

Uwe Hartmann, *Innere Führung. Erfolge und Defizite der Führungsphilosophie für die Bundeswehr,* Berlin 2007.

Dietrich Ungerer, *Militärische Lagen. Analysen – Bedrohungen – Herausforderungen,* Berlin 2007.

Klaus M. Brust, *Söldner – Ausverkauf der Exekutive,* Berlin 2007.

Ingo Werners, *Fahren, Funken, Feuern. Hinweise für die Einsatzvorbereitung,* Berlin 2010.

Peter Heinze, *Bundeswehr „erobert" Deutschlands Osten,* Berlin 2010.

Reinhard Schneider, *Neuste Nachrichten aus unseren Kolonien. Pressemeldungen von den Aufständen in Deutsch-Ostafrika und Deutsch-Südwestafrika 1905-1906,* Berlin 2010.

Dieter E. Kilian, *Politik und Militär in Deutschland. Die Bundespräsidenten und Bundeskanzler und ihre Beziehung zu Soldatentum und Bundeswehr,* Berlin 2011.

Hans Joachim Reeb, *Sicherheitskultur als kommunikative und pädagogische Herausforderung – Der Umgang in Politik, Medien und Gesellschaft, Berlin 2011.*

Reiner Pommerin (ed.), *Clausewitz goes global. Carl von Clausewitz in the 21ˢᵗ Century, Berlin 2011.*

Hans-Christian Beck, Christian Singer (Hrsg.), *Entscheiden – Führen – Verantworten. Soldatsein im 21. Jahrhundert,* Berlin 2011.

Dieter E. Kilian, *Adenauers vergessener Retter – Major Fritz Schliebusch,* Berlin 2011.

Ingo Pfeiffer, *Gegner wider Willen. Konfrontation von Volksmarine und Bundesmarine auf See,* Berlin 2012.

Eberhard Birk, Heiner Möllers, Wolfgang Schmidt (Hrsg.), *Die Luftwaffe zwischen Politik und Technik. Schriften zur Geschichte der Deutschen Luftwaffe, Bd. 2,,* Berlin 2012.

Eberhard Birk, Winfried Heinemann, Sven Lange (Hrsg.), *Tradition für die Bundeswehr. Neue Aspekte einer alten Debatte,* Berlin 2012.

Holger Müller, *Clausewitz' Verständnis von Strategie im Spiegel der Spieltheorie,* Berlin 2012.

Dieter E. Kilian, *Kai-Uwe von Hassel und seine Familie. Zwischen Ostsee und Ostafrika. Militär-biographisches Mosaik,* Berlin 2013.

Angelika Dörfler-Dierken, *Führung in der Bundeswehr,* Berlin 2013.

Peter Heinze, *Berliner Militärgeschichten,* Berlin 2013.

Cornelia Fedtke, Kai-Uwe Hellmann, Jan Hörmann, *Migration und Militär. Zur Integration deutscher Soldaten mit Migrationshintergrund in der Bundeswehr,* Berlin 2013.

Torsten Konopka, *Afrikanische Wehrsysteme und ihre Entwicklung zwischen 1990/91 und 2011,* Berlin 2014.

Ingo Pfeiffer, *Seestreitkräfte der DDR,* Berlin 2014.

Wolf Graf von Baudissin, *Grundwert Frieden in Politik – Strategie – Führung von Streitkräften,* hrsg. von Claus von Rosen, Berlin 2014.

Wolf Graf von Baudissin, *Der Widerstand. „… um nie wieder in die ausweglose Lage zu geraten…",* hrsg. von Claus von Rosen, Berlin 2014.

Marcel Bohnert, Lukas J. Reitstetter (Hrsg.), *Armee im Aufbruch. Zur Gedankenwelt junger Offiziere in den Kampftruppen der Bundeswehr,* Berlin 2014.

Reihe: Jahrbuch Innere Führung

Uwe Hartmann, Claus von Rosen, Christian Walther (Hrsg.), *Jahrbuch Innere Führung 2009. Die Rückkehr des Soldatischen,* Eschede 2009.

Helmut R. Hammerich, Uwe Hartmann, Claus von Rosen (Hrsg.), *Jahrbuch Innere Führung 2010. Die Grenzen des Militärischen,* Berlin 2010.

Uwe Hartmann, Claus von Rosen, Christian Walther (Hrsg.), *Jahrbuch Innere Führung 2011. Ethik als geistige Rüstung für Soldaten,* Berlin 2011.

Uwe Hartmann, Claus von Rosen, Christian Walther (Hrsg.), *Jahrbuch Innere Führung 2012. Der Soldatenberuf zwischen gesellschaftlicher Integration und suis generis-Ansprüchen,* Berlin 2012.

Uwe Hartmann, Claus von Rosen (Hrsg.), *Jahrbuch Innere Führung 2013. Wissenschaften und ihre Relevanz für die Bundeswehr als Armee im Einsatz,* Berlin 2013.

Einsatzerfahrungen

Kay Kuhlen, *Um des lieben Friedens willen. Als Peacekeeper im Kosovo,* Eschede 2009.

Sascha Brinkmann, Joachim Hoppe (Hrsg.), *Generation Einsatz, Fallschirmjäger berichten ihre Erfahrungen aus Afghanistan,* Berlin 2010.

Artur Schwitalla, *Afghanistan, jetzt weiß ich erst… Gedanken aus meiner Zeit als Kommandeur des Provincial Reconstruction Team FEYZABAD,* Berlin 2010.

Heinz Dietrich Minkewitz, *Aus dem Tagebuch eines Nachrichtensoldaten,* Berlin 2014.

Erinnerungen

Blue Braun, *Erinnerungen an die Marine 1956-1996,* Berlin 2012.

Harald Volkmar Schlieder, *Kommando zurück!,* Berlin 2012.

Harald Volkmar Schlieder, *Opa Willy. 1891 Dresden – 1958 Miltenberg. Von einem, der aufsteigen wollte. Eine sächsisch-deutsche Lebensgeschichte in Frieden und Krieg,* Berlin 2012.

Harald Volkmar Schlieder, *Mein Vater – Musiker und Offizier. 1918 Dresden – 1998 Miltenberg,* Berlin 2013.

Reinhart Lunderstädt, *Aus dem Leben eines Hochschullehrers. Persönlicher Bericht,* Berlin 2012.

Wulf Beeck, *Mit Überschall durch den Kalten Krieg. Mein Leben für die Marine,* Berlin 2013.

Jan Becker, *Aufgewühltes Wasser,* 3 Bde., Berlin 2014.

Heinz Dietrich Minkewitz, *An einem Sonnabend im Oktober,* Berlin 2014.

Monterey Studies

Uwe Hartmann, *Carl von Clausewitz and the Making of Modern Strategy,* Potsdam 2002.

Zeljko Cepanec, *Croatia and NATO. The Stony Road to Membership,* Potsdam 2002.

Ekkehard Stemmer, *Demography and European Armed Forces,* Berlin 2006.

Sven Lange, *Revolt against the West. A Comparison of the Current War on Terror with the Boxer Rebellion in 1900-01,* Berlin 2007.

Klaus M. Brust, *Culture and the Transformation of the Bundeswehr,* Berlin 2007.

Donald Abenheim, *Soldier and Politics Transformed,* Berlin 2007.

Michael Stolzke, *The Conflict Aftermath. A Chance for Democracy: Norm Diffusion in Post-Conflict Peace Building,* Berlin 2007.

Frank Reimers, *Security Culture in Times of War. How did the Balkan War affect the Security Cultures in Germany and the United States?,* Berlin 2007.

Michael G. Lux, *Innere Führung – A Superior Concept of Leadership?,* Berlin 2009.

Marc A. Walther, *HAMAS between Violence and Pragmatism,* Berlin 2010.

Frank Hagemann, *Strategy Making in the European Union,* Berlin 2010.

Ralf Hammerstein, *Deliberalization in Jordan: the Roles of Islamists and U.S.-EU Assistance in stalled Democratization,* Berlin 2011.

Ingo Wittmann, *Auftragstaktik,* Berlin 2012.

Uwe Hartmann, *War without Fighting? The Reintegration of Former Combatants in Afghanistan seen through the Lens of Strategic Thought,* Berlin 2014.

Neue Reihe: Standpunkte und Orientierungen

Daniel Giese, *Militärische Führung im Internetzeitalter – Die Bedeutung von Strategischer Kommunikation und Social Media für Entscheidungsprozesse, Organisationsstrukturen und Führerausbildung in der Bundeswehr,* Berlin 2014.

Wolf Graf v. Baudissin: Grundwert: Frieden in Politik – Strategie – Führung von Streitkräften, herausgegeben von Claus von Rosen, Berlin 2014, ISBN 978-3-937885-73-5, 636 Seiten, Hardcover mit Schutzumschlag und Lesestreifen, 49,80 Euro

Wolf Graf von Baudissin ist einer der Väter der Bundeswehr. Seine Führungsphilosophie der Inneren Führung und das Leitbild vom Staatsbürger in Uniform bestimmen noch heute ganz wesentlich das Selbstverständnis der Soldaten und Soldatinnen. Der Politologe Wilfried von Bredow bezeichnet die Innere Führung zu Recht als „eine der innovativsten und kreativsten politischen Neuerungen der Bundesrepublik Deutschland, in ihrer Bedeutung durchaus vergleichbar der wirtschafts- und gesellschaftspolitischen Konzeption der Sozialen Marktwirtschaft." Gleichwohl ist die Innere Führung immer umstritten gewesen. Und auch heute wird ihre Relevanz für die Bundeswehr als Armee im Einsatz kontrovers diskutiert. Zugleich läuft diese Diskussion Gefahr, das Ethische-Politische-Strategische des Bildes vom Militär im nuklearen wie technotronischen Zeitalter und der „Neuen Kriege" aus dem Blick zu verlieren.

Baudissins Leben und Werk scheint in zwei deutlich voneinander getrennte, gar widersprüchliche Abschnitte aufgeteilt zu sein: Die Zeit als Soldat in drei Armeen sowie die Zeit als Friedensforscher. Diese Aufteilung trifft aber weder den Lebenskern noch den Gehalt vom Werk des Grafen. Schon in der der Gefangenschaft entdeckte er den „Frieden" als das alles beherrschende Thema der Politik. Eine künftige Friedensordnung sei nur möglich durch gemeinsamen Souveränitätsverzicht der Staaten und durch „Frieden eines jeden Menschen mit sich selbst". Darauf gründen sich Baudissins Gedanken sowohl zur Inneren Führung der Bundeswehr, als auch zur NATO-Strategie der "flexible response" sowie zur Europäischen Sicherheits- und Friedenspolitik. Sein Plädoyer für einen „Grundwert Frieden" bleibt daher auch für die Zukunft höchst relevant. Das macht den Blick in Baudissins hinterlassenes Gesamtwerk heute so lohnend.

Dieser Band enthält Veröffentlichungen von Baudissin aus den Jahren 1951 bis 1990 mit einem ausführlichen Sachregister, einen tabellarischen Lebenslauf nach neusten Forschungsergebnissen sowie die Bibliographie von Baudissins Veröffentlichungen 1950 bis 1981.

Uwe Hartmann: War without Fighting? The Reintegration of former Combatants in Afghanistan seen through the Lens of strategic Thought, Berlin 2014, ISBN 978-3-937885-86-5, 144 Seiten, Taschenbuch, 14,80 Euro

During his inauguration speech on November 9, 2009, the then Afghan President Karsai announced to welcome and to provide "necessary help to all disenchanted compatriots who are willing to return to their homes, live peacefully and accept the Constitution. We invite dissatisfied compatriots, who are not directly linked to international terrorism, to return to their homeland." This bold political initiative is the foundation for the Afghan Peace and Reconciliation Program (APRP).

Referencing DDR experiences from other countries and DDR programs in Afghanistan, the author examines the lessons learned that have been incorporated in the APRP. As in other countries, Afghanistan will be facing the challenges of reintegration for many years to come.

This book continues with the examination of the strategic implications of reintegration in wartime. It becomes evident that reintegration should not be seen as the sole realm of counterinsurgency (COIN). By contrast, reintegration must be regarded as an essential, even supreme element in the development of political and military strategies.

Reintegration may not be suitable for all future conflicts. Nevertheless, the assessment of the feasibility, acceptability, and suitability of reintegration should not start when a conflict fought with military means is close to termination but rather as soon as possible after the initial outbreak of hostilities. If reintegration is launched in the midst of a conflict, all strategic leaders must be aware that this will likely have significant impact on their strategies.

Finally, strategists should be aware that reintegration cannot replace the use or threat of violence. Reintegration is not a panacea for subduing the enemy without fighting, a concept which Sun Tzu defined as the acme of skill. The capability of the host country and the intervention forces to fight successfully and the perceptions of the people are often decisive in the insurgent's willingness to reintegrate. Consequently, the utility of force should shape the support of reintegration, wherever possible and to the greatest extent possible.

Uwe Hartmann / Claus von Rosen (Hrsg.)

Jahrbuch Innere Führung 2013

Wissenschaften und ihre Relevanz für die Bundeswehr als
Armee im Einsatz

Miles-Verlag

Uwe Hartmann/Claus von Rosen (Hrsg.), Jahrbuch Innere Führung 2013.
Wissenschaften und ihre Relevanz für die Bundeswehr als Armee im Einsatz,,
Berlin 2013, ISBN 978-3-937885-67-4, 404 Seiten, 24,80 Euro

„Ich habe genug dumme Offiziere erlebt", antwortete der damalige Verteidigungsminister Helmut Schmidt, als er Anfang der 70er Jahre nach der Notwendigkeit der Neugründung der beiden Hochschulen der Bundeswehr in Hamburg und München gefragt wurde. Wissenschaft ist nicht nur die Grundlage für die Bildung der Offiziere der Bundeswehr als verlässliche Staatsbürger in Uniform oder als künftige Führungskräfte auf dem zivilen Arbeitsmarkt, sondern auch für ihre Aufgaben als militärische Führer im Einsatz. Nie war Bildung so wertvoll wie heute, könnte man angesichts zahlreicher zeitgleicher Einsätze der Bundeswehr in Europa, Asien und Afrika feststellen.

Wie aber steht es um den Beitrag von Wissenschaft und akademischer Bildung für die Bundeswehr und ihre Einsatzorientierung? Es geht hier vor allem um die Frage, wie das, was Wissenschaften bieten können und könnten, für die Bundeswehr, für die akademische Bildung ihres Personals sowie für die möglichst erfolgreiche Durchführung ihrer Einsätze genutzt wird.

Die Autoren des Jahrbuchs Innere Führung 2013 bieten viele Aspekte für die Auseinandersetzung mit Wissenschaften an – mit dem Ziel, die neuen Kriegs- und Einsatzszenarien besser zu verstehen und aus diesem Verständnis heraus Hilfen für die Soldaten und Soldatinnen abzuleiten, die sich in diesen Einsätzen bewähren müssen.

Mit Beiträgen von Donald Abenheim, Heiko Biehl, Marcel Bohnert, Peter Buchner, Angelika Dörfler-Dierken, Dirk Freudenberg, Carolyn Halladay, Uwe Hartmann, Christian Hauck, Kai-Uwe Hellmann, Joachim Hoppe, Klaus Naumann, Hans-Joachim Reeb, Claus von Rosen, Stefan Siegel, Michael A. Tegtmeier, Jörn Thießen, Uwe Ulrich, Jörn Ungerer, Jens Warburg.